Phönix, Wiener und Berliner

Hans H. Lembke

Phönix, Wiener und Berliner

Aufstieg und Sturz eines europäischen Versicherungskonzerns

Springer VS

Hans H. Lembke
Technische Hochschule Brandenburg
Brandenburg an der Havel, Deutschland

ISBN 978-3-658-10973-8 ISBN 978-3-658-10974-5 (eBook)
DOI 10.1007/978-3-658-10974-5

Die Deutsche Nationalbibliothek verzeichnet diese Publikation in der Deutschen Nationalbibliografie; detaillierte bibliografische Daten sind im Internet über http://dnb.d-nb.de abrufbar.

Springer VS

Lektorat: Frank Schindler

Gedruckt auf säurefreiem und chlorfrei gebleichtem Papier

Springer Fachmedien Wiesbaden ist Teil der Fachverlagsgruppe Springer Science+Business Media
(www.springer.com)

Inhalt

Versicherungswirtschaft und Wirtschaftskriminalität

Der Phönix, in der Geschichte dieses Buches, ist ein österreichischer Versicherer, den ein Wiener namens Berliner mit Unternehmergeist und Raffinesse an die europäische Spitze führt und 1936 mit ihm abstürzt. Die deutsche Niederlassung in München wird mit Schweizer Hilfe aufgefangen und die Versicherten bleiben verschont, auf Weisung aus dem preußischen Berlin. – Der Phönix, in der Geschichte der Mythen: dies ist der sagenhafte Feuervogel, der sich einen Scheiterhaufen aus Zimt und wohlriechendem Holz errichtet, sich darauf verbrennt und aus der Asche wieder ersteht, verjüngt und erstarkt für ein weiteres Leben. Aus der ägyptischen Mythologie überliefert, steht er für das Ideal eines von göttlicher Macht bestimmten Zyklus, ist ein Sinnbild für Auferstehung und Unsterblichkeit.

Mit dieser symbolischen Leuchtkraft hat er seinen Platz auch im Irdischen gefunden, nicht zuletzt als Firmenmarke. Damit soll er Unternehmen helfen, ihren Gütern und Diensten eine Ausstrahlung von Sicherheit, Dauerhaftigkeit, Aufstieg und kraftvoller Schönheit zu geben. Wer kam wohl als erster auf die Idee, dieses Symbol für den Verkauf von Assekuranz-Policen zu nutzen? Vermutlich war es Nicholas Barbon, Pionier der Feuerversicherung in London. Den Anstoß zum Einstieg in das Geschäft hatte ihm das »*Great Fire*« von 1666 gegeben.

Dieses hatte einmal mehr gezeigt, dass Städte und Bewohner den Bränden, die Häuser und Geborgenes vernichteten, wenig entgegen zu setzen hatten. Wohl aber konnten sie das Zerstörte wieder aufbauen, besser und schöner als es vorher war. Wenn allerdings das Vermögen der Geschädigten dazu nicht reichte, so brauchten sie den Fundus einer Gruppe oder einer Organisation: etwa die Geldbestände einer Brandgilde, der sie angehörten, oder die Reserven einer kapitalistischen Feuerversicherung, in die sie – wie alle anderen Versicherten – die verlangten Prämien zahlten.

Barbon gründete sein Unternehmen in den 1670ern, machte es 1680 zur ersten Aktiengesellschaft der jungen Branche, starb 1698 und überließ es seinen Nachfolgern, das Geschäft 1705 auf den Namen *Phenix* zu taufen.[1] Eine gute Wahl, denn ein Feuerversicherer, der den legendären Feuervogel ins Firmenbild nimmt, kann den Glauben des Kunden stärken, dass sein Haus aus der Asche neu entstehen wird. Und noch einen weiteren Sinn hat das Symbol: es soll das Vertrauen in einen steilen Aufstieg des Versicherungsunternehmens stärken.

Zumindest diese zweite Erwartung erfüllte sich beim *Phenix* nicht. Die Gesellschaft überlebte seinen Gründer nur um einige Jahrzehnte, und zu wirklicher Größe ist sie nie aufgestiegen. Das gelang erst ihrem Namensnachfolger *Phoenix,* 1782 gegründet. Dieser erreichte schon bald die erhabene Höhe der führenden Konkurrenten *Sun* und *Royal Exchange,* die mehr als 60 Jahre älter waren. Als erster ausländischer Versicherer eröffnete er schon 1786 eine Agentur auf deutschem Boden; über diese gelangte der Feuervogel aufs Firmenschild des zweitältesten deutschen Feuerversicherers.[2] Nach Wien kam der britische *Phoenix* erst 1875. Sein Ende fand er im Alter von 202 Jahren, als er 1984 von *Sun Alliance and London Assurance* übernommen wurde, dem Konzern, in dem sein früher Konkurrent *Sun* aufgegangen war. Der Verschmelzungsprozess erreichte seine Schlussphase, als im Jahre 2008 der Versicherungsgigant *RSA Insurance* entstand.

Trotz allem Auf und Ab: »Phönix« ist seit langem eine populäre Marke, weit über die Grenzen der Assekuranz hinaus. Die Urerfahrungen von Feuer, Morgenröte und Aufstieg lassen sich mannigfaltig mit Unternehmens-Images verbinden. Versucht haben dies Hüttenwerke und Motorenhersteller, Brennstoffhändler und Kaminbauer, auch Winzereien, Flugzeugwerften und Ballonfabriken. So sah man den Feuervogel auch immer schon auf Firmenschildern in Wien und Berlin. Dies zeigt schon ein kurzer Blick in die Adressbücher, etwa der 1930er Jahre. In der Spreestadt fand sich die Phönix-Marke im gesamten Branchenspektrum von Elektrizität bis Antriebsmaschinen und von Bankgeschäften bis Immobilien. Und an der Donau trugen Holzwerke, Ofenlieferanten, selbst eine Konservenfabrik diesen Namen.[3] Zudem hatte die Marke Eingang in die Assekuranz gefunden – mit der *Lebensversicherungsgesellschaft Phönix,* Sitz in Wien und Niederlassung in Berlin.

Auch an neueren Versuchen zur Sinnbildnutzung fehlt es nicht. Nicht alle sind positiv; denn das Bild vom lichtvollen Aufstieg wird bisweilen pervertiert. Die *Phoenix Kapitaldienst GmbH* in Frankfurt am Main prellte fast 30 000 Anleger um mehrere hundert Millionen Euro. Sie verlor das Geld auf Terminmärkten und verschleierte die Verluste, auch gegenüber hochkarätigen Wirtschaftsprüfern. Erst nach dem Unfalltod des Verantwortlichen im Jahr 2004 flog der Betrug auf. Noch zehn Jahre später warteten Anleger auf ihre Entschädigung; die Bankaufsicht hatte versagt und die Anlegersicherung zu spät gegriffen.

Solche Skandale haben auch das Image der Versicherungswirtschaft belastet, vor allem in der Gründerzeit. Versicherer aller Sparten waren in diesen Anfangsjahren notorisch schlecht angesehen. Andererseits hatten sie ein großes Wachstumspotenzial, das sie freilich nur dann nutzen konnten, wenn sie sich – um das beträchtliche Kapital zu beschaffen – als Aktiengesellschaften organisierten. So standen sie gleich zweifach in schlechtem Licht: weil sie Versicherungen verkauften, und weil ihre Eigner nur begrenzt hafteten. Britische Anbieter galten auch in diesem Sinne als Schrittmacher, weshalb 1841 regierungsseitig ein Ausschuss berufen wurde, um speziell die Machenschaften von Versicherungs-Aktiengesellschaften zu untersuchen, die sich in den 1830ern gegründet hatten.

Von ihnen ist – als Lebensversicherer – die *Independent Middlesex Life and Fire Assurance Company* in die Geschichte eingegangen.[4] Sie startete 1837 mit einem Kapitalausweis in unverfroren erschwindelter Höhe und stieg ins Kleinlebensgeschäft mit konkurrenzlos niedrigen Prämien ein. Der Betrug flog auf und wurde zum Skandal; die Presse berichtete ausführlich über Buchfälschungen, Verkaufsschliche, Täter und auch Opfer. Ein Beispiel: »An aged and infirm man, who came up to town, in an exhausted condition, by the railroad, told his melancholy story. He had sunk all he had in the world, amounting to 1 000/., in the West Middlesex, and he had now no alternative but the workhouse, except, indeed, which was more probable – the madhouse should be considered the proper place for him.«[5]

Während die britischen Lebensversicherer Vorreiter waren, kamen österreichisch-ungarische erst spät zum Zuge. Am Weltversicherungsbestand hielt England um 1850 einen Anteil von 70 Prozent, während Österreich-Ungarn unter 2 Prozent blieb. So nahm ein *Oesterreichischer Phönix* sein Lebensassekuranz-Geschäft erst ein Vierteljahrhundert nach dem Skandal um die *Middlesex* auf, mit Standort in Wien. Auch dort hatte sich Argwohn gegenüber der Branche verbreitet, nicht zuletzt wegen des Zusammenbruchs der *Ohio Life Insurance & Trust Company* (1857) und dessen weitreichenden Domino-Effekten.[6] Der neue Wiener Anbieter bekam dies sehr bald zu spüren. *Die Presse* schrieb im April 1867: »(›Oesterreichischer Phönix‹.) Unsere Versicherungs-Actien-Gesellschaften lieben es so sehr, mit ihren riesigen Capitalien zu prunken und hiedurch auf die ›außerordentlichen‹ Garantien hinzuweisen, die sie den Versicherten bieten, daß es im Interesse derselben jedenfalls geboten erscheint, denn doch zeitweise diese ›Garantien‹ etwas näher zu beleuchten. So führt der Oesterreichische Phönix in seinen neu ausgegebenen Lebensversicherungs-Broschüren unter dieser Rubrik Folgendes an: [...].«[7] Es folgten die Zahlen der Gründungsbilanz; der Redakteur kommentierte sie mit Bedenken.

Das anfangs halbseidene Milieu der Lebensversicherung hat Journalisten, aber auch Literaten interessiert. So ließ Charles Dickens sich vermutlich von dem *Middlesex*-Skandal inspirieren, als er 1844 in »Martin Chuzzlewit« die Figur des Montague Tigg, alias Tigg Montague zeichnete. Dieser hatte seinen Namen gewechselt, weil er sich anschickte, eine »uneigennützige« Darlehens- und Lebensversicherungsgesellschaft mit zu begründen, die *Anglo-Bengalee Disinterested Loan and Life Assurance Company.*

Als Kompagnon wollte er Jonas Chuzzlewit, den Sohn der Titelfigur gewinnen. Sein Unternehmen schilderte er ihm ohne Zurückhaltung, wie unter Gleichgesinnten. Er verkaufe Leibrenten zu außerordentlich kundenfreundlichen Bedingungen, mit großem Erfolg bei Damen und Herren in der Provinz. Und sein zweites Produkt seien Lebensversicherungen, ein ebenfalls sehr einträgliches Geschäft. Der umworbene Jonas Chuzzlewit äußerte Bedenken, weniger ethischer denn praktischer Art: was könne man tun, wenn die Auszahlungen fällig würden? Sein Einwand war: »Das ist alles recht hübsch, solang das Büro jung ist; aber wenn die Versicherten zu sterben anfangen – daran muss man auch denken.«

Montague war um eine Antwort nicht verlegen. ›»Um Ihnen zu zeigen, wie richtig Ihr Urteil ist«, entgegnete er, »will ich Ihnen bemerken, daß wir im Anfang ein paar unglückliche Todesfälle hatten, die uns herunterbrachten auf ein großes Piano.« »Wie weit herunter brachten?« rief Jonas. »Ich gebe Ihnen mein heiliges Ehrenwort«, sagte Tigg Montague, »daß ich auf jedes zweite Stück Eigentum Geld aufnahm und allein dastand mit einem großen Piano. Es war noch dazu ein aufrechtes, so daß ich nicht einmal darauf sitzen konnte. Aber wir brachten's hinter uns. Wir gaben in derselben Woche eine große Anzahl neuer Policen aus (natürlich auch eine schöne Provision für die Anwälte), und so waren wir in Kürze darüber weg. Wenn sie aber einmal in Masse fällig werden, was freilich einmal geschehen muß, wie Sie ganz richtig bemerkten, dann –« Er beendete den Satz so leise, daß nur ein zusammenhangloses Wort vernehmbar war, und das auch nur unvollkommen. Aber es klang wie »türmen«.‹[8]

Wie sahen andere Literaten die Welt der Versicherungen? Diese Frage stellte 170 Jahre nach dem *Middlesex*-Krach ein Artikel zu »Kafka und die Assekuranz«. Der Autor schrieb von einem »Einfluss auf den Fortgang des Geistesgeschichte«; in der Literatur seien etliche, deutliche Spuren des Versicherungswesens zu finden.[9] So habe Goethe in seinen großen Bildungsroman die Figur eines Versicherungsgründers aufgenommen, und Thomas Mann, früh Volontär bei der *Süddeutschen Feuer,* habe einen (betrügerischen) Versicherungsdirektor in die Familie Buddenbrook einheiraten lassen. Franz Kafka habe bekanntlich in seinen zehn Jahren als »Versicherungsbeamter« (bei der *Generali,* spätere Teilerbin des Wiener Phönix) ausreichend Stoff für mehr als ein Dutzend seiner Werke gesammelt. Zu nennen sei auch Hans Fallada und nicht zuletzt ein Schriftsteller mit einschlägigem Ehrenamt: der »Versicherungsombudsmann« Arno Surminski.

Anders als Kafka hat Surminski seine langjährige Branchenerfahrung nicht in die Belletristik eingebracht. Sehr wohl aber trug er zur Fachliteratur bei, etwa mit seiner Artikelserie zur Versicherungswirtschaft im 20. Jahrhundert und mit einem

Aufsatz über Missbrauch und Kriminalität in der Branche. »Die Versicherungswirtschaft hat in historischer Zeit durch eigenes Fehlverhalten und den Lauf der Weltgeschichte ihren guten Ruf beschädigt. Sie laboriert heute noch, obwohl die Anlässe weitestgehend behoben sind, an den Folgen früherer Fehlentwicklungen.« Dieses Negativbild entstand – so Surminski – schon im ersten Gründungsboom, von 1850–75. »Die Folgen dieser wilden Zeit sind heute noch spürbar. Die geradezu traumatische Angst der Versicherer vor Konkursen hängt mit jener Welle von Zusammenbrüchen im vorigen Jahrhundert und mit einem ähnlichen Konkursdebakel in den 20er Jahren zusammen.«[10]

Die Serie der Unternehmenskrisen riss auch im 20. Jahrhundert nicht ab. Denn zur Kategorie des »Großen Krachs« zählte Surminski diese drei: die *Frankfurter Versicherungs-AG*, kurz: *Favag* (1929), die *Alte Vaterländische* im Verbund mit ihrer Kreditversicherungstochter (1929) und nicht zuletzt die Titelfirma des vorliegenden Buches. »Die Phönix in Wien war in der Zeit zwischen den beiden Weltkriegen der bedeutendste Lebensversicherer Europas. Als der Vorstandsvorsitzende Dr. Berliner 1935 Selbstmord beging, brach das Unternehmen zusammen. Der so genannte Phoenix-Skandal erschütterte damals die europäische Versicherungswelt.«[11]

Derjenige Wissenschaftler, der die deutsche Versicherungsgeschichte am umfassendsten erforscht hat, sieht in dem Schicksal einzelner Unternehmen auch Erklärungen für Versicherer-Krisen allgemein. Bei den zwei »meistens genannten« Fällen, *Favag* und Phönix, sieht er wesentliche Ursachen des Scheiterns in deren versicherungsfremden Geschäften. Beim Phönix seien diese durch die Schlüsselperson geprägt gewesen: Generaldirektor Wilhelm Berliner. Er habe mit »übergroßem Ehrgeiz« und Methoden eines Spielers versucht, den Phönix zum größten Versicherer des Kontinents zu machen.[12]

Abbildung 1.1 Wilhelm Berliner (*Die Versicherung* 15.10.1935)

Das schlechte Image der Branche: dafür gibt es mehrere Erklärungen. Die »populärste« ist wohl diese: für das Fehlverhalten der Assekuranz seien maßgeblich die »Agenten«, die Versicherungsvertreter verantwortlich. Dies schien lange Zeit nicht nur ein Klischee in der öffentlichen Meinung, sondern auch eine frühe Erkenntnis der Versicherungswissenschaft zu sein. Ein junger Akteur dieser Disziplin, Alfred Manes, schrieb 1913 angesichts des aufkommenden Massengeschäfts: »Es drängen Elemente in den Vermittlerstand, die ihm früher fern geblieben waren, der durchgefallene Assessor, der verabschiedete Leutnant, der stellenlose Kaufmann.«[13]

Schon hier sei angemerkt, dass sich zwanzig Jahre später wiederum »Versicherungsfremde« als Vermittler bewarben, weil sie nach der Machtergreifung ihre Stellungen verloren hatten. Zu ihnen gehörte auch ein späterer deutscher Finanzminister, geboren 1903. Alex Möller, bis 1933 Gewerkschafter und Abgeordneter des Preußischen Landtags, erinnerte sich vierzig Jahre später: »Für politisch Andersdenkende war es schwer, eine Arbeitsmöglichkeit zu finden. Bevor ich zur Karlsruher kam, war ich im Außendienst des Wiener Phönix tätig [...]. Der Wiener Phönix geriet durch unglückliche Spekulationsgeschäfte seines damaligen Generaldirektors in finanzielle Schwierigkeiten und musste liquidieren. So trat ich im Mai 1936 [...] bei der Karlsruher Lebensversicherung AG ein.«[14]

Der Vorwurf an die »schwarzen Schafe« des Außendienstes: indirekt traf er auch den Innendienst und ging dort auf die Konten von Vertriebs- und Personalabteilung. Aber war er nicht auch geeignet, von Fehlverhalten und Gesetzesverstößen in anderen Abteilungen, ja selbst in der Leitungsspitze abzulenken? Bemerkenswert ist jedenfalls, dass noch in den neunziger Jahren die Extremform des Fehlverhaltens, die Versicherungskriminalität, von der Fachliteratur meist außerhalb der Konzernhochhäuser verortet wurde: im Außendienst, bei Kooperationspartnern, vor allem aber beim betrügerischen Kunden. Vergehen der Versicherer selbst fanden nur am Rande Erwähnung. Bewusste Verstöße der Unternehmensführung gegen zwei elementare Anforderungen – ordnungsgemäße Rechnungslegung und solide Vermögensverwaltung – waren kein zentrales Thema. Aber gerade diese Formen von Unternehmenskriminalität – mit dem Versicherer als Täter – waren in den Fällen des »Großen Krachs« die entscheidenden Problemfelder.

Eine Arbeit über Kriminalität und Versicherung, die den versicherungswissenschaftlichen Forschungsstand der frühen 1990er schildert, kommt zu diesem Ergebnis: als Täter gelten vor allem Versicherte und Makler; die Versicherungsgesellschaften hingegen werden fast nur als Opfer gesehen.[15] Ein Handbuch für Wirtschaftsethik, Ende der 1990er auf breiter biografischer Grundlage verfasst, nennt neun »ethische Herausforderungen« in der Privatversicherung, schränkt aber ein, dass die versicherungswissenschaftliche Literatur nur zwei von ihnen eingehend behandelt: Versicherungsbetrug (Verantwortung beim Versicherten) und Versicherungsverweigerung (Verantwortung beim Versicherer).[16] Zu dem Thema »Wirtschaftskriminalität bei Banken und Versicherungen« hat die Wirtschaftsprüfungsgesellschaft *PricewaterhouseCoopers* eine größere Befragung von Unternehmen der beiden Branchen durchgeführt und die Ergebnisse 2006 veröffentlicht. Ihrer Rolle gerecht, hat sie nicht die Erfahrungen des Unternehmens als Täter, sondern seine Betroffenheit als Opfer erfragt.[17] Diese Perspektive nimmt das Top *Management* nicht selten auch dann ein, wenn es um interne Täter aus dem eigenen Unternehmen geht.[18] Erst eine 2014 erschienene Forschungsarbeit hat Unternehmenskriminalität explizit aus der Perspektive »Unternehmen als Täter« definiert; Straftaten, die von Unternehmensangehörigen zum Nutzen des Unternehmens begangen werden.[19]

Wie ist dieses Verständnis von Wirtschaftskriminalität in der deutschen Fachliteratur, bis in die 90er Jahre hinein, zu erklären? Es war keineswegs wirklichkeitsfremd sondern spiegelte – im Kern – die erfasste Realität. Denn weitere große Betrugsaffären und Zusammenbrüche waren nach 1936 im deutschen Versicherungsgeschehen ausgeblieben. In der NS-Zeit engte der autoritäre Staat einerseits kriminelle Spielräume von Unternehmen ein, indem er die Versicherungsaufsicht verschärfte und die Handlungsfreiheit der Versicherer auf dem Kapitalmarkt einengte. Andererseits eröffnete er ihnen durch sein eigenes, rechtswidriges Verhalten erhebliche Chancen zur Geschäftsausweitung, so über die Gruppenversicherung für nationalsozialistische Massenorganisationen im Inland und die Übernahme von Versicherungsbeständen im okkupierten Ausland. Nach dem Kriege hatten die Lebensversicherer zunächst einen schweren Stand,[20] partizipierten dann aber erfolgreich am langanhaltenden Wirtschaftsaufschwung. Sie erholten sich von den Kriegswirkungen und dem weitgehenden Verlust des Deckungskapitals weit schneller als nach dem Ersten Weltkrieg, dem die Inflation und später die Depression gefolgt waren.

Auch in den fünfziger und sechziger Jahren war Wirtschaftskriminalität allgemein ein nachrangiges Thema, in der breiten Öffentlichkeit ebenso wie im politischen und juristischen Umfeld. Dies auch deshalb, weil im ersten Jahrzehnt der Bundesrepublik im Wirtschaftsstrafrecht eher eine Vereinfachung und De-Kriminalisierung vorherrschte. Dies änderte sich deutlich ab Mitte der Siebziger, angestoßen mit dem »Ersten Gesetz zur Bekämpfung von Wirtschaftskriminalität«, dem eine Serie von Strafgesetzen folgte: so zu Kreditbetrug, Kapitalanlagebetrug, Geldwäsche, Insiderhandel und Korruption.[21] Damit einher gingen Neuerungen zur statistischen Erfassung von Wirtschaftskriminalität. In den Ergebnissen traten Versicherer zunächst kaum hervor; ihr Anteil an den Straffällen und den insgesamt Beschuldigten war minimal.[22]

Vor diesem Hintergrund ist nachvollziehbar, dass kriminelles Verhalten von Versicherern – insbesondere Bilanzfälschung, Kapitalanlagebetrug und Veruntreuung – noch in den neunziger Jahren als historisch weitgehend überwunden galt und aus den ethischen Anforderungen an die Versicherungsunternehmen ausgeblendet wurde. Alfred Manes, bis 1933 einer der führenden Versicherungswissenschaftler in Deutschland, hatte allerdings schon früh eine andere Systemsicht vertreten. Er war emigriert und in die Universität von Indiana als Professor für Versicherung und Wirtschaftsforschung eingetreten. Sein Aufsatz »Insurance Crimes« erschien im Jahre 1944.

Mit anschaulichen Fällen illustriert er darin zunächst den Versicherungsbetrug. Täter sind die Policeneigner oder diejenigen, die sich deren Versicherungsansprüche widerrechtlich verschafft haben. Beispiele sind: der notorische Betrug in der traditionsreichen Schiffsversicherung; der Bestatter, der seinen Freund für tot erklärt, den leeren Sarg ins Krematorium gibt und damit der »Witwe« den Zugang zur Versicherungssumme eröffnet; der lebens- und unfallversicherte Herr Tetzner, der einen Wanderarbeiter ermordet, die Leiche ans Steuer seines Autos setzt und dieses anzündet.[23] Manes wendet sich sodann der Unternehmenskriminalität, dem *corporate crime* zu: Vergehen, die seltener auftreten aber nichtsdestotrotz gesellschaftlich schädlicher sein können als der weit verbreitete Versicherungsbetrug. Seine Einschätzung: »Such insurance crimes are typical white-collar crimes with all their far-reaching disturbances. One such crime may ruin the confidence of large parts of a nation, even of the world, in insurance.«

Welche Vergehen und Verbrechen hat er dabei im Blick? »The criminal behavior of insurance companies consists in violation of trust by making misrepresentation.« Als Kern des *corporate crime* sieht er die Vorspiegelung falscher Tatsachen durch die Versicherer, in gewisser Symmetrie zum Versicherungsbetrug auf Seiten der Versicherten: Manipulation von Bilanzen und Statistiken, irreführende Werbung, Veruntreuung und fahrlässiges Anlegen von Versicherungsvermögen, Beamtenbestechung. »They published false financial statements, erroneous statistics, incorrect advertising; there was embezzlement and misapplication of funds, and bribery of public officials, and all these violations were at the expense of the policy-holders – the insurance consumers.«[24]

Manes schreibt dies in der Vergangenheitsform; denn staatliche Versicherungsaufsicht und Vorgaben zur Rechnungsprüfung würden inzwischen diese kriminellen Handlungsspielräume erheblich einengen und die Aufklärung erleichtern – »in most countries«. Allerdings bliebe noch viel zu tun: »Criminal law alone can accomplish little. It must be supported by a good civil law, but above all by an insurance science which can be understood by all classes of people.« Ein hoher Anspruch an die Versicherungswissenschaft: sie soll Versicherungskriminalität in allen ihren Formen erforschen und damit allen Beteiligten, ja sogar der breiten Öffentlichkeit aufklärend und beratend zur Seite stehen. »The man in the street needs much more knowledge of the value of insurance to the community. Especially in a democracy one must have that knowledge. The common men make the laws.«[25]

Ob »die Versicherungswissenschaft« sich diesem Anspruch jemals stellen oder ihn – gar präventiv – erfüllen wird, ist zu bezweifeln. Der Versicherte *(the man in the street)* wird niemals das Geschäft des Versicherers so durchschauen können wie dieser selbst – diese Erkenntnis war um 1900 das Kernargument für den Aufbau staatlicher Einrichtungen zur Versicherungsaufsicht. Haben diese tatsächlich die Kompetenz entwickeln können, um die Risiken dieser asymmetrischen Informationsverteilung zwischen den Versicherungsbeteiligten auszuschalten? Haben sie einen entsprechenden Einfluss auf die Versicherer genommen?

Gut zwanzig Jahre, nachdem Manes seine Vision ins Schlusswort geschrieben hatte, entwickelte ein US-amerikanischer Versicherer ein Vertriebskonzept, das sich als »impossible dream« erweisen, den »fraud of the century« und »Wall Street's Watergate« auslösen sollte.[26] Ein Fall, der kaum noch bekannt ist, damals aber als Einschnitt in der Entwicklung der Unternehmenskriminalität wahrgenommen wurde. Die *Equity Funding Corporation of America (EFCA)* war Investment- und Versicherungsgesellschaft in einer. Sie sammelte Geld von Anlegern und baute (offene) Investmentfonds auf, deren Mittel sie an Kapital-, Geld- und Immobilienmärkten investierte. Die Anleger erhielten für ihre Einlage Anteilsscheine, die als Sicherheit für ein Darlehen dienten, das die *EFCA* ihnen im Gegenzug gewährte. Daraus zahlten sie die Prämie für eine ebenfalls bei der *EFCA* abzuschließende Lebensversicherung. Beide Produkte, Fondsanteilsschein und Versicherungspolice, gab es nur im Paket, und es gab sie nur gegen Abschlussgebühren. Solche Zusatzkosten galten als marktüblich. Außergewöhnlich aber war, dass sie gleich doppelt anfielen: für den Fondsanteil und für die Versicherung; dies spornte die Vertreter zu Höchstleistungen an.

Der Vorgang von Geldanlage, Darlehensgewährung und Prämienzahlung wiederholte sich jährlich, bis nach insgesamt 10 Jahren der Vertrag auslief. Sodann war die Darlehenssumme fällig. Zur Tilgung konnten die Anleger/Schuldner nun ihre Anteilscheine zum Marktwert oder ihre Versicherungspolice zum Rückkaufwert (mit Abschlag) verkaufen. Die erste Option war naturgemäß attraktiver, unter der Voraussetzung, dass die Anteilsscheine nicht an Wert verloren. *EFCA* versprach mehr: der Marktwert werde steigen.

Dies war die Achillesferse des Systems; denn bei einem fallenden Kurs wären neue Anleger nur schwer zu finden gewesen, zumal auch die Nachteile der doppelten Abschlussgebühr und der relativ hohen Darlehnszinsen ohne Ausgleich geblieben wären. Entsprechend taten die Top-Manager der *EFCA* alles, um den Kurs attraktiv zu halten; dies auch deshalb, weil sie selbst zu den größten Anteilseignern zählten. Stanley Goldblum war der Präsident und Fred Levin der Vize-Präsident für Versicherungen.[27] Die Kurspflege wurde manipulativ und führte zur Kriminalisierung des Unternehmens. Begonnen hatte es mit aggressiven Verkaufspraktiken; nun aber kamen Bilanzfälschung, Scheingeschäfte, Insiderhandel, Computerbetrug und Täuschung von Wirtschaftsprüfern hinzu. Kaum zehn Jahre nach dem rasanten Start brach das Unternehmen 1973 zusammen. Ray Dirks, Wertpapieranalyst bei *EFCA*, wurde zum *whistleblower*. Der Fall erlangte »historische« Dimension, bewegte über Wochen die Presse, wurde verfilmt und zum Bestseller-Stoff am Sachbuchmarkt. Alfred Manes hat ihn nicht mehr erlebt; wie hätte er ihn kommentiert?

In den achtziger Jahren zeichneten sich allgemein neue grenzüberschreitende Potenziale für *white-collar crime* ab – in der fortschreitenden Globalisierung von Finanzgeschäften, in Transaktionen *off-shore* und im weltweiten Verbund von Computernetzwerken. Hinzu kamen Fortschritte im *creative accounting* – launige Bezeichnung für Fehlbuchung und Bilanzfälschung mit hoher Raffinesse. Eine internationale Untersuchung hat die jüngste Geschichte dieser Kunstfertigkeit nachgezeichnet. Dabei hat sie nicht Statistiken erstellt, sondern »schwere« Fälle studiert. Der Rückblick auf die 1980er führte auf ein Dutzend Affären, davon drei im Finanzsektor. Wesentlich länger wurden die Ereignislisten der beiden folgenden Dekaden. In den neunziger Jahren gab es 50 und von 2000 bis 2008 fast 60 Fälle. Dazu trug der Finanzsektor ein Fünftel bei, mit der Versicherungswirtschaft auf dem dritten Platz.[28]

Diese Entwicklungen boten Handlungsspielräume, die in den USA durch tendenzielle Deregulierung noch erweitert wurden. In die Mitte der Achtziger fiel dort die *Savings and Loan Crisis;* mehr als eintausend Sparkassen brachen zusammen. Sie hatten eine staatliche Deregulierung, die sie von überholten Geschäftsbeschränkungen befreien sollte, nicht für eine Sanierung genutzt, sondern für groß angelegte, riskante Immobilien- und Unternehmensfinanzierungen. Eindeutig kriminell waren die zur selben Zeit aufgedeckten Transaktionen von Ivan Boesky und Dennis Levine, die sich – brillant organisiert – Insiderinformationen aus Investmentbanken beschafft und diese für Geschäfte bei der Übernahme von Großunternehmen genutzt hatten.

In Japan, der damals zweitgrößten Wirtschaftsnation, löste eine Immobilienkrise zu Beginn der 1990er die nachhaltige »japanische Krankheit« aus; viele Finanzinstitute hatten ihre Aktiva künstlich überbewertet. In den USA setzten nach der Jahrtausendwende *Enron* und *Worldcom* die Serie der großen Skandale fort. Der Energiegigant hatte akkumulierte Verluste von 30 Milliarden Dollar verschleiert, der Telekommunikationskonzern Ausgaben von mehr als 10 Milliarden. *Refco,* das größte Brokerhaus an der Chicagoer Terminbörse, brach 2005 zusammen.

Und auch Versicherer gerieten ins Wanken: »First came investment banking; then mutual funds; now the insurance industry is mired in scandal. [...] A business often thought to lack personality and drama is now suffering from an abundance of both.«[29]

Der *EFCA*-Fall zu Beginn der Siebziger hatte in den USA zu einer neuen Sicht der Wirtschaftskriminalität geführt, weit über das Versicherungswesen hinaus. Zur selben Zeit ereigneten sich im westlichen Deutschland die zwei größten Wirtschaftsaffären seit den Dreißigern. Seinen *Investors Overseas Service* hatte Bernard Cornfield in den USA gegründet, später nach Genf verlagert und mit Schwerpunkt in der Bundesrepublik betrieben. Es war ein hoch komplexes Gebilde aus Versicherungsgesellschaften, Banken und Investmentfonds; in den Auf- und Umbau war zeitweilig auch die *EFCA* einbezogen. Mit dem früheren Außenminister Dr. Erich Mende als Verwaltungsratsvorsitzendem und einem ausgefeilten Vertriebssystem gewann der *IOS* allein in der Bundesrepublik mehr als 200 000 Anleger, die eine neunstellige DM-Summe in die Fonds und Gesellschaften einbrachten. 1973 traf sie der Crash. Ein Jahr später schloss die *Herstatt-Bank* in Köln ihre Schalter; sie hatte – weitgehend unbehelligt von Wirtschaftsprüfern und Bankenaufsicht – eine halbe Milliarde DM im Devisenhandel verspekuliert.

Vereinzelt strengere Regulierungen folgten, und vergleichbare Skandale blieben in den nächsten zehn bis fünfzehn Jahren aus. In den neunziger Jahren kam erstmals wieder ein deutscher Versicherungsfall in die Presse. Dabei stand nicht eine Gesellschaft im Rampenlicht, sondern ein Vermittler. Die festgefügte Sicht, dass es vor allem diese Gruppe ist, die seit Beginn den Ruf der Branche schädigt, schien sich zu bestätigen; ebenso der unterschwellige Respekt vor der Raffinesse dieser Verkaufsträger. Die Geschäftsidee von Reinhard Schmidt-Tobler gehört sicherlich zu den Glanzstücken dieser »Kunst«. Dabei steckt im Kern nicht mehr als der übliche Anreiz: die erstaunlich hohe Provision. Das wirklich Clevere an der Idee ist, dass der Vermittler faktisch auch die Rollen des Policenkäufers und -verkäufers übernimmt. Er besorgt sich die Daten eines typischen Lebensversicherungskunden, füllt – ohne dessen Wissen – den Antrag aus und erhält von einem Versicherer, den er auswählt, die Police und die Provision. Mit dieser zahlt er jährlich die Prämie und kündigt die Versicherung, sobald seine Rechnung aufgeht: die Provision muss höher sein als der kündigungsbedingte Wertverlust, der gesetzlich auf 50 Prozent der gezahlten Prämiensumme begrenzt ist.

Angenommen, die jährliche Prämie beträgt 2 und die Provision 4 Prozent der Versicherungssummen, so errechnet sich nach drei Jahren ein Überschuss von $4 - (6 * 0{,}5) = 1$ Prozent. Da es noch Nebenkosten gibt, ist dies im Einzelfall wenig; anzustreben ist also das Massengeschäft. Schmidt-Tobler, der auf seinem zweiten – völlig legalen – Geschäftsfeld an Mitarbeiterdaten seiner Firmenkunden herankam, brachte es auf 25 000 Policen. In einigen Fällen hatte er ein- und dieselbe Person gleich mehreren Versicherern als Kunde zugeführt. So flog das Unternehmen 1992 auf. Der Richter sah ein gewisses Fehlverhalten auch bei den Versicherungsgesellschaften, die ein im Grunde unbegrenztes Wachstum ihrer Bestände anstrebten.

Ab 1997 brachte der Neue Markt neuen Schwung ins Börsengeschehen, auch »kreativer« Art. Bodo Schnabel »erfand« einen potenten Geschäftspartner in Hongkong, steigerte mit Scheingeschäften den Börsenwert seiner *Comroad* auf Milliardenhöhe und stieß damit erst 2002 auf den Widerspruch der Wirtschaftsprüfer. Wesentlich länger konnte die *Göttinger Gruppe* ihren Ruf wahren, mit ihrem »Pensions-Spar-Plan« auf Schneeballbasis. Sie gewann eine Viertelmillion Anleger und investierte deren Einlagen in eine Vielzahl von Unternehmen, die sie auf Buchverluste in den Anfangsjahren trimmte. Die Anleger erwarteten eine »Pension« aus Steuerersparnissen, sahen sich aber – als die *Göttinger* in Verruf kam – in zweifelhaften Firmen als »atypische« Gesellschafter gefangen, mit geringer Hoffnung auf Rückzahlung ihrer Einlage.

Auch andere europäische Länder erlebten in den 2000ern ihre Skandale, noch vor der weltweiten Finanzkrise. Im Norden kam 2006 der schwedische Versicherer *Skandia* in die Schlagzeilen, wegen vermuteter Bilanzfälschung und gerichtlich abgeurteilter Veruntreuung. Im Alpenbogen erregten nicht nur die Milliardenverluste der *Union Banque Suisse* Aufsehen, die durch zweifelhafte Geschäfte eines ihrer Wertpapierhändler an den Rand des Ruins rutschte, sondern auch Unregelmäßigkeiten im Nachbarland Österreich, mit »situationselastischer« Unternehmensführung.[30] Dies aus deutscher Perspektive zu betrachten, »Einblicke in ein fremdes Land« zu nehmen, gelingt wohl kaum unbefangen.[31] Ein Versuch sei dennoch gewagt.

Seit 2004 ist die *Hypo Alpe Adria* (Kärnten) in den Schlagzeilen, wegen zweifelhafter Finanzmanöver und Korruptionsverdacht. In akuter Insolvenzgefahr wurde sie 2009 notverstaatlicht, nachdem es der österreichischen Regierung nicht (wie 1936 beim Phönix) gelungen war, den Sturz durch andere Finanzinstitute auffangen zu lassen. Die *Bayern LB* ließ bei der Notverstaatlichung Kredite in einstelliger Milliardenhöhe in der Bank. Der österreichische Staat machte aus seiner Problemtochter eine *Bad Bank* namens *Heta* und beschloss, sie abzuwickeln. Die *Bayern LB* verklagte Österreich, und eine Düsseldorfer Hypothekenbank, mit einer Drittelmilliarde *Heta*-Anleihen in ihren Büchern, konnte nur unter Einsatz des Einlagensicherungsfonds der deutschen Privatbanken gerettet werden. Ein parlamentarischer Untersuchungsausschuss begann im Frühjahr 2015 in Wien die politische Aufarbeitung: »Wer war schuld an der Misere, wer hat nicht früh genug Stopp gerufen, wer hat warum freundliche Briefe geschrieben und kritische ignoriert?«[32] Fragen, die auch zum Phönix gestellt wurden – und gestellt werden können.

Ein ähnlich komplizierter und langjährig schwebender Vorgang ist der um den Wiener Bankier Meinl, verdächtigt der Untreue, des Betrugs und der Kursmanipulation.[33] Auch die Affäre um fondsgebundene Lebensversicherungen der *Vienna-Life* fand kein schnelles Ende; zwischenzeitlich wurde über eine mögliche Insolvenz der Firma gerätselt. Sie ist eine Tochter der *Vienna Insurance Group*, deren Wurzeln weit in die österreichische Versicherungsgeschichte zurückreichen. In sie gingen die Traditionen von Wiener Versicherern ein, die auch in der Geschichte des Phönix eine Rolle spielten.

Ein kriminalhistorisch interessanter Fall reifte, noch vor der Finanzkrise, in der *Bank für Arbeit und Wirtschaft* heran.[34] Die Gewerkschaftsbank, an der sich die *Bayern LB* beteiligt hatte, war schon 2000 praktisch pleite, nur wurde dies über fünf Jahre kunstvoll verschleiert. Als das amerikanische Brokerhaus *Refco* krachte, kurz nachdem die *BAWAG* ihm noch einen Riesenkredit gegeben hatte, kamen nicht nur die Bedingungen dieser Transaktion ans Licht sondern auch die »Karibik-Geschäfte« der Bank. Die *BAWAG* wurde schließlich verkauft. Andernfalls wäre der Gewerkschaftsbund insolvent geworden; denn er hatte eine unbegrenzte Garantie gegeben. Zudem hatte die Bundesregierung, mit einer zeitlich befristeten Garantie, zum provisorischen Auffangnetz beigetragen, wie auch die wichtigsten österreichischen Banken und Versicherer. Dieses Engagement im größten Finanzskandal der österreichischen Nachkriegsgeschichte erinnert, in politischer wie wirtschaftlicher Hinsicht, an die beispiellose Rettungsaktion im Jahre 1936 – zur Eindämmung der Phönix-Krise.

Krisen in der Lebensversicherung: 2002 kam – erstmals nach dem Kriege – wieder eine deutsche Gesellschaft in ernste Schwierigkeiten. Riskante Anlagegeschäfte hatten der *Mannheimer Lebensversicherung AG*, Tochter der *Mannheimer AG Holding*, hohe Verluste gebracht. Mit ihren 340 000 von landesweit 90 Millionen Verträgen war sie allerdings ein nachrangiger Akteur am deutschen Lebensversicherungsmarkt. Die Bundesanstalt für Finanzdienstleistungsaufsicht (BaFin) verbot ihr den Abschluss weiterer Verträge, und die *Protektor AG*, Sicherungseinrichtung der deutschen Lebensversicherer, übernahm den Bestand. Diese Auffanggesellschaft war erst 2002 gegründet worden; das Mannheimer Unternehmen wurde zum ersten und bislang einzigen Rettungsfall.

Er hat auch eine österreichische Seite. Großaktionär bei der Mannheimer Gruppe war, schon vor der Krise, ein Wiener Versicherer gewesen, die *UNIQA*. Nach dem Ausscheiden der Lebensversicherungstochter erhöhte sie ihren Anteil an der Holding auf drei Viertel, später auf über 90 Prozent. Unter den österreichischen Versicherern hält sie den zweiten Rang, hinter der *Vienna Insurance Group*. Die Gruppe erinnert an den Phönix. Mit etwa 40 Gesellschaften in 19 Ländern hat sie eine ähnliche geografische Ausdehnung, auch hinsichtlich der Schwerpunktregionen: Österreich, Zentral- und Osteuropa. Zwar stürzte die *UNIQA* nicht, aber sie kam 2011 mit einem dreistelligen Millionenverlust in eine bedenkliche Krise und verkaufte ihre Mannheimer Anteile. Der Hauptgrund: sie hatte Abschreibungen auf griechische Schuldtitel in Höhe von einer Drittelmilliarde Euro vornehmen müssen.

Damit richtet sich der Blick auf die 2007 aufgeflammte Finanzkrise, die auch einen Entwicklungssprung in der Unternehmenskriminalität auslöste. Wirtschaftsjournalisten bilden dieses Geschehen gern in Serien und Top-N-Listen ab, mit Schwerpunkt auf Finanz-Eklats. Die großen Fälle des Jahres 2008 sind bekannt, werden in die Wirtschaftsgeschichte eingehen und Romanautoren motivieren.[35] *Lehman Brothers,* eine der ältesten und ersten Adressen der Wall Street, hatten in ihrer Anlagepolitik auf einen fortschreitenden Boom in Immobilien gesetzt und diese Geschäfte minimal mit Eigenkapital, maximal mit Fremdkapital unterlegt. Die Immobilienblase platzte und die Investmentbank wurde zur Septembermitte insolvent; zur Rettung fand sich weder die US-Regierung noch ein »weißer Ritter« bereit. Vorher schon war die Investmentbank *Bear Stearns* wegen Fehlinvestitionen in minderwertige Immobilienhypotheken unter Druck geraten, von US-Notenbank und *JP Morgan Chase* aber aufgefangen worden. Vier staatliche Rettungsaktionen, z. T. unterstützt von Unternehmen, folgten im »schwarzen« September: für die Immobilien-Finanzierer *Freddie Mac* und *Fannie Mae,* denen der Bankrott drohte, für die Großbank *Washington Mutual,* die an ihrem 119. Geburtstag schloss und für die *American International Group (AIG),* die vom Gipfel der Versicherungswelt stürzte.

Bei diesen Affären und Zusammenbrüchen standen vor allem Unternehmens-, seltener Personennamen in den Schlagzeilen. Anders im Falle des Bernard Madoff, der eindeutig kriminell eingestuft wurde, wenn auch mit dieser Relativierung: »It [the case] must be understood within the context of the values and the practices of present-day finance capital. Rather than being an outlier, Madoff's career is something of a metaphor of our times.«[36] Madoff begann in den 1960ern als unbedeutender Finanzmakler an der Wall Street und endete 2009 mit einer Gefängnisstrafe von 150 Jahren, schuldig des größten Finanzbetrugs aller Zeiten: 65 Milliarden Dollar. Gering wirkt dagegen der Schaden von 5 Milliarden Euro, den der Arbitragehändler Jérôme Kerviel der *Société Générale* zufügte. Aufgedeckt in 2008, war es der schwerste unternehmensinterne Betrug eines mittleren Angestellten im Bankwesen. Personen standen auch im Zentrum von Medienberichten über häufigere Suizidfälle in der Finanzbranche.[37]

Der Ausbruch der Finanzkrise traf nachhaltig auch das Versicherungswesen,[38] mit gleichfalls kriminellen Folgen. Die Branche wurde teilweise direkt, vor allem aber indirekt getroffen. Ersteres gilt für Finanzgarantieversicherungen, die das Risiko von Finanzanlagen mindern und damit aktiv dazu beitragen sollen, das Vertrauen von Anlegern in innovative, auch fragwürdige Finanzprodukte zu stärken. Indirekt wurden Sach- und vor allem Lebensversicherungen tangiert, die genau solche Produkte in ihr Anlageportfolio genommen hatten und erhebliche Abschreibungen vornehmen mussten. Desweiteren bekamen sie Krisenerscheinungen der zweiten Eskalationsstufe zu fürchten: fallende Wertpapierkurse und Kapitalerträge, sowie Rückgang der Policen-Verkäufe in stagnierender bis schrumpfender Gesamtwirtschaft. Diese indirekten Wirkungen auf die Versicherer waren deutlich geringer als bei Banken, dennoch von erheblicher Durchschlagskraft. Allein die Abschreibungen auf Kapitalanlagen zuzüglich der Kreditausfälle summierten sich in den Jahren 2007/09 bei den großen internationalen Versicherungsgesellschaften auf 260 Milliarden Dollar, davon 70 Milliarden in Europa.[39]

Den weitaus größten Anteil daran hatte die *American International Group.* Mit diesem Fall erhielt die Finanzkrise in den USA eine neue Dimension. Seither stehen nicht nur Banken und Investmentfonds, sondern auch Versicherer in der Kritik. Dabei zielt die öffentliche Anklage nicht allein auf die Unternehmen. Zunehmend geraten auch Verantwortungsträger in Exekutive und Kontrolle ins Rampenlicht: Vorstände, Aufsichtsräte und Wirtschaftsprüfer. Bislang allerdings ohne einschneidende Konsequenzen – so die *New York Times:* »It is a question asked repeatedly across America: why, in the aftermath of a financial mess that generated hundreds of billions in losses, have no high-profile participants in the disaster been prosecuted?« Das Justizministerium habe sich entschieden, eine Reihe von Fällen nicht zu verfolgen, einschließlich potenziell krimineller: darunter die Aktivitäten des Angelo Mozilo, Gründer von *Countrywide* und des Joseph J. Cassano, »head of Financial Products at A.I.G., the business at the epicenter of that company's collapse.«[40]

Eine Vielzahl von Fällen, die nicht zuletzt diese Frage aufwerfen: gibt es eine Typologie kriminell gescheiterter Unternehmen/er? Ein plausibler, heuristischer Ansatz ließe sich auf zwei Unterscheidungsdimensionen aufbauen, die eine Matrix mit acht Feldern aufspannen. Die erste ist die Zeitdimension des Verhaltens, vereinfacht: ist das Geschäft schon bei Gründung kriminell oder entwickelt sich die Kriminalität im Prozess, unter zunehmender Bedrängnis? Die zweite ist die Tragfähigkeitsdauer des Geschäftsmodells, aus Sicht des Akteurs. Betreibt er das Geschäft als Spieler, der glaubt, die kriminellen Tricks beliebig lange fortsetzen zu können, oder ist er ein Stratege, der den Krach (als immer wahrscheinlicher) einkalkuliert? Für diesen Fall setzt er auf zwei mögliche Auswege: einerseits die Aufgabe des Unternehmen mit Flucht, andererseits die Rettung des Unternehmens – durch potenziell Geschädigte oder sogar wegen Systemrelevanz. Auch bei dem Spieler-Typ liegt eine weitere Differenzierung nahe: er scheitert, weil er »patzt«, also einen Fehler macht, oder er stürzt, weil das Auftreten völlig unbekannter Ri-

Tabelle 1.1 Unternehmenskriminalität: Tätertypen, Einstiegsphasen, Risiken, Auswege

Tätertyp ↓	Einstieg →	*bei Gründung*	*im Prozess*
Spieler: verdrängt Restgefahr; scheitert wegen	Fehler	Comroad	Schmidt-Tobler
	Kumulrisiko	Madoff	EFCA
Stratege: sieht Restgefahr; plant Ausweg mit	Flucht	Montague	Lehman
	Rettung	Enron	Phönix

sikofaktoren oder eine für höchst unwahrscheinlich gehaltene Kumulation bekannter Risikofaktoren den *Crash* auslöst.[41]

Tigg Montague startete kriminell, wusste, dass seine Geschäftsidee nicht unerschöpflich war und rechnete mit der Chance zu »türmen«. Auch Bernard Madoff kann man unterstellen, dass er schon kriminell begann; zu vermuten ist, dass er spielbesessen die Restrisiken verdrängte und auf Undurchsichtigkeit seines Systems vertraute. Die *Lehman Brothers,* genauer: vier ihrer letzten *Chief Officers,* sind der Kategorie »spätkrimineller Stratege mit Fluchtoption« zuzuordnen, wenn auch ihr Entschwinden – mit *Aeroflot* nach Moskau – durchkreuzt wurde. Vorher hatten sie zeitweilig auf Systemrelevanz gesetzt, wie auch etliche Beteiligte, Betroffene und Beobachter.

Die Top-Manager von *EFCA* begannen legal und hoffnungsfreudig, drifteten ins Kriminelle, blieben dabei spielerisch optimistisch, glaubten an die Undurchschaubarkeit von außen und wurden – völlig unerwartet – durch einen *whistleblower* enttarnt. *Enron* begann die Bilanzfälschung (vermutlich) beim Einstieg in neue Geschäftsfelder der *dot com economy,* also nicht erst in akuter Bedrängnis.[42] Das Beziehungsnetz zur Politik war dicht, bis in die Spitzen. Damit ist es nicht abwegig, *Enron* im Kasten Gründung/Stratege/Rettung zu sehen. Nebenan ist wohl der Phönix richtig platziert, mit Blick auf seinen »späten Einstieg«. Schwieriger ist die Zuordnung der *American International Group,* schon deshalb, weil zwischen cum-Greenberg und post-Greenberg zu unterscheiden ist. Dies wird im letzten Kapitel deutlich werden.

Schließlich: wer »patzte«? Wer handelte zuweilen unbedacht und gehört damit in die Matrixzeile Spieler/Fehler? Vorab: an Intelligenz, *alertness, cleverness* fehlte es keinem der genannten Akteure; »Nieten in Nadelstreifen« gab es unter ihnen nicht. Oder war Bodo Schnabel eine Ausnahme; hatte er nicht zu leichtsinnig auf seine einzige Karte *Comroad* gesetzt? Reinhard Schmidt-Tobler dagegen streute die Risiken: auf zwei Geschäftsfelder (legal und kriminell) sowie auf die Rollen Policeneigner und -vermittler. Sein Fehler allerdings war ein finaler.

Die Delinquenz in allen ihren Formen erforschen: dies war die Forderung von Alfred Manes an die Versicherungswissenschaft. Sie hat neben der rechtlichen, der mathematischen und sozialen selbstverständlich auch eine wirtschaftliche Dimension. Gab es somit aus der Wirtschaftstheorie heraus Anstöße, sich mit Versicherungskriminalität, insbesondere kriminellem Unternehmerverhalten zu befassen? Wohl kaum; denn der individuelle Unternehmer hat in einem Theoriegebäude, das auf dem Verständnis von sich selbst organisierenden, auf Stabilität und Ordnung ausrichtenden Märkten basiert, nur eine nachrangige Rolle. So ist das Fehlverhalten von Unternehmern nur selten zum Gegenstand wirtschaftstheoretischer Erklärungen gemacht worden; Pleitiers, Bankrotteure und Defraudanten bleiben populärwissenschaftlichen Darstellungen vorbehalten.[43]

Und die Kriminologen? Einige kritisieren neuerdings ihre eigene Disziplin. Aus ihrer Sicht konzentriert sie sich zu sehr auf »herkömmliche« Delikte und Verbrechen und erkennt nicht die Reichweite der Wirtschaftskriminalität. Dies, obwohl diese oft den weit größeren gesellschaftlichen Schaden anrichtet, in der Fachsprache: *often more consequentional than conventional crime.* Auch ist dort der Täterkreis ungleich größer; in der Finanzkrise ist es kaum möglich, in den schuldbehafteten Gruppen, Parteien und Institutionen die verantwortlichen Mitglieder zu identifizieren. »Wall Street is blamed for unsound, highly risky practices; Washington is blamed for regulatory failure and bad policies; and Main Street is blamed for living beyond its means.«[44] Die Kriminologie ist gefordert, nicht nur die eindeutigen Gesetzesbrüche zum Thema zu machen sondern auch die vorherrschenden, für Wirtschaftskriminalität ursächlichen Bedingungen, die *criminogenic conditions:* Finanzorganisationen, die *too big to fail* sind; eine oft ineffektive staatliche Regulierung und ein inhärent korruptes politisches System, in dem riesige Finanzhäuser einen bei weitem zu starken Einfluss haben; exorbitante Gehälter und »Kompensationsleistungen«, die zu hochriskanten Finanzmanövern anreizen.

Es sind diese Perspektiven und Einsichten, die den Fall Phönix in der Kriminalitätsgeschichte mit der aktuellen Finanzkrise verbinden. Solche für »kapitale« Wirtschaftskriminalität genetischen Faktoren haben seinerzeit auch zu Aufstieg und Sturz des drittgrößten europäischen Lebensversicherers beigetragen. Seitdem sind weitere Faktoren hinzugekommen, darunter ein bislang nicht genannter: die neueste Hard- und Software-Technologie für den Hochfrequenzhandel mit Wertpapieren, den die Aufsichtsbehörden,[45] bisweilen auch die Händler und – mit Katastrophenpotenzial – selbst die Konstrukteure von Algorithmen und Modellen nicht immer durchschauen können.[46]

Wie kann ein Autor den Fall Phönix mit seinen vielen Handlungssträngen, Schauplätzen und Verästelungen den Lesern erschließen – und dabei selbst solche einbeziehen, die Versicherungen für langweilig, schwer verständlich oder beides halten? Sicherlich gelingt dies nicht, wenn die Darstellung auf die Chronik der Firma und die Lebensgeschichte ihres Leiters eingeengt wird. Wer Unternehmensgeschichte und Unternehmerbiografien schreibt und dabei über die Ebene des Einzelfalls nicht hinausgeht, verschenkt Stoff, Spannung und Chancen der Erkenntnisvermittlung. Unternehmen und Unternehmer sind interessant, wenn sie über Verbindungsnetze und Handlungen mit ihrer Umwelt verknüpft sind und unter deren Bedingungen und Einwirkungen agieren. Sie verdienen umso mehr Beachtung, je weiter ihre Beziehungen und Wechselwirkungen über die Mikroebene hinausgehen. Eindeutig interessant sind sie, wenn sie auch mittlere und höhere Ebenen erreichen: in räumlicher, wirtschaftssektoraler und gesellschaftlicher Hinsicht, in der Hierarchie von Organisationen und mit Bezug auf Institutionen. Je weiter sich diese Kreise ziehen, desto stärker kommen neben der wirtschaftlichen Dimension noch andere ins Spiel, insbesondere die gesellschaftliche und politische.

Der Fall des Phönix bietet fraglos ein reiches Potenzial für eine vielschichtige, mehrdimensionale Darstellung. Das Geschäftsfeld dieses Unternehmens reichte über Europa hinaus, und es beschränkte sich nicht auf Versicherungen. Sein soziales Netzwerk war ausgedehnt und prominent besetzt, und seine Führungsfiguren hatten Zugang zur hohen Politik, als Einfluss- wie Auftragnehmer. Per Definition ist dieser Fall damit eindeutig interessant. Aber gilt dies auch für einen größeren Leserkreis? Muss man dafür nicht allzu weitreichende Kompromisse schließen: zwischen akademischem und populärem Stil, zwischen illustrierender Breite und fachlicher Tiefe, zwischen Komplexität und Überschaubarkeit?

Die Antwort hat ein anderer Autor in ähnlicher Situation bereits gegeben – im Prolog zu seinem Werk »Insurance and Crime«. Treffender als Sajjan Singh Banwait kann man es kaum sagen. »I chose a writing style and presentation of content that will, I hope, encourage you to read on. But, contrary to my intentions, you may judge my style too popular or too academic, the content too wide or too limited. But trying to reach large numbers of diverse readers, many a writer has in fact pleased very few, despite the vital importance of the topic to all. So, both readers and writers engage in risk taking, although the possible consequences in this case may be relatively trivial.«[47]

Stil und Inhalt: die Risiken und Konsequenzen, um die es in der folgenden Geschichte geht, sind keineswegs »trivial«. Im Zentrum der Handlung stehen überzogene Unternehmensziele, eine Fixierung auf die »Unmöglichkeit« des Scheiterns, der Aufbau und Missbrauch weitreichender Netze in Staat und Gesellschaft, der Kräfteverfall des Protagonisten und der Kollaps seiner unternehmerischen Vision.

Der Phönix in Österreich-Ungarn und den Nachfolgestaaten

Im März 1936 brach in Wien die Lebensversicherungs-Gesellschaft »Phönix« zusammen.[1] Schon bald wurde der Fall zum Skandal. Die ersten Pressemeldungen zeigten noch Zurückhaltung. »Austria Finds Deficit in Insurance Concern« schrieb die *New York Times;* das Kabinett in Wien habe über Nacht drei Auffanggesetze erlassen.[2] Die *Frankfurter Zeitung* berichtete über österreichische Staatsmaßnahmen bei dem Versicherer und fügte hinzu: »Der deutsche Policenbestand gesichert«.[3] Sehr behutsam war die Berichterstattung der Wiener Zeitung. Sie sah in den neuen Gesetzen das Ergebnis von »schon seit längerer Zeit laufenden Bestrebungen zur Modernisierung der privaten Lebensversicherung in Österreich. [...] Nun liegt der ganze Reformplan vor; man darf sagen, daß er eine glückliche Synthese ist.«[4]

Trotz dieser Beschwichtigungen: drohte nicht doch ein Unheil, nahten Iden des März? Reporter und Leser begannen zu ahnen, welche Größenordnung diese »financial troubles« erreichen und wie drastisch die »Staatsmaßnahmen« und »Reformpläne« ausfallen könnten. »Austria Reveals Insurance Firm 50 Million Short« stand in der Chicagoer Presse.[5] Und in der *Frankfurter Zeitung* war zu lesen, dass die österreichische Regierung den für die Versicherungsaufsicht zuständigen Sektionschef in Urlaub geschickt hatte.[6]

Es gab somit erste Antworten auf die Schuldfrage. Ins Zentrum rückte der Name Dr. Wilhelm Berliner, der bis vor einem Monat noch die Phönix-Lebensversicherungen AG geführt hatte. Anders als der Sektionschef war er nicht aus dem Amt gedrängt worden; er hatte es zusammen mit seinem Leben verloren. Völlig überraschend war er gestorben, als er eine schwere Mittelohrentzündung operativ behandeln ließ. Die *Frankfurter Zeitung* skizzierte Beispiele fragwürdiger Finanztransaktionen in der jüngsten Phönix-Geschichte und zog daraus den Schluss, dass sich »der Lebens-Phönix unter der Finanzleitung Dr. W. Berliners von den gesunden und normalen Prinzipien des Lebensversicherungsgeschäfts«

weit entfernt hatte.[7] Der *Völkische Beobachter* ging den umgekehrten Weg: seine Reportage stellte die finanzwirtschaftliche Betrachtung der Phönix zurück und fixierte sich auf die »Schiebungen ihres jüdischen Generaldirektors«.[8]

Die propagandistische Rolle übernahm *Der Angriff*. Er sah den österreichischen Staat unterminiert von verbrecherischen Akteuren in der Industrie- und Finanzwelt. »Berliner, der sich zum unumschränkten Diktator über die größte österreichische Versicherungsgesellschaft aufgeschwungen hatte, [...] war nebst seinem Glaubens- und Rassegenossen Direktor Mandel von der Hirtenberger Patronenfabrik einer der einflußreichsten Männer der österreichischen Wirtschaft und Politik. Nicht mit Unrecht hat man ihn als den ›Inspekteur der Regierungskommissäre‹ für die Privatwirtschaft bezeichnet.«[9] *Der Angriff*, gegründet als Blatt der Berliner NSDAP, war inzwischen zur Tageszeitung der Deutschen Arbeitsfront geworden. Nach dem »Anschluss« sollte die DAF eine zentrale Stellung im Versicherungswesen der »Ostmark« einnehmen.

Entfaltung in den Glanzjahren der Monarchie

In der Geschichte der österreichischen Versicherungen gab es bis zum Zweiten Weltkrieg vier einschneidende Ereignisse: den Börsenkrach 1873, die Auflösung der Monarchie 1918, den Sturz des Phönix 1936 und den »Anschluss« 1938.[10] Die ersten Lebensversicherer in Österreich-Ungarn hatten sich in den 1820er und 1830er Jahren gegründet, darunter die Gesellschaften *Azienda* (1822) und *Generali* (1831). Eine zweite Gründungswelle – vor allem spekulationsgetrieben – wurde im Vorfeld der Börsenkrise ausgelöst, gefolgt von längerer Stagnation.[11] Um 1880 gab es 23 inländische Gesellschaften, die Lebens- und Rentenversicherungen anboten; bis zum Kriegsbeginn verdoppelte sich diese Zahl. Hinzu kamen die ausländischen Gesellschaften, die kurz nach dem Zulassungsgesetz von 1873 und dann vermehrt in den 1880er Jahren ins Land strömten. Im Jahr 1913 gab es 18 ausländische Zweigniederlassungen in Österreich, mit einem Marktanteil von etwa 20 Prozent, wobei deutsche Gesellschaften weitaus am stärksten vertreten waren.[12] Dabei ist zu beachten, dass die Marktgröße im internationalen Vergleich nachrangig war; der österreichisch-ungarische Lebensversicherungsbestand lag 1900 bei nur 4 Prozent des weltweiten. Weitaus größere Anteile entfielen auf die USA (53), England (20) und Deutschland (10 Prozent).[13]

Die Bedeutung der Lebensversicherer innerhalb der österreichischen Versicherungswirtschaft stieg stetig. Ihr Anteil am Prämienaufkommen aller Sparten lag 1900 bei einem Drittel und zu Kriegsbeginn schon bei 40 Prozent.[14] An diesem Aufkommen hatten die ausländischen Lebensversicherer einen Anteil von einem Viertel, mit sinkender Tendenz. In Zahlen von 1913: insgesamt gab es 2,7 Millionen

Verträge mit einer Versicherungssumme von 7,5 Mrd. Kronen. Auch diese Zahlen sind zu relativieren: vor dem Kriege waren weniger als 5 Prozent der Bevölkerung lebensversichert – vor allem Beamte und Freiberufler, Großgrundbesitzer, Unternehmer und gewerblicher Mittelstand.[15]

Dies ist mit dem verfügbaren Einkommen der weiteren Bevölkerungsgruppen, aber auch mit dem Image der Sparte zu erklären. Im 19. Jahrhundert war es notorisch schlecht. Die Lebensversicherer galten als Vermögensraffer; mit unlauteren Methoden – so hieß es – würden sie kundenfeindliche Bedingungen oktroyieren. Es häuften sich die Forderungen nach strikter staatlicher Kontrolle, gerade auch in Parlamenten.[16] So schlugen 1892 im österreichischen Abgeordnetenhaus die Wogen hoch, als wieder einmal die Staatsaufsicht über die Versicherungswirtschaft zur Debatte stand. Der Abgeordnete Gessmann von der Christlichsozialen Partei »erörterte speziell die Zustände beim Oesterreichischen Phönix, dessen Direktor James Klang in persönlichen Beziehungen zum staatlichen Aufsichtscommissär Ministerialrath Kaan stehe. (Hört! Hört! auf der äußersten Linken.) Die Regiekosten dieser Gesellschaft seien unmäßig hohe. Auf der Liste der Verwaltungsräthe figurieren Namen von Fürsten und Grafen (Fürst Liechtenstein: Leider!), um auf die Leichtgläubigkeit der Bevölkerung zu speculieren (Sehr richtig! auf der äußersten Linken), deshalb erscheine eine stramme Controle des Staates als eine unabwendbare Pflicht. (Beifall auf der äußersten Linken.)«[17]

Diese zweifelhafte Reputation der Sparte erklärte sich auch damit, dass die oft einzige Kontaktperson des Kunden, der »Versicherungsagent«, hoffnungslos verrufen war. Noch 1904 hieß es in der Österreichischen Versicherungs-Zeitung: »Aus eigenem Antrieb versichert niemand sein Leben; es bedarf dazu vielmehr eines ›zudringlichen‹ Agenten.«[18] Diese Zudringlichkeit hatte vermutlich auch Dr. Wilhelm Berliner, Prokurist der Lebensversicherungsgesellschaft Oesterreichischer Phönix im Blick, als er in einer (preisgekrönten) Arbeit über »Das Österreichische Wuchergesetz« schrieb: »Diesem Falle [des Wuchers, d. V.] steht ein anderer zur Seite: der eine Vertragsteil vermag die Tragweite der ihm auferlegten Verpflichtungen oder den Wert der dargebotenen Dienstleistungen nicht zu erkennen, seine Unkenntnis wird ausgebeutet, und wieder ist die Freiheit des Willens [zum Vertragsabschluss, d. V.] nur scheinbar, die Gleichberechtigung nur formal vorhanden.«[19]

Zu diesen nur formal Gleichberechtigten waren auch all die Versicherungsnehmer zu rechnen, die ihren Lebensversicherungsvertrag in weitreichender »Unkenntnis« unterzeichneten. Deren Anteil stieg in dem Maße, wie die Versicherungsgesellschaften – mit Einführung der sogenannten Kleinen Lebensversicherung – weitere Bevölkerungskreise zu ihren Zielgruppen bestimmten. Schon um 1900 wurden solche »kleinen« Policen weitestgehend vom »gewerblichen und industriellen Hilfspersonal« gekauft, mit Versicherungssummen von nicht mehr 100–200 Kronen.[20]

Im Deutschen Reich war schon 1908 ein Versicherungsvertragsgesetz erlassen worden. Dies gab den Anstoß für ein ähnliches Vorhaben in Österreich-Ungarn, das allerdings erst 1917 zum Abschluss kam. Darüber berichtete mehrfach die *Österreichische Zeitung für öffentliche und private Versicherung*, sie erschien von 1910 bis 1920. Als Herausgeber zeichneten Dr. Wilhelm Berliner und der Ko-Autor der »Wuchergesetz«-Schrift, Dr. Richard Engländer, ein Hof- und Gerichtsadvokat. Der Schriftleiter war Dr. Berliner, mit der Adresse der Lebensversicherungs-Gesellschaft Phönix: Wien I, Riemergasse 2.

Im ersten Jahrgang der Zeitschrift findet sich die Notiz, dass der vom Herrenhaus beschlossene Gesetzentwurf über den Versicherungsvertrag dem Abgeordnetenhaus übermittelt worden sei, und dass dieses am 22. Juni 1910 beschlossen habe, die Vorlage dem Justizausschusse zuzuweisen. Im Folgeband ist zu lesen: »Das Plenum des Abgeordnetenhauses hatte also nur noch ›Ja‹ zu sagen. Da wurde das Abgeordnetenhaus plötzlich zerschlagen. Der Versicherungsgesetzentwurf wanderte mit zahlreichen anderen wertvollen legislatorischen Arbeiten in die Archive.« Ein Jahr später schrieb ein zweiter Kenner des Versicherungsrechts zu demselben Vorhaben: »Im Herbst des Vorjahres ist der Gesetzentwurf [...] dem neugewählten Hause vorgelegt und von diesem dem Justizausschusse zur Beratung und Antragstellung zugewiesen worden. [...] Der Justizausschuß hat es abgelehnt, dem Abgeordnetenhause die unveränderte Annahme der Regierungsvorlage zu empfehlen.« Erst in ihrem achten Jahrgang konnte die Zeitschrift eine kommentierte Ausgabe des Gesetzes vorstellen, das am 23. Dezember 1917 in Kraft getreten war.[21]

Ergänzend ist zu bemerken, dass im Jahre 1915 der Gesetzentwurf aus dem »Archiv« wieder hervorkam und mittels einer Kaiserlichen Verordnung (KaisV) provisorische Gesetzeskraft erhielt. Genauer: diese Verordnung erlangte nicht sofort Geltung; letztendlich wurde dies auf den 1. Januar 1918 verschoben. In Kraft trat sie dennoch nicht, weil im Herbst 1917 ein neuer, veränderter Gesetzentwurf beschlossen wurde, mit der Maßgabe, dass dieses »Versicherungsvertragsgesetz« ab eben jenem 1. Januar gelten und gleichzeitig die »KaisV« in die Ablage wandern sollte. Das neue Gesetz hatte dann 23 Jahre Bestand; es sollte erst am 1. Januar 1941 vom reichsdeutschen Versicherungsvertragsgesetz abgelöst werden.[22]

Zurück zur Entwicklung der Sparte ab 1914: der Erste Weltkrieg brachte für Versicherer wie Versicherte das Risiko harter Belastungen. Nach dem in der Fachwelt vorherrschenden Szenario würden in Kriegsjahren neue Kunden schwerer zu gewinnen sein. Viele Altkunden würden in Zahlungsverzug geraten, Angespartes durch Aufnahme von Policendarlehen belehnen oder ihre Verträge stornieren. Dies würde die Liquidität der Versicherungsgesellschaften schwächen, mit der Folge, dass sie ihren Kunden geringere Dividenden zahlten und die Überschussbeteiligung einschränkten.

Für die Versicherer stellte sich diese vorherrschende, pessimistische Voraussicht als voreilig heraus. Das in Wien erscheinende *Assekuranz-Jahrbuch* berichtete, dass die österreichisch-ungarischen Privatgesellschaften in den ersten beiden Kriegsjahren »eine glänzende Probe ihrer Widerstandskraft und ihrer Anpassungsfähigkeit abgelegt hätten.«[23] Und im Folgeband ist an der entsprechenden Stelle zu lesen: »Die Geschäftsberichte nahezu aller [österreichisch-ungarischen] Versicherungsgesellschaften schließen für das Jahr 1916 ebenso günstig wie in Friedenszeiten ab. [...] Die finanzielle Lage der Gesellschaften ist überaus günstig; der geschäftliche Überschuß war 1916 der größte bisher während eines Jahres erzielte.«[24]

Was mit der zitierten »Anpassungsfähigkeit« gemeint war, konnte der Leser in folgenden Zeilen erkennen: »Daß der Krieg ein großer Lehrmeister ist, haben auch die Versicherungsgesellschaften erfahren.«[25] Gemeint waren die Neuerungen, die vor allem die Lebensversicherer in ihr Programm genommen hatten, indem sie das »bisher streng gemiedene« Kriegsrisiko zumindest teilweise deckten. So öffneten sie ihre Türen nun auch denjenigen Soldaten, die ihre feste Gesundheit durch Verwundung oder Krankheit im Kriege verloren hatten. Angeboten wurde auch die Versicherung für Kriegsinvalide, um diesen ein bescheidenes Kapital für den Aufbau einer eigenen Existenz zu sichern. Und es wurde eine »Kriegslebensversicherung« geschaffen, die den Kriegssterbefall abdeckte, an der Front oder im Lazarett. Eine solche Neuerung war auch deshalb zeitgemäß, weil sie sich, in einer zweiten Version, mit einer Stärkung der kriegsgebeutelten Staatsfinanzen verknüpfen ließ – über den Kauf von Staatsanleihen.

Denn: »Dem Dienst der Kriegsanleihen haben sich die Versicherungsgesellschaften mit ganz besonderem Eifer gewidmet. Abgesehen von ihren eigenen großen Zeichnungen, haben die Lebensversicherungsanstalten ihren Versicherten alle erdenklichen Erleichterungen zu diesem Zwecke geboten.« Dies geschah, indem sie den Kauf einer Anleihe mit dem Abschluss einer Lebensversicherung verknüpften; geschaffen war die »Kriegsanleiheversicherung«. Dieses Angebot war insbesondere auf Bürger mit schmalem Geldbeutel zugeschnitten, die einen Anleihekauf mit sofortiger, einmaliger Bezahlung nicht bewältigen konnten. Damit aber auch sie ihren patriotischen Beitrag leisten (und eine Police kaufen) konnten, wurden die Prämienzahlungen für die Kriegsanleiheversicherung als Raten auf den Kauf des Staatspapiers angerechnet. Wenn nun der Versicherte »noch vor Bezahlung sämtlicher Raten (= Prämien) im Kriege fallen sollte, [würden] die noch ausstehenden Raten aus der Versicherungssumme gedeckt werden, so daß die begünstigten Hinterbliebenen das vollbezahlte Staatspapier erlangen.«[26]

Mit anderen Worten: die Hinterbliebenen bekamen nicht Geld sondern Staatsanleihen, wurden also Gläubiger des Staates. Diesen Anspruch an den Staat konnten sie in Bargeld umwandeln, wenn sie das Papier – sofern handelbar – an Dritte verkauften. Als patriotischer aber galt, das Wertpapier zu halten, in der Erwartung, dass der Staat am Fälligkeitstage den Nominalbetrag in bar auszahlte und dessen Wert nicht etwa durch Inflation arg geschrumpft war. Diese Idee, ein Leben zu versichern und im selben Zuge seine vaterländische Gesinnung zu bekunden, passte in die Zeit. Und die Versicherer erkannten, dass sie nicht nur für den Todesfall an der Front taugte. In einer zweiten Form wurde die Kriegsanleiheversicherung auf den Erb- und Erlebensfall abgeschlossen. Davon konnten »auch die im Hinterlande zurückgebliebenen Staatsbürger Gebrauch machen.«[27]

Diese Neuerungen lösten einen Boom aus, der bis zum Kriegsende anhielt und den gesamten Lebensversicherungsbestand allein in Deutsch-Österreich um 2 Mrd. Kronen erhöhte. Im Vergleich zu 1916 war dies fast eine Verdoppelung.[28] Davon profitierten alle Anbieter, wenn auch nicht gleichermaßen. Mit Abstand größter Gewinner war die Gesellschaft *Oesterreichischer Phönix in Wien;*[29] sie stieg in die Spitzengruppe auf. Bislang war »der Phönix« unter den ca. zwanzig Lebensversicherern nicht über den Rang fünf hinausgekommen, in deutlichem Abstand zu dem Führungstrio, das die Gesellschaften *Generali, Riunione* und *Der Anker* bildeten.[30] Dies zeigt der folgende Rückblick auf seine Geschichte bis 1914. Er kann kurz ausfallen; denn über diesen Abschnitt der österreichisch-ungarischen Assekuranz-Historie ist viel geschrieben worden.

Ihren Ursprung hatte die Firma in der *Kaiserlich-königlich privilegierten Versicherungsgesellschaft Oesterreichischer Phönix,*[31] einem Unternehmen, das 1860 als Tochter der *Dresdner Feuerversicherung* zur Welt kam. Sitz der Firma war von Beginn an Wien. Als die Mutter das Folgejahr verlustreich abschloss, kam die Tochter noch 1861 in die Obhut österreichischer Industrieller.[32] Sie begann mit Sachversicherung in mehreren Sparten und bot ab 1866 auch Lebensversicherungen an.[33] Vom schlechten Ruf der Branche – oder gezielter Rufschädigung – blieb sie nicht ausgenommen. So war, wie eingangs erwähnt, in der Wiener Zeitung *Die Presse* im Folgejahr zu lesen, dass die österreichischen Versicherer in ihren Jahresabschlüssen wirklichkeitsferne Vermögenswerte auswiesen und ein näheres Hinschauen im Interesse der Versicherten dringend geboten sei.

Ebendies tat der Schreiber dann am Beispiel des Phönix, indem er kenntnisreich die Aktiva in dessen Bilanz zerpflückte. »Diese Posten möchten wir den Nominalwerth nennen; welches ist jedoch der effective Werth, welche die wirkliche Basis dieser Garantien bildet?« Sein Fazit: »So stellen sich die wirklichen ›Garantien‹ weit minder günstig. Unseren Versicherungsinstituten aber wäre, wie das vorliegende Beispiel wohl zur Genüge zeigt, ein streng solides Gebaren und die Aufstellung und Veröffentlichung wirklicher und richtiger Bilanzen jedenfalls weit mehr zu empfehlen, als dieses auf die Leichtgläubigkeit der Menge berechnete Prunken mit Scheincapitalien.«[34]

Abbildung 2.1 Phönix-Aktie 100 Gulden von 1893

In der langen Depression, die dem Börsenkrach von 1873 folgte,[35] wird auch der Phönix in Schwierigkeiten gekommen sein; jedenfalls wurden 1881 sämtliche Aktien an die *Franco-Hongroise* verkauft.[36] Diese geriet kurz darauf in Liquiditätsnot und gab das Wertpapierpaket an die *Azienda* weiter – einen österreichisch-französischen Versicherer für Renten und Leben, geführt vom Direktor James Klang. Die *Azienda*, gegründet 1822, fusionierte mit dem Ursprungs-Phönix, gab ihren eigenen Firmennamen auf und ließ 1889 zwei neue Aktiengesellschaften entstehen.[37]

Die größere von beiden war die Oesterreichische Phönix-*Elementar*-Versicherungs-Gesellschaft mit einem Aktienkapital von 2 Millionen Gulden;[38] sie übernahm das Sachversicherungsgeschäft des Ursprungs-Phönix. Die zweite Neugründung war der *Lebens*-Phönix mit 0,6 Millionen Gulden Aktienkapital, auf den die Lebensversicherungsbestände des Ursprungs-Phönix, der *Azienda* und der von dieser übernommenen *Patria* übergingen.[39] Die beiden Neugründungen arbeiteten fortan rechtlich eigenständig, aber faktisch in enger Verbindung, im selben Hause, mit weitgehend identischen Verwaltungs(Aufsichts)räten.

Schon früh waren beide mit der *Münchener Rückversicherung* verbunden. Diese war jeweils die Hauptaktionärin, und ihr Generaldirektor Carl Thieme hielt in beiden Verwaltungsräten eine Schlüsselposition. Zudem zedierte der Phönix der Münchener Gesellschaft eine Quote von fünfzig Prozent, d. h. er übertrug ihr die Hälfte der Risiken, die er als Erstversicherer gegenüber seinen eigenen Kunden einging.[40] Wie erwähnt hatten deutsche Versicherer auf dem österreichisch-ungarischen Markt offensiv Fuß gefasst. Die bekannte *Victoria* aus Berlin war erst 1891 gekommen, hatte aber schnell beträchtliche Marktanteile erobert und schon um 1914 alle ausländischen Konkurrenten weit hinter sich gelassen.

Auch der Lebens-Phönix erweiterte kontinuierlich sein Geschäftsfeld. Schon bald nach seiner Gründung war er an allen wichtigen Plätzen der Donau-Monarchie aktiv und ging zügig über deren Grenzen hinaus. Noch in den achtziger Jahren drang er nach Italien, Elsaß-Lothringen und in den Orient vor und war auch auf deutschem Boden präsent. Diese schnelle Internationalisierung gelang ihm, indem er mehrfach die Versicherungsbestände anderer Gesellschaften übernahm – eine Strategie, auf die er auch in den folgenden Jahrzehnten setzen sollte.

Im Vorkriegsjahr 1913 war sein Versicherungsbestand auf 225 Millionen Kronen gewachsen; unter den österreichisch-ungarischen Lebensversicherern hielt er den fünften Platz.[41] Nach dem Tod von James Klang lag die Leitung des Unternehmens in den Händen des Generaldirektors Friedrich Bauer. Zu einem seiner Stellvertreter wurde 1914 der genannte Dr. Wilhelm Berliner, mit dem Titel »Direktor«. Den Verwaltungsrat (Aufsichtsrat) bildeten führende Vertreter der Finanz-Elite, ehemalige Beamte und Offiziere von hohem Rang, sowie Prominente des Gutsbesitzeradels.

Der Krieg brachte Unsicherheit und Herausforderungen. In einem Rückblick von 1923 ist zu lesen: »Im Jahre 1913 erzielten die Gesellschaften einen Rekord an Abschlüssen; dann kam der Krieg, welcher auf das Geschäft anfangs lähmend wirkte, bis die Kriegsanleiheversicherungen einen völligen Umschwung herbeiführten. Dem großen Neuzugang steht ein verhältnismäßig sehr geringer vorzeitiger Abfall gegenüber, daher sich der Bestand an Versicherungskapital von 1913 bis 1918 verdoppelte. Das heißt, es wurde in den zwei Jahren 1917/18 soviel erzielt, als während des gesamten vorangegangenen Geschäftsbetriebes der Gesellschaften, den man durchschnittlich mit 35–40 Jahren annehmen kann.«[42]

Die untenstehende Versicherung ist von der k. k. priv. Lebensversicherungs-Gesellschaft Oesterreichischer Phönix in Wien auf Grund der Vereinbarungen mit dem k. k. österr. Militär-Witwen- und Waisenfonds und unter voller Wahrung der darin für die versicherten Familien sowie für die Kriegerwitwen und Waisen festgestellten Begünstigungen abgeschlossen worden.

Versicherungsurkunde Nr 105002

Kriegsanleiheversicherung

Die k. k. priv. Lebensversicherungs-Gesellschaft Oesterreichischer Phönix in Wien bescheinigt hiedurch daß im Sinne der Zuschrift der hohen General-Direktion der Privat- und Familienfonde vom 23. Juni 1917, Nr 1964, zufolge Allergnädigsten Befehles Seiner kaiserlichen und königlich Apostolischen Majestät im Allerhöchsten Namen

Ihrer Majestät der Kaiserin und Königin

Zita

ein Kapital von

Nominale K 50.000

Fünfzig tausend KRONEN

VI. ÖSTERREICHISCHER AMORTISABLER STAATSANLEIHE

gezeichnet und versichert wurde.

Abbildung 2.2 Kriegsanleiheversicherung der Kaiserin Zita (Bundesarchiv Berlin)

Auch der Phönix passte sich erfolgreich an. Er reagierte mit Tarifänderungen, vor allem aber mit einer zeitgemäßen Erweiterung seines Portefeuille, indem er in großem Stil die Kriegslebens- und die Kriegsanleiheversicherung einführte. Das Kriegsgeschäft war riskant, aber es bot die Chance zur sprunghaften Expansion. Die Statistik zu beiden »Kriegsprodukten« zeigt, was sie für die Bestandsentwicklung des Phönix bedeuteten. Für die Kriegslebensversicherung bildete sich schon im ersten Kriegsjahr ein Sockel von 18 Millionen Kronen, der bis 1917 auf die Versicherungssumme von 544 Millionen Kronen anwuchs. Der Gesamtwert der Kriegsanleihe-Policen lag 1917 bei 700 Millionen und im Folgejahr bei 1,3 Milliarden Kronen. Die Zahl der Versicherten erreichte bei beiden Produkten nahezu die Millionenmarke – mit Kaiser Karl I. und Kaiserin Zita an der Spitze (siehe Abb. 2.2).[43] Und auch die Kriegsinvaliditätsversicherung trug zu dem beispiellosen Aufstieg des Phönix bei.

So erhöhte er seinen Versicherungsbestand allein in den letzten beiden Kriegsjahren um mehr als das Siebenfache und erreichte den Spitzenwert von 1,8 Milliarden Kronen. Nicht weniger als 900 000 Policen für die neuen Versicherungen waren gezeichnet worden. Im letzten Kriegsjahr stand der Phönix eindeutig als größter Gewinner da. In Fachkreisen gab es keinen Zweifel, dass dieser Erfolg in erster Linie dem jungen Direktor Dr. Berliner zuzuschreiben war.

Skandalgewitter vor Kriegsende

Dr. Berliner hatte schon 1915 in einem Vortrag ausführlich dargelegt, welche Anforderungen der Krieg an die privaten Versicherer stellte. Unter diesen außergewöhnlichen Belastungen hätten sie auch gegenüber Skeptikern den Beweis ihrer Solidität und Liquidität erbracht. Und die Lebensversicherer hätten alles unternommen, um auch das individuelle Risiko der Kriegsgefahren abzudecken. »Für die überhaupt noch nicht Versicherten und für jene, die für den Kriegsfall nicht gültige Polizzen besaßen, mußte ein Ersatz durch eine besondere, auch den bereits im Felde Stehenden zugängliche Kriegsversicherung geschaffen werden. Diese Kriegsversicherung, von der außerordentlicher Gebrauch gemacht wurde, hat sich in doppelter Hinsicht bewährt: sie ist nicht allein tausenden Familien, deren Versorger vor dem Feinde standen, in schwerster Zeit zum Segen geworden, sie hat auch Bedeutendes für die Aufrechterhaltung und Festigung des Kreditwesens geleistet.«[1]

Dass diese Neuerung eine solch starke Nachfrage fand, war nicht zuletzt das Ergebnis intensiver Werbung. Darin trat nicht der Phönix als Initiator hervor, sondern eine 1915 gegründete Fürsorgeeinrichtung: der »k.k. Militär-Witwen- und Waisenfonds«. Zweck dieses Vereins war die Schaffung eines Sondervermögens, aus dem die Angehörigen von Gefallenen oder an Kriegsfolgen Gestorbenen eine regelmäßige Unterstützung erhielten. Die Einrichtung stand unter dem Protektorat des Kaisers; den Vorstand bildeten hochrangige Ministerialbeamte, hohe Offiziere und weitere Spitzen der Gesellschaft, darunter auch der Bürgermeister von Wien und die Chefredakteure der großen Tageszeitungen.

Dementsprechend weit hallte das Echo in der österreichischen Presse. So schrieb die *Grazer Mittagszeitung* schon im Juni 1915 über Aufgaben in »Kriegsfürsorge und Kriegsversicherung«, zeigte dabei die Grenzen von Staatshilfe und öffentlicher Wohltätigkeit auf und stellte die Notwendigkeit einer organisierten Selbsthilfe heraus. Gefordert sei »der Zusammenschluss aller Familien, deren Ernährer im Felde stehen, zu einer sich alle umfassenden Kriegsversicherung. [...] Der Witwen- und Waisenhilfsfonds der gesamten bewaffneten Macht hat ein Übereinkommen mit der k.k. priv. Lebensversicherungsgesellschaft Oesterreichischer Phönix Wien getroffen, wonach Kriegsversicherungen auch für bereits im Felde stehende Offizieren und Soldaten unter besonders günstigen Bedingungen abgeschlossen werden können. Die Kriegsversicherung ist eine Todesfallversicherung auf ein Jahr. Die versicherte Summe wird sofort ausbezahlt, wenn der Versicherte fällt, wenn er an den Folgen einer im Kriege erlittenen Verletzung erliegt, wenn er in der Gefangenschaft oder selbst nach seiner Rückkehr zu Hause vor Ablauf der einjährigen Versicherungsdauer eines natürlichen Todes stirbt. Selbstmord ist allein ausgeschlossen.«[2] Gemeint war die »Kriegslebensversicherung«.

Schon im Dezember 1915 war zu lesen, dass Versicherungen für 15,5 Millionen Kronen abgeschlossen waren, täglich 700 000 Kronen hinzu kamen – und der Versicherer bereits 18 Millionen Kronen ausbezahlt hatte. Daher beabsichtige der Witwen- und Waisenhilfsfonds, »eine weit ausgreifende Propaganda für die Verbreitung des Gedankens einer Kriegsversicherung in allen Schichten der Bevölkerung zu entfalten. Es ist dies eine Angelegenheit von hervorragender wirtschaftlicher Bedeutung, die eine allseitige Unterstützung vollauf verdient.«[3]

Engagierte Propaganda betrieb der Fonds auch für die staatlichen Kriegsanleihen und verknüpfte sie wiederum mit einer Werbung für den Phönix. Gemeint war dessen »Kriegsanleiheversicherung«. Viktor von Ephrussi, reicher Bankier, konnte ganze Stapel von Kriegsanleihen kaufen (und musste erleben, dass sie nach dem Krieg nur noch Papierbündel waren),[4] aber wie konnten ärmere Bürger Zugang erhalten? »Um jedermann die Beteiligung an der Kriegsanleihe zu ermöglichen, empfiehlt der Militär-Witwen- und Waisenfonds den Abschluss von Kriegsanleiheversicherungen bei der k.k. Lebensversicherungsgesellschaft Oesterreichischer Phönix in Wien, welche den Zeichnern die größtmöglichen Begünstigungen bietet. [...] Bei Anmeldung keine Anzahlung für die Kriegsanleihe, sondern nur Entrichtung der ersten Prämie. Voller Einschluss der Kriegs- und Selbstmordgefahr. [...] Einheitliche Prämien ohne Rücksicht auf das Eintrittsalter.

[...] Es ist zu wünschen, daß diese wirklich selbstlose und nachahmenswerte Einrichtung im vaterländischen Sinne zum Erfolge der Kriegsanleihezeichnung wirksam beitrage!«[5] »Die Versicherungsanstalt haftet für die Erfüllung der vollen Versicherungsleistung, verzichtet aber auf jeden Gewinn und besorgt unentgeltlich die gesamte Werbe- und Verwaltungsarbeit.«[6]

Für die Propagierung beider Versionen bat der Fonds auch die Kirche um Mithilfe. Zum Hinweis auf die Kriegs(lebens)versicherung erhielten die Pfarrer diesen Aufruf: »Was uns veranlaßt, die gütige Mitwirkung Euer Hochwürden für die Förderung dieses Werkes der Selbsthilfe zu erbitten, das ist die außerordentliche Tragweite der Kriegsversicherung zum Schutze der bedürftigen Familien. Nichts Geringeres als die Wohlfahrt und die sittliche Erziehung der kommenden Generationen steht auf dem Spiele; für eine Familie, die ihres Vaters beraubt ist, bedeutet die wirtschaftliche Not leider nur allzuhäufig auch den Beginn des sittlichen Verfalls. Wir bitten insbesondere, die mitfolgenden Aufnahmsdrucksorten denjenigen Familien Ihrer Pfarrgemeinde, für welche der Abschluß ein wirtschaftliches Bedürfnis ist, zur Kenntnis zu bringen, ihnen beim Ausfüllen zu helfen und sie auch über die Möglichkeit der ratenweisen Bezahlung zu belehren.«[7]

Der Krieg ging ins vierte Jahr, und die Propaganda traf auf zunehmende Skepsis und Kriegsmüdigkeit. Dies gipfelte in einem Ausbruch von Kritik und Zorn im Mai 1918. Ausgelöst hatte ihn eine Anfrage im Wiener Gemeinderat, vorgetragen vom Ratsmitglied Kunschak und gerichtet an den Bürgermeister Dr. Weiskirchner. Die *Reichspost* schilderte den Vorgang am Folgetag. »GR. Kunschak interpelliert wegen der Vereinbarung der Versicherungsgesellschaft ›Phönix‹ mit dem k.k. Militärwitwen- und Waisenfonds und führt aus: Das Publikum wird irregeführt. Es meint mit einer staatlichen Fürsorgeaktion ganz allein zu tun zu haben, und ahnt nicht, daß diese nur den Deckmantel für ein privates spekulatives Aktienunternehmen bildet. Diese Irreführung wird lebhaft gefördert durch den ganz unzulässigen Umstand, daß der gesamte staatliche Apparat von den Statthaltereien bis zu den Steuer- und Postämtern durch höhere Weisungen in den Dienst der Aktion des ›Phönix‹ gestellt ist, was nicht nur eine einseitige Stellungnahme der Behörden darstellt sondern in weitesten Kreisen den Eindruck eines staatlichen Zwanges, einer Beeinflussung durch Druck- und Drohungsmittel zugunsten manchmal ganz unzweckmäßiger Versicherungsnahmen hervorzurufen geeignet ist und tatsächlich auch hervorruft. [...] Bgm. Dr. Weiskirchner erwidert, daß er im Vereine mit dem niederösterreichischen Landesausschusse ernste Vorstellungen bei der Regierung gegen die Beziehungen zwischen ›Phönix‹ und Militärwitwen- und Waisenfonds erhoben habe. Er werde die in der Interpellation angeführten Tatsachen einer eingehenden Prüfung unterziehen und in der nächsten Sitzung ausführlich beantworten.«[8]

Dieser Bericht der *Reichspost* war vergleichsweise ausführlich, wenn auch kommentarlos. Andere bürgerliche Blätter fassten sich wesentlich kürzer oder ließen die Interpellation in ihren Darstellungen der Sitzung unerwähnt. Anders *Die Neue Zeitung*, ein Blatt des Wiener Boulevards; sie machte daraus eine Titelgeschichte. »Im Namen der Wohltätigkeit. Wiederholt wurde in der ganzen Kriegszeit die traurige Erfahrung gemacht, daß eine ganze Reihe von Aktionen unter falscher Flagge segelt. Unternehmungen, die rein gewinnütziger Absicht sind, werden als hochpatriotische, vaterländische und gemeinnützige Sachen angepriesen.« Es folgten die Anschuldigungen Kunschaks, ergänzende Kritikpunkte und das Fazit: »Der ›Phönix‹ ist schon zu Friedenszeiten ein gutes Geschäft für einzelne Bevorzugte gewesen. Jetzt wird er nach dieser Kompagnie mit dem Witwen- und Waisenfonds natürlich noch zufriedener sein können. Wer aber mit Recht ungehalten sein muß, das ist die Öffentlichkeit, die immer und immer wieder sieht, wie die besten und notwendigsten Sachen von gewinnütziger Seite ausgenützt werden. Das Abkommen des Witwen- und Waisenfonds mit dem ›Phönix‹ ist ein Skandal.«[9]

Eine mittlere Position zum Vorgang bezog die *Arbeiter-Zeitung*, das Blatt der Sozialdemokratie. Sie kommentierte, dass der Fonds, eigentlich ein Verein, mit dem Staat so eng verbunden sei, dass viele ihn für eine Behörde hielten, die auch Versicherungen anbiete. Ein »Fachmann«, den die Redaktion befragt hatte, wurde mit der Einschätzung zitiert, dass der Fonds als Versicherungsvermittler für den Phönix handle und dafür eine Provision erhalte. Bedenklich sei daran, dass er den Vertrag mit dem Phönix geschlossen habe, ohne vorher auch die anderen Versicherungsgesellschaften angesprochen zu haben. »So erlangte der Phönix eine Monopolstellung, und der Witwen- und Waisenfonds machte die militärischen und zivilen staatlichen Ämter, vielfach auch Landes- und Gemeindefunktionäre zu Vermittlungsstellen für den Abschluss von Versicherungen.«[10]

Warum die Wiener Zeitungen mit dem Vorfall so unterschiedlich umgingen, lässt sich vermuten. Konservativen Blättern erschien die Sache anrüchig. *Die Neue Zeitung*, katholisch orientiert, stand dem christlichsozialen Arbeiterverein nahe, dessen Vorsitzender Leopold Kunschak war; er sollte das Blatt 1932 übernehmen. Die *Arbeiter-Zeitung* stieß schon deshalb nicht ins selbe Horn, weil sie das Organ der Sozialdemokratischen Arbeiterpartei war, die in natürlicher Rivalität zur christlichen Arbeiterbewegung stand. Obwohl auch sie die Allianz von Privatversicherung und staatsnaher Kriegsfürsorge beargwöhnte, kommentierte sie Kunschaks Anfrage nicht sondern überließ dies dem anonymen »Fachmann«.

Umso überraschender war, dass die 10-Punkte-Erwiderung des Phönix, die umgehend folgte, in einer ganzen Reihe von Blättern abgedruckt wurde, meist ungekürzt. Seine Hauptargumente: eine bedrohliche Lücke in der Kriegsfürsorge wurde zu ausnehmend günstigen Konditionen geschlossen; die Kriegsanleihen wurden durch die Verknüpfung mit der Versicherung für unzählige Bürger erst erschwinglich; die Kooperation mit dem Witwen- und Waisenfonds sei von diesem ausgegangen; der Vorwurf einer amtlichen Monopolstellung richte sich eigentlich an alle anderen Versicherer, weil sie aus freier Entscheidung dem Felde der Kriegsfürsorge ferngeblieben waren.

Ebenso auffällig war, dass die beiden Zeitungen, die nicht nur berichtet, sondern auch kommentiert hatten, nicht den Standardtext der zehn Punkte druckten, sondern eine individuell zugeschnittene Form. Diese ließ sich durchaus als eine Richtigstellung seitens der Redaktion lesen. Ausdrücklich schrieb *Die Neue Zeitung:* »Obige Angaben des ›Phönix‹ konnten wir auf Grund des uns zur Verfügung gestellten Belegmaterials als richtig bezeichnen.« Die verbliebenen »Vorurteile« schrieb sie nicht mehr dem Phönix zu sondern einzelnen Funktionären des Fonds.[11]

Auf vorbildlichen Journalismus setzte die *Reichspost;* sie teilte mit: »Die ›Reichspost‹ hat die Aufnahme des Artikels des ›Phönix‹, der in den übrigen Tagesblättern erschien, abgelehnt. Als Prinz Eduard von und zu Liechtenstein [...] in dieser Angelegenheit öffentlichen Interesses die Gastfreundschaft unseres Blattes erbat, gewährten wir sie ihm nach unseren Grundsätzen ebenso, wie wir sie der obenstehenden Antwort gewähren.«[12] Ersterer zählte zu den Ehrenmitgliedern des Fonds, er vertrat dort das Innenministerium und leitete das Kriegshilfsbüro. Seinen Artikel schrieb er wohlgesetzt und diplomatisch versiert. Er würdigte, dass der Phönix schon im Juli 1914 die ersten Policen auf eine »wirkliche Kriegsversicherung« ausgestellt hatte;[13] er – Liechtenstein – habe daraufhin den Witwen- und Waisenfonds dafür interessiert. Andere Versicherer seien mit vergleichbaren Angeboten nicht aufgetreten. Der Vorwurf, der Fonds habe Werbung für den Phönix gemacht, sei unberechtigt. »Um indes auch nur den Schein einer Reklame [...] zu vermeiden, wurde angeordnet, daß bei der Propaganda der Witwen- und Waisenfonds in den Vordergrund treten möge, obgleich die Versicherungspolizzen selbst naturgemäß auf den Phönix als rechtlich Verpflichteten lauten mußten.« Die Erfolgszahlen sprächen für sich, und die neue Versicherungsform habe auch im Ausland Beachtung gefunden; »die bayerische wie die ungarische Regierung haben unsere Kriegsversicherung mit dem Phönix nachgeahmt.«[14]

Behutsam ging Prinz Liechtenstein auch auf Kritiken ein. So habe der Wiener Bürgermeister schon 1915 auf die mögliche Verquickung von privatwirtschaftlichen und staatlichen Interessen hingewiesen; darauf habe die Regierung prompt mit einem vorbeugenden Erlass geantwortet. Und die Vorstellung des Herrn Abgeordneten Kunschak, dass das Geschäft der Privatversicherung nicht primär einzelnen Aktionären zu Nutzen sein dürfte, sondern dass die Gewinne der Allgemeinheit zufließen sollten, teile er im Grundsatz. Nur seien solche Bedingungen zu Kriegsbeginn nicht ausgereift gewesen. Daher habe man das Angebot des Phönix nicht ablehnen können, ohne Soldaten im Felde und deren Familien zu gefährden.

Die Antwort auf diesen Gastbeitrag gab kein anderer als der Abgeordnete Kunschak, unter dem Titel: »Der Phönix-Skandal«. Aus seiner Sicht war Prinz Liechtenstein ihm nicht etwa entgegengekommen, sondern hatte ihm den Fehdehandschuh hingeworfen. Kunschak nahm ihn auf, rechnete die Millionengewinne des Phönix in der Kriegsversicherung vor und rief bezüglich der Kriegsanleiheversicherung in Erinnerung, dass sie keineswegs eine Erfindung des Privatversicherers Phönix sei. Vielmehr zähle sie zum geistigen Eigentum der niederösterreichischen Landesversicherungsanstalten; warum hatte Liechtenstein sich nicht zuerst an diese gewandt? Den Phönix habe die Interpellation offenbar sehr beunruhigt. »Gegen schweres Geld« habe er daher seinen Artikel in die Tagespresse eingeschoben. Darin bestreite der Phönix jede Bevorzugung oder gar amtliche Monopolstellung; tatsächlich aber sei ihm »der gesamte staatliche Apparat zur Verfügung gestellt« worden.

Mit dieser Vorhaltung traf Kunschak ins Schwarze, schon deshalb, weil Liechtenstein diesen Kritikpunkt nur mit beiläufigen Bemerkungen gestreift hatte. Kunschak dagegen ging ins Detail und untermauerte seinen Generalvorwurf mit einer eindrucksvollen Liste unbestreitbarer Kompetenzverstöße. Die in Bezirksbehörden eingerichteten »Versicherungsabteilungen« des Fonds seien de facto Agenturen des Phönix; sie würden in vielfacher Hinsicht kostenbegünstigt; Bezirkshauptleute träten öffentlich zusammen mit Agentur-Vertretern auf, usw. Die Liste endete mit dem bedenklichsten Verstoß: Versicherungsprämien flossen dem Phönix in der Weise zu, dass sie von den Unterhaltsbeiträgen, die der Staat den Soldatenfamilien auszahlte, einbehalten wurden.[15]

In derselben Ausgabe der *Reichspost,* zwei Seiten weiter, fanden diese Ausführungen ihre volle Bestätigung – vom Bürgermeister Dr. Weiskirchner. Tags zuvor hatte er in der Gemeinderatssitzung die Interpellation beantwortet. Seine ersten, eigenen Bedenken in der Sache habe er schon 1915 gegen einen Erlass des Innenministeriums vorgebracht, mit dem »sämtliche politische Behörden erster Instanz« angewiesen worden seien, die Verbreitung der Phönix-Kriegsversicherung in jeder Weise zu unterstützen. Das Innenministerium habe auf seine Vorhaltungen nur insoweit reagiert, dass es untersagte, in der Werbung für diese Policen ausdrücklich auf den Phönix hinzuweisen. Der Phönix habe diese umfassende Unterstützung staatlicherseits auch für die Kriegsanleiheversicherung in Anspruch genommen. Nunmehr habe er – Weiskirchner – allerdings erfahren, dass die Aufsichtsbehörde kürzlich in Einzelfällen gegen den Phönix vorgegangen sei und das Ministerium beabsichtige, diese »leidliche Angelegenheit« in nächster Zeit grundsätzlich zu klären und zu ordnen.[16]

Diese Sitzung des Gemeinderats, mit ausführlicher Behandlung des »Phönix-Skandals«, fand statt am 29. Mai 1918. Genau vier Monate später begann – mit einem massiven Angriff der Entente an der Westfront – der militärische Zusammenbruch der Mittelmächte und der Zerfall der Donaumonarchie. Die Bedeutung des »Skandals« reichte in dieser Konstellation über die reine Versicherungsangelegenheit hinaus. Leopold Kunschak und Richard Weiskirchner waren erstrangige und erfahrene Politiker der Christlichsozialen Partei, und sie werden ihr Engagement in der Sache nicht allein auf den Fall bezogen, sondern es auch in ihre Vorstellungen zur politischen Rollenverteilung nach Kriegsende eingeordnet haben.

Auch in die Exzesse des (kriegs-)wirtschaftlichen Geschehens lässt sich der Fall einordnen. Die Kriegsanleiheversicherung war, wie der gesamte Absatz der Kriegsanleihen, stark durch die zunehmende Inflation begünstigt. Der Staat konnte sie nicht bremsen und wollte dies wohl auch nicht; wie hätte er sonst realistisch erwarten können, jemals die übermäßigen Kriegsschulden beim Publikum zu tilgen? Die wirtschaftliche Vernunft schwand in dem Maße, wie der Krieg sich unerwartet hinzog. Spekulative Wertpapiergeschäfte wurden »neben« der Börse betrieben, und trugen nach deren Wiedereröffnung im März 1916 maßgeblich zur Aktienhausse bei. Banken waren bei zunehmender Inflation hochliquide und heizten mit gering besicherten Krediten die Spekulation weiter an. »Inflations-Tollwut« griff nun auch in breiteren Bevölkerungskreisen um sich.[17]

Es häuften sich die Prozesse wegen Preistreiberei, Warenwucher und Kettenhandel. Wirtschaftskriminalität wurde zum Alltagsthema in der Presse, und die moralischen Maßstäbe in der Geschäftswelt verschoben sich. »Skandale« waren die Spitzen dieses Geschehens, wobei diejenigen, die öffentlich Anklage erhoben, nicht immer die wahren Anwälte der Geschädigten waren. Einige wirtschafteten dabei aufs eigene Konto und wollten mit dem Ruf »Haltet den Dieb« von sich ablenken. Selbst hochrangige politische Kreise waren von ähnlichem Verhalten nicht frei, worauf Alexander Spitzmüller in seinen Erinnerungen an den »Kranz-Prozess« (1917) hinwies. »Dieser Prozeß artete durch eine in vieler Richtung verfehlte Behandlung seitens der Regierungskreise zu einer Sensation ersten Ranges aus. [...] Preissteigerungsprozesse waren damals sehr populär, und ich gewann im weiteren Verlauf der Sache den Eindruck, dass Persönlichkeiten in der Umgebung des Kaisers den Prozeß dazu benützen wollten, um durch die Statuierung eines Exempels gegen einen Schieber dem Kaiser in den breiten Volksmassen Popularität zu verschaffen.«[18] Und um zu verdecken, dass staatliche Stellen an solchen Schiebungen nicht unbeteiligt waren – dies könnte man hinzufügen.

Der Hauptakteur in dieser Affäre war Dr. Josef Kranz, 1862 in Galizien geboren. »Der Idealist ist nie ein Fachmann« schrieb mit beißender Ironie Karl Kraus über ihn, in dem Aufsatz »Welt und Wucher«, einer kommentierten Wiedergabe von Aussagen im »Kranz-Prozess«. Kranz, erfahren in außergewöhnlichen Diensten am Staate, amtierte als Präsident der *Allgemeinen Depositenbank* in Wien, als die Regierung ihn 1916 wiederum auf eine Gefälligkeit ansprach. »Der Kriegsminister äußerte den Wunsch, wie wichtig es wäre, eisgekühltes, frisches Bier bis in die Schützengräben zu schaffen. An ein Geschäft dachte ich nicht, denn ich verstand nichts von Bier, so wie ich heute davon noch nichts verstehe.«[19] Der Vertrag kam dennoch zustande; Kranz verpflichtete sich im Juli 1916 innerhalb der nächsten zehn Wochen 17,5 Millionen Liter Bier zu beschaffen, »gewöhnliches« für 47 Kronen und »Pilsner« für 52 Kronen je Hektoliter. Trägerin dieses Riesengeschäfts sollte eine »Biereinkaufstelle des k. und k. Kriegsministeriums« sein. Kranz verpflichtete sich, eine solche Stelle unabhängig einzurichten. Praktisch aber machte er sie zu einer Projektgesellschaft seiner Depositenbank.

Dabei half ihm ein Dr. Richard Freund, geb. 1878, Jurist, ab 1905 in der *Pilsner Genossenschaftsbrauerei* aufgestiegen und 1916 in die *Allgemeine Depositenbank* gewechselt. Sein Profil passte perfekt; denn anders als Kranz war er versiert in Bier, und ebenso wie Kranz erfahren in Kriegslieferungen. Einen ähnlichen Auftrag hatte er bereits in Deutschland erledigt, hatte die Versorgung der Feldtruppe mit Bier organisiert, und die Ware frisch gekühlt bis in die Schützengräben geliefert. Kranz übertrug ihm die Leitung der Bierstelle und setzte ihn zugleich an die Spitze einer neu eingerichteten Warenabteilung der Depositenbank. Beide Tätigkeiten verschmolzen zusehends, und die Eigenständigkeit der kaiserlich-königlichen Bierversorgung wurde zur Fiktion. Dies umso mehr, als der Sommer kühler wurde als erwartet und ein erheblicher Teil des Bierstroms umzulenken war, offiziell in eine Munitionsfabrik und inoffiziell in den »freien« Markt. Bei diesem »Nebengeschäft« halfen Mittelsmänner, darunter der Schwiegervater von Dr. Freund (eigentlich Holzkaufmann) und ein glücksgewohnter Grossist namens Fritz Felix. Dieser trug zu noch weiteren Handelsgewinnen der Bank bei, erzielt auf den Märkten für Rum, Himbeersaft und Marmelade. Auch diese Geschäftsfelder eigneten sich, wegen knappen Angebots, vorzüglich für die Preistreiberei. So stiegen die von der Bank erzielten Bierpreise auf mehr als 80 Kronen, befördert dadurch, dass das Kriegsministerium der Bierstelle exklusive Rechte bei der Rohstoffbeschaffung eingeräumt hatte – mit der Bereitstellung von 73 Eisenbahnwaggons voll Malz.

Der für drei Tage anberaumte Preistreiberprozess gegen die *Allgemeine Depositenbank*, in weiten Kreisen der Öffentlichkeit verfolgt, begann am 29. März 1917. Alle großen Blätter berichteten ausführlich, in Wien wie in Prag.[20] *Die Neue Zeitung* eröffnete ihren ersten Beitrag mit der Liste der Angeklagten, nannte Franz, Freund, dessen Schwiegervater Rubel und Felix, und ließ nicht unerwähnt, dass sie ausnahmslos »mosaischen« Glaubens waren. Nach fünf Tagen bewegten Prozessgeschehens, mit Aussagen auch hochprominenter Zeugen,[21] erging das Urteil. Alle vier Beschuldigten erhielten Haft- und Geldstrafen; bei Freund waren es neun Monate strenger Arrest und 15 000 Kronen. Ein halbes Jahr später erregte es – angesichts Artillerieschlachten in Flandern und Bolschewiki-Aufruhr in St. Petersburg – nur noch nachrangiges Interesse, dass Kranz und Freund vom Obersten Gerichts- und Kassationshof in den Hauptpunkten freigesprochen wurden.[22]

Allerdings hatten beide ihr Direktorenamt in der Depositenbank verloren. Für Freund erwies sich dies als glückliche Fügung, denn die Bank brach sieben Jahre später zusammen – nicht ohne Finanz- und Justizskandal.[23] Das Wiener Adressbuch »Lehmann« verzeichnete Richard Freund in den Folgejahren als »Bankdirektor«, mit guter Adresse in der Josefstadt. In den Jahren 1930–32 gab es keinen Eintrag, 1933 wieder, und im Mai 1934 brachte die *Neue Freie Presse* seine Todesanzeige.[24] Auf dem Zentralfriedhof wurde er in der älteren Israelitischen Abteilung bestattet. Lassen diese Daten vermuten, dass er schon als Mittdreißiger mit ruiniertem Ruf unter Ruhezwang stand und 20 Jahre später verbittert starb? Ein Blick in das Adressbuch der (deutschen) Direktoren und Aufsichtsräte von 1928 erschließt ein anderes Bild. In einem weiteren Zusammenhang ist darauf zurückzukommen, an späterer Stelle.

Verluste, Risiken und Aufstieg nach dem Zerfall

»Das Ende des Weltkrieges brachte Österreich-Ungarn den völligen Zusammenbruch; der alte Staat zerfiel in eine Anzahl Volksstaaten, und in Konsequenz davon hörte auch die Gemeinsamkeit des Versicherungswesens auf. Die Anstalten mußten sich in Nationalinstitute wandeln.«[1] Fortan gab es 18 deutsch-österreichische Lebensversicherer, alle mit dem Sitz in Wien. Von dem jahrzehntelang führenden Trio war nur *Der Anker* übrig geblieben; die beiden Triester Gesellschaften, *Generali* und *Riunione* waren italienisch geworden. In Österreich hatte der Phönix den Spitzenplatz eingenommen.

Allerdings erwies sich sein Erfolg in den Kriegsjahren spätestens ab 1920 als Scheingewinn. Auf der »Lebensversicherungs-Gesellschaft Phönix«, wie sie nun hieß, lasteten die Kriegsanleihen, die sie ab 1914 gezeichnet hatte. Damit stand der Phönix nicht allein; denn auch die anderen Versicherer hatten gezeichnet und in ihren Aktiva die wertbeständigeren Komponenten, wie Wertpapiere und Hypotheken, großenteils gegen Kriegsanleihen ausgetauscht. Diese waren somit zum größten Bestandteil des Sicherungsvermögens (Deckungsstock) geworden, mit dem die fälligen Auszahlungen an die Versicherten zu sichern waren.

Für die – nach dem Monarchiezerfall – österreichisch gebliebenen Gesellschaften stellte sich nun ein dreifaches Problem. Zum einen verloren diese Anleihen an Wert. Darüber hinaus galt es in den Nachfolgestaaten keineswegs als selbstverständlich, dass diese die Altschulden der Monarchie anteilig übernähmen. Zudem wurde gefordert, dass die österreichischen Versicherer denjenigen Teil des Sicherungsvermögen, der für die Versicherten in den einzelnen Nachfolgestaaten bereit stand, umstellen sollte, indem die darin enthaltenen Kriegsanleihen durch wertbeständige Bestandteile ersetzt würden. Im Friedensvertrag von St. Germain und den nachfolgenden Verhandlungen wurde diese Zwangslage erleichtert. Die Vertragspartner vereinbarten nach langen Verhandlungen, dass (nun transnationale) Lebensversicherungsverträge bestehen blieben, dass Vermögensanlagen der österreichischen Versicherer im Neuausland nicht eingezogen wurden und dass die Kriegsanleihen anteilig von allen Nachfolgestaaten zu bedienen waren.[2]

Doch blieb als weitere Last der Währungsverfall; die Regierung hatte während der Kriegsjahre die Geldmenge in der Monarchie auf das Siebzehnfache ausgedehnt. Mit zunehmender Inflation verloren die Lebensversicherungen einen großen Teil ihres Wertes. Die Versicherer mussten sie bei ständig steigenden Verwaltungskosten weiterführen und konnten wegen der schwierigen Einkommenslage kaum an eine Erhöhung der Prämien denken. Besonders stark waren diejenigen österreichischen Gesellschaften betroffen, in denen die Volksversicherungen einen großen Teil des Versicherungsbestandes ausmachten.[3] Das Versicherungsregulativ von 1921 sollte den Gesellschaften bei ihrem Neuanfang helfen, gleichzeitig aber auch die Versicherungsaufsicht stärken.[4]

Die Inflation führte zudem beim Phönix zu einer drastischen Belastung des tschechischen Geschäfts. Um es weiterzuführen hatte die Phönix-Leitung zugestanden, dass die Versicherungsbestände 1:1 von alten österreichischen in Tschechenkronen umbewertet wurden. Im folgenden Wertverfall gegenüber den Hartwährungen schnitt die Tschechenkrone besser ab; sie verlor ›nur‹ 90 Prozent ihres Werts, während der Kurs der österreichischen Krone ins Bodenlose fiel. In dieser Währung aber hielt der Phönix einen großen Teil des Deckungsvermögens. Er konnte somit die Auszahlungsansprüche der tschechischen Versicherungsnehmer immer weniger sichern.[5]

Der Phönix-Direktor Dr. Berliner schrieb 1927 einen Fachartikel über diese Krisenjahre. Darin zeigte er eingangs auf, welchen Umfang das »neuausländisch« gewordene Geschäft für die verbliebenen österreichischen Gesellschaften hatte: »Durch den Umsturz im Jahre 1918 ist selbstverständlich ein sehr großer Teil des bis dahin inländischen Versicherungsbestandes der österreichischen Lebensversicherungsgesellschaften ausländisch geworden. Es dürften im Durchschnitt aller Gesellschaften von dem ›österreichisch-ungarischen‹ Lebensversicherungsgeschäfte kaum mehr als 40 bis 50 Prozent auf das Gebiet der Republik Österreich, hingegen etwa 50 bis 60 Prozent auf das ›neuausländisch‹ gewordene Geschäft in den Sukzessions- und Zessionärstaaten entfallen, wobei [...] die Tschechoslowakische Republik weitaus an erster Stelle steht.« Mit Rückblick auf die Kriegsanleihen [auf die sein großer Verkaufserfolg bis 1918 gegründet war, d. V.] fügte er hinzu, daß es »gewiß ein Fehler« war, Wertpapiere in derart großem Umfang gegen Kriegsanleihen auszutauschen.

Er äußerte sich auch zum Währungsverfall: dieser habe die Schwierigkeiten der österreichischen Lebensversicherer noch bedenklich vermehrt. »Die Prämieneinnahmen aus dem österreichischen Versicherungsbestande wurden – in wertbeständiger Währung gerechnet – in kurzer Zeit nahezu bedeutungslos; desgleichen die Erträgnisse der Kapitalanlagen. Aus dem Sinken der inneren Kaufkraft der österreichischen Krone ergab sich eine die Gesellschaften sehr bedrückende Steigerung aller Verwaltungsauslagen.«

Zudem habe der stark sinkende Wechselkurs der österreichischen Krone zu einer nachhaltigen Belastung geführt. Die österreichischen Versicherungsgesellschaften mussten – wollten sie ihren Geschäftsbetrieb in den Nachfolgestaaten fortsetzen – die Bedingung akzeptieren, »alle fälligen Versicherungsansprüche von Angehörigen dieser Staaten in der betreffenden nationalstaatlichen Währung zur gesetzlichen Relation zu befriedigen, ohne Rücksicht darauf, daß die Polizzen [vertragsgemäß, d. V.] in Wien zahlbar und diese Ansprüche daher nach österreichischer Rechtsanschauung nur in österreichischen Kronen 1:1 zu erfüllen wären. [...] Sicherlich hätten die österreichischen Versicherungsgesellschaften es versuchen können, [...] ihre Filialen oder Vertretungen in den Nationalstaaten über Nacht zu sperren und die Versicherungsnehmer auf die Geltendmachung ihrer Ansprüche in Wien oder Budapest zu verweisen. [...] Allein die österreichischen Versicherungsgesellschaften hätten damit auch den Stab über ihre zukünftige Entwicklung gebrochen.«[6]

Die prekäre Situation der österreichischen Lebensversicherer in den ersten Nachkriegsjahren ist auch in den Berichten des *Assekuranz-Jahrbuchs* gespiegelt. Zum Jahr 1923 liest man dort: »Das österreichische Versicherungswesen hat unter der wirtschaftlichen Krise, die von Woche zu Woche weitere Fortschritte macht, schwer zu leiden. [...] Es kann füglich behauptet werden, dass die österreichischen Versicherungsgesellschaften passiv sind. Die Lebensversicherer natürlich noch mehr als die Sachversicherer.« Jene bemühten sich daher um möglichst ertragreiche Vermögensanlagen, riskierten dabei aber, in Konflikt mit der Versicherungsaufsicht zu kommen. Eine rasche Gesundung der Sparte würde zudem durch die »schwer schädigende wilde Konkurrenz« mit »sinnlosen Prämienunterbietungen« verhindert. Allerdings sei seit 1921 »eine erfreuliche Verbesserung im Neugeschäfte zu konstatieren.«[7] Dies war eine recht euphemistische Sicht; denn der Teuerungsindex hatte die Stufe von 50 000 (1914 = 100) bereits überschritten, so dass der Neuzugang von 9 Milliarden Kronen in 1921 weniger als einem Zehntel des Zuwachses in 1913 entsprach.[8]

Der Bericht in 1924 fiel schon deutlich positiver aus. Inzwischen gebe es zahlreiche Aufwertungen von Versicherungen, die durch die Inflationen entwertet waren; entsprechend seien die Prämien angehoben worden. Auch erfolge ein starker Zuwachs, und diese neuen Verträge würden überwiegend auf Basis von Goldkronen oder ausländischen Währungen abgeschlossen. Allerdings: immer mehr Versicherte kämen mit den Prämienzahlungen in Verzug.

Das Jahr 1925 begann mit der Umstellung auf den Schilling. Er wurde zum »Alpendollar« und machte den Versicherungsschutz wieder berechenbar, für Geber wie Nehmer. Die Lebensversicherung verzeichnete im Jahresablauf »nicht ungünstige geschäftliche Erfolge. Das Verschwinden jeder Möglichkeit für eine spekulative Betätigung brachte es mit sich, daß große Teile der Bevölkerung wieder dem Sparsystem zu huldigen begannen.« Andererseits: »Unangenehm traten in der Lebensversicherung, durch den großen Konkurrenzkampf der Gesellschaften und deren Vertreter untereinander hervorgerufen, die vielen Untertarifierungen in die Erscheinung, wodurch die wenigsten Versicherungen zur vollen Prämie abgeschlossen wurden, was nicht zur Hebung des Ansehens der Lebensversicherungsinstitution in der Bevölkerung beitrug.«[9]

1925 war auch ein Jahr der Fusionen und Bestandsübertragungen. Dass Versicherte auf diese Weise – ohne ihre Zustimmung – unter das Schutzdach einer anderen Gesellschaft geschoben wurden, erlaubte ein Gesetz von 1921, das schon 1922 die erste Konzentrationswelle auslöste. Die Schar der Anbieter auf dem Lebensversicherungsmarkt schrumpfte; viele »altausländische« Gesellschaften zogen sich zurück, »neuausländische« und inländische stießen Teile ihrer Bestände unter Kostendruck ab, und Gesellschaften auf Augenhöhe fusionierten. In 1925 gab es allein sechs solcher Fälle.[10]

Nach 1925 festigte sich die Wirtschaft der jungen Republik. Sie wuchs, wenn auch nur langsam; denn aktive Konjunkturpolitik war nach der Inflationserfahrung kaum noch angesagt. Die österreichischen Lebensversicherer hatten 1925 einen Gesamtbestand von 1,7 Milliarden Schilling in ihren Büchern und erreichten bis 1933 fast eine Verdreifachung. Die Zahl der Verträge war in beiden Jahren etwa gleich, die Versicherungssumme je Vertrag somit deutlich angestiegen. Die Konzentration in der Sparte war vorangeschritten, und die Zahl der österreichischen Versicherer von elf auf neun gesunken. Im Inland konkurrierten sie mit dreizehn ausländischen Gesellschaften, deren Marktanteil unter 20 Prozent lag. Die mit Abstand bedeutendste war die deutsche *Victoria.*

Spitzenreiter unter den Österreichern war der Phönix, mit noch deutlich größerem Vorsprung. An seiner Strategie der Kriegsjahre hatte er festgehalten: in unsicheren Zeiten nicht auf Sparsamkeit und Bestandswahrung setzen, sondern auf höchstmöglichen Mitteleinsatz zur stetigen Expansion. Die Ausweitung des Geschäfts hatte absoluten Vorrang, und die Investitions- wie Ausgabenpolitik war allein darauf ausgerichtet. Von dem beschriebenen Kostendruck in der Verwaltung war auch der Phönix betroffen, nur reagierte er darauf nicht mit Einsparungen. Er vertraute auf die Skaleneffekte des Wachstums: bei fortschreitender Umsatzsteigerung würden die Verwaltungskosten pro Vertrag stetig sinken und auf lange Sicht Raum lassen für wachsende Gewinne.

Um dieses Niveau zu erreichen, setzte er gleichermaßen auf extensives wie intensives Wachstum: die Übernahme fremder wie die Weiterentwicklung eigener Bestände. Voraussetzungen für das erste waren Marktinformation, Verhandlungsgeschick und Finanzierungsquellen: Übernahme- oder Fusionschancen mussten erkannt und bewertet werden, die Vollzugsbedingungen mit Anbieter und Versicherungsaufsicht ausgehandelt und die Realisierung finanziert werden. Für das intensive Wachstum war ein breit gefächertes Marketing notwendig: eine vorausschauende Produktentwicklung, ein stetig wachsender Außendienst mit hohen Boni für die erfolgreichen Werber, ein weitverzweigtes System von Filialen und Niederlassungen, eine mit allen Registern ausgestattete Beziehungsnetzpflege und Imageprägung (»großer europäischer Versicherer«), und nicht zuletzt eine Tarifpolitik, die auch den Vorwurf des »ruinösen Wettbewerbs« nicht scheute. Kam zu alldem noch eine intelligente Reservehaltung und Vermögensanlage, hart an der Grenze des versicherungsrechtlich Zulässigen, so waren gute Voraussetzungen dafür geschaffen, um das ungestüme Wachstum um (fast) jeden Preis fortzusetzen und zur europäischen Spitze aufzusteigen. Dann endlich würden auch die geduldigen Anteilseigner mit steigendem Aktienkurs und hohen Dividendenzahlungen entlohnt werden.

Im extensiven Wachstum, durch Übernahme, hatte der Phönix sich schon vor 1914 geübt. Nach dem Kriege nahm er diese Strategie wieder auf, mit Risikobereitschaft und beispiellosem Tempo. Es begann 1921 mit der Übernahme von Portefeuilles, die ausländische Lebensversicherer in Österreich abstoßen wollten, so die *New York*, die *Gothaer Leben*, die *Alte Leipziger* und die britische *Gresham* – insgesamt elf Gesellschaften aus sechs Staaten. Damit gewann er 300 000 Policen.[11] Im Folgejahr kam – auf dem Fusionswege – der Lebens-Bestand zweier Wiener Gesellschaften hinzu.[12] Auch danach ging das Wachstum ungebremst weiter, mit einer durchschnittlichen Rate von fast 30 Prozent bis 1930. In diesem Jahr war ein Anteil von 62 Prozent am Gesamtbestand aller österreichischen Lebensversicherer erreicht. Zur Erinnerung: bis 1913 war der Anteil des Phönix am österreichischen Lebensversicherungsgeschäft stets unter der 10-Prozent-Schwelle geblieben.[13]

Anteilig hinzu zu rechnen ist noch der Bestand der *Allianz und Giselaverein Versicherungs-AG (Allgis)*, die 1921 aus einer Fusion hervorging.[14] An ihr erwarben Phönix und *Münchener Rückversicherung* gemeinsam einen Kapitalanteil von nahezu 70 Prozent. Nachdem die *Münchener Rück* ihr Paket dann 1925 an den Phönix verkauft und eine Kapitalerhöhung stattgefunden hatte, wurde der Phönix 80-prozentiger Eigner der *Allgis*.

Rasant wuchs auch sein Auslandsgeschäft. Schon 1919 gründete er, zusammen mit der *Münchener Rückversicherung*, selbständige Gesellschaften in Ungarn,

Tschechien *(Slovanska)*, Polen und der Slowakei.[15] Seine Zulassung in der Tschechoslowakei wurde 1926 durch ein zwischenstaatliches Abkommen gefestigt, und mit erheblicher Belastung erwarb er die dortigen Versicherungsbestände aller österreichischen Lebensversicherer.[16] Hinzu kamen die Portefeuilles der deutschen Gesellschaften *Nordstern, Friedrich Wilhelm* und *Alte Leipziger.* Mit der Übernahme des kontinentalen Bestandes der liquidierten *Consolidated Assurance* (London) hatte er vorher schon seinen Geschäftsbetrieb in Spanien, Griechenland, der Türkei, Ägypten und Palästina ausgeweitet.[17] Die wichtigsten ausländischen Märkte waren: die Tschechoslowakei mit fast einem Viertel, das Deutsche Reich mit einem Achtel sowie Polen und südosteuropäische Länder mit zusammen einem Viertel. Ein Drittel entfiel auf Österreich.[18]

Zudem schritt die Konzernbildung voran: 1928 war der Phönix an 22 Versicherungsgesellschaften per Aktienbesitz beteiligt und trug zum Konzentrationsprozess in der Branche bei. So baute er im Zusammenspiel mit in- und ausländischen Versicherern die beiden österreichischen Gesellschaften *Fortuna* und *Universale* um und integrierte deren Lebensversicherungsbestand. An den gesamten Anlagen in Wertpapieren – gut 110 Millionen Schilling in 1928 – machte der Vermögensposten Aktien allerdings weniger als ein Zehntel aus; der weitaus größte Anteil war in Staatspapieren und Obligationen gebunden. Ein Jahr später – 1929 – betrug der Wertpapierbesitz bereits 150 Millionen Schilling und stieg bis 1932 auf 240 Millionen an.[19]

Das Eigenkapital des Phönix wurde nach der Währungsumstellung auf 4 Millionen Schilling umbewertet: 100 000 Aktien zum Nennwert von je 40 Schilling.[20] Dieses Wertpapier war seit 1912 an der Wiener Börse notiert; im Januar 1913 hatte sein Kurs bei 355 Kronen und Ende 1917 bei 500 Kronen gelegen. Nach der Umstellung schwankte er stark, so im Jahre 1926 zwischen 77 und 683 Schilling. Ab 1927 stieg er fast stetig, von 150 bis nahezu 300 Schilling am Dekadenende, fiel aber 1930 auf 250, 1931 auf durchschnittlich 220 und wurde im November 1932 mit 207 Schilling notiert. Spätere Umsätze an der Wiener Börse hat es erkennbar nicht gegeben.[21] Großaktionär war bis Ende 1927 die *Münchener Rückversicherung.* Wie der Aktienbesitz danach verteilt war, ist nicht eindeutig erkennbar; dokumentiert ist, dass sich 1935 zur Generalversammlung 37 Aktionäre angemeldet hatten, die 87 000 der insgesamt 100 000 Aktien hielten.[22]

Die Expansion des Phönix zeigte sich auch bei den Unternehmensorganen. Im Jahre 1932 hatte der Vorstand fünf Mitglieder, darunter drei Stellvertreter. Elf Personen bildeten den Verwaltungsrat: Leitfiguren von Versicherungen und Banken, auch zwei Großgrundbesitzer und als Vize-Präsident Carl Vaugoin, ehemals Minister, Vizekanzler und kurzzeitig Bundeskanzler.[23] Hinzugekommen war als drittes Organ der Direktionsrat; laut den Statuten von 1931 zur Beratung des Vorstands. Ihm gehörten 1932 neun Mitglieder an, darunter vier prominente Deutsche: Sieg-

Abbildung 2.3 Geschäftsanzeige 1927
(*Die Versicherung* 20.06.1927)

fried von Kardorff, Reichtags-Vizepräsident, als Vorsitzender; Paul Kaufmann, ehemaliger Präsident des Reichsversicherungsamtes; Wilhelm Kißkalt, Generaldirektor der *Münchener Rückversicherung*; Hans Remshard, Direktor der *Bayerischen Hypotheken- und Wechselbank*.

Seine Erfolge präsentierte der Phönix nicht nur in Geschäftsberichten sondern auch in großformatigen Anzeigen (siehe Abb. 2.3). Im *Assekuranz-Jahrbuch* 1927 bot er sich für Renten-, Aussteuer- und Lebensversicherungen an und wies auch auf seine Unfall-, Haftpflicht- und Autoversicherung hin.[24] Ins Sachversicherungsgeschäft war er 1922 eingestiegen, der Umsatz blieb allerdings mäßig. 1928 zählte er achtzehn Länder zu seinem Tätigkeitsgebiet und bezifferte seinen Lebensversicherungsbestand mit 1,8 Milliarden Schilling. Dieser Umfang sollte sich bis 1933 noch einmal um 70 Prozent erhöhen. Schon 1931 hatte die Gesellschaft den zweitgrößten Versicherungsbestand aller privaten Lebensversicherer des Kontinents, und sie übertraf die führende deutsche *Allianz* hinsichtlich des Bestandszuwachses. Wesentlich schwächer war ihr Kapitalertrag. Hiernach lag sie nur an sechster Stelle, selbst überboten von den deutschen Gesellschaften *Gerling* und *Victoria*, die sie bezüglich des Versicherungsbestandes deutlich hinter sich gelassen hatte.[25] Schon diese Zahlen verweisen auf die Schattenseite des rasanten Wachstums: die chronische Gewinnschwäche des Phönix.

Die Ambitionen auf den deutschen Markt

Marktschranken in Kaiserzeit und Krieg

Für österreichische Lebensversicherer lag es im 19. Jahrhundert durchaus nahe, ihr Glück auch in Deutschland zu suchen. Dies galt nicht nur im geographischen Sinne und wegen der gemeinsamen Sprache. Wichtiger noch war das Nachfragepotenzial, das sich nach dem Start in den 1830ern schon bis zur Jahrhundertmitte herausgebildet hatte.[1] Der Gründer Arnoldi machte 1827 mit seiner *Gothaer Lebensversicherungsbank für Deutschland* den Anfang. Und er hielt noch 1850 die Spitze, mit weitem Abstand vor nunmehr neun deutschen Konkurrenten.[2] Damals bot Deutschland den drittgrößten Markt weltweit, mit einem Anteil von 6 Prozent am globalen Versicherungsbestand. Weit an der Spitze lag England mit 70 Prozent, gefolgt von den USA mit 18 Prozent. Frankreich war an vierter und Österreich-Ungarn an fünfter Stelle, mit einem Anteil von 1,5 Prozent. Ein Vierteljahrhundert später, in den Boomjahren nach Reichsgründung, war der deutsche Bestand auf das Achtfache angewachsen, der Weltmarktanteil näherte sich der 10-Prozent-Schwelle, und die Policenzahl war auf über 400 000 gestiegen. Österreich-Ungarn hatte seinen Inlandsbestand auf 40 Prozent des deutschen gesteigert.[3]

Der Lebens-Phönix kam 1887 auf deutschen Boden. Ein Vorreiter aus der Habsburg-Monarchie war er damit nicht; denn vorher schon hatte *Der Anker* aus Wien in drei norddeutschen Hansestädten Anker geworfen, zudem im Süden die Erlaubnis zur Versicherung badischer Leben erhalten.[4] Der Phönix weitete sein Geschäft zunächst nur im Süden aus. Er begann in Bayern, ging ab 1890 in die Königreiche Sachsen und Württemberg, in die Großherzogtümer Baden und Hessen und auch nach Elsaß-Lothringen. Seine Verwaltungszentrale – »Subdirektion für Süddeutschland und die Rheinlande« – richtete er in München ein (siehe Abb. 3.1).[5]

Die Hürde, dass ausländische Versicherer ihren Konzessionsantrag in jedem deutschen Lande gesondert einzureichen hatten, wurde 1870 mit der Reichsver-

Abbildung 3.1 Geschäftssitz in München, Giselastraße (Bundesarchiv Berlin)

fassung aus dem Wege geräumt. Aber nur grundsätzlich; de facto blieb sie bestehen. Laut Verfassung oblag die staatliche Regelung des Versicherungswesens nun dem Reich, doch die tatsächliche Übertragung ließ auf sich warten. Erst als der Reichstag 1896 beschloss, das Versicherungs- und das Aufsichtsrecht in eigene Gesetze zu fassen, erhielt die Aufgabe politisches Gewicht. Fünf Jahre später trat das Aufsichtsgesetz in Kraft und löste eine Welle von Zulassungsanträgen ausländischer Versicherer aus.[6] Die zuständige Zentralbehörde war das Kaiserliche Aufsichtsamt für Privatversicherung. Ihm waren alle größeren privaten Versicherungsträger, in- wie ausländische, rechenschaftspflichtig. Wollten sie im Reich ihr Geschäft betreiben, so hatten sie einen Geschäftsplan vorzulegen und Abweichungen zu begründen, mussten die Auflagen zum Deckungsstock erfüllen, nach einheitlichen Regeln Jahresabschlüsse und -berichte publizieren und dem Amt die Tür öffnen, falls es Geschäftsführung und Vermögenslage überprüfen wollte.

Im Dezember 1902 berichtete das Amt dem Staatssekretär des Innern, dass die »Kaiserlich Königlich privilegierte Lebensversicherungs-Gesellschaft Österreichischer Phönix« beantragt habe, ihr die Erlaubnis zur Erweiterung des Geschäftsbetriebs auf das ganze Deutsche Reich zu erteilen.[7] Der Staatssekretär allein war dazu nicht befugt; vorab waren die Regierungen der Bundesstaaten um Stellungnahme zu bitten, und auch die Kaiserliche Botschaft in Wien sollte sich äußern.[8] Deren Reaktion war verhalten. Über das »Geschäftsgebahren« der Gesellschaft sei nichts Nachteiliges bekannt. Allerdings erziele sie nur mäßige Gewinne, wohl auch deshalb, weil sie die Portefeuilles von *Azienda* und *Patria* übernommen habe, später auch die der französischen Gesellschaften *Caisse Parternelle* und *Phénix*. Alle diese Bestände enthielten »nicht sorgfältig genug ausgewählte Risiken«. Folglich schütte die Gesellschaft kaum Gewinn aus, und ihre Aktie habe in den letzten Jahren mehrfach unter dem Nominalwert notiert.[9]

Das Verfahren schwebte einige Monate, bis es eine überraschende Wende nahm. Vom Aufsichtsamt erfuhr der Staatssekretär im Dezember 1903, dass die Unternehmensleitung gebeten habe, bis auf weiteres von der Antragsprüfung abzusehen. Ein beiliegendes Gesprächsprotokoll nannte die Gründe. Der Sprecher des Unternehmens habe bei einem Besuch im Aufsichtsamt die Bedenken des Reichskanzlers vernommen: mäßige Gewinne, unzureichende Reserven, schwer einbringbare Alt-Forderungen, überbewertete Immobilien, hohe Verwaltungskosten. Gesprochen hatte Dr. James Klang, General-Direktor des Lebens-Phönix.[10]

Dabei blieb es. Im Aufsichtsamt gab es in folgenden Jahren mehrere Akteneinträge zum Phönix, aber keiner betraf die mögliche Expansion. Die Gesellschaft änderte mehrmals ihre Statuten und »Allgemeinen Bedingungen«, sie führte neue Versicherungsarten ein und erhöhte 1911 das Aktienkapital von 2,4 auf 6 Millionen Kronen. Das Aufsichtsamt hatte in keinem Falle Bedenken, das Innenministerium stimmte umgehend zu, und der *Reichsanzeiger* gab dies bekannt. Nur 1909 gab es etwas Unruhe, als das deutsche Aufsichtsamt sein österreichisches Pendant auf fragwürdige Wertpapiergeschäfte des Phönix ansprach. Die Antwort aus Wien kam bald: es bestehe kein Anlass für Bedenken. Die deutsche Behörde widersprach: sie teile diese Sicht nicht. Dies ließ sie auch den Phönix wissen, fügte allerdings hinzu, dass sie weitere Schritte nicht unternehmen werde, weil »die heimische Aufsichtsbehörde, das k.k. Ministerium des Innern in Wien, den Abschluss dieser Geschäfte kennt und von ihrer Bemängelung Abstand genommen hat«.[11]

Der Krieg kam – und verlangte auch im Deutschland-Geschäft einen Strategiewechsel. Die Produkte des Phönix gegen Kriegsrisiken: waren sie im Kaiserreich nicht ebenso wichtig wie für die Habsburg-Monarchie? Boten Sie eine Chance, endlich die Zulassung für das gesamte Reichsgebiet zu erhalten? Dr. Klang war 1903 bei seinem Versuch gescheitert. Hatte Dr. Berliner bessere Aussichten, im zunehmend riskanten Kriege? Im November 1915 stellte er seinen ersten Antrag: der Phönix wünsche, seine Kriegslebensversicherung auch in Deutschland anzubieten. Schon drei Wochen später veröffentlichte der *Reichsanzeiger* die Erlaubnis, für das deutsche Geschäftsgebiet.[12] Dies war nicht das Reichsgebiet; nach wie vor blieb dem Phönix der Vorstoß nach Norden verwehrt.

Im Januar 1917 versuchte er, auch diese Hürde zu nehmen, indem er den Antrag auf generelle Zulassung im gesamten Reichsgebiet stellte. Wie schon beim ersten Versuch bat der zuständige Staatssekretär die Regierungen der Bundesstaaten und mehrere Reichsstellen um ihre Meinung: »Unter Bezugnahme auf mein Schreiben vom 2. Januar 1903 [sic!] beehre ich mich, um eine gefällige Äußerung darüber zu ersuchen, welche Wahrnehmungen inzwischen über den Geschäftsbetrieb der Gesellschaft gemacht worden sind und ob etwa Bedenken gegen die Erteilung der nachgesuchten Erlaubnis bestehen.«[13]

Noch während diese Umfrage lief, löste der Phönix einen zweiten Vorgang aus. Im November 1917 berichtete das Aufsichtsamt dem Staatssekretär: »Die Lebensversicherungs-Gesellschaft Phönix beabsichtigt, die Kriegsanleiheversicherung im Deutschen Reich aufzunehmen. [...] Es handelt sich um eine gemischte Versicherung, bei der die Versicherungsleistung in einem bestimmten Nennwert 5 Prozentiger Schuldverschreibungen der 7. deutschen Kriegsanleihe besteht.«[14] Das Amt fügte noch hinzu, dass es sich um eine leicht handhabbare Versicherungsart handele: bis zu 4 000 Mark Versicherungssumme werde keine ärztliche Untersuchung gefordert, und Personen über 50 Jahre blieben ausgeschlossen. Sein Fazit: das Amt habe keine Bedenken zu erheben und daher entschieden, sich der Bitte der Gesellschaft um eine möglichst baldige Genehmigung ihres Antrags anschließen zu sollen.

Der Reichskanzler teilte diese Sicht, und der *Reichsanzeiger* verkündete den Beschluss: »Der Herr Reichskanzler hat der K.K. privilegierten Lebensversicherungsgesellschaft Oesterreichischer Phönix in Wien und der Gesellschaft für Lebens- und Rentenversicherungen ›Der Anker‹ in Wien den Betrieb der Kriegsanleiheversicherung im Deutschen Reiche [...] genehmigt.«[15] Einen Teilerfolg hatte der Phönix schon vorher verbuchen können. Im Juli 1917 wurde es ihm vorläufig gestattet, im gesamten Deutschen Reich Lebensversicherungen für sogenannte anomale Risiken anzubieten: für weniger gesunde, erblich belastete, kranke und leidende Personen.[16]

Ein dritter Schachzug folgte kurz darauf, mit zwei hoch gesteckten Zielen. Der Phönix wollte erreichen, dass seine kriegsbezogenen Versicherungen quasi zum Instrument staatlicher Kriegsfürsorge wurden und gleichzeitig als Vehikel für seine deutschlandweite Expansion dienten. In Österreich war ihm die Verknüpfung mit der staatlichen Hinterbliebenenversorgung gelungen, indem er den »k.k. österreichischen Militär-Witwen- und Waisenfonds« für die Zusammenarbeit gewonnen hatte – was ihm bekanntlich Kritik eintrug. In Deutschland ging er einen anderen Weg. Er richtete in seiner Münchener Zweigniederlassung eine »Militärische Abteilung« ein, mit dem Auftrag, die Militärbürokratie im Reich für eine Kooperation und Unterstützung zu gewinnen. Für die Leitung dieser Abteilung gewann er einen verdienten bayerischen Kavallerie-Offizier, im Range eines Generalmajors.

Dieser schrieb im Dezember 1917 einen Brief an den Reichskanzler, in dem er »gehorsamst« meldete: mit Bewilligung des bayerischen Kriegsministeriums habe er die Chefstelle der Militärischen Abteilung eingenommen, welche der bekannten großen Versicherungsgesellschaft Phönix »angegliedert« worden sei. Er legte einen Bericht bei, mit der Bitte, »denselben einer hochgeneigten Durchsicht unterziehen« zu wollen. Darin bat er den Reichskanzler sich bewogen zu fühlen, eine Verfügung für Deutschland zu erlassen und den Ämtern Weisung zu erteilen, um in ihren Bezirken die Bevölkerung und auch die Arbeitgeber auf die so segensreichen Einrichtungen hinzuweisen und in diesem Sinne aufklärend und belehrend zu wirken.[17]

Verfasser des Briefes war der Generalmajor z. D. Emil Buxbaum; seinen Sprachstil hatte er sich in schriftstellernder Tätigkeit zugelegt. Militärliteratur war sein Genre und Kavalleriegeschichte sein Spezialgebiet. Zu seinen Werken zählen die Kavalleristen-Träume (1909), das Thatenbuch der deutschen Reiterei (1900), die Biographischen Denkmale bayerischer Reiterführer (1893) und die Lebensgeschichte des Friedrich Wilhelm von Seydlitz, Königl. Preußischer General der Cavallerie (1882). Mit 53 Jahren wurde er zur Disposition »(z. D.)« gestellt und damit frei, zusammen mit einem österreichischen Offizierskollegen die *Kavalleristischen Monatshefte* herauszubringen. Sie erschienen bis 1914. Buxbaum griff 1916 noch einmal zur Feder und sandte einen »Liederstrauß den deutschen und österreichisch-ungarischen Reitern ins Felde«. Dann trat er, dreiundsechzigjährig, in die Dienste des Phönix.[18] Ein Oberst a. D. namens Medicus stand ihm als »Hilfsoffizier« zur Seite.

Zur Literatur des Versicherungswesens hat der Generalmajor nicht erkennbar beigetragen. Aber in seinen Werbeschriften, die er in der neuen Position verfasste, kam sein literarischer Stil durchaus zur Geltung. Seine Berufung beschrieb er mit diesen Worten: »Die Aufgabe dieser neugegründeten Abteilung ist, die Kriegsversicherung und das Zeichnen von Kriegsanleihen im deutschen Heere zu fördern. Es handelt sich mithin um ein hochpatriotisches Unternehmen, das in gleicher Weise dem Vaterland wie dessen todesmutigen Kriegern dient.« »Und den Aktionären?« – steht als Randbemerkung auf dem archivierten Briefexemplar. Nun, nicht alle Leser konnte Buxbaum auf Anhieb überzeugen.

Er hatte – wie erwähnt – den Reichskanzler um Durchsicht eines »Berichts« gebeten, den er anschließend an die »Kriegsministerien« sandte. Davon gab es im Deutschen Reiche vier: in Bayern, Württemberg, Sachsen und Preußen. Sie waren die wichtigsten Entscheidungsträger auch für die Militärfürsorge. Das vierseitige Schreiben sollte diese Ministerien anregen, die Neuerungen in der Kriegsversicherung bekannt zu machen und deren Verbreitung zu fördern. Es war im selben Stil gehalten wie der Brief an den Kanzler und schloss mit den Worten: »Ich bitte Euer Excellenz gehorsamst, hochgeneigtest in Erwägung ziehen zu wollen, ob nicht ähnliche Einrichtungen, wie die bereits in Österreich so trefflich bewährten, auch bei uns geschaffen und vor allem Förderung durch die Dienstesstellen herbeigeführt werden könnten, um ein Unternehmen zu unterstützen, das dem Einzelnen zum Trost und Nutzen, dem Vaterland zu unbegrenztem Segen gereicht.«

Der Bericht stellte die beiden Versicherungsarten vor, mit der Mission: »Die Sorge um die Zukunft der Familie, die so schwer auf vielen lastet, die ihr Leben täglich von feindlichen Kugeln und Bajonetten bedroht wissen, soll dem einzelnen benommen werden, eine Errungenschaft, die für das grosse Ganze gar nicht hoch genug zu bewerten sein dürfte, weil sie mit eine mächtige Garantie für den Endsieg bietet.« Zur Kriegsversicherung war zu lesen, dass die Bedingungen äußerst entgegenkommend seien und der Vertragsabschluss ohne zeitraubende Prozeduren zustande komme. Eine gesundheitliche Untersuchung des im Felde Stehenden sei nicht verlangt; der Vertrag könne von seiner Ehefrau, auch seinen Eltern unterzeichnet werden. Die frei wählbare Versicherungssumme liege zwischen 100 und 40 000 Mark, die Prämie sei altersunabhängig und betrage z.B. 5 Mark (je 100 Mark) für Mannschaften des Landsturms und 7,50 Mark für Offiziere. »Die Summe ist fällig, wenn der Tod auf dem Schlachtfelde oder infolge von Verwundung oder Krankheit [...] erfolgt ist. [...] Kehrt der Versicherte heim, so steht es ihm frei, die Versicherung in eine dauerende umzuwandeln [...] oder sie zu lösen.«

Es folgte ein Loblied auf das österreichische Vorbild. Dort »wurden durch Heranziehung des Oberkommandos und Dienstesstellen im Felde, die zu diesem Behufe eigene Offiziere aufstellten, umfassende Massnahmen getroffen, die Heeresangehörigen über diese für sie so segensreiche Einrichtung eingehend belehren zu lassen.« Eine solche Unterstützung leiste die Militärverwaltung auch für die zweite Neuerung, die Kriegsanleihenversicherung. Diese solle es jedem, »auch den gänzlich unbemittelten Offizieren, Unteroffizieren und Mannschaften« möglich machen, Kriegs-, eventuell später auch Friedensanleihen zu zeichnen. Zu zahlen seien in Deutschland jährlich 58,40 pro 1 000 Mark Versicherungssumme, die Versicherungsdauer erstrecke sich auf 15 Jahre. »Stirbt der Versicherte, so wird die volle Anleihe den Erben übergeben, andernfalls nach 15 Jahren.« Diese erhielten die Versicherungssumme folglich nicht in bar, sondern in Form von Staatsanleihen, die der Phönix vorab erworben hatte.[19] Der Fall, dass der Versicherte »für das Vaterland« starb, war eingeschlossen.

Nicht abgedeckt war dagegen ein Wagnis, dass sich als außerordentlich gravierend erweisen sollte: die Gefahr von Kursverfall und Inflation. Zu welchem Preis würde man das »Wertpapier« etwa in drei Jahren verkaufen können, und wie viel mochte der Nominalbetrag noch wert sein, wenn er nach 15 Jahren zur Auszahlung kam? Dennoch: die Kriegsanleiheversicherung fand ihre Käufer. Und die spätere Modifikation einiger Bedingungen fand umgehend die Zustimmung des Aufsichtsamts. Noch weitere Anträge des Phönix passierten in den letzten Kriegsmonaten die Instanzen in auffälligem Tempo: Statuten- und Tarifänderungen, Anpassungen anlässlich der 9. Kriegsanleihe, die endgültige Zulassung für die Versicherung »anomaler Leben«. Die Begründung dafür lag auf der Hand: »Weil nun zu erwarten ist, daß infolge des Krieges sich die Versicherung minderwertiger Leben zu einem dringenden Bedürfnisse auswachsen wird.«[20]

Expansion und Staatsaufsicht in den zwanziger Jahren

Wie in Österreich-Ungarn, so hatten sich auch in Deutschland die Lebensversicherer im Kriege behauptet, nach 1918 aber einen beispiellosen Einbruch erlebt. Das Auslandsgeschäft war weitgehend verloren, ein großer Teil der Vermögenswerte zerstört. Die 3 Milliarden Mark Kriegsanleihen, von den Gesellschaften gezeichnet, mussten sie weitgehend abschreiben. Noch 1913 hatten die deutschen Lebensversicherer ein Vermögen von insgesamt 6 Milliarden Mark vorweisen können. Die Bilanzen von 1926 zeigten einen Wert von nur mehr 700 Millionen Reichsmark, und erst in 1936 hatten die Aktiva den Vorkriegsstand wieder erreicht. Der Wertverlust war auch deshalb so drastisch ausgefallen, weil die Versicherer das Kapital nur zu einem Bruchteil in Immobilien angelegt hatten. Der Wert lag 1913 bei 2 Prozent, im Vergleich zu 40 Prozent in 1924.[1]

Die Geldentwertung in den Nachkriegsjahren brachte den Lebensversicherern einen Nachfrageboom, da immer mehr Bürger nach werterhaltenden Anlagemöglichkeiten suchten. Ihnen blieb zunächst verborgen, dass die Versicherer ihre Erwartungen immer weniger erfüllen würden. Denn zahlreiche Neugründungen verschärften den Wettbewerb, bei drastisch steigenden Abschlussprovisionen und Verwaltungskosten. Diese Ausgaben zehrten an den Überschüssen, ebenso wie die Abschreibungen auf die Kriegsanleihen. Belastend wirkten auch die auf Fremdwährungen abgeschlossenen Verträge.

Die Abschlussprovisionen – ein Dauerthema der Versicherungsmathematik – wurden wegen ihres starken Anstiegs zu einem Politikum zwischen Versicherern und Aufsichtsbehörde. Sie nannte sich nun Reichsaufsichtsamt für Privatversicherung (RAA). Es ging um die Berechnung der Prämienreserve, heute als Deckungsrückstellung bezeichnet, die ein Versicherer bilden muss, um die Pflichten aus den laufenden Versicherungsverträgen erfüllen zu können. Wie diese geforderte Rückstellung zu berechnen ist, dafür muss es einen verbindlichen Regelsatz geben. Hohe Abschlussprovisionen führen dazu, dass der Wert eines Versicherungsvertrages anfangs negativ ist,[2] weil diesen hohen Aufwendungen zu Beginn noch keine entsprechenden Einnahmen in Form von Beitragszahlungen (Prämien) gegenüberstehen. Um zu vermeiden, dass dadurch unnötig hohe Rückstellungen gebildet werden, wurde in den versicherungsmathematischen Regelsatz ein Ausgleichsfaktor (Zillmerquote) eingefügt.

Je mehr aber die Provisionen (vor allem bei neuen Versicherern) zu Buche schlugen, desto stärker wurde der Druck auf das RAA, Erleichterungen zu schaffen. Im Rahmen der VAG-Novelle 1923 wurden die Abschlussprovisionen begrenzt und die Einschränkungen bezüglich der Vermögensanlage gelockert. Fortan konnte der Prämienreservefonds auch für inländischen Grundstückserwerb und Unternehmensbeteiligungen eingesetzt werden. Diese Gesetzesreform, zudem die Einführung der Rentenmark und die Verordnung über Goldbilanzen schufen bis Jahresende 1923 die Grundlagen für die Restabilisierung der Versicherungswirtschaft. Die Bilanzumstellung war ein Jahr später weitestgehend abgeschlossen, sodass sich der in den Kriegsjahren erlittene Verlust annähernd beziffern ließ.

Ein Blick auf die Passivseite ließ erkennen, dass die Aktionäre von Sachversicherungen relativ glimpflich davon gekommen waren, diejenigen der Lebensversicherungen dagegen beträchtlich verloren hatten. Dessen ungeachtet entwickelte sich das Neugeschäft bald und führte zu einem allmählichen Wiederaufbau der Versicherungsbestände. Die Neubewertung von Lebensversicherungen wurde durch die 3. Steuernotverordnung vom Februar 1924 angestoßen. Das *Assekuranz-Jahrbuch* von 1926 mutmaßte über die überraschende Rückkehr der Zuversicht: »Die Erklärung für die [...] Hochkonjunktur in der Lebensversicherung ist wahrscheinlich darin zu finden, daß die überwiegende Mehrzahl ihrer bisherigen Anhänger [...] im Vertrauen auf die Wertbeständigkeit der Rentenmark ihr Glück bei der Lebensversicherung erneut versucht haben.«[3]

Dies allein hätte vermutlich nicht ausgereicht, wenn die Versicherer nicht zusätzlich »stabilere« Policen angeboten hätten. Sie waren auf Goldmark (entsprechend 0,36 Gramm Feingold) ausgestellt und konnten zusätzlich an den US-Dollar gebunden werden. Oder sie waren direkte »Fremdwährungsversicherungen«, mit einer garantierten Auszahlung – aber auch Einzahlung – in Devisen, meist US-Dollar oder Schweizer Franken. Diese Versicherungen erschienen vielen Kunden noch verlässlicher, wenn sie bei ausländischen Versicherern abgeschlossen wurden – insbesondere dann, wenn diese auch eine Auszahlung im Ausland anboten. Das gefächerte Angebot brachte Erfolg; allein im Jahre 1925 stieg der Versicherungsbestand um 56 Prozent – auf 5,3 Milliarden Reichsmark. Marktführer waren die *Volksfürsorge* und die *Victoria*, erstere nach Zahl der Policen, letztere nach der Versicherungssumme.

Wie in Österreich, so ging eine Welle der Konzentration auch durch die deutsche Versicherungswirtschaft. Dies war zum einen dem Gründungsboom in der Inflationszeit geschuldet; denn viele Gesellschaften verschwanden so schnell wie sie aufgetaucht waren. Die Sparte wurde grundlegend umgestaltet, auf das Gründungs- folgte das Fusionsfieber. Besonders deutlich ist dies in der Geschichte des führenden europäischen Versicherers, der *Allianz* gespiegelt. Mit kluger Strategie nutzte sie beide Fieberwellen. Als Konzern gefestigt, stieg sie 1922 in die Lebensversicherung ein, mit Gründung der *Allianz Lebensversicherungsbank AG.*[4] Kurz darauf übernahm diese die *Arminia,* dessen Vorstand den jungen Konkurrenten als »ausgesprochene Judengesellschaft« beschimpft hatte.

Der *Arminia* folgte 1923 die *Freia,*[5] beide hatten sie vorher Mittelplätze im Feld der etwa 45 deutschen Lebensversicherer eingenommen. Zum Jahresende 1925 konnte die *Allianz Leben* bereits den drittgrößten Versicherungsbestand der Sparte ausweisen, mit großem Abstand zur führenden *Victoria,* nur knapp hinter der *Gerling Konzern* und vor der *Stuttgart-Lübecker Leben.*[6] Mit dieser fusioniert sie 1927 zur *Allianz und Stuttgarter Verein Lebensversicherung AG* und erreichte mit einem Bestand von mehr als 1,6 Millarden RM eine einsame Höhe in der deutschen Lebensversicherungslandschaft – fünf Jahre nach ihrer Gründung.[7]

Der Phönix-Leben: wie war er in dieser Landschaft aufgestellt? Im Jahre 1927 hatte er einen Deutschland-Bestand von ca. 65 Millionen RM; damit lag er auf Platz 3 der ausländischen Lebensversicherer in Deutschland. Inländische Gesellschaften mit vergleichbarem Bestand, wie etwa die *Agrippina,* waren im unteren Mittelfeld der deutschen Lebensversicherer zu finden. Allerdings: der Phönix besaß noch ein erhebliches Wachstumspotenzial, weil er bis zum Vorjahr auf den Süden beschränkt geblieben war – auf Bayern, Württemberg, Baden, Hessen. Das Reichsland Elsaß-Lothringen, ebenfalls Teil seines Geschäftsfeldes, war 1919 an Frankreich gegangen.

Die Expansion nach Norden: dieses strategische Ziel hatte sich der Phönix schon ein Vierteljahrhundert zuvor gesteckt. Einen neuen Versuch begann er, als er 1923 Verhandlungen mit der *Guardian Life Insurance* (New York) aufnahm; er wollte deren westeuropäisches Geschäft weiterführen. Das RAA gab grünes Licht für den deutschen Bestand, und der Phönix übernahm ihn – mit letztendlich erheblichen Verlusten.[8] Entgegenkommen zeigte das Amt auch, als der Phönix eine Währungsversicherung in seinem (süd-)deutschen Geschäftsgebiete einführen wollte und anbot, dafür eine Kaution von 50 000 Schweizer Franken zu hinterlegen. Und schließlich gab es auch eine Einigung in der Frage, wie der Versicherer seine deutschen Lebensversicherungsverträge aufwerten sollte, auferlegt durch die Dritte Steuernotverordnung.

Ein Nebenschauplatz im Kampf um den deutschen Markt war die *Gisela* im München, mit vollem Namen: *Gisela Deutsche Lebens- und Aussteuer-Versicherungs-Aktiengesellschaft (Gisela).* Sie war 1925 zur Welt gekommen, um für die Wiener *Allianz und Gisela-Verein Versicherungs-AG (Allgis)* deren deutsches Geschäft zu betreiben. Die *Allgis* brachte gut die Hälfte des Aktienkapitals ein, während die *Münchener Rück* sich zu einem Fünftel und der Phönix zu knapp einem

Viertel an der *Gisela* beteiligte.[9] Da er kurz darauf (wie erwähnt) den Anteil der *Münchener* an der *Allgis* übernahm, gelangten – direkt und indirekt – fast zwei Drittel der *Gisela*-Aktien in seine Hand. Ein Marktzugewinn, der viel Geduld erfordert hatte; denn das RAA gab der *Gisela* erst zu Jahresbeginn 1926, vier Jahre nach Antragstellung, ihre Zulassung.

Zurück zum Hauptschauplatz: als die Phönix-Direktion im März 1923 dem RAA erklärte, dass sie mit Kaution und Aufwertung einverstanden sei, nahm sie einen Wunsch in das Schreiben auf. »Aus diesem Grunde gestatten wir uns an das verehrliche Reichsaufsichtsamt neuerdings die ergebene Bitte zu richten, dass unserem Ersuchen um Erteilung der Erlaubnis zum Geschäftsbetriebe im gesamten Gebiete des Deutschen Reichs mit tunlichster Beschleunigung die Zustimmung gegeben werden möge.«[10]

Dies war das Signal, mit dem der Vorstand seinen Antrag auf Zulassung für das gesamte Reichsgebiet wieder aus der Schublade zog. Die deutsche Seite erkannte die Dimension seines Begehrens: für die Entscheidung reichte sicherlich ein Verwaltungsakt nicht aus; sie war nur auf politischer Ebene auszuhandeln. Außenhandel in dieser Zeit war nicht Markt- sondern Machtgeschehen. Dies wurde spätestens im Oktober 1925 deutlich, als der zuständige österreichische Beamte im Reichswirtschaftsministerium (RMWi) vorsprach: Sektionschef Heinrich Ochsner, Leiter des Aufsichtsamtes für Privatversicherung im Wiener Bundeskanzleramt. Er erschien in Begleitung seines Mitarbeiters (und späteren Nachfolgers) Dr. Johann Skrobanek.

Das Gespräch begann recht grundsätzlich; den Parteien ging es keineswegs nur um den Phönix. Ein alter Streitpunkt kam auf den Tisch: das österreichische Zulassungsgesetz von 1873. In kurzzeitig liberalem Geiste erlassen, hatte es ausländischen Versicherungsgesellschaften die Tore geöffnet und sie weitgehend den heimischen gleichgestellt.[11] Dies galt fortan im Grundsatz, aber nicht ohne Reibungen in der Praxis. Wichtigster Konfliktpunkt war die Reziprozität: was ich Dir einräume, musst auch Du mir gewähren. Dies bedeutete, dass deutschen Versicherern in Österreich dieselben Rechte zustanden wie österreichischen Versicherern im Deutschen Reich.[12] Das Gegenseitigkeitsprinzip wurde auch auf die Reservehaltung angewandt: ausländische Versicherer mussten in Österreich eine Kaution hinterlegen, die nach Höhe der Prämienreserve bemessen war. Mit gewissem Recht, denn auch österreichische Unternehmen hatten entsprechende Auflagen im Ausland zu erfüllen. Aber deutsche Gesellschaften hatten sich offensichtlich beim RAA beklagt, dass in der Praxis die österreichischen Forderungen überzogen würden. Dies hatte das Aufsichtsamt veranlasst, bei Zulassungsanträgen österreichischer Gesellschaften wenig Entgegenkommen zu zeigen.

Noch vor den Verhandlungen hatte Phönix-Direktor Berliner eine Lösung angeregt, die nun zur Sprache kam. Könne man eventuell das Gesetz von 1873 für die deutsche Seite durch bilaterale Verhandlungen außer Kraft setzen und damit den deutschen Feuerversicherern in Österreich bessere Zulassungschancen geben? Dieser Vorschlag machte die Verhandlungen konkreter. Gestritten wurde nun um die Frage, wie weit man den deutschen Gesellschaften entgegenkommen müsse, damit der Phönix seine Zulassung in Gesamtdeutschland erhielte.

Ochsner legte nahe, den »Streit aus der Welt zu schaffen«.[13] Man denke in Wien an eine Öffnung des Feuerversicherungsmarktes für die *Mannheimer*, die *Victoria* und den *Nordstern*. Allerdings ginge es ihnen nicht nur um den Phönix; auch die österreichischen Gesellschaften *Janus, Fortuna* und die *Wiener Lebens- und Rentenversicherungsanstalt* hätten ihre Zulassungsanträge in Berlin eingereicht. Die deutsche Seite sperre sich, weil diese Gesellschaften ihr Geschäft »gemischt« betrieben, also sowohl Lebens- als auch Sachversicherungen anböten.

Sie begründe dies mit dem Grundsatz der Spartentrennung, der einem solchen Betrieb entgegenstehe; jedoch habe dieser keinen Gesetzesrang.[14] Für die österreichische Regierung sei es abwegig, die Aufhebung eines Gesetzes auf österreichischer und das Aufweichen eines Grundsatzes auf deutscher Seite gegeneinander aufzurechnen. Zum Hintergrund: 1923 hatte die Generalversammlung des Lebens-Phönix beschlossen, seinen Unternehmensgegenstand zu erweitern und künftig auch die Unfall-, Haftpflicht- und Fahrzeug-Versicherung, zudem verschiedene Sach-Versicherungen zu betreiben. Für Deutschland hatte es vorerst die Unfall- und Haftpflichtsparte in den Blick genommen. Das Wirtschaftsministerium in Berlin hatte Bedenken, vor allem wegen des »außerordentlich geringen Aktienkapitals«.[15]

In den Folgemonaten erörterten Wirtschaftsministerium, Auswärtiges Amt und Feuerversicherer die Angelegenheit. Als Ergebnis ermächtigte das RMWi seine Aufsichtsbehörde, in Verhandlungen mit *Phönix, Janus* und *Fortuna* einzutreten. Man solle ihnen aber nicht zu weit entgegenkommen; denn die deutschen Feuerversicherer hätten zuletzt nur noch ein mäßiges Interesse für das Österreichgeschäft gezeigt.[16] Das Reichsaufsichtsamt behielt seine Bedenken gegen einen »gemischten Betrieb«, wie ihn die Österreicher wünschten.

Es nahm die Gespräche mit dem Phönix im Februar 1926 auf. Zu diesem Zeitpunkt war er, wie erwähnt, bereits indirekt als Lebensversicherer im gesamten Reich präsent – mit seinen Anteilen (direkt und indirekt) an der *Gisela*. In den folgenden Verhandlungen beharrte das RAA nicht mehr auf der Spartentrennung; sein zentraler Punkt waren nun die Sicherheiten, die der Phönix würde zu stellen haben. Unmissverständlich machten die Amtsvertreter klar, dass sie an Deckungsstock und Kaution strenge Maßstäbe anlegen würden. Für den Phönix war dies bei der Haftpflichtversicherung unproblematisch; denn die *Münchener Rück* – beim Phönix nach wie vor als Großaktionär und Rückversicherer engagiert – hatte ihm angeboten, in dieser Sparte sein Ausfallrisiko zu 100 Prozent zu übernehmen.[17]

Schwieriger gestaltete sich der Kompromiss bei der Lebensversicherung, da die Regeln für die Reservehaltung in Deutschland deutlich härter waren als in anderen Ländern – einschließlich Österreichs. Das Fazit des RAA: wenn der Phönix seinen Geschäftsbereich auf Gesamtdeutschland ausdehnen wolle, so müsse er seine Kaution vervielfachen. In Zukunft seien dann 500 000 Reichsmark in Deutschland zu hinterlegen, entsprechend 5 Prozent des Prämienreservefonds.[18]

Dies war der Beginn eines Streits zwischen RAA und Phönix, der bis zu dessen Sturz immer wieder aufflammen sollte.[19] Das Ministerium, ebenso das RAA, gab sich damit zufrieden, dass der Phönix zunächst nur eine Kaution von 300 000 hinterlegte. Das Reichsinnenministerium hatte keine Einwände. Im Oktober 1926 traf das RMWi seine endgültige Entscheidung: der Phönix werde auch im Norden des Reichs zugelassen, unter der Bedingung, dass er 300 000 RM Kaution hinterlege und diese bei späterem Anwachsen des Primärreserve-Solls bis auf 5 Prozent dieses Betrags erhöhe. Zu Weihnachten 1926 meldete das RAA: der Phönix habe alle Bedingungen erfüllt und sei somit zugelassen.

Das RAA hatte schon im Oktober 1925 die Akzeptanz für ausländische Versicherer im deutschen Geschäftsbereich in seinem Beirat ausgelotet. In dessen Gruppe »Lebensversicherung« hatte er damit die wichtigsten (ausschließlich deutschen) Interessengruppen angesprochen: Versicherer-Direktoren, Versicherer-Personal, Wissenschaft, Versicherte und Sonstige. In dem Gremium hatte es durchaus Widerspruch gegeben, anlässlich des Zulassungsgesuchs des schweizerischen Versicherers *Vita*. So war Dr. Kimmel von der *Stuttgart-Lübecker* (später mit *Allianz Leben* fusioniert) strikt dagegen: die Konkurrenz in der Lebensversicherung in Deutschland, derzeit schon recht groß, solle man nicht durch Zulassung neuer ausländischer Gesellschaften noch verschärfen. Die Mehrheit aber war für milden Protektionismus: die Bewerber aus dem Ausland sollten eine Bewährungszeit von mindestens fünf Jahren im Heimatland vorweisen und die Bedingungen bezüglich der Kaution erfüllen: bis zu 500 000 RM, die in der Folgezeit auf 5, evtl. 10 Prozent der Prämienreserve aufzustocken sei.

Allerdings sei die Entscheidung in jedem Fall gesondert zu treffen, auch mit Blick auf die Zulassungsbedingungen für deutsche Gesellschaften im Heimatland des Antragstellers (Gegenseitigkeit). In diesem Sinne wurde die *Vita* zugelassen, obwohl sie eigentlich »zu jung« war. Vor allem das RAA selbst setzte sich dafür ein, aus grundsätzlichen wirtschaftspolitischen Gründen: »Das Versicherungswesen hat einen internationalen Charakter. Ein zu ängstliches Abschließen vom Ausland erscheint bedenklich. Durch ablehnende Stellungnahme könnte vielleicht ein erheblicher Schaden entstehen.« So wurden auch die Anträge von Phönix und *Generali* (Triest), besprochen im Juni 1926, unter relativ milden Bedingungen befürwortet: Kaution in beiden Fällen 300 000 RM bzw. 5 Prozent, zudem zwischenstaatliches Verbürgen von Gegenseitigkeit. Auf eine längere Aussprache im Beirat wurde verzichtet, wohl auch deshalb, weil ein erster Antrag die Diskussionsbereitschaft in der Gruppe schon arg beansprucht hatte: eine *Allgemeene Spaarverzekering* wollte mit einem Produkt auf den deutschen Markt, das wortstarke Gruppenmitglieder, wie der Professor Alfred Manes, schlicht als »Wettspiel« einstuften.[20]

Auch in der Folgezeit zeigten sich RAA und RMWi gemäßigt liberal. Letzteres hatte keine Einwände mehr gegen die Pläne des Phönix, mit *Atlas* und *Wiener Leben* zu fusionieren, und es erlaubte ihm, das Deutschland-Geschäft beider Versicherer im Reich fortzuführen. Als der Phönix im Sommer 1930 verschiedene Tarifänderungen und die Einführung einer Firmen-Gruppen-Risikoversicherung beantragte, stimmte es ebenfalls zu, wenn auch nur mit »vorsichtiger Empfehlung«; denn die Genehmigung bedeute eine erhebliche Konkurrenz für die deutschen Versicherer im eigenen Lande.[21]

Nicht aktenkundig wurde im RAA, dass die Beziehungen zwischen Phönix und *Münchener Rückversicherung* sich verschlechterten. Diese hatte auch in der Nachkriegszeit eng mit dem Wiener Aufsteiger zusammen gearbeitet, was sie nicht zuletzt mit ihrer Unterstützung für dessen Expansion in Deutschland zeigte. Der 1912 geschlossene Rückversicherungsvertrag galt bis 1937 und gab der Münchener Gesellschaft die Hälfte des Phönix-Geschäfts. Dies allerdings zu Originalbedingungen – zu den für den Phönix geltenden Prämien, Zinsen und auch zu den notorisch hohen Kosten. Hier schlugen insbesondere die hohen Abschlussprovisionen zu Buche, die bei dem schwungvollen Wachstum des Phönix-Bestandes zu drastischen Kostensteigerungen für die Münchener führten. Hinzu kam die Beteiligung an den ungewöhnlich hohen Verwaltungskosten sowie an der Erhöhung der Prämienreserve.

Die Wende wurde im Phönix-Jahresbericht 1930 offenkundig. Die Direktion schrieb darin: »Unbeschadet der Aufrechterhaltung unserer freundschaftlichen Rückversicherungs-Verbindungen mit der Münchener Rückversicherung [...] haben wir nach mehrmonatigen Verhandlungen mit der Prudential Assurance Company Ltd. in London kürzlich ein Abkommen getroffen, das eine erweiterte Kooperation im Zusammenhang mit einer verstärkten Rückversicherungsbeteiligung der Prudential an unserem eigenen direkten Geschäfte und an dem indirekten Geschäfte [...] zum Gegenstand hat.« Und die *Münchener Rück* schrieb, um die eingetretenen Einbußen am Gesamtbestand zu erklären, in ihren Jahresbericht 1929/30: »so liegt die Ursache darin, daß wir einer uns nahestehenden Gesellschaft im Wege freundschaftlichen Übereinkommens einen Teil des bei uns in Rückdeckung gegebenen Geschäfts zurückgegeben haben.« Sie zeigte auch an, wohin sich dieses Geschäft verlagerte: »Die erhöhte Retrozessionsabgabe ist zum größten Teile dadurch veranlasst, daß die Lebensversicherungsgesellschaft Phönix in Wien im Interesse der Ausdehnung ihrer englischen Rückversicherungsbeziehungen ihre Rückversicherungsverträge in freundschaftlichem Einverständnis mit uns neu geregelt hat.«[22]

In diplomatischen Ton war damit ausgesprochen, dass die Münchener Gesellschaft für den Phönix als Rückversicherer im weltweiten Geschäft nicht mehr erstrangig war. Unklar blieb, welcher der beiden Partner den Anstoß für diese Trennung gegeben, und welche Zugeständnisse der Phönix der *Prudential* gemacht hatte. Bekannt ist nur, dass der Phönix eine starke Beteiligung der Partner an seinen (hohen) Originalkosten – wie zuvor bei der Münchner Rück – nicht durchsetzen konnte.[23] Im Jahresbericht 1931 war zu lesen, dass nunmehr das Rückversicherungsgeschäft, »aufgrund langfristiger Regelungen annähernd gleichmäßig« mit der *Münchener Rück*, der *Prudential* und der *Compagnie d'Assurances* betrieben werde.[24]

Dies war die Darstellung auf der Oberfläche der Jahresberichte. Tiefer ging die erwähnte unternehmensinterne Analyse, die zu einer deutlich anderen und durchaus plausiblen Interpretation führte.[25] Nach dieser Darstellung waren die Münchener unzufrieden mit den hohen Kosten beim Phönix und auch mit den niedrigen Zinsen für den dort hinterlegten Prämienreservefonds. Zudem betrachteten sie die Finanzgeschäfte des Partners, mit denen dieser versuchte, seine Liquidität zu sichern und seine Verluste zu mindern, mit wachsender Besorgnis. Berliner erkannte offenbar die Gefahr, dass die Münchener, die inzwischen wieder einen Aktienanteil von 30 Prozent hatten, ihm eine Änderung der Geschäftspolitik aufdrängen könnten. Im Oktober 1927 wurde eine erste Weiche in Richtung Trennung gestellt: die Partner vereinbarten, die Münchener Quote am Phönix-Geschäft von 50 auf 40 Prozent zu senken. Das Aktienpaket, lange von der *Münchener Rück* gehalten, ging an den Phönix zurück, der dafür 104 Schilling pro Stück zahlte, bei einem Börsenkurs von 154 Schilling.[26] Im Verwaltungsrat blieb die Münchener Gesellschaft mit ihrem Generaldirektor Kißkalt weiterhin vertreten.

Die Differenzen waren damit nicht aus der Welt, wie sich spätestens 1929 zeigte, als der Phönix erstmals keine Kapitalgewinne machte. Im März 1930 kam es zu einer zweiten Weichenstellung, womit die Quote auf 25 Prozent gesenkt und eine Reduktion der Abschluss- und Verwaltungskosten vereinbart wurde. Jedoch war die Klimaverschlechterung nicht mehr aufzuhalten. Zu den Differenzen zwischen Berliner und Kißkalt kam ein Wechsel im Münchener Direktorium. Der neue, für Lebensversicherungen zuständige Direktor legte Kißkalt eine niederschmetternde Prognose der Münchener, aber auch der Wiener Verluste vor, was diesen zu einem längeren Brief an Berliner veranlasste, mit dem Exposé als Anlage.

In diesem Schreiben verwies er auf die im Exposé aufgedeckten Verluste, bis hin zu »katastrophalen Fehlbeträgen«, benannte die Hauptgründe (hohe Verwaltungskosten, niedrige Prämien) und mahnte einen drastischen Kurswechsel an.

Andernfalls müsse er sein Mandat im Verwaltungsrat niederlegen.[27] Darauffolgende Verhandlungen stellten im Juli 1930 die dritte Weiche: die Quote sank auf 10 Prozent und Kißkalt wechselte vom Verwaltungsrat in den bedeutungsarmen Direktionsrat des Phönix.

Damit war die Kooperation auf das Mindestmaß gesunken, das gerade noch eine Erwähnung im Jahresbericht erlaubte – in der oben zitierten Form, die den endgültigen Bruch nicht erkennen ließ. Dessen Folgen reichten weit: »Wenn die Münchener Rück, wie früher, mitgehalten hätte, so wäre es kaum zu den seitherigen Exzessen des Phönix geschäftlicher und anderer Art gekommen und die Möglichkeiten eines Durchhaltens hätten vielleicht noch immer bestanden. So aber fielen alle ungünstigen Komponenten zusammen: Ausscheiden eines an dem Gesamtgeschäftserfolge unmittelbar stark beteiligten kräftigen Quotenrückversicherers, Einsetzen der Krise, Exzesse des Phönix in geschäftlicher, aber auch in sonstiger jeder anderen Hinsicht.« Dies war das Urteil von Dr. Skrobanek, nunmehr Leiter des Wiener Aufsichtsamts, wenige Monate nach dem Zusammenbruch.[28]

In Deutschland war der Phönix zu einem beachteten Wettbewerber geworden und an den Hauptplätzen Berlin, München und Breslau vertreten. Dabei lag sein Marktanteil, gemessen am Gesamtbestand aller Lebensversicherungen im Deutschen Reich, bei gerade einmal 1,5 Prozent. Allerdings konnte sein Wachstumstempo beeindrucken: 1927 hatte er 21 000 Policen mit einer Versicherungssumme von 57 Millionen RM im Bestand; 1930 waren es schon 76 000 mit 187 Millionen RM.[29] Der durchschnittliche jährliche Anstieg lag damit bei 54 bzw. 48 Prozent, und auch die Prämieneinnahmen waren um 45 Prozent pro Jahr gewachsen.

Zum Wachstum trugen auch seine deutschen Töchter bei. Die deutsche *Zukunft Lebensversicherungs-Bank AG* war 1927 zur Wiener *Fortuna* gekommen, die dann selbst in Schwierigkeiten geriet und unter Mitwirkung des Phönix aufgelöst wurde – nicht ohne vorher die *Zukunft* an den Phönix zu übertragen.[30] Diese war eine relativ kleine Gesellschaft mit einem Aktienkapital von 1 Million und einem Versicherungsbestand von 3,6 Millionen RM. Mehrheitsaktionär war der Phönix noch bei einer zweiten, bescheidenen Tochter, der *Saarland*. Als 1935 deren Geschäftsgebiet »heim ins Reich« kam, wurde sie überflüssig und aufgelöst. Der Versicherungsbestand, weniger als 16 Millionen Französische Francs, ging an die Phönix-Filiale in Saarbrücken.[31]

In Berlin war auch eine dem Phönix verwandte Maklergesellschaft zu Hause. Diese *Phönix Versicherungsvermittlungsgesellschaft mbH* hatten 1928 drei Personen gegründet, die im oder mit dem Phönix arbeiteten.[32] Als Geschäftszweck hatten sie angegeben: die Vermittlung von Versicherungen aller Art, mit Ausnahme der Lebensversicherungen. War diese Gesellschaft als Keimzelle für ein allgemeines Versicherungsgeschäft des Phönix in Deutschland gedacht, und sollte diese Absicht zunächst verdeckt werden? Spätestens 1934 verkauften die drei ihre Anteile, und der Phönix wurde einziger Gesellschafter.

Noch ein Blick auf die Standorte des Phönix in Berlin: wo plazierte er seine Büros – und war er dort Eigner? Seine »Filialdirektion« eröffnete er 1928 als Mieter, in der Meinekestraße 10, dem Berliner Haus der Zionistischen Vereinigung für Deutschland. Schon drei Jahre später zog die Direktion in ein eigenes, stattliches Bürogebäude: Friedrich-Ebert-Straße 2/3, unmittelbar am Potsdamer Platz (siehe Abb. 3.2). Dort fanden auch die genannte Maklergesellschaft und die *Zukunft*, zudem die *National* und die *Providentia* ihren Platz; 1932 kam noch die *Guardian* hinzu. Eine auffällige Veränderung begann im Folgejahr: die *Zukunft* zog in das Haus Taubenstraße 35 im Bankenviertel, das der *Janus* in Wien gehörte. Die Filialdirektion des Phönix folgte 1934, während im Stammhaus Nr. 2/3 fortan die »Phönix in Wien, Lebensversicherungs-Gesellschaft, Direktion für das Deutsche Reich, Zweigniederlassung Berlin« zu finden war. Eine funktionsgerechte Standortwahl: das Geschäft im Bankenviertel und die Repräsentanz am Potsdamer Platz.

Wachstum und großer Auftritt sind kein Ausweis von Solidität. Im Januar 1931 äußerte das RAA erstmals in einem längeren Bericht ernste Zweifel an der Seriosität des Phönix-Konzerns, der damals schon zu den drei ersten privaten Lebensversicherern des Kontinents zählte. Das Amt schrieb dem Ministerium, dass der Deckungsstock, also das Vermögen, mit dem fällige Zahlungen zu garantieren waren, nach allem Anschein weit schmaler war, als die Bilanz ihn auswies. Zudem enthalte er spekulativ erworbene, stark risikobehaftete Aktien. Eine genauere Prüfung der Bilanzen habe z. B. für 1926 das folgende Bild ergeben: der Wertpapierbestand betrug am Stichtag nur 86 Millionen und nicht – wie ausgewiesen – 124 Millionen Schilling. Der Differenzbetrag war nicht verfügbar sondern verpfändet; gegen diese Sicherheit hatte die Gesellschaft kurz- bis mittelfristige (Lombard-)Kredite aufgenommen. Um Forderungen der österreichischen Aufsichtsbehörde zu genügen, hatte sie den (Buch-)Wert ihres Sicherungsvermögens erhöht. Dafür wurden, bei niedrigem Kursstand, Wertpapiere auf Kredit gekauft, in der Erwartung, diese alsbald mit steigenden Prämieneinnahmen tilgen zu können. Die daraus resultierende Verschuldung – am Stichtag betrug sie 38 Millionen Schilling – war möglicherweise während des Bilanzjahres noch wesentlich höher gewesen. »Hiernach hat es den Anschein, als wenn die Gesellschaft sich bei der Anlegung ihres Vermögens von nicht zu billigenden spekulativen Gesichtspunkten leiten lässt«.[33]

Zu diesem Bild gehörte, dass die Gesellschaft einen bedenklich hohen Anteil ihres Gewinns nicht über Versicherungen sondern in den genannten Finanzgeschäften erzielte. Bei einem Besuch im Ministerium hatte Dr. Berliner im Juli 1930 versucht, diese Bedenken zu zerstreuen. Andere Gesellschaften seien weit stärker in solchen Börsengeschäften engagiert. Der Phönix könne schon deshalb nicht extensiv die Spekulation und Arbitrage betreiben, weil ihm dazu die Analysekapa-

Abbildung 3.2 Geschäftssitz in Berlin, Friedrich-Ebert-Straße (Bundesarchiv Berlin)

zität fehle. Andererseits seien solche Finanzgeschäfte für den Phönix unerlässlich, um die hohen Kosten in den Nachfolgestaaten zu decken, die sich aus den Regelungen nach Auflösung der Habsburger Monarchie ergeben hätten.

Restlos überzeugen konnte er seine Gesprächspartner nicht;[34] und das RAA mutmaßte in seinem Bericht, dass der Phönix diese Überschusse auch deshalb benötige, weil er »über das sonst übliche Maß hinaus Beiträge für Organisationszwecke« einsetze. Von deutschen Versicherern sei »informell« zu hören, dass dieser ausländische Konkurrent seinen Agenten weit überdurchschnittliche Provisionen zahlte. Von deutschen Versicherern: war damit (auch) die *Münchener Rück* gemeint? Ist es vorstellbar, dass das RAA von den Auseinandersetzungen zwischen der Münchener Gesellschaft und dem Phönix nichts mitbekommen hatte? Auffällig ist das zeitliche Zusammentreffen: der Bericht des RAA vom Januar 1931 stützt sich auf kritische Anfragen an den Phönix ab Frühsommer 1930, die dann zu dem Besuch Berliners im RMWi führten. Eine Woche davor hatten die zerstrittenen Partner ihre Zusammenarbeit beendet.

Hinweise auf angeblich zweifelhaftes Gebaren hatte das RAA auch aus der Presse erhalten. In der Phönix-Akte wurde vermerkt, dass ein Berliner Wochenblatt von einer Ausfallhaftung des Phönix für die schwächelnde Wiener *Kompaß Allgemeine Kredit- und Garantiebank-Bank* erfahren habe. Gemeint war ein Beitrag in *Der Montag-Morgen* mit dem Titel »Versicherungsskandale und kein Ende«, der auf die begrenzten Möglichkeiten des RAA hinwies, »einen Blick hinter die Kulissen zu tun. So ist z. B. erst vor kurzer Zeit ein bedeutendes österreichisches Versicherungsunternehmen der Lebensversicherungssparte zum Geschäftsbetrieb in Deutschland zugelassen worden, von dem behauptet wird, daß es große Summen bei einer ihm liierten Mittelbank angelegt habe, die ohne diese Unterstützung schon vor zwei Jahren ihre Zahlungsunfähigkeit hätte erklären müssen. Es besteht also theoretisch die Möglichkeit, daß es auch in Wien einmal einen *Favag*-Skandal in zweiter Auflage gibt, und daß dann infolge der Ausdehnung der Versicherungsgeschäfte österreichischer Gesellschaften auf Deutschland der hiesige Versicherungsmarkt von einer neuen »Affäre« beeinflußt wird.«[35] Das Stichwort *Favag* wurde in der Akte rot unterstrichen.

Der Artikel ließ beim Phönix die Alarmklingeln schrillen. Seine Münchener Geschäftsstelle schrieb eine ausführliche Stellungnahme an das RAA und versuchte den Vorgang als Intrige darzustellen. Die Redaktion des Blattes habe zwar jede Äußerung abgelehnt, aber indirekt sei doch einiges über den Artikelschreiber zu erfahren. Nach allem Anschein sei er ein österreichischer Journalist, bis vor kurzem noch in Diensten des bekannten Herrn Imre Békessy, den die österreichische Regierung vor kurzem ausgewiesen habe. Dieser Dr. Fritz Kaufmann sei vermutlich von einem Immobilienmakler Hugo Blitz angestiftet worden, die Attacke zu reiten. Blitz habe damit die *Kompaß-Bank* einschüchtern wollen, als Schachzug in einem gegen ihn eingeleiteten Strafverfahren.

Die Vorwürfe gegenüber dem Phönix, wenn dieser denn gemeint sei, entbehrten jeder Grundlage. Die Gesellschaft habe mit der *Kompaß* kaum bankliche, sondern nur eine persönliche Verbindung. Ihr Direktor Dr. Berliner habe 1912 »aus theoretischem Interesse bei der Gründung der Kompass mitgearbeitet und seither dem Vorstande als Direktionsmitglied [...] als unentgeltlicher Berater angehört. Aus dem Vorstehenden wolle entnommen werden, dass irgendwelche Abhängigkeit oder Gebundenheit zwischen der Kompass-Bank und uns nicht besteht.« Das Obligo der *Kompaß-Bank* gegenüber dem Phönix, aus einzigartigen Gründen entstanden, sei stets gedeckt gewesen und nunmehr auf einen Bruchteil geschrumpft.[36]

Der Stellungnahme waren die Statuten der *Kompaß* beigelegt. Darin war Dr. Wilhelm Berliner als Vorstandsmitglied genannt – nicht als ehrenamtlicher Berater.[37] Und auch die Angaben zu Dr. Fritz Kaufmann hielten einer näheren Überprüfung nicht stand. Dieser war keineswegs ein unbedeutender Journalist, zu Falschmeldungen angestiftet von einem zweifelhaften Makler. Vielmehr hatte er schon als leitender Redakteur bei einer Reihe bekannter österreichischer Blätter gearbeitet, bevor er die Aufgabe im *Montag-Morgen* übernahm. In jener Zeit war er auch einem Hans Habe begegnet, alias János Békessy, der sich nach dem Krieg daran erinnerte: »Dutzende Männer verdankten meinem Vater [Imre Békessy, d. V.] ihre Karriere. Sie wußten, daß ich in Wien war, aber, um ihre eigenen Stellungen bangend, wichen sie mir wie einem Aussätzigen aus. Dr. Fritz Kaufmann, ein junger Redakteur meines Vaters, bildete die einzige Ausnahme. Er lud mich ein- oder zweimal im Monat zum Abendessen ein. Diese Geste der Freundschaft ist mir unvergeßlicher als der Verrat von Dutzenden anderen.«[38] Beide, dies sei vorweggenommen, arbeiteten später auch für Wilhelm Berliner.

Der Bericht des RAA, im Januar 1931, zog dieses Fazit: »Die gesamten Vorgänge zeigen, daß von der Gesellschaft Geschäfte betrieben werden, die einen spekulativen Charakter tragen.« Allerdings: »Eine Revision in Wien, um zu prüfen, ob es zu Besorgnis Anlass gibt, wird kaum möglich sein.«[39] Stattdessen beschloss das RAA, alsbald eine Revision in der Münchener Niederlassung des Phönix vorzunehmen. Zudem schlug es seinem übergeordneten Ministerium vor, die Auflagen bezüglich des Sicherungsvermögens zu verschärfen. Der Phönix solle in Deutschland seinen Prämienreservefonds laufend vergrößern, nicht erst nach Vorlage der Jahresabschlüsse. Denn sein Geschäft wachse ständig, die Prämieneinzahlungen stiegen schnell. Mit den Einstellungen in das Sicherungsvermögen komme das Unternehmen nicht nach, ständig sei ein großer Teil der Zahlungsverpflichtungen ohne Deckung. Unabdingbar sei auch eine Erhöhung der hinterlegten Kaution. Das Ministerium stimmte zu: die Kaution sei von 350 000 auf 500 000 RM hinaufzusetzen, verbunden mit der Auflage, sie in den kommenden Jahren auf 10 Prozent des Prämienreservesolls anzuheben. Bislang hatte das Amt nicht mehr als 5 Prozent gefordert.

Diese Verschärfungen waren keine auf sie gemünztenVorgaben; das wusste auch die Phönix-Leitung. Vielmehr waren sie im Rahmen einer erneuten, weitreichenden Novellierung des Versicherungsaufsichtsgesetzes (VAG) zu verstehen, die kurz vor ihrem Abschluss stand. Der Zusammenbruch der *Favag* im Sommer 1929 hatte diese Gesetzesänderung angestoßen; fast zwei Jahre danach kam das »neue« VAG heraus. Es verschärfte die Anlagevorschriften, verlangte die Durchleuchtung der Jahresabschlüsse durch vom RAA akzeptierte Wirtschaftsprüfer und verpflichtete das RAA, selbst alle fünf Jahre eine Unternehmensprüfung vor Ort vorzunehmen.

So zeigte sich der Phönix »im Prinzip einverstanden«, wünschte aber, die Kautionserhöhung zeitlich zu strecken. Wichtiger noch war ihm, eine absolute Obergrenze von 2 Millionen RM festzulegen, die er selbst bei einem Anwachsen des Prämienreserve-Solls auf mehr als 25 Millionen RM nicht überschreiten müsste. In keinem Lande seines Geschäftsbereichs gebe es Kautionsforderungen im Werte von mehr als 400 000 RM. Eine solche »Deckelung« wollten weder RAA noch Ministerium hinnehmen; andererseits erklärte das Bundeskanzleramt in Wien, dass der Phönix auf eine Obergrenze nicht verzichten dürfe. Die Verhandlungen zogen sich hin, und bis zum Jahresende 1932 war keine Einigung erzielt. Sie wurde auch dadurch erschwert, dass die Phönix-Leitung die Zillmerquote erhöhen wollte. Das RAA lehnte dies ab und ließ erkennen, dass es die Finanzlage des Phönix zunehmend kritischer einschätzte, auch mit Blick auf dessen Beziehungen zur *Österreichischen Creditanstalt.* Diese größte österreichische Bank hatte sich im Mai 1931 für zahlungsunfähig erklärt.[40] Der österreichische Gesandte in Berlin berichtete im Juni 1932 von einem Gespräch im RAA. Das Aufsichtsamt habe die Kautionserhöhungen nicht zuletzt wegen der engen Bindung zwischen Phönix und *Creditanstalt* verlangt; zudem habe der Phönix unglücklich in Staatspapieren der Nachfolgestaaten spekuliert.[41]

Die Lebensversicherung der Volksgemeinschaft

Versicherungswirtschaft unter Staat und Partei

Der Phönix hatte sich im Deutschland der Weimarer Zeit fest etabliert, wenn auch unter dem zunehmend kritischen Blick der staatlichen Aufsicht. Die Verhandlungen über die Kaution verliefen schleppend, Entscheidungen waren nicht vor Frühjahr 1933 zu erwarten. In derselben Zeit überschlugen sich die Ereignisse auf der politischen Ebene, mit zunächst noch unübersehbaren Folgen auch für die Versicherungswirtschaft. Sollte die Hitler-Regierung sich als eine nützliche, kurzlebige Kraft zur Stabilisierung erweisen oder würde sie tiefgreifend und nachhaltig die politischen, wirtschaftlichen und sozialen Rahmenbedingungen verändern?

In diesem Falle: welche Ansprüche würden Staat und Partei an Lebensversicherer und -versicherte stellen? Einen Masterplan für die Branche hatten die Nationalsozialisten nicht in der Tasche, das galt als sicher. Aber es war damit zu rechnen, dass sie die wirtschafts- und sozialpolitischen Optionen, die das Lebensversicherungswesen einer Regierung bot, nutzen würden. Dazu gehörte vor allem das Einbringen der Prämienreservefonds in die Finanzierung volkswirtschaftlich vorrangiger Investitionen wie auch des Staatshaushalts, zudem die Gestaltung von Versicherungsleistungen im Sinne volkskollektiver Ziele.

Diesen Optionen übergeordnet war die Wahl des Wirtschaftssystems. Würde sich die Regierung im Wesentlichen darauf beschränken, zentrale Parameter zu setzen? Oder würde sie den Anspruch auf tiefgreifende Planung und Lenkung erheben, einschließlich eigener unternehmerischer Tätigkeit, auch in der Lebensversicherung? Für letztere bildeten die öffentlich-rechtlichen Versicherer eine Basis. War eine forcierte Ausdehnung dieses Sektors zu erwarten, mit teilweiser oder sogar vollständiger Verdrängung der Privatversicherer?

Welche Ansprüche würde die Partei stellen? Welche Formen, Träger und Kunden der Lebensversicherung passten in die nationalsozialistische Ideologie, welche galten als fremd oder feindlich, welchen Platz hatten Juden? Welche Möglichkeiten bot die Lebensversicherung, mit ihren Millionen von Kunden, die nationalsozialistische »Bewegung« zu stärken, die Massenorganisationen zu festigen und auszubauen – angefangen von Gruppenversicherungsverträgen über die Organisation des Außendienstes bis hin zu eigenen Versicherungsunternehmen? Wie ließen sich dabei Nebenziele verwirklichen, von der Stärkung der eigenen finanziellen Basis bis hin zum Bereitstellen von Arbeitsplätzen für »Alte Kämpfer«?

Privatkapitalistische Banken und Versicherungen: sie galten den Nationalsozialisten keineswegs als stabile Säulen der Volkswirtschaft und als Garanten des »Gemeinnutz geht vor Eigennutz«. Es waren nicht zuletzt massive ideologische Vorbehalte auf dem »sozialistischen« Flügel der NSDAP, die schon vor 1933 in den Führungsetagen der großen Finanzdienstleister Unruhe aufkommen ließen. Worin lag der besondere Nutzen dieser Branche, war sie systemnotwendig? Gab es nicht auch die öffentlich-rechtlichen Träger und zudem die Chance, dass »die Bewegung« ihre eigenen Einrichtungen schuf, mit Gegenseitigkeitsvereinen an der Basis, aber auch mit eigenen Großunternehmen?

Für die privatwirtschaftlichen Versicherer stellten sich diese Fragen noch eindringlicher als für die Banken. Denn für die »Sicherheit« in der Volksgemeinschaft waren – nach neuer Weltsicht – vor allem Staat und Partei zuständig. Die Masse der Nationalsozialisten, aber auch viele Leitfiguren, sahen die privaten Versicherer als Kapitalisten, die das Geld ihrer Kunden eigennützig investierten. Sie galten ihnen nicht als ehrliche Treuhänder der eingezahlten Prämien; antisemitische Schablonen fügten sich in dieses Bild. Aber auch für demokratisch gesinnte Bürger war es eine Selbstverständlichkeit, dass die Privatversicher einer besonderen Aufsicht bedurften. Warum sonst hatte der Staat schon in der Kaiserzeit eine entsprechende Behörde geschaffen? Und auch das »Konkursdebakel in den 20er Jahren« hatte nicht dazu beigetragen, das Image der Branche zu bessern.[1]

Dass nationale, auch soziale Bewegungen sich ihre eigenen Versicherungen einrichteten, war nichts Neues. Dies zeigt die Geschichte der *Gewerkschaftlich-Genossenschaftlichen Volksfürsorge*, eines Wirtschaftsunternehmens der Arbeiterbewegung. Gewerkschaften und Konsumgenossenschaften hatten sie 1912 in Hamburg gegründet, als Protest gegen Profit und Provisionen, aber auch um die sozial gravierende Lücke im Bereich der Kleinlebensversicherung zu schließen. Monatsbeiträge von ein bis zwei RM, gezahlt von klassenbewussten Arbeitern und (nebenberuflich) eingesammelt von Vertrauensleuten, die ihrerseits in gewerkschaftliche wie genossenschaftliche Traditionen eingebunden waren – diese Besonderheiten galten als die Markenzeichen der *Volksfürsorge*. Bis 1932 wuchs ihr Versicherungsbestand auf 2,3 Millionen Verträge.[2]

Kurz nach ihrer Gründung entstand in Hamburg die *Deutscher Ring Lebensversicherungs-AG.* Ursprünglich eine Angestelltenversicherung, eingerichtet vom Deutschnationalen Handlungsgehilfen-Verband (DHV), wurde sie später zum Kern der Versicherungsgruppe *Deutscher Ring.* Als im Mai 1933 die Gewerkschaften aufgelöst und ihr Feld von der Deutschen Arbeitsfront (DAF) okkupiert wurde, regte sich Widerstand (nur) bei der *Volksfürsorge,* auf den lokale Kräfte der SA und der Nationalsozialistischen Betriebsorganisation (NSBO) mit Gewalt reagierten. Etliche Mitarbeiter wurden verfolgt, sehr viele verloren ihre Stellung. Nach Erinnerung von Alex Möller, der in den Außendienst der *Karlsruher Leben* ging: »Mit mir wurde eine ganze Reihe von Freunden verpflichtet, die als Sozialdemokraten bei der Hamburger Volksversicherung nicht mehr weiterarbeiten konnten. Die Leitung der Karlsruher hat mit diesen Männern eine Spezialorganisation für die Volksversicherung aufgezogen. [...] Einige von ihnen mußten den Weg ins Konzentrationslager antreten.«[3]

Die NSBO fand bei Angestellten mehr Anklang als bei Arbeitern und hatte bei Betriebsrätewahlen auch in Banken und Versicherungen Erfolge. Dabei bildete sie meist Listengemeinschaften mit dem rechtsnationalen DHV.[4] Durchaus entwickelt und von gewissem Einfluss war die Betriebszelle in der *Allianz,* nach der Machtergreifung.[5] Schon 1934, im Jahr des Röhm-Putsches, wurde die NSBO jedoch der Deutschen Arbeitsfront untergeordnet und verlor ihren Anspruch auf Bildung einer genuinen Arbeiter- und Angestelltengewerkschaft.

Den Machtkampf in der Hamburger *Volksfürsorge* gewann nicht die Basis der NSBO sondern die Parteizentrale. Robert Ley, Leiter der kurz zuvor gebildeten DAF, sandte den jungen Rechtsanwalt Sebastian Kratzer nach Hamburg und ermächtigte ihn, einstweilen die Geschäfte des Versicherers zu führen. Dies war zum Schaden der NSBO, die schon vor 1933 bei mehreren Versicherern »sozialrevolutionär« aktiv geworden war, eine nachhaltige Wirkung jedoch kaum entfalten konnte. Als 1936 der Phönix zusammenbrechen sollte, war die NSBO bereits aufgelöst, Dr. Kratzer aber wiederum präsent: als Sonderbevollmächtigter für den deutschen Bestand des Phönix.[6]

Anders als bei der *Volksfürsorge* gab es im *Deutschen Ring* kein Aufbäumen. Das Unternehmen ordnete sich vorbehaltlos in die Arbeitsfront ein, ganz entsprechend der deutschnationalen Gesinnung seines Trägers. Zu dieser Zeit war seine Lebensversicherungs-Clientèle noch deutlich kleiner als der Kundenstamm der *Volksfürsorge.* Aber ein rasantes Wachstum stand ihm bevor – auch dank der Auflösung des Phönix. Schon 1938 sollte mit einer Versichertenzahl von 1,6 Millionen das Vierfache des Stands von 1932 erreicht sein.[7]

Innerhalb weniger Wochen war somit die DAF zum bedeutenden Versicherungsträger geworden, neben den öffentlich-rechtlichen Anstalten und den privatwirtschaftlichen Unternehmen. Für letztere war die Lage durchaus kritisch;

denn anders als die DAF und öffentlich-rechtliche Anbieter hatten sie in den partei-ideologischen Vorstellungen zur Wirtschaftsverfassung keinen Platz. Diese allerdings waren diffus, einen verbindlichen Rahmen für die Wirtschaftspolitik gab es anfangs nicht, weshalb die Stimmen einflussreicher Führer mehr galten als die aufgeschriebene Programmatik. Auf Seiten der DAF war Robert Ley unbestritten die Spitzenfigur, während Franz Schwede-Coburg und Hans Goebbels zu den führenden Meinungsträgern im öffentlich-rechtlichen Lager zählten.[8]

Aufschlussreich ist in diesem Zusammenhang ein »großangelegter Vortrag«, gehalten auf einer Massenkundgebung der Fachgruppe Versicherungen, im Dezember 1933. Der Redner, »Pg. Dr. Rohrbeck«, warnte davor, die Frage der Versicherungsgesellschaften im nationalsozialistischen Staat vornehmlich mit Blick auf deren Rechtsform zu diskutieren, und damit Aktiengesellschaften, Gegenseitigkeitsvereine und öffentliche Anstalten gegeneinander auszuspielen. Denn: »In der nationalsozialistischen Wirtschaft ist kein Versicherungsunternehmen denkbar, das nicht gemeinnützig arbeite.« Unter dieser Voraussetzung sei es gleichgültig, in welcher Unternehmensform der Versicherungsschutz gewährt werde. »Zur Zeit ist nicht erkennbar, daß die Versicherungswirtschaft einer grundsätzlichen Veränderung ihrer Gestalt und ihrer Wirksamkeit bedarf.«

Zudem: Neugründungen seien nicht notwendig, ja sogar gefährlich, und gegen ein Ausufern berufsständischer Versicherungsgruppen habe sich der Reichswirtschaftsminister bekanntlich mehrfach gewandt. Andererseits dürfe man es sich nicht zu leicht machen und etwa annehmen, dass auch die innere Ausrichtung der Versicherungswirtschaft im Wesentlichen beibehalten werden könne, dass somit »die Aufgaben und Ziele der Versicherungswirtschaft von dem starken Geiste nationalsozialistischen Denkens nicht neu berührt zu werden brauchten. […] So einfach liegen die Dinge nicht. Nationalsozialismus ist eben keine Wirtschaftstheorie besonderer Art, mit Gegensätzen wie etwa der Liberalismus gegenüber dem Kameralismus und den Physiokraten. Nationalsozialismus ist ein Lebensideal, das alle Dinge, die in seinen Bann geraten, in Gänze erfaßt und von innen heraus mit neuem Geiste und völlig veränderter Einstellung zu den Dingen erfüllt.«

Von Idealismus und Ideologie zu realwirtschaftlichen Notwendigkeiten: Rohrbeck plädierte dafür, dass die Versicherer die Prämiengelder zur Arbeitsbeschaffung und zur Förderung von Handel und Gewerbe einsetzten, mit entschiedener Schwerpunktsetzung auf den Bau- und Hypothekenmarkt. Und er forderte, mit Bezug auf die Versicherungswirtschaft: »Internationale Beziehungen sind notwendig!« Die Versicherer hätten es immer auch mit Risikoobjekten zu tun, die nur in internationalem Verbund bewältigt werden könnten; aus diesem Geschäft dürften deutsche Gesellschaften sich keinesfalls ausschließen. Dazu gehöre aber auch, »daß die Entwicklung, die wir für die deutsche Versicherungswirtschaft einmal wieder im Auslande erwarten, uns dazu zwingt, diejenigen ausländischen Versicherungswirtschaften in Deutschland ungestört arbeiten zu lassen, die sich den deutschen gesetzlichen Bestimmungen fügen und entsprechende Kautionen stellen und für Hunderte und Tausende von deutschen Staatsbürgern Arbeitsgelegenheiten vermitteln.«[9]

Dies waren Positionen eines – später einflussreichen – Versicherungswissenschaftlers, die sicherlich in größeren Teilen von Partei und Versicherungswirtschaft Widerspruch hervorriefen, ausländische Unternehmen aufhorchen ließen und im Reichsverband der Privatversicherung, wohl auch bei seinem Vorsitzenden, Applaus fanden. Dieser Verband war eine gefestigte und durchsetzungsfähige Interessenvertretung, seit 1931 geführt von Dr. Kurt Schmitt, dem langjährigen Vorstandsvorsitzenden der *Allianz,* der auch international als ein führender Repräsentant der Versicherungswirtschaft galt. Bekannt ist, dass Schmitt schon früh Kontakt zur NSDAP aufnahm, ab 1930 mehrere Besprechungen mit Göring hatte und 1931 auch mit Hitler zusammentraf.[10] Zwei Jahre später trat er, auf Initiative Görings, als Wirtschaftsminister in die Regierung Hitler ein. Entsprechende Angebote von Brüning und Papen hatte er ausgeschlagen.

Seine Machtposition nutzte er konsequent, um Verstaatlichungspläne abzuwehren und den (eigentlichen) Privatversicherern ihren Platz im Branchengefüge zu erhalten – neben den DAF-Unternehmen und den öffentlich-rechtlichen Versicherern. Diese Dreiteilung ging auch in die Organisation der gewerblichen Wirtschaft ein, die 1934 – mit maßgeblicher Initiative von Schmitt – im Wirtschaftsverbandswesen eingeführt wurde. Die neue Organisationstruktur sollte die staatliche Kontrolle auf die private Wirtschaft sichern, anstatt – wie bislang in der Verbandsarbeit üblich – die Interessenvertretung der Wirtschaft gegenüber dem Staat zu befördern. Der Reichsverband der Privatversicherungen wurde entmachtet und die Reichsgruppe »Versicherungen« als berufsständische Organisation aufgebaut. Parallel dazu entstand die »Reichsbetriebsgemeinschaft Banken und Versicherungen«, zur Organisation der Unternehmensbelegschaften und ihrer »Berufserziehung«.

Das Reichswirtschaftsministerium erhielt weitreichende Gestaltungs- und Lenkungsrechte. So ernannte der Minister den Reichsgruppenleiter und auf dessen Vorschlag auch die Leiter der zwei unterstellten Wirtschaftsgruppen: »Privatversicherung« und »Öffentlich-rechtliche Versicherung.« Die personelle Besetzung dieser Stellen gab Aufschluss über die politische Machtverteilung zwischen den drei Lagern. Leiter der Reichsgruppe wurde das *Allianz*-Vorstandsmitglied Eduard Hilgard. An die Spitze der Wirtschaftsgruppen traten Christian Oertel von der *Colonia AG* bzw. Paul Riebesell von der (öffentlich-rechtlichen) *Hamburger Feuerkasse.*[11] Somit waren die DAF-Unternehmen auf diesen Hierarchiestufen nicht vertreten, die Privatversicherer dagegen gleich zweimal. Sie gingen aus dieser Umgestaltung der Versicherungslandschaft erfolgreich hervor, waren keineswegs an den Rand gedrängt oder gar verstaatlicht worden. Dies hatten sie nicht zuletzt Schmitt zu verdanken, daran änderte auch dessen früher Rücktritt aus der Regierung nichts. Er kehrte im Februar 1935 in die *Allianz* zurück – für die er beim Phönix-Fall Einfluss nehmen sollte.

Der staatliche Eingriff beschränkte sich nicht auf die Verbandsstruktur sondern zielte auch auf Unternehmenspolitik und Geschäftsprozesse. Dies betraf die Preisbildung, die das RAA zusammen mit dem zuständigen Reichskommissar beaufsichtigte, das »Ausspannen« von Kunden und nicht zuletzt die Anlagepolitik. Die bislang vor allem mit Sachwerten verbundene Vermögensanlage (Vergabe von Hypothekendarlehen, Grunderwerb) wurde zunehmend auf Reichsanleihen und Reichsschatzanweisungen umgelenkt, im Zeichen des Vierjahresplans und unter dem Druck des Reichswirtschaftsministers Schacht. Die Novelle des Versicherungsaufsichtsgesetzes von 1937 spiegelte den auch rechtlich manifestierten Lenkungsanspruch des Staates. So wurde die »Bedürfnisprüfung« bei der Neuzulassung von Versicherern eingeführt und der Eingriff in die von den Versicherern vorzulegenden Geschäftspläne wesentlich verschärft. Das RAA zog damit die Schrauben an und wurde zu einem Instrument des nationalsozialistischen Führerstaates. Im Kriege sollte diese staatliche Dominanz der Versicherungswirtschaft eine totalitäre Dimension erreichen.

Staatliche Umbrüche in der Versicherungslandschaft: wie stark trafen sie die ausländischen Versicherer, insbesondere die »vom jüdischen Finanzkapital beherrschten«?[12] Ausländische Anbieter hatten 1933 am gesamten Versicherungsmarkt einen Anteil von kaum mehr als 5 Prozent. Alle ihre Geschäfte mussten über eine inländische Niederlassung laufen, beaufsichtigt vom RAA. Ihre anfangs starke Position bei Fremdwährungsversicherungen hatten sie schrittweise verloren; denn diese Versicherungsform war der Reichsregierung, aus währungspolitischen Gründen, schon in Weimarer Zeit ein Dorn im Auge gewesen. Die Bankenkrise 1931, mit der nachfolgend verschärften Devisenkontrolle, festigte diese Ablehnung, und das RAA reagierte mit ersten Einschränkungen.

In seinem Beirat ließ es im März 1932 die Frage diskutieren, ob die Versicherer nicht gut daran täten, im Deckungsstock getrennte Abteilungen für all diejenigen Versicherungsbestände zu führen, die nicht auf Reichsmark lauteten. Es kam Unruhe auf, ein Beiratsmitglied erklärte rundheraus, dass der Verkauf von Fremdwährungsversicherungen ohnehin eine Täuschung sei – angesichts der hohen Auslandsverschuldung und der unzureichenden Währungsreserven des Reichs. Der Vorsitzende beschwichtigte: die echten Fremdwährungsversicherungen fielen im Gesamtbestand kaum ins Gewicht, wirklich problematisch aber seien Feingoldversicherungen mit Bindung an einen Wechselkurs. Hierfür empfehle er dringend, getrennte Abteilungen des Deckungsstocks einzurichten.

Im Oktober 1933 verfügte das RAA, dass für alle nach Ende 1931 abgeschlossenen Lebensversicherungen kein Anspruch mehr auf Auszahlung in Fremdwährung bestand. Fünf Monate später verbot es den Abschluss neuer Goldmark-Verträge mit Devisenbindung, und im September 1934 war es auch mit den direkt auf Devisen lautenden Policen vorbei. Prämien für solche Versicherungen waren nun (von »Deviseninländern«) ab sofort in Reichsmark leisten, und der Anspruch auf Auszahlung in Devisen wurde auf die bis dato geleisteten Beiträge beschränkt. Schon vorher hatte die Abwertung des Dollar um 40 Prozent – im Januar 1934 – die Nachfrage nach solchen Policen auch marktseitig gedämpft.[13]

Dies war eine indirekte, gleichwohl beträchtliche Schwächung der ausländischen Versicherer; vor allem die Schweizer Gesellschaften hatten am Markt als erste Adressen für Fremdwährungspolicen gegolten.[14] Hinzu kam ein direkter Angriff: das Reichsfinanzministerium erwog nach der Machtergreifung, Neuabschlüsse bei ausländischen Versicherern generell verbieten zu lassen.[15] Allerdings konnte es sich damit gegenüber dem RMWi nicht durchsetzen. Dieses fürchtete um das Auslandsgeschäft der deutschen Versicherer, besonders bei den Rückversicherungen, in der die deutschen Anbieter – allen voran die *Münchener Rück* – Weltmeister waren. Folglich bestätigte auch das RAA, dass es gegen Verträge deutscher Versicherungsnehmer mit ausländischen Firmen grundsätzlich keinerlei Bedenken gebe.

Bemerkenswert ist auch seine Stellung zu »jüdischen« Unternehmen. Einzelne Versicherer versuchten, ausgewählte Konkurrenten in diese Ecke zu schieben. Dagegen wandte sich das RAA: ob eine Versicherungsgesellschaft »jüdischen Charakters« sei, könne schon wegen der breiten Streuung des Aktienbesitzes nicht geklärt werden. Zwar erteilte die Behörde Auskunft zu mutmaßlichen »Juden« in Vorständen und Aufsichtsräten, untersagte aber Versicherern, mit der eigenen »arischen« im Vergleich zur »jüdischen« Wesensart zu werben (sog. Negativwerbung). Diese anfangs liberale Position in Exekutive und Jurisdiktion wurde erst ab 1938 brüchig.

Dies galt nur für den angeblich »jüdischen Charakter« von Unternehmen. Dagegen begann die Verdrängung von Personen schon im Jahre 1933.[16] Sie traf zunächst unabhängige Freiberufler, die von den Versicherern für Abschlussprüfung und treuhänderische Verwaltung des Deckungsstocks benannt wurden und dafür der Zustimmung des RAA bedurften. Das Amt nahm an, dass in diesen Fällen das Berufsbeamtengesetz vom April 1933 greife, die Benannten also eine »Ariererklärung« abzugeben hätten. Dies erwies sich als ein vorbeugender Gehorsam unnötiger Art; denn das übergeordnete Ministerium verhielt sich noch abwartend.

Unbestritten dagegen war, dass dieses Gesetz für Beamte des RAA galt. Ein Oberregierungsrat Dr. Ludwig Berliner wurde 1935 zusammen mit einem »jüdischen« Kollegen in den Ruhestand versetzt; weiter unten wird dies eingehender beleuchtet. Früh betroffen war das RAA noch durch ein weiteres Gesetz vom 21. April 1933, das die Amtszeit aller Beiratsmitglieder für beendet erklärte. Auf die anschließende Neubesetzung nahmen mehrere Institutionen und Personen Einfluss. So schrieb der Referent für Versicherungswesen im Wirtschaftspolitischen Amt des Verbindungsstabes der NSDAP, dass man dort Wert darauf lege, »vor Berufung der neuen Mitglieder des Beirates von der Liste der in Aussicht genommenen Persönlichkeiten Kenntnis zu erhalten; auch wolle man selbst Anregungen geben für die Berufung von »Persönlichkeiten, die speziell das Vertrauen des Wirtschaftspolitischen Amtes besitzen.« Der Adressat des Schreibens, Ministerialrat Bernard im RMWi, reagierte entgegenkommend.[17]

Der Phönix verfolgte den Umbau im Versicherungsbeirat aufmerksam und sah ihn nicht nur als Gefahr sondern auch als Chance. Offensiv schrieb die Münchener Direktion im Juni 1933 an den Reichsverband der Privatversicherung in Berlin: »Aus Ihrem obigen Rundschreiben, mit dem Sie die Liste der neu ernannten Versicherungsbeirats-Mitglieder mitteilen, entnehmen wir, daß im Versicherungsbeirat die in Deutschland konzessionierten ausländischen Versicherungen nicht vertreten sind. Wir bitten Sie dahin zu wirken, daß die Ernennung eines Versicherungsbeirats-Mitgliedes aus den Kreisen der ausländischen Versicherungs-Gesellschaften erfolgt. Wir erlauben uns, den Hauptbevollmächtigen der *Schweizerischen Lebensversicherungs- und Rentenanstalt,* Herrn Dir. Dr. jur. Josef Ruf in München vorzuschlagen«. Dieses Schreiben ging auch als Rundbrief an die in Deutschland aktiven Auslandsversicher. Die *Vita* bezog sich auf dieses »Vervielfältigungsschreiben« in einem Brief an den Reichsverband, unterstützte die Idee, fragte aber, ob es »nächstliegend« sei, dafür einen Herrn aus dem fernen München auszuwählen.[18] Dies mag enges Konkurrenzdenken gewesen sein; denn Dr. Ruf war zweifellos qualifiziert. Er vertrat seine Firma – ältester Versicherer in der Schweiz und ab 1866 in Preußen konzessioniert – seit 1913 in Deutschland.

Die abschließende Besetzung des neuen Beirats zog sich über Monate hin. Erst im Oktober 1933 informierte Bernard schriftlich alle in Aussicht genommenen Personen, und bat sie, auf einem beiliegenden Fragebogen ihre »Ariererklärung« abzugeben und zu unterschreiben, dass sie »jederzeit rückhaltlos für den nationalen Staat einzutreten« bereit seien. Schon im Mai waren drei ehemalige, jüdische Mitglieder vom RAA aus dem Kandidatenkreis ausgeschlossen worden: der Journalist Lauinger sowie die Professoren Manes und Koburger. Die Erstgenannten konnten sich der Verfolgung durch Flucht entziehen; Koburger überlebte sie nicht.[19] Der Phönix war im Reichsverband aktives Mitglied und beteiligte sich noch 1935 an einer größeren Spendenaktion.[20]

Ab wann mussten die jüdischen Angestellten in den Versicherungen mit Entlassung rechnen? Als erste waren die Leitungskräfte betroffen, als Zielobjekte von

Parteidruck und antisemitischer Negativwerbung der Konkurrenten; denn bevor diese untersagt war, hatte sie schon Wirkung gezeigt. Etliche Versicherer trennten sich von ihren aktuell oder potenziell gebrandmarkten Führungskräften, damit das Unternehmen nicht als »jüdisch« in Verruf kam. Auch Aufsichtsratsmitglieder verloren ihr Amt. Zu den Linienkräften entschied 1934 – schützend – das RMWi, dass das allgemeine Arbeitsrecht auch für jüdische Angestellte galt. Dass diese insbesondere in DAF-Unternehmen gezielt unter Druck gesetzt und bei »betriebsbedingten Kündigungen« als erste entlassen wurden, war damit nicht ausgeschlossen. So befand der neue Vorstand der *Volksfürsorge* schon im Mai 1933, dass alle jüdischen Mitarbeiter ihre Kündigung erhalten sollten.[21]

Tatsächlich stieg die Beschäftigtenzahl stark an. Die Reichsarbeitsgemeinschaft Banken und Versicherungen meldete im Juni 1935, dass die deutschen »Versicherungsbetriebe« 13 266 »Volksgenossen« seit April 1933 neu eingestellt hätten, davon allein 4 500 in Berlin.[22] Dass diese Einstellungen nicht auch auf Kosten jüdischer Stelleninhaber erfolgten, ist kaum anzunehmen. Denn im Folgemonat war im Mitteilungsblatt zu lesen: »Was die Judenfrage anbelangt, so ist darin keine Änderung eingetreten. Wir wissen sehr wohl, daß es auch in der Bank- und Versicherungswirtschaft eine Judenfrage gibt, die von mir sehr sorgfältig beobachtet wird. Ich will nicht, daß in unmanierlicher Weise gegen diese Juden vorgegangen wird, sondern wir müssen durch unsere Haltung beweisen, daß wir uns unseres Rassestolzes bewußt sind. Es ist mir nicht unbekannt geblieben, daß man beispielsweise in den Maschinenabteilungen der Banken nie Angehörige der jüdischen Rasse findet. Wie wäre es, wenn man zum gegebenen Zeitpunkt auch hier einmal eine Auswechslung vornähme, damit der Eindruck beseitigt wird, als ob Juden für diese Maschinenarbeit zu gut wären? Es geht nicht an, daß Angehörige der jüdischen Rasse, die in leitenden Stellungen sitzen, Qualifikationsberichte über deutsche Volksgenossen oder sogar Parteigenossen abgeben. Wir sind bestrebt, alle diese Fragen in energischer, aber durchaus taktvoller Weise zu klären. Auch hier werden wir eine klare Front schaffen müssen.«[23]

Autor des Artikels war Rudolf Lencer, Jahrgang 1901. Kurz nach der Machtergreifung war er aus der obersten NSBO-Leitung in die Führung des Deutschen Bankbeamtenvereins (DBV) übergetreten. Dieser traditionsreichste, unpolitische Berufsverband hatte einer Gleichschaltung ausweichen wollen und sich der NSDAP angebiedert. Umgehend wurde er aufgelöst, und Lencer wechselte zum Deutschen Handlungsgehilfenverband, auf das Amt des Leiters der Reichsfachgruppe Banken.[24] Noch bevor der DHV 1935 in der DAF aufging, ließ Lencer sich zum Leiter der neu gegründeten Reichsbetriebsgemeinschaft Banken und Versicherungen berufen. Seinen Beitrag für das Mitteilungsblatt hatte er aus »gegebenem Anlaß« geschrieben; kurz zuvor war auch die »Vereinigung von Oberbeamten im Bankgewerbe« aufgelöst worden, die sich gegen die DAF aufgelehnt hatte.

Aus seiner Sicht zählte sie zu den »Kräften, die sich gegen unsere Arbeit stemmen wollen«. In diesen Zusammenhang gehöre auch »die Judenfrage«.

Zu ihr ergriff Lencer 1937 noch einmal das Wort, vor großem Publikum, auf einer Jahrestagung der Reichsbetriebsgemeinschaft. »Sie hören immer wieder unsere grundsätzliche Stellungnahme zum Judentum, die nicht etwa aus einem Haß zum Juden resultiert, sondern aus der Liebe zu unserem Volke kommt. Es geht auf keinen Fall an, daß die Juden, wenn sie sich schon anderswo nicht betätigen können, glauben ein Betätigungsfeld in der deutschen Bank- und Versicherungswirtschaft zu haben. Wir werden nicht eher ruhen, bis der letzte Jude aus unseren Betrieben verschwunden ist. Wir haben auch nach dieser Hinsicht schon vieles erreicht. Einige Banken sind vollkommen judenrein. In den Versicherungen sieht es noch nicht so aus. Auch hier muß der Bestand von jüdischen Vertretern allmählich ausgemerzt werden.«[25] Die mehr als 1 000 jüdischen Angestellten im Deutschland des Jahres 1933 verloren bis 1939 fast ausnahmslos ihren Arbeitsplatz. Dasselbe galt für die etwa 600 selbständigen Versicherungsagenten, die 1937 von einer »Anordnung zur Bereinigung des Außendienstes« entscheidend getroffen wurden.[26]

Wachstum, Wettbewerb und Machtkampf in der Fachgruppe

Welche Ansprüche Staat, Partei und Privatunternehmen an Gestalt und Leistung der Lebensversicherung stellten und bis 1938 durchsetzen konnten, ist somit für das Gesamtsystem skizziert. Aufzuzeigen bleibt, wie sich diese Veränderungen auf der mittleren Ebene darstellten, bei den verschiedenen Gruppen von Versicherern und den befassten Organen von Staat und Partei. In den ersten fünf Jahren des »Dritten Reichs« nahm die Branche einen enormen Aufschwung. Wie gestaltete sich dabei der Wettbewerb, gab es im Wachstum ausschließlich Gewinner? Oder ging der Boom einher mit einem intensiven Kampf um Marktanteile und Plätze, mit einer tiefgreifenden Konzentration in der Branchenstruktur?

Von welchen wirtschaftlichen Faktoren war dieser Wettbewerb bestimmt und in welchen Formen wurde er ausgetragen? Welchen Einfluss nahm die Politik – auf Regierungsebene, in den gleichgeschalteten Wirtschaftsorganisationen und in den Gliederungen von Partei und den ihr angeschlossenen Verbänden und Organisationen? Verschärfte sich hier der Wettbewerb zum Kampf um politische Macht? Welche Bedeutung hatte die Ideologie, welche Auswirkungen der Antisemitismus? Wie äußerte sich dieser in politischem Druck auf Unternehmen und in deren Reaktionen, gegenüber Konkurrenten, Beschäftigten, Versicherten?

Am Ende des Jahres 1932 hatten die inländischen Privat-Lebensversicherer in Deutschland einen Bestand von knapp 17 Millionen Policen mit einer Versicherungssumme von 16,2 Milliarden RM. Hinzu kamen die öffentlich-rechtlichen Anstalten mit fast 1 Million Policen und einer Summe von 1,9 Milliarden RM. Die fünf Spitzenplätze in der ersten Gruppe hielten: *Allianz* (19 %), *Victoria Berlin* (10 %), *Gerling* (5 %), *Volksfürsorge* (4 %) und *Alte Leipziger* (4 %). Die ausländischen Konkurrenten spielten Nebenrollen; sie trugen zusammen nur weitere 900 Millionen zur Bestandssumme bei. Nennenswert waren drei, mit Anteilen zwischen 1,7 und 2 Prozent am Gesamtbestand: Phönix, *Basler Leben* und *Schweizerische Leben.*[1] Von diesen hatte der Phönix im letzten Jahrfünft den weitaus stärksten Anstieg verzeichnet.[2]

Dies war die Ausgangslage vor 1933: die unangefochtene Dominanz der großen inländischen Aktiengesellschaften, eine untergeordnete Bedeutung der öffentlich-rechtlichen Anstalten und eine Sonderrolle der gewerkschaftlich-genossenschaftlichen *Volksfürsorge,* als Marktführerin bei den Kleinlebensversicherern. Der *Deutsche Ring* lag in der Rangliste der Privatversicherer noch am Ende der ersten Zwanzig, wo auch die drei genannten Ausländer plaziert waren. Insgesamt teilten sich fast 90 Anbieter den Markt, bei hartem Wettbewerb und zunehmender Konzentration. Unterhalb der fünf größten gab es ein relativ schmales Mittelfeld, gefolgt von etwa fünfzig Anbietern, die über 100 Millionen RM Versicherungssumme nicht hinauskamen. Von diesen lagen dreißig unterhalb der Schwelle von 50 Millionen RM.

Schon vier Jahre später, Ende 1936, hatte sich die Anbieterstruktur deutlich verändert. Die Versicherungssumme aller Anbieter war um 20 Prozent gestiegen, und die öffentlich-rechtlichen Versicherer hatten ihren Marktanteil gegenüber 1932 auf das Zweieinhalbfache steigern können. Der Konzentrationsprozess setzte sich fort. Zudem hatte im großen Feld der nicht-öffentlichen Anbieter ein neuartiger Konkurrent Platz gegriffen: die Unternehmen der Deutschen Arbeitsfront. Die *Allianz* hatte sich mit 19 Prozent Marktanteil behauptet, und zwischen sie und die zwei anderen Großen – *Victoria* und *Gerling* – hatte sich die *Volksfürsorge* geschoben, deren Bestand seit 1933 um 80 Prozent gestiegen war.[3] Der *Deutsche Ring* lag (noch) auf Platz 12, doch gemeinsam kamen die beiden DAF-Gesellschaften auf einen Marktanteil von 8,3 Prozent. Dies entsprach einem Niveau von 43 Prozent des *Allianz*-Bestandes gemessen an der Versicherungssumme,[4] während die Zahl der Policen diejenige des Marktführers sogar überstieg. Die Kleinlebensversicherung hatte deutlich zugelegt, erkennbar auch daran, dass der *Deutsche Herold* – in dieser Sparte stark – nun unter den ersten Fünf rangierte.

Die Schärfe des Wettbewerbs drängte die Versicherer, ihre Werbeabteilungen auszubauen. Die Kundenwerbung wurde einerseits psychologisch verfeinert, andererseits aber auch missbräuchlich aggressiv praktiziert. Letzteres galt vor allem für die ersten Monate nach der Machtergreifung, als parteinahe Versicherer ihren

Außendienst so auftreten ließen, als sei er ein Parteiorgan. Wie zu erwarten, reagierte darauf der Minister Schmitt mit Nachdruck. In einer Presseerklärung vom 2. Dezember hieß es: »Diese Verquickung von Partei und Geschäft muß auf das schärfste mißbilligt werden. Niemand ist berechtigt, unter Berufung auf die Partei oder angebliche Wünsche des Führers den Versuch zu machen, Versicherungsinteressenten zu dem Abschluss von Verträgen mit bestimmten Versicherungsunternehmungen zu bewegen.«

Schmitt nutzte die Gelegenheit, diese Botschaft mit einer zweiten zu verknüpfen, wiederum mit Blick auf die Interessen der großen Privatversicherer: »[...] daß es nicht der von der Reichsregierung betriebenen Wirtschaftspolitik entspricht, wenn ohne Rücksicht auf ein Bedürfnis neue Versicherungsunternehmungen, namentlich solche mit berufsständischem Charakter aufgezogen und [...] den bestehenden Versicherungsunternehmungen die Versicherten ausgespannt und den neuen Unternehmungen zugeführt werden.«[5] Unverkennbar ist, dass diese Kritik in direktem Zusammenhang mit dem »Ausspannungsabkommen« stand: schon 1933 war im Verband Deutscher Lebensversicherungsgesellschaften eine Übereinkunft erzielt worden, dass man das gegenseitige Ausspannen bei der Großlebensversicherung unterlassen wollte. Diese freiwillige Vereinbarung sollte 1936 der Reichsgruppenleiter für verbindlich erklären, mit Gültigkeit für sämtliche (auch öffentlich-rechtliche) Lebensversicherer.[6]

Auch das Setzen gemeinsamer Regeln für die Werbung hatte der Verband angestoßen, diese Frage allerdings nur im Einvernehmen mit einer Staatsstelle lösen dürfen. Der Werberat der deutschen Wirtschaft, 1933 im politischen Verantwortungsbereich des Reichspropagandaministeriums, war fortan befugt, Trägern und Arten von Werbung die Genehmigung zu verweigern, sofern sie gegen das Gesetz über Wirtschaftswerbung verstießen. Ein solcher Verstoß lag auch dann vor, wenn Werbung mit politischem Druck verbunden wurde. Die privaten Versicherungsunternehmen erfuhren aus dem einschlägigen Rundschreiben ihres Verbands: »Der Wettbewerb der Versicherungsunternehmen liegt auf wirtschaftlichem Gebiet. In ihm hat die Politik nichts zu suchen.« Diese Einschätzung sollte sich bald als weltfremd erweisen, nicht nur für die Werbung. Anzeigen privater Versicherer spiegelten in Sprache und Bild schon 1933 nationalsozialistische Ideologie, auch bei ausländischen Anbietern.[7] Zudem wurde die Gemeinschaftswerbung der Lebensversicherer erheblich ausgeweitet, nachdem der Verband der Lebensversicherungsgesellschaften 1937 in die Fachgruppe überführt worden war.[8]

Dass die Konkurrenz zwischen den Versicheren von der Politik durchaus berührt, ja gelenkt wurde, zeigte sich noch in weiteren Dimensionen. Die finanziellen Erwartungen der neuen Reichsregierung an die Lebensversicherer zielten vor allem auf deren Anlagepolitik. Die Privatversicherungen wussten, dass sie sich diesem Anspruch nicht widersetzen konnten. In den Worten von Hans Ullrich, Generaldirektor der *Gothaer Lebensversicherung:* »Die Kapitalanlagepolitik der Versicherungsunternehmungen hat aber nicht nur an die Belange der Versicherten zu denken, sondern zugleich an die Allgemeinheit. Sie hat die bei ihnen zusammenströmenden Kapitalien an die Stellen höchsten volkswirtschaftlichen Bedarfes zu lenken, wo sie im Zuge der Wirtschaftspolitik des Reiches dem Gesamtwohle am besten dienen.«[9]

Damit war vor allem die Investition in staatliche Wertpapiere gemeint. Die gesamten Vermögensanlagen der Privatversicherer stiegen zwischen 1932 und 1937 von 3,7 auf 6,1 Milliarden RM, somit um 65 Prozent. Zugleich erhöhte sich der Wertpapierbestand um 220 Prozent, auf 1,7 Milliarden RM, während der traditionell größte Posten, die Grundschulden und Hypotheken, nur um 23 Prozent auf 2,7 Milliarden RM anwuchs. Wegen der relativ niedrigen Verzinsung der Staatspapiere entsprach dies durchaus nicht einem kaufmännischen Gewinninteresse. Für die privaten Versicherer war dies ein Wettbewerbsvorteil; denn sie waren in ihrer Anlagepolitik deutlich freier geblieben als die öffentlich-rechtlichen Konkurrenten und die DAF-Unternehmen.[10] Aber auch so hatte die Versicherungswirtschaft »seit der Machtergreifung […] den Beweis erbracht, daß sie auch ohne gesetzlichen Zwang verantwortungsbewußt an der volkswirtschaftlich gebotenen Kapitallenkung erfolgreich mitarbeitet.«[11]

Freilich passte eine solche unternehmerische Freiheit nicht bruchlos in die nationalsozialistische Weltanschauung, mitnichten aus Sicht von Andreas Braß. Er war Reichsbeauftragter der NSDAP für die Versicherungsgesellschaften der DAF, und er leitete ab 1937, nach dem Rücktritt Oertels, die Wirtschaftsgruppe Privatversicherung. Er war ein »alter Pg.«, der sich schon 1931 von Gottfried Feder hatte zusichern lassen, dass dieser ihn »im Fall der Neugestaltung des Versicherungswesens« zur Mitarbeit heranziehen würde. Dies war, wenn auch verzögert, mit der Vergabe des Parteiamtes geschehen.[12] Den Aufstieg zum Wirtschaftsgruppenleiter verdankte Braß nun dem Reichsgruppenleiter Hilgard. Dieser hatte ihn vermutlich in der Absicht ausgewählt, die DAF-Unternehmen in der Wirtschaftsgruppe, zu denen auch die von Braß geleitete *Deutsche Lebensversicherung AG* gehörte, stärker auf die Linie der kapitalistischen Großunternehmen ziehen zu können. Dies ließ Braß, ein Mann mit »diffus antikapitalistischer Zielrichtung«,[13] nicht mit sich machen. Kaum im Amte, äußerte er sich in der Frage durchaus prononciert: »Der Sinn des Versicherungsbetriebes ist niemals die Gewinnerzielung für die Aktionäre oder sonst einen Kapitalbesitzer. […] Nicht nur in der Lebensversicherung ist der Versicherungsbetrieb zwar nicht juristisch, aber doch tatsächlich Eigentum der Versichertengemeinschaft.«[14]

Die Dreiteilung der Versicherungswirtschaft, die schon Schmitt hatte verhindern wollen, war nun gefestigt; die DAF-Unternehmen ließen sich keineswegs als herkömmliche Aktiengesellschaften einbinden, sondern sie setzten sich mit dem

Leitspruch »Gemeinnutz geht vor Eigennutz« von den (eigentlich) privaten Versicherern ab. Somit wurde deren Dominanzanspruch in Frage gestellt, mit der Forderung, die volksgemeinschaftliche Notwendigkeit eines privatkapitalistischen Zweiges in der Versicherung grundsätzlich zu prüfen. In den Worten von Braß: »Ich sehe tatsächlich Möglichkeiten zu einer grundlegenden Änderung der Struktur des deutschen Versicherungswesens.«[15] Gleichgesinnte fand er nicht nur in der DAF sondern auch in der öffentlich-rechtlichen Gruppe. Und auf der ideologischen Ebene konnte er sich noch 1937 auf Glaubenssätze von Ley stützen, wie diesem: »Wir bewiesen ihnen, daß man eine Wirtschaft nicht aufbaut mit wirtschaftlichen Grundsätzen nach liberalistischer Art, sondern daß das Deutschland, die Wirtschaft, die Kultur, überhaupt alles, ein Produkt des Glaubens ist. [...] Wir Nationalsozialisten haben dem Geld seine Giftzähne ausgebrochen. Wir haben es wieder dazu gemacht, was es sein soll und muß: zum Diener der Wirtschaft und der Menschen.«[16]

Der Machtkampf zwischen den drei Gruppen wurde erst im Dezember 1938 als beendet dekretiert. Göring erklärte auf Willen Hitlers die Verstaatlichungsdiskussion für obsolet und beließ Hilgard im Amt. Dieser leitete fortan die Reichsgruppe, die nunmehr sowohl private und als auch öffentlich-rechtliche Versicherer einband. Er erhielt zwei Vertreter, beide aus dem öffentlich-rechtlichen Feld; Braß war entmachtet. Verschärft hatte sich der Konflikt im Frühjahr 1938 dadurch, dass Schwede-Coburg die Verstaatlichungsfrage auch für das »angeschlossene« Österreich aufgeworfen hatte.[17] Daran konnten selbst die beiden großen DAF-Versicherer kein Interesse haben, erwarteten sie sich doch von dem »Anschluss« einen kräftigen Zuwachs an Bestand und Macht. Diesen Anspruch erhoben sie nicht nur gegenüber den Konkurrenten aus den zwei weiteren Blöcken sondern – wohlgemerkt – auch gegeneinander.

Eine Rivalität zwischen Unternehmen und Blöcken, die bis Ende 1938 andauerte, gab es noch auf einem zweiten Feld. DAF-Gesellschaften und auch Öffentlich-Rechtliche hatten sich gebrüstet, ihre »Gefolgschaften« zügig »judenrein« gemacht zu haben. Damit verbunden waren Anschuldigungen, dass große Privatversicherer sich in dieser Frage zu zögerlich verhielten. Kurz nach der Machtergreifung hatte sich dieser Druck noch auf die Ebenen von Aufsichtsrat und Geschäftsleitung konzentriert; die Denunziationen und Anwürfe trafen u.a. Emil Herzfelder *(Victoria Berlin)*, Erich Koch-Weser *(Hamburg-Mannheimer)*, James Freudenburg *(Neue Frankfurter*, dann *Allianz)* und Maximilian Eichbaum *(Allianz)*.[18] Die Gesellschaften nahmen die benannten Personen aus dem Kreuzfeuer; vermutlich erwarteten sie sich davon die einstweilige Schonung ihrer jüdischen Angestellten auf mittleren Rängen und im Außendienst. Wie schon die erwähnten Äußerungen von Lencer zeigten, wurde diese Erwartung mit Inkrafttreten des Reichsbürgergesetzes fragwürdig. Aber auch dieses erzwang noch keinen rigiden personalpolitischen Schnitt. Dies lassen einige (wenige) Belege aus Unternehmensarchiven erkennen,[19] wie auch ein Artikel im Wochenblatt der SS, im November 1936.[20]

Zum Thema hatte er die »Heimstätten für abgetakelte Bonzen«. Nachsicht gewährte der Autor eingangs »dem einfachen Mann, der in einem wohlausgeklügelten Gewerkschaftssystem zum Klassenhaß erzogen wurde«. Wenn aber ehemalige »Parteibonzen« sich dank ihrer »Gelenkigkeit« wieder in leitende Stellungen »emporturnten«, so sei unnachgiebig dagegen anzugehen. Solche Personen wurden beispielhaft genannt: ein enger Mitarbeiter des Leipziger Polizeipräsidenten, ein Präsident der Staatspolizeiverwaltung, und ein Stadtverordnetenvorsteher, der sich bei »marxistischen Überfällen« auf NS-Parteigenossen hervorgetan hatte. Alle drei hatten sie eine Anstellung bei der *Neuen Frankfurter Versicherungs-AG* gefunden.

Auf den ersten Blick war der Artikel keineswegs antisemitisch; denn im Vordergrund stand die »schon mehrmals« im Blatte behandelte Frage, »welche Haltung der Nationalsozialist seinen ehemaligen Gegnern aus der Kampfzeit gegenüber einnehmen und von welcher Warte aus er dieses Problem betrachten soll.« Die eigentliche Drohung kam erst durch die Hintertür. Fast nebenbei erwähnte der Schreiber, dass die *Neue Frankfurter* auch zwei Juden beschäftige, von denen sie sich so schwer trennen könne. Das Zwischenfazit: »So sieht es in der genannten Versicherungsgesellschaft aus, und wir haben uns nur mit einem kleinen Teil des Filialnetzes befasst. Juden und ehemalige Marxisten haben eine Heimstätte bei ihr gefunden, und wir fahren nur deshalb mit dem Spazierstock über den Rollbalken, daß man dort nicht glaubt, wir schlafen.«

Damit waren auch die Juden im Fadenkreuz, und die eigentliche Botschaft entschlüsselte sich: die *Neue Frankfurter* war kein Einzelfall. »Unnötig zu betonen, daß wir mit der Neuen Frankfurter Versicherungs-AG keinen Bock in die Wüste jagen wollen, dem nun die anderen Versicherungsgesellschaften nachwinken im Glauben, nun sei wieder alles in Butter. Die Hanseatische Versicherungsagentur GmbH in Hamburg mußte aufgelöst werden, weil prinzipiell nur staatsfeindliche Elemente angestellt wurden. Aus diesem Grunde sollen sich auch der ›Deutsche Herold‹, die ›Zukunft‹ und gewisse andere Firmen nicht über die ›Frankfurter‹ aufregen, sondern lieber bei sich selbst ein wenig nachgucken, um uns dieser Mühe zu entheben, die dann immer als ›Eingriff in die Wirtschaft‹ empfunden wird. Das soll keine Spitze sein gegen 20 angestellte Juden bei der ›Allianz‹, sondern nur gegen die Gesellschaft, die sich scheinbar von ihnen nicht trennen kann.« Mit »Zukunft« war die Phönix-Tochter gemeint: die *Zukunft Lebensversicherungs-Bank* in Berlin.

Von dieser Pointe kehrte der Schreiber zu den »marxistischen Bonzen« zurück und ließ den Text ausklingen. Der Hinweis auf ungekündigte Juden: war dies etwa nur ein Exkurs, eine Randbemerkung, die sich beim Befassen mit dem eigentlichen Thema gelegentlich einstreuen ließ? Wohl kaum. Zwar hatte der Artikel die Machtfrage, vor allem mit Blick auf die *Allianz*, nicht offen gestellt. Aber die Kernbotschaft war klar, und die Angesprochenen verstanden sie. Nach einer Unterredung des Leiters der *Allianz*-Rechtsabteilung im RAA kam es kurzfristig zu mehreren Entlassungen im Konzern, insbesondere in der *Neuen Frankfurter*. Von den beiden namentlich im Artikel genannten Juden musste zumindest der eine, höherrangige seine Stellung zum März 1937 aufgeben.[21] Von ihm und drei weiteren ist bekannt, dass sie Deutschland rechtzeitig verlassen konnten.[22]

Der deutsche Phönix unter Anpassungszwang

Die Veränderungen in der deutschen Versicherungslandschaft ab 1933: wie wirkten sie auf den Phönix, auf seine Geschäftstätigkeit und Position im deutschen Lebensversicherungsmarkt? Hielt er mit im intensiven Wettbewerb, wie war sein Bild in der Presse? Konnte er die Anforderungen der Versicherungsaufsicht bewältigen? Wurden diese »politischer«, war er auch direkten Angriffen von Parteistellen ausgesetzt? Änderte sich die Zusammensetzung von Direktionsrat und Vorstand, gab es eine »Arisierung«? Wie verhielt der Versicherer sich gegenüber seinen jüdischen Kunden? Kurzum, wie erging es dem Phönix in Deutschland, zwischen dem Aufstieg der Nationalsozialisten und seinem Sturz?

Pressebild, neue Produkte, Werbung

Die Geschäftsberichte des Phönix zeigen, dass die deutsche Niederlassung ihren Bestand trotz erheblicher Rückkäufe auch im Konjunkturtief 1930/32 erhöhen konnte, von 186 Millionen auf 216 Millionen RM. Im Jahr der Machtergreifung gab es eine leichte Bestandsminderung, der 1934 eine Steigerung auf 231 Millionen RM folgte.[1] Davon entfielen 125 Millionen auf Reichsmark, 98,5 Millionen auf Goldmark und 7,5 Millionen auf Fremdwährung. Die Prämieneinnahmen lagen in diesem Jahr bei 11 Millionen, die Abschluss- plus Verwaltungskosten bei 3 Millionen, die Zugänge bei 56 Millionen und die Rückkäufe bei 7 Millionen RM. Liest man die Besprechungen dieser Geschäftsberichte in Zeitungen und Fachzeitschriften, so zeigt sich auch dort ein positives Bild. Offensichtlich zweifelten diese Medien nicht an Gesundheit und Wachstumspotenzial des Unternehmens – sechs Monate vor dessen Zusammenbruch.

Der Deutsche Volkswirt konstatierte im November 1933, mit Blick auf den Geschäftsbericht für 1932: »Die jüngste Entwicklung des Phönix beweist, daß eine

Ausdehnung des Lebensversicherungsgeschäfts auf viele Länder auch während der Weltwirtschaftskrise von Nutzen ist.« Sein Geschäftsgebiet umfasse 20 Länder, und an 17 Lebensversicherern in neun Ländern sei er beteiligt. Auch im deutschen Geschäft habe der Phönix in den letzten Jahren »ansehnliche Bedeutung« erlangt. Die Rentabilität des Gesamtunternehmens bleibe weiterhin günstig, befördert dadurch, dass die Gesellschaft die Kapitalanlage überwiegend in ertragreichen Wertpapieren tätige. »Der Phönix legt eine besondere Sorgfalt auf die Auswahl seiner Kapitalanlagen und vertritt auch das Prinzip, daß ein Wechsel des Wertpapierbesitzes je nach den Chancen des Augenblicks [sic!] im Interesse der Lebensversicherten notwendig ist.«[2]

Zu lesen war auch, dass der Anteil der Immobilien an den gesamten Vermögensanlagen weiter gestiegen war und in Deutschland knapp unter der zulässigen Grenze von 25 Prozent lag. Auf Hypothekendarlehen entfielen 42 und auf festverzinsliche Wertpapiere 21 Prozent; hierbei wurde ein erheblicher Betrag der neuen Reichsanleihe gezeichnet. Das Restvermögen von 14 Prozent war in Policendarlehen gebunden.[3] Für deutsche Verhältnisse war dies keine abnorme Vermögensstruktur; denn das Gesamtvermögen aller deutschen Lebensversicherer war 1933 zu 6 Prozent in Grundbesitz, 60 Prozent in Hypothekendarlehen, 25 Prozent in Wertpapieren und 10 Prozent in Policendarlehen eingebracht.[4]

Erstaunlich ist, dass die Zeitschrift dies nicht hervorhob: die Vermögensstruktur im Deutschlandgeschäft war nach deutschen Maßstäben normal, für den Konzern aber außergewöhnlich. Denn in seinem Gesamtgeschäft folgte der Phönix einem völlig anderen strategischen Muster; dort war die Aufteilung 20:7:60:13 Prozent. In Wertpapieren waren also drei Fünftel des Vermögens angelegt, während nur ein Viertel auf immobilien-bezogene Anlagen (Grundbesitz und Hypothekendarlehen) entfiel.[5]

Auch die beiden folgenden Jahresberichte kommentierte die Zeitschrift fast ohne Fragezeichen. Im September 1935 zeigte sie auf, dass – während die deutschen Lebensversicherer kräftig zugelegt hatten – der Phönix für 1934 insgesamt einen Bestandsrückgang verzeichnete.[6] Sein deutsches Geschäft habe er dagegen beträchtlich ausweiten können; der Anteil des deutschen am gesamten Bestand liege nun bei 19 Prozent (1933: 17 Prozent). Dies habe er vor allem durch das Angebot von Gruppenversicherungen zu stark ermäßigten Tarifen erreichen können, übernommen aus der amerikanischen Versicherungspraxis. So seien etliche Werkverträge mit Industrieunternehmen zustande gekommen, insbesondere im Ruhrgebiet. Fremdwährungsversicherungen gingen dagegen stark zurück. Dieser *Volkswirt*-Artikel erschien am 27. September 1935 – genau sechs Monate vor der ersten Meldung vom Phönix-Krach.

Bemerkenswert ist noch ein zweiseitiger Artikel aus der Sonderbeilage »Die Wirtschaft im neuen Deutschland«, in demselben Heft. Er behandelt die ausländischen Versicherungsgesellschaften im Deutschen Reich, als Autor ist Dr. Walter Erhard genannt. Er veranschaulicht mit Zahlen die relativ geringe Bedeutung der Ausländer im deutschen Geschäft und führt als Hauptgrund an, dass »die Freizügigkeit der Auslandsgesellschaften außerordentlich stark eingeschränkt« sei. Dies sei »in allen anderen Ländern« ähnlich, in Deutschland aber gebe es gerade bei den Lebensversicheren außerordentlich hohe Anforderungen an Prämienreserve und Kaution und gravierende Einschränkungen für den Gewinntransfer ins Herkunftsland. Allerdings habe dies dazu angeregt, dass die Auslandsgesellschaften erhebliche Beiträge zur Kapitalversorgung der deutschen Wirtschaft leisteten. Zudem: »Aus der materiellen Verflechtung ergibt sich eine ideelle, ein starkes Interesse an der gedeihlichen Weiterentwicklung der deutschen Wirtschaft und zahlreiche freundschaftliche, von gegenseitigem Vertrauen [sic] getragene Beziehungen.«[7]

Neumanns Zeitschrift, das führende deutsche Versicherungsblatt, beschränkte sich weitgehend auf Auszüge aus den Phönix-Geschäftsberichten und kommentierte kaum. Auffällig war nur der Hinweis, dass der Phönix 1932 den deutschen Bestand des Wiener Lebensversicherers *Janus* übernommen und diesen in seine deutsche Tochter, die *Zukunft Lebensversicherungs-Bank*, eingebracht hatte. Diese konnte 1935, mit dem Zugang vom *Janus*, ihren Bestand auf 21 Millionen RM mehr als verdoppeln, blieb aber ein nachrangiges Unternehmen. Vorstandsvorsitzender war 1934 Walter Erhard, der Chef der Berliner Phönix-Zentrale, und im achtköpfigen Aufsichtsrat saßen Eberhard von Reininghaus, Chef der *Wechselseitigen Brandschaden und Janus* (Wien) sowie ein Prinz Heinrich XXXV. von Reuß jüngere Linie.[8]

Etwas prononcierter besprach die *Die Bank* den Phönix-Geschäftsbericht von 1934, im September 1935.[9] Den leichten Rückgang im Gesamtbestand erklärte auch sie mit Wechselkursschwankungen, hielt aber zwei weitere Punkte für bedenkenswert. Die Verwaltungskosten im deutschen Geschäft lägen bei nicht weniger als 12 Prozent der Prämieneinnahmen, und die Kapitalerträge seien eher mäßig ausgefallen. Die Phönix-Leitung hatte diese Entwicklung in ihrem Geschäftsbericht in bemerkenswerter Weise gedeutet: »Es ist nicht zu verkennen, daß die Erträgnisse der Vermögensanlagen sich allmählich minder ergiebig gestalten. Wo dies eine Folge zunehmender Kapitalbildung und organischer Zinssenkung darstellt, kann eine solche Entwicklung auch für die Lebensversicherung nur als erwünscht angesehen werden.« Man vergleiche diese Aussage mit dem oben zitierten Satz aus dem Geschäftsbericht 1932: »je nach den Chancen des Augenblicks«.

Die *Frankfurter Zeitung* titelte am 6. August 1935: »Lebensversicherung Phönix-Wien: Starke Währungseinflüsse auf den Bestand – Verminderte Kursverluste – Erhöhte Reserven – Anhaltende Vermehrung der Immobiliaranlage«. Es folgte ein ausführlicher Bericht über das Geschäftsjahr 1934.[10] Der Schreiber verwies darauf, dass die Bestandszugänge (brutto) im Gesamtgeschäft weiterhin rückläufig waren: 460 Millionen Schilling in 1933, 383 Millionen in 1934 und 196 Millionen im 1. Halbjahr 1935. Darin spiegelten sich nicht nur Wechselkursänderungen sondern auch ein sinkender Wert der durchschnittlichen Vertragssumme. Die Verwaltungskosten im Gesamtgeschäft waren von 1933 auf 1934 leicht gesunken, und die Kapitalerträgnisse gestiegen, ebenso wie die Vermögensanlagen. Bei diesen fiel der starke Anstieg der Immobilien in Deutschland auf, von 14 auf 18 Millionen Schilling. In die 4-Prozent-Reichsanleihe 1934 wurden dagegen nur 750 000 RM investiert. Deutlichere Warnzeichen gab auch die *Frankfurter Zeitung* nicht.

Dies also war das Bild in der Fachpresse: der Phönix war in Deutschland weiterhin auf dem Weg nach oben, und die Jahresberichte gaben zu Bedenken kaum Anlass. Registriert wurde auch, dass er sein Wachstum nicht zuletzt mit einer Anpassung im Produktprogramm sicherte: dem schnellen Ausbau der Gruppenversicherung. Die Idee für diese Form, die ab Ende der Zwanziger boomte, kam aus den USA. Ihr Prinzip liegt darin, dass als Vertragspartner des Versicherers nicht eine Person auftritt, sondern eine Organisation, der sie angehört. Die weitgehend einheitlichen Versicherungsinteressen der Individuen werden durch einen Kollektivvertrag gedeckt und nach den darin festgelegten Konditionen im Versicherungsfalle gleichartig erfüllt. Wie bei der Fertigung von Massengütern erfolgt eine Standardisierung des Produkts, die zu Einsparungen in Verwaltungs- und Vertriebskosten führt und günstige Prämien für den Einzelnen ermöglicht. Diese lassen sich noch weiter senken, wenn die Organisation – als Vertragspartner – die von ihr ausgehandelte Versicherung bezuschusst. Mit dieser Versicherungsform hatte der Phönix schon im Weltkrieg Erfahrungen gesammelt, zusammen mit dem Witwen- und Waisenfonds. Und das RAA hatte sie schon 1925 ausdrücklich befürwortet, als sie in seinem Beirat erstmals diskutiert wurde.[11]

Einer der Pioniere auf diesem Felde war die *MetLife* in den USA. Mit ihr vereinbarte der Phönix eine Kooperation, die ihn seinerseits zu einem der Vorreiter in Europa machte. In seinen Worten, im Stile eines Geschäftsberichts: »Mit der Metropolitan Life Insurance in New York haben wir im Laufe des Jahres 1929 Vereinbarungen getroffen, auf Grund welcher unsere Gesellschaft Gruppen-Lebensversicherungen (Kollektivversicherungen von Arbeitern und Angestellten) nach den von der Metropolitan Life Insurance in den Vereinigten Staaten von Amerika und in Kanada erprobten Grundsätzen in Österreich, im Deutschen Reich, in der Čechoslovakischen Republik, in Ungarn und in einigen ost-europäischen Staaten abschließen wird. Die Metropolitan Life Insurance stellt unserer Gesellschaft zwecks Abschlusses von Gruppenversicherungen bei den europäischen Affiliationen [Tochtergesellschaften] amerikanischer Unternehmen ebenso wie in europäischen kaufmännischen und industriellen Betrieben ihre technischen Einrichtungen und ihre reichen Erfahrungen zur Verfügung und nimmt an den abzuschließenden Gruppenversicherungen im Rückversicherungswege Anteil.«

Dies war der *Deal:* der Phönix erhielt Zugang zu Kunden, Erfahrungswissen und Datentechnik, und die *MetLife* erweiterte ihr Rückversicherungsgeschäft. Beide erwarteten ein *Win-Win,* denn: »Die Gruppenversicherung hat im letzten Jahrzehnt im amerikanischen Versicherungswesen außerordentliche Bedeutung erlangt. Es sind aufgrund von dieser Versicherungsform mehrere Millionen von Arbeitern und Angestellten von insgesamt mehr als 11 Milliarden Dollar für den Todes- und Invaliditätsfall versichert. Unternehmer und Arbeiter stimmen darin überein, daß die Gruppenversicherung im Interesse der Erhöhung der Arbeitsintensität und der Festigung des Arbeitsfriedens in der amerikanischen Industrie wertvolle Dienste geleistet hat, und wir glauben daher annehmen zu dürfen, daß die Gruppenversicherung auch auf dem europäischen Kontinent als eine nützliche Ergänzung der bewährten Einrichtungen der Sozialversicherung den ihr gebührenden Platz einnehmen wird. Die behördliche Bewilligung zur Gruppenversicherung ist unserer Gesellschaft in Österreich, im Deutschen Reich und in der Čechoslovakischen Republik bereits erteilt worden.«[12]

Der Phönix hatte vorsorglich auch beim RAA die Zulassung eines solchen Produkts beantragt, unter dem Namen Firmen-Gruppen-Risikoversicherung. In Abstimmung mit dem Wirtschaftsministerium stellte die Aufsichtsbehörde die Sache zunächst zurück; es wollte abwarten, wie sich die schwebenden Verhandlungen über die Zulassung deutscher Versicherer in Österreich entwickelten. Im Mai 1930 erschienen ihm diese so weit gediehen, dass es eine »vorsichtige Empfehlung der Genehmigung« aussprach, obwohl dies aus seiner Sicht eine »erhebliche Konkurrenz für deutsche Versicherer« auf dem deutschen Markt bedeuten würde. Das Wirtschaftsministerium gab seine Zustimmung umgehend.[13] Der Phönix nutzte sie in der Folge auch für Gruppenversicherungen mit Nichtunternehmer-Organisationen. Darunter war der *Deutsche Caritasverband* ebenso wie der zionistische *Jüdische Nationalfonds (Keren Kajemeth Leisrael),* der mit Landkäufen die Ansiedlung von Juden in Palästina förderte.[14]

Zu den Nehmern dieser Versicherungsform zählte auch eine Organisation ganz anderer *Couleur:* die NSDAP. Sie hatte ein eigenes Versicherungsamt, geleitet von dem späteren RAA-Präsidenten Georg Amend. Nach der Machtergreifung wurde die Partei zu einem der führenden Nachfrager und Umsatzträger in dem Marktsegment, und sie wählte den führenden Anbieter – die *Allianz* – bei 70 Prozent ihrer Versicherungsgeschäfte als Vertragspartner. So kam die *Allianz* zu Verträgen mit dem NS-Lehrer- wie auch dem NS-Rechtswahrerbund und erzielte damit Prämieneinnahmen von jeweils 2 bis 3 Millionen RM jährlich. Dagegen mussten die DAF-Versicherer sich mit einem erstaunlich geringen Anteil von

5 Prozent des Parteigeschäfts bescheiden, während öffentlich-rechtliche Anbieter die übrigen 25 Prozent des Umsatzes tätigten.[15]

An diesem Geschäft konnte der Phönix nicht teilhaben, aber mit seinem Angebot einer »Werksgemeinschaftsversicherung« hatte er einen guten Start. Bis Jahresende 1933 waren schon 41 000 Beschäftigte unter das Schutzdach dieser neuen Gemeinschaftsversicherung getreten, mit einer Versicherungssumme von insgesamt 45 Millionen RM.[16] Allerdings zeigen die Daten in den Geschäftsberichten auch die Ambivalenz dieses Verkaufserfolgs: die Zahl der Verträge im deutschen Bestand stieg erheblich schneller als die gesamte Versicherungssumme. So erweiterte sich der Bestand zwischen 1932 und 1934 von 106 000 auf 163 000 Policen (+54 %), während die durchschnittliche Vertragssumme von 2 040 auf 1 430 RM sank.[17] Kollektivversicherungen schloss der Phönix auch mit einer Vielzahl von Vereinen.[18]

Dieser Erfolg mit Kollektivverträgen führte auch dazu, dass die Berliner Phönix-Zentrale bedeutender wurde als die Münchener Niederlassung. In der Metropole wurden die Gruppen- und die Großlebensversicherungen bearbeitet, während München nur für Einzellebensversicherungen mit mittlerer und geringer Versicherungssumme zuständig war. In letzterem Teilsegment gab es zudem einen konzerninternen Konkurrenten am Finanzplatz Berlin: die *Zukunft,* klein und schnell wachsend. Diese machte im genannten Zeitraum einen Riesensprung nach vorn, indem sie die Zahl der Policen auf 34 000 verdreifachte, wobei allerdings die durchschnittliche Versicherungssumme von 580 auf 270 RM zurückging.[19]

Wie präsentierte der Phönix die Programmerweiterung in seiner Werbung, wie brachte er die neuen Produkte so unterschiedlichen Zielgruppen wie *Caritas, Jüdischem Nationalfonds* und Ruhrindustriellen nahe? Eine Teilantwort geben mehrere Anzeigen, die er 1933 in deutschen Medien schaltete. Die erste erschien ab Januar 1933 in der *Jüdischen Rundschau,*[20] mit dem Motto »Schwere Zeiten für die deutschen Juden!« und dem Angebot »Lebensversicherungen beim Phönix sichern die Zukunft«.[21] Der Phönix wies sich darin als alleinige Vertragsgesellschaft des *Jüdischen Nationalfonds* in Deutschland aus (siehe Abb. 5.1).

Die zweite Anzeige brachte ab Mai der *Angriff,* damals noch die Gauzeitung der Berliner NSDAP. Das Anzeigengeschäft mit Banken und Versicherungen lief dort 1933 nur langsam an. Der *Deutsche Ring* präsentierte sich ab Ende März (siehe Abb. 5.2), und der *Deutsche Herold* folgte, nicht dagegen die *Volksfürsorge.* Nachdem dann zum »Tag der Arbeit« mehrere Finanzinstitute inseriert hatten, zögerte auch der Phönix nicht mehr. Seine Anzeige trug das Motto »Aufwärts« mit der Aufforderung »Sichert die Existenz der Familie«. Die Plazierung dieser Werbebotschaft zeigt, dass der Phönix an dem Wachstum teilhaben wollte, das sich bei der Kleinlebensversicherung für die »Volksgemeinschaft« abzeichnete. Dabei

Abbildung 5.1 Werbeanzeige
(*Jüdische Rundschau* 10.02.1933)

Abbildung 5.2 Werbeanzeige
(*Der Angriff* 28.03.1933)

scheute er sich nicht, auch Werbemedien der NSDAP zu nutzen.[22] Als Produkt bot er hier die »Lebenspolice«, vermutlich kaum etwas anderes als eine Kleinlebensversicherung (siehe Abb. 5.3).

Neu war hingegen die Zusammenarbeit mit Unternehmen. In *Neumanns Zeitschrift* war 1934 zu lesen, dass der Phönix zwei Stahlwerken an Rhein und Ruhr geholfen habe, mehrere seit Jahren stillgelegte Betriebe wieder zu öffnen – mittels Gewährung von Hypothekarkrediten. Dadurch sei »für mehrere Hundert Arbeiter und Angestellte eine neue Existenz geschaffen worden.«[23] Ein noch deutlicheres Zeichen setzte der Phönix mit der Einrichtung einer Werksgemeinschaftsversicherung, die er 1934 mit einer Annonce im *Deutschen Volkswirt* bewarb (siehe Abb. 5.4).[24] Der Slogan hieß »Deutsches Geld soll in Deutschland arbeiten«, und das neue Produkt »solle helfen, die Ersparnisse deutscher Arbeiter und Angestellten« einzusetzen, um »deutsche Volksgenossen in Lohn und Brot zu bringen«. Allen »Gefolgschaftsmitgliedern« würde im Falle ihres Todes ein Schutz ihrer Familien geboten, mit der Auszahlung von mindestens einem Jahreseinkommen.

Dabei zahlten alle Beschäftigten den denkbar günstigsten Tarif, nämlich den des jüngsten Kollegen; ermöglicht durch einen Zuschuss, den die Betriebsführung vertragsgemäß zum Prämienaufkommen zu leisten hatte. »Deutsche Hand- und Kopfarbeiter, tretet ein in die Werksgemeinschaftsversicherung« – damit schloss die Botschaft. Als Adresse in Berlin war die Hermann-Göring-Straße genannt; im Vorjahr hatte sie noch Friedrich-Ebert-Straße geheißen. So manche Züge in seinem Image hatte der Phönix willig angepasst; für diese Änderung auf dem Firmenschild aber konnte er nicht.

Schutz für Juden in »schweren Zeiten« und Schutz für Deutsche mit der Parole »Aufwärts« – wie lange ließ sich diese Spreizung in Produktprogramm und Werbung durchhalten? Die *Jüdische Rundschau* brachte die genannte Anzeige bis Juli 1933 monatlich, ab April allerdings fehlte der Zusatz »Schwere Zeiten«. Dann trat an die Stelle der Produktwerbung eine Annonce mit Geschäftsdaten, die nur noch zweimal erschien. In derselben Zeit bot noch ein zweiter Versicherer »Familienschutz« an: ein Verein mit eben diesem Namen, der seine Leistung als »Erste jüdische Familienversicherung auf gemeinnütziger Grundlage« herausstellte. Weitere Lebensversicherer inserierten nicht.

Ganz ähnlich prägte der Phönix seine Anzeigenserie im *Angriff*. Er wiederholte sein »Aufwärts«-Inserat zweimal bis Ende Juni und schaltete dann auch dort auf die Wiedergabe von Geschäftsdaten um, entnommen dem Jahresbericht 1932. Auf solche schlichten Zahlenzeilen folgte im November 1933 eine Grafik mit recht auffälligem Design. Überschrieben war sie mit: »Stirn und Faust«. Aber dargestellt war nicht ein deutscher Mann, der die Ärmel hochkrempelt und den Blick aufwärts wendet, sondern eine Frau: mit hoher Stirn, sinnlichem Mund und gesenkten Augenlidern. Auch die Faust, neben den Kopf montiert und eher schön

Abbildung 5.3 Werbeanzeige
(*Der Angriff* 22.06.1933)

Abbildung 5.4 Werbeanzeige
(*Der Deutsche Volkswirt* 1934, 52. Wo.)

als wuchtig, war nach unten gerichtet. Aufwärts stieg nur, zwischen Faust und Stirn, der gekrönte Phönix. Das Ganze war in einem Stil gehalten, der eher an *Art déco* denken ließ als an »neudeutsche« Ästhetik (siehe Abb. 5.5).

Die Anzeigen im August der beiden Folgejahre boten jeweils den üblichen Einblick in die Vorjahreszahlen. Wirklich auffällig trat der Phönix erst im Weihnachtsgeschäft 1935 hervor, mit einer total »gleichgeschalteten« Annonce. Die Werbebotschaft ging an »Alle Betriebsführer« mit dem Angebot einer außergewöhnlichen Gruppenversicherung. Als Weihnachtsgeschenk sollte sie all diejenigen Gefolgschaftsmitglieder beglücken, deren Kinderzahl im abgelaufenen Jahr gestiegen war. Die Versicherungssumme war einheitlich 1 000 RM; sie würde zu gegebener Zeit den Söhnen als Zuschuss zur Berufsausbildung und den Töchtern als »Heiratsgut« zufließen. Die Betriebsführer könnten somit ihrer Gefolgschaft eine Beihilfe für deren Kinder geben und gleichzeitig die »bevölkerungspolitischen Ziele« unterstützen, siehe Abb. 5.6).[25]

Streit mit Aufsichtsamt und Partei

Die deutsche Fachpresse sah den Phönix als gesund und wachsend. Deutlich anders bewertete ihn das RAA und verschärfte die Auseinandersetzung mit der Phönix-Direktion ab Januar 1933. Das Aufsichtsamt analysierte die Ausfallrisiken des Phönix in Deutschland, kam auf einen Betrag von 3,4 Millionen RM, forderte eine Kautionserhöhung auf 2,8 Millionen RM – entsprechend 10 Prozent der Prämienreserve – und schrieb an das Ministerium: »Wir halten [...] die Interessen der deutschen Versicherten nicht mehr für hinreichend gewahrt. Wir bitten um Weisung welche Maßnahmen zur Sicherung der Belange der Versicherten nunmehr ergriffen werden sollen. Unseres Erachtens wird die Untersagung des Geschäftsbetriebs im Deutschen Reich in Erwägung gezogen werden müssen.«[1]

Die »erhebliche politische Bedeutung einer solchen Maßnahme« verkannte das RAA nicht. Das Wirtschaftsministerium kam zu derselben Einschätzung und bezog das außenpolitische Ressort mit ein: »Im Einvernehmen mit dem RAA beehre ich mich daher, das Auswärtige Amt zu bitten, auf dem dort geeignet erscheinenden Wege die Aufmerksamkeit des Österreichischen Bundeskanzleramts als Versicherungsaufsichtsbehörde auf die Lage zu lenken.«[2] Dass AA entsprach der Bitte und wandte sich an das Bundeskanzleramt in Wien. Dieses sicherte Aufklärung zu, glaubte aber »schon jetzt [...] der sicheren Erwartung Ausdruck geben zu dürfen, dass dann [nach Aufklärung, d. V.] das reichsdeutsche Aufsichtsamt für Privatversicherungen keinen Anlaß mehr als gegeben erachten wird, eine so außergewöhnliche Maßnahme, wie es die Betriebssperre für die größte österreichische Lebensversicherungsgesellschaft in Deutschland darstellen würde, auch

Abbildung 5.5 Werbeanzeige (*Der Angriff* 13. 11. 1933)

Abbildung 5.6 Werbeanzeige (*Der Angriff* 08. 12. 1935)

nur entfernt in Betracht zu ziehen«.[3] Hinter dieser Äußerung stand eine Aktennotiz des österreichischen Innenministers, mit der Anordnung: »In Anbetracht der weitgehenden Bedeutung dieser Aktion wollen Sie sich mit aller Energie dieser Sache annehmen.«[4]

Vertreter des Phönix-Vorstands sprachen im April 1933 beim RAA in Sachen Prämienreserve und Kaution vor, erreichten aber nur eine vorläufige Einigung. Eine abschließende Vereinbarung sollte »der weiteren Verhandlung mit der österreichischen Aufsichtsbehörde vorbehalten bleiben.«[5] Die Sache war zu einem Thema der Außenwirtschaftspolitik geworden. Schon bald darauf erhielt sie auch eine parteipolitische Dimension. Berliner bat im Juni 1933 die Bundesregierung, sie möge in Berlin gewisse Angriffe der Partei auf den Phönix zur Sprache bringen. Der Hintergrund: das Außenpolitische Amt der NSDAP hatte der Berliner Filiale vorgehalten, dass der Phönix die anti-nationalsozialistische Front in Österreich unterstütze. Wilhelm Berliner sei in der Leitung des Gesellschaft fehl am Platze und müsse umgehend ausscheiden. Dieser erschien tags darauf selbst zu einem Gespräch im Parteiamt und musste sich sagen lassen, dass der Phönix, falls er weiterhin als Rückgrat der österreichischen Regierung fungieren wolle, in Deutschland die schärfsten Konsequenzen zu erwarten hätte. Die Unternehmensleitung könne dies nur damit abwenden, dass sie aktiv ihr Verhalten ändere. Berliners Argument, er unterstütze auch die NSDAP, in Österreich wie in Deutschland, ließ die außenpolitischen Amtsträger der Partei unbeeindruckt.[6]

Im Oktober 1933 gab das Bundeskanzleramt seine angekündigte Aufklärung der Phönix-Lage in einer zwölfseitigen Verbalnote; sie führte zu einer neuen Vereinbarung. Demnach sollte die Kaution bis Mitte 1935 auf 10 Prozent der Deckungsrücklage (Prämienreserve) steigen, und dieser Prozentsatz dann beibehalten werden. Es kam also nicht zu einer absoluten sondern nur zu einer relativen Deckelung der Kautionssumme. Dies, obwohl das Bundeskanzleramt eine solche Bedingung als »letztlich unverständlich« eingestuft und auf die schwere Belastung des Phönix aus den »unbegrenzten Kautionsforderungen« hingewiesen hatte. Die Gesellschaft werde nun sicherlich bestrebt sein, »jedes vorhandene und zur Primärreservedeckung angebotene Aktivum, wie ein solches zum Beispiel die Berliner Realität darstellt, mit dem möglichst hohen Werte angerechnet zu erhalten.«[7]

Damit war ein zukünftiger Streitpunkt angedeutet: was war der »wahre« Wert der Immobilien und Hypotheken, die der Phönix in Berlin besaß; mit welchem Betrag schlugen sie bei der Kautionsberechnung zu Buche? Dass das RAA zukünftigem Streit nicht ausweichen würde, machte sein Leiter Josef Kissel deutlich, als er auf den unfreundlichen Ton der Wiener Erklärung angesprochen wurde. Die Verbalnote – so Kissel – gebe im Wesentlichen die Gedankengänge des Phönix [sic!] wieder, eine amtliche deutsche Gegenäußerung sei somit nicht vonnöten. Womit er vermutlich sagen wollte: es geht um einen Konflikt zwischen einem österreichischen Unternehmen und einer deutschen Behörde, woraus ein außenpolitischer Streit schon deshalb nicht erwachsen kann, weil das Bundeskanzleramt sich letztendlich nicht die Blöße geben wird, als Weisungsempfänger eines Unternehmens da zu stehen.

Dies war der Stand vom Januar 1934. In den folgenden Wochen schalteten sich erneut Parteiorgane in die Auseinandersetzung ein. Eine Nationalsozialistische Betriebszellen-Organisation Wien schrieb Anfang Februar einen Bericht, der wohl im Licht der Anschläge und Intrigen zu lesen ist, mit der die NSDAP in Österreich ihren Putschversuch vom Juli 1934 vorbereitete. Ein Auszug: »Eine Reihe von österreichischen Versicherungs-Anstalten unter Führung des ›Phönix-Leben‹ (Leiter ist der ungekrönte Finanzminister Österreichs Dr. Berliner) hat sich zusammengetan und die Abmachung getroffen, die Verlegung des Anstaltssitzes in die Cechoslovakei nach Prag vorzubereiten, damit die Durchführung dieser Abmachung ›für einen gewissen Fall‹ sofort in Angriff genommen werden kann. Dr. Berliner, der seit 1918 als waghalsiger Spekulant über Fachkreise hinaus einen Namen hat, ist für eine solche Aktion sicherlich und ohne Zweifel der entsprechende Mann. Diese Abmachung wird durch verschiedene Berichte erhärtet. [...] Es handelt sich da um Kapitalsflucht [...], wodurch auch das Reich infolge seiner Rückversicherungsverbindungen mitberührt werden würde. [...] Bei oben erwähnter Abmachung wurde auch ein Angriff auf die österreichische Währung für einen gewissen Fall besprochen, der insofern durchgeführt werden soll, dass die jüdische Versicherungswelt ihre Versicherungen voll zu belehnen oder rückzukaufen hätte. Der auf diese Weise entstehende Stornogewinn beziehungsweise frei werdende Reserven könnten dadurch dem Lande entzogen werden. Zur Erreichung dieses Ziels wird bereits heute dadurch Vorsorge getroffen, dass in Österreich die Prämienreservedeckung nur durch minderwertige Papiere zu erfolgen hat, dagegen in Polen und der Cechoslovakei hochwertige Anlagen erworben werden sollen.«[8]

Der Bericht gelangte über die NSBO-Zentrale Berlin an Staatssekretär Gottfried Feder, den höchstrangigen NS-Ideologen im Reichsministerium für Wirtschaft.[9] Entschärft wurde die Sache, als der fachlich zuständige Ministerialrat Bernard sich ihrer annahm. Er antwortete, dass Kapitalflucht aus Österreich nicht in die Zuständigkeit seines Ministeriums falle und sandte, mit dem Vermerk »Persönlich«, eine Kopie an Dr. Wilhelm Kißkalt, Vorstandsvorsitzender der *Münchener Rück*.

Dieser reagierte schnell und klar: es könne sich nur um realitätsferne Gerüchte handeln, die allenfalls die beiden Phönix-Gesellschaften beträfen. Bezüglich der »Allgemeinen« (Elementar-Phönix) könne er jeden Zweifel ausräumen, als bedeutender Anteilseigner sei die Münchner Rück über alle Interna informiert. Dies gelte nicht für die »Phönix-Leben«, denn dort sei sein Haus nicht beteiligt, und

Dr. Berliner habe er seit Monaten nicht mehr gesehen [sic!]. Aber auch für diese Gesellschaft sei eine Sitzverlegung schon aus juristischen Gründen kaum vorstellbar, und deutsche Rückversicherungsbeziehungen wären ohnehin nicht berührt. Ein Angriff auf die österreichische Währung? Wie sollte der Phönix die Zahlungskraft für eine solch radikale Kehrtwende aufbringen können, und warum sollten die jüdischen Versicherungsnehmer sich darauf einlassen, dem Versicherer auf ihre Kosten einen gigantischen Stornogewinn zu bescheren?

Wie zahlungskräftig war der Phönix tatsächlich, war er noch ein Herrscher oder schon ein Beherrschter des Marktes? Löste er in großem Stile seinen österreichischen Versicherungsbestand auf, um die strategische Verlagerung vorzubereiten? Oder war es vielmehr umgekehrt: verlor er ständig an Handlungsspielraum, weil die Versicherten ihm davon liefen? Immerhin lagen 1933 die gesamten Rückkäufe mit 100 Millionen Schilling in Rekordhöhe und minderten den Zugang um ein Fünftel. Die Direktion in Wien schrieb im Mai 1934 dem RAA erneut, dass ihr Haus durch die Kautionsforderungen außerordentlich belastet sei. Dies auch deshalb, weil eine ständig wachsende Zahl von Kunden den Rückkauf ihrer Policen oder aber die Gewährung von Policen-Darlehen verlangten. Allein in 1933 habe der Phönix dafür mehr als 2 Millionen Reichsmark aktivieren müssen; die 1,1 Millionen RM für die Aufstockung der Kaution seien noch hinzu gekommen.

Damit war eine weitere Verhandlungsrunde eingeläutet, und es folgte ein längerer Schriftverkehr. Auch gab es einen Besuch des Phönix-Repräsentanten von Kardorff beim Ministerialrat Bernard, angekündigt mit der »selbstverständlich völlig unverbindlichen Frage«, ob das Ministerium dem Hause Phönix sowohl in der Höhe der Kaution, wie auch bei den Fristen nicht doch entgegenkommen wolle. Diese Bitte möchte er »im Namen des Phönix ergebenst stellen«.[10] Siegfried von Kardorff, schon kurz erwähnt, war ein bekannter konservativer Politiker, bis 1932 Reichstagsabgeordneter der Deutschen Volkspartei und Vizepräsident des Deutschen Reichstags.

War seine Bitte abwegig? Offensichtlich ist, dass die beiden Parteien unterschiedliche Perspektiven hatten: das RAA schaute auf die Sicherheiten, die es nach seinen Maßstäben zu fordern hatte, und der Phönix verglich die aufzubringenden Mittel mit seinen Möglichkeiten und Gewinnzielen. Die Forderung des Aufsichtsamts war nicht überzogen; sie entsprach den Grundsätzen und Grenzwerten, die 1925 in der erwähnten Sitzung seines Beirats dargelegt worden waren. Auch hatte der Phönix in den zehn Jahren zuvor nur vergleichsweise geringe Kautionen hinterlegt. Daten in verfügbaren RAA-Akten zeigen, dass die größeren ausländischen Versicherer im Deutschen Reich der Jahre 1918/20 eine Kaution zwischen 0,5 und 2 Millionen Mark zu stellen hatten. Phönix, damals noch ein mittlerer Anbieter, hatte 145 000 Mark aufzubringen. Gemessen am Prämienreserve-Soll war dies ein Bruchteil von nur 1 Prozent. Bei den größeren lag dieses Maß dagegen zwischen 2 und 5 Prozent. Die *Schweizerische Lebensversicherungs- und Rentenanstalt,* mit einem wenig größeren Bestand als der Phönix, war 1918 sogar zu einer Kaution von 1,8 Millionen Mark verpflichtet worden, entsprechend 10 Prozent des Prämienreservesolls. Sie konnte diese Vorgabe später auf 0,5 Millionen Mark (fest) hinunter handeln – und hatte damit immer noch mehr als das Dreifache, im Vergleich zum Phönix, zu hinterlegen.[11]

Die Kautionsforderungen an den Phönix erscheinen vor diesem Hintergrund nicht unangemessen, nicht als »politisch« bedingt. Das Problem der Gesellschaft war, dass sie jahrelang an einer ungewöhnlich niedrigen Sicherheit festgehalten und damit eine Bedingung für ihre Zulassung im gesamten Reichsgebiete – Kaution gleich 5 Prozent des Prämienreservesolls – nicht erfüllt hatte. Bei der Zulassung 1926 hatte sie die Kaution zwar auf 300 000 RM aufgestockt, aber bis Januar 1931 waren nur 25 000 RM hinzugekommen. Dies entsprach einem Bruchteil von nicht einmal 2 Prozent des Prämienreservesolls. Zwei Jahre später waren 600 000 RM hinterlegt. Dann stieg die Summe steil an, bis Dezember 1934 auf 2,1 Millionen RM.[12] Dies waren immerhin 6,5 Prozent des Prämienreservesolls; nach der im Herbst 1933 getroffenen Vereinbarung hätten es aber 9,5 Prozent sein müssen. Andererseits hatte der Phönix innerhalb von zwei schwierigen Jahren 1,5 Millionen RM zusätzlich hinterlegt – eine beträchtliche Summe. Zwar entsprach sie nur einem Prozent seiner weltweiten Prämieneinnahmen in diesen beiden Jahren, aber dies war nicht der Maßstab. Vielmehr sollte allein das deutsche Geschäft ausreichend Mittel hervorbringen, um die Kautionsforderung zu erfüllen.

In der zweiten Jahreshälfte 1934 kam der Phönix noch stärker in die Klemme. Bedrängt wurde er von gleich drei Seiten: Staatsstellen verstärkten ihre Forderungen nach Sicherheit, Versicherte verlangten in großer Zahl ihr Geld zurück, und Parteistellen nahmen das »jüdische« Unternehmen zunehmend zum Ziel ihrer ideologisch dynamisierten Angriffe. Dabei gab es durchaus Widersprüche zwischen erster und dritter Seite. Die Reichskanzlei wandte sich gegen den *Völkischen Beobachter,* als dieser erwog, einen Bericht zur finanziellen Lage des Phönix zu bringen. Das Phönix-Büro in Berlin hatte ihn als falsch bezeichnet und eine Gegendarstellung vorbereitet. Es war die NSDAP-Landesleitung Österreich, die den Artikel zur Veröffentlichung in Deutschland empfohlen hatte. Stand dies im Zusammenhang mit der Planung des Umsturzes, die in der deutschen Parteispitze bekannt – und durchaus umstritten war?

Die Reichskanzlei schaltete sich über ihr »Büro Keppler« in diesen Streit ein, in der letzten Juniwoche 1934. Wilhelm Keppler war seit 1933 »Kommissar für Wirtschaftsfragen« in der Reichskanzlei; ihm unterstanden alle wirtschaftspolitischen Organisationen der NSDAP. Mit seiner Intervention wollte das Büro möglichen

Unruhen am deutschen Finanzmarkt vorbeugen; ob es auch die Phönix-Leitung unterstützen wollte, muss hier offen bleiben. Im Stil blieb Keppler diplomatisch und antwortete dem *VB:* »Sollte aus allgemeinpolitischen Erwägungen gleichwohl schon jetzt eine Verbreitung der Notiz angezeigt sein, so bitte ich zur Wahrung der deutschen wirtschaftlichen Interessen dringend, in diesen Veröffentlichungen mit eindeutiger Klarheit zum Ausdruck zu bringen, dass irgendwelche Verschlechterungen der Finanzlage des Wiener Konzerns den reichsdeutschen Versicherungsstock der Phönix-Gesellschaft nicht beeinträchtigt.«[13]

Kepplers Empfehlung hatte augenscheinlich Gewicht; denn einen speziellen »Phönix«-Artikel brachte der *Völkische Beobachter* nicht. Stattdessen schrieb er über »Wirtschaftspraktiken der Dollfuß-Regierung«, mit dem Grundtenor, dass sich Österreichs Bundesregierung in einer äußerst schwierigen Finanzsituation befinde. »So musste im Juni die führende österreichische Versicherungsgesellschaft ›Phönix‹ einspringen, um der Regierung die Auszahlung der zweiten Hälfte der Beamtengehälter zu ermöglichen.« [...] »Die Inanspruchnahme von fälligen Mitteln bei einer Versicherungsgesellschaft hat notwendigerweise zur Folge, dass diese dadurch immobilisiert wird, und es kann [...] gerade bei der Phönix der Fall eintreten, daß sich hier eine neue Finanzkatastrophe, ähnlich der bei der *Creditanstalt,* vorbereitet.« Es folgten Hinweise auf Wertverluste im Deckungsstock, bei Aktien, Hypothekendarlehen und Bundesanleihen; die Ansprüche der Versicherungsnehmer seien nicht mehr gedeckt. »Die Sucht des jüdischen Generaldirektors Berliner, als Retter des Vaterlandes aufzutreten, kann also dem bodenständigen Volk unter Umständen wieder einmal viele Millionen kosten.«[14]

So entsprach die Redaktion dem Wunsch Kepplers nur formal; tatsächlich stellte sie das finanzielle Überleben des österreichischen Staates in Frage und rückte damit den möglichen Sturz seines Finanzgebers ins Blickfeld. Dass dies als Stich gegen die kriselnde Dollfuß-Regierung, indirekt aber auch als Herabsetzung des Phönix gemeint war, steht wohl außer Zweifel. Immerhin konnte dieser noch eine Richtigstellung erreichen: die Berliner *Börsen-Zeitung* und das Fachblatt *Neumanns Zeitschrift* druckten dessen Erklärung, dass er zu Gehaltszahlungen des österreichischen Staates nicht beigetragen habe.[15]

Der direkte Angriff auf den Versicherer folgte kurz darauf, geführt von Organen der Gaupresse. Am 24. Juli 1934 war in *Fränkisches Volk* zu lesen: »Wir haben bereits vor einiger Zeit die Nachricht gebracht, dass der ›Phönix‹ Versicherungs-Konzern immobil geworden ist. Diese Nachricht verdichtet sich jetzt immer mehr und man rechnet mit einem Zusammenbruch des ganzen Konzerns, einem Skandal, der den Kreditanstaltsskandal noch bei weitem übertreffen wird. Die Schuld an dem bevorstehenden Zusammenbruch trifft den durch seine gewagten Spekulationen bekannten Generaldirektor Berliner, einen Ostjuden reinsten Wassers. [...] Die ›Phönix‹ hat bereits seit langer Zeit, offenbar über Einfluss ihres Präsidenten, des Ministers Vaugoin, den Erwerb von österreichischen Bundes- und Landesanleihen zur Anlage der Prämienreserven bevorzugt.«

Auch habe er dem Staat Darlehen in neunstelliger Summe gewährt. Mit der Wertminderung der Anleihen ergäben sich schon jetzt hohe bilanzmäßige Verluste, ähnlich wie bei den Hypothekendarlehen. Direktor Berliner versuche nunmehr im Ausland Darlehnsgeber zu finden, »doch dürfte die Behauptung zutreffen, daß Kredite in dieser phantasievollen Höhe, wie sie zur Rettung des ›Phönix‹ notwendig wären, man spricht vorläufig von rund 200 Mill. Sch., überhaupt nicht aufgebracht werden können.« Dabei dürfte Berliner seinen Gewinn bereits aus Österreich verbracht haben. Und: »Die Leidtragenden [...] sind wieder diejenigen armen Teufel und anständigen Leute, welche [...] dem Juden das Geld geopfert haben. Es muß daher jetzt dringend gewarnt werden, mit der ›Phönix‹ Versicherungsverträge einzugehen, ja es muß geraten werden, so rasch als möglich eingegangene Versicherungsverträge mit dem Institute zu lösen.«[16]

Fränkisches Volk erschien in Bayreuth und war das amtliche Parteiorgan im Gau Bayerische Ostmark. Der Artikel schloss mit nachdrücklichen Ratschlägen für Rückkauf und Beleihung. Offensichtlich war er von zweifelhafter Qualität, was auch daran abzulesen war, dass der gesamte Versicherungsbestand des Phönix mit drei Milliarden Schilling beziffert wurde (richtig), die Prämienreserven mit 550 Millionen (überschätzt), worauf dann der Schluss folgte, dass der Versicherungsstand nur zu einem Sechstel gedeckt sei (Fehlschluss). In einem zentralen Punkt aber kam der Schätz- dem Realwert erstaunlich nahe: bezüglich der Höhe der Verlustsumme von rund 200 Millionen Schilling. Dem Schlusssatz »Wir werden auch hier [...] leider nur zu recht behalten« sollte im April 1936 keiner mehr grundsätzlich widersprechen können.

Ob Zufallstreffer oder nicht: der Artikel erschien in den Tagen, als die Ereignisse in Österreich sich überschlugen und vor allem in der benachbarten »Ostmark« mit teils fanatischer Parteinahme verfolgt wurden. *Fränkisches Volk* schrieb am 21. Juli: »Unerhörter Terror in Österreich! Nationalsozialisten sind Freiwild«. Und drei Tage später berichtete es über »Bomben auf Österreich«, zeitgleich mit dem soeben zitierten Phönix-Artikel. Diesen brachten noch weitere Zeitungen, fast im selben Wortlaut: die *Westfälische Landeszeitung – Rote Erde* (NSDAP-Gau Westfalen-Süd), *Der Alemanne* (NSDAP-Gau Baden) und mehrere gleichgeschaltete Blätter.[17] Die Erscheinungsdaten lagen zwischen dem 21. und 24. Juli. Am 25. begann der Umsturzversuch; zentral gelenkte deutsche Propaganda begleitete ihn.[18]

Das Berliner Phönix-Büro reagierte auf den fränkischen Artikel sofort; es wandte sich an das Goebbels-Ministerium (RMVP), das seinerseits eine Stellungnahme zum Phönix vom RAA einholte. Diese fiel – »zur Verwendung in der Pressekonferenz« – kurz und betont technisch aus, mit der Kernbotschaft: die Versicherungsgesellschaft stehe unter Aufsicht des RAA, und eine Sicherheit von

1,8 Millionen RM sei im Inland mit Sperrvermerk hinterlegt.[19] Die Leitung des Phönix sah diese Erklärung offenbar als Anknüpfungspunkt, um die Frage noch in einem anderen Licht darzustellen. Sie sandte dem Wirtschaftsministerium eine zweite Stellungnahme, mit Bezug auf die Artikel im *Völkischen Beobachter* wie auch in der Regionalpresse, und verwies darauf, dass eine derart falsche Berichterstattung die Gefahr einer schweren Schädigung des Versicherungsbestandes und der weiteren Tätigkeit der Gesellschaft herauf beschwöre.[20]

Das Bedeckungskapital sei in seiner Zusammensetzung durchaus gesund. In Österreich legten die Versicherer üblicherweise weniger in Hypotheken und Immobilien an; Wertverluste bei den Hypothekardarlehen oder gar Zwangsversteigerungen von Häusern habe es nicht gegeben. Auch den Vorwurf, dass die Gesellschaft ihre Außendienstmitarbeiter mit weit überzogener Bezahlung ansporne, wies die Phönix-Leitung mit Belegen zurück. Der Artikel im *Völkischen Beobachter* gehe offensichtlich auf Mitteilungen eines Wiener Korrespondenten zurück; ähnliches habe man schon auf Flugzetteln lesen können, die in österreichischen NS-Kreisen gestreut wurden. Ins Leere gehe auch der Vorwurf, der Phönix halte einen übermäßigen Anteil seiner Reserven in öffentlichen Anleihen. Gerade im Deutschen Reich werde staatlicherseits eine solche Anlagepolitik mit Nachdruck empfohlen; entsprechend habe auch der Phönix vor kurzem die neue deutsche Reichsanleihe in großem Stile gezeichnet. Im Deutschen Reich stehe sein Geschäftsbetrieb seit nunmehr 45 Jahren unter staatlicher Aufsicht, deren Strenge in den Anforderungen an Prämienreserve und Kaution zum Ausdruck komme. Nicht zu übersehen sei schließlich, dass der Phönix mehr als 1 000 Arbeitsplätze in Deutschland geschaffen und sich dort ausschließlich unternehmerisch, niemals politisch betätigt habe.

Die Darstellung schloss mit dem Vorschlag, über das Deutsche Nachrichtenbüro eine Erklärung zu verbreiten, um das Bild des Unternehmens in der Öffentlichkeit zurechtzurücken. Das Ministerium möge die Phönix-Leitung dazu ermächtigen. Dies geschah umgehend, der Ministerialrat Bernard gab seine Zustimmung.[21] Allerdings: der Phönix nutzte sie nicht. Vielmehr erklärte er, man wolle »die Öffentlichkeit nicht noch mehr belasten« und sich damit bescheiden, die Redaktionen um Richtigstellung zu bitten. Damit waren nicht nur die Regionalblätter gemeint, sondern auch die Zeitschrift *Der Deutsche Volkswirt,* der im ersten Augustheft eine ähnliche Darstellung gebracht hatte.[22]

War der Verzicht eine taktische Reaktion auf die neue Lage im deutsch-österreichischen Verhältnis, nach Scheitern des Putschversuchs? Sie dürfte im Sinne des RMVP gewesen sein, vielleicht sogar von ihm beeinflusst. Schon um den Vorwurf einer aktiven Parteinahme deutscher Propaganda zu entkräften, musste dem Ministerium daran gelegen sein, dass anti-österreichische Presseartikel, wie die besagten Darstellungen zum Phönix, nicht erneut ins Blickfeld rückten. Eintragungen in Goebbels' Tagebuch stützen diese Vermutung. Zum 27. Juli heißt es dort, mit Bezug auf den Putsch: »Presse Instruktionen gegeben. Berliner Presse liegt gut.«[23] Danach ist von aktiver Pressearbeit nicht mehr die Rede. Erst am 20. August folgt die Notiz: in der Österreich-Frage sei eine geduldige Wiederannäherung geboten, gerade auch in der Pressearbeit. Diese Neuausrichtung wird weiter unten näher beleuchtet – im Zusammenhang mit dem »Büro Megerle«.

Angriffe der Partei auf den Phönix: sie drohte der Unternehmensleitung in Gesprächen, versuchte eine Einflussnahme über das Aufsichtsamt, setzte ihre Presse ein. Was geschah an der Basis, agierte die Nationalsozialistische Betriebszellenorganisation im Unternehmen? Dazu gibt es keinen Aufschluss. Die NSBO war in Berlin mit etwa 50 000 Mitgliedern in 1933 relativ stark vertreten. Entwickelt und von Einfluss war sie – in ihrer aktionistischen Phase – in der *Allianz*.[24] Dass es auch im Phönix eine »Betriebszelle« gab, ist nur für den Mai 1936 belegt (als die NSBO bereits vollständig in der DAF aufgegangen war).[25]

In der Zwischenzeit hatte das Tauziehen um die Kaution nicht nachgelassen. Das RAA bestand weiterhin auf seiner Forderung: ein Betrag in Höhe von 10 Prozent der Prämienreserve sei als Kaution zu hinterlegen. Nur ein Stück weit gab es nach, indem es die Frist zur Erfüllung dieser Forderung bis zum Jahresende 1935 verlängerte. Der Phönix antwortete, dass er »bei Überschreiten der Obergrenze von 2 Millionen Mark in offenen Widerspruch zu den Vorschriften gerate, die uns von dem österreichischem Bundeskanzleramt als Versicherungs-Aufsichtsbehörde gemacht worden sind.« Dieses Amt hatte ein weiteres, durchaus schlüssiges Argument ins Feld geführt: die Kautionsverpflichtung in Deutschland gefährde möglicherweise auch die Sicherheiten der österreichischen Versicherungsnehmer. In einem Großstaat wie Deutschland sei, für einen dort heimischen Versicherer, das ausländische Geschäft immer zweitrangig gegenüber dem inländischen. Für den in Österreich heimischen Phönix gelte das Gegenteil. Somit sei nicht auszuschließen, dass der Phönix sich gezwungen sähe, erhebliche Reservemittel vom österreichischen zum ausländischen Bestand zu verlagern – was die österreichische Aufsichtsbehörde verhindern müsste.[26]

Im Oktober 1934 verhandelten Dr. Berliner und weitere Phönix-Direktoren die Streitfrage im RAA, und sie erzielten einen Teilerfolg. Die Kaution werde vorerst nicht über 2 Millionen RM hinaus angehoben und die endgültige Entscheidung von einer Prüfung des deutschen Geschäftsbetriebs des Phönix abhängig gemacht.[27] Die Aufgabe der Revisoren: sie sollten herausfinden, ob das Unternehmen allein aus dem deutschen Geschäft eine Kaution von 10 Prozent des Prämienreservesolls würde herauswirtschaften können, oder – falls nicht – welche Gründe dies voraussichtlich verhindern würden. Als Norm war also gesetzt, dass es dem Unternehmen möglich war, die Kaution ausschließlich mit in Deutschland erzielten Überschüssen aufzufüllen. Andernfalls musste gelten, dass das Deutschlandgeschäft des Phönix nicht ausreichend belastbar war, um die deutschen Sicherheitsanforderungen zu erfüllen. In diesem Falle war zu entscheiden, ob die Anforderungen zeitweise zu senken oder aber dem Konzern die Betriebsrechte zu entziehen waren. Somit war die Prüfung streng angelegt, stand damit aber keineswegs allein, wie dem Jahresbericht des RAA zu entnehmen ist.[28]

Schon im November 1934 lag der Prüfungsbericht im Ministerium vor. Auf zwanzig Seiten wurde der Zahlenapparat detailliert dargestellt und daraus ein Fazit gezogen, das nicht ohne Überraschungen war. Erstens habe der Phönix die Kaution in den vergangenen Jahren nur mit Mitteln der Wiener Zentrale und aus besonderen Quellen auffüllen können, nicht also aus dem Deutschlandgeschäft allein. Zweitens habe die Gesellschaft die Gewinnreserve der Versicherten stets entsprechend dem Geschäftsplan erhöht, als Konsequenz aus der stetigen Ausweitung des Geschäfts. Das Wachstum der Reserven werde auch in Zukunft – aufgrund der relativen 10 Prozent-Vorgabe – nach einer weiteren Aufstockung der Kaution in ihrer absoluten Höhe verlangen. Daraus ergebe sich der dritte Punkt des Fazits: »Bei Beibehaltung der bisherigen Geschäftspolitik ist die Gesellschaft nach unserer Auffassung nicht in der Lage, aus den Erträgnissen des deutschen Geschäfts die in der Kautionsurkunde eingegangenen Verpflichtungen in Zukunft zu erfüllen.«[29] Das Ministerium folgte dieser Einschätzung und gewährte dem Phönix noch einmal Aufschub. Bis Ende 1937 blieb damit der Phönix von der 10 Prozent-Auflage befreit und die Kaution auf 2 Millionen RM begrenzt, zuzüglich der erzielten Zinsen. Die Prämienreserve war fortan zur Jahresmitte zu errechnen und zu bedecken.[30] In einer Abschlussbesprechung im RAA akzeptierte der Phönix-Vorstand diese Regelung.[31]

Warum wurde im Deutschlandgeschäft kein höherer Gewinn erzielt: waren die Erträge zu niedrig oder die Aufwendungen zu hoch? Prüfungs- und auch Geschäftsbericht geben eine klare Antwort. Die Prämien- und die sonstigen Einnahmen (u.a. aus dem Wertpapiergeschäft) waren 1934 deutlich gestiegen, konnten aber mit den Aufwendungen nicht Schritt halten. Dort schlugen die Ausgaben für die intensive Kundenwerbung, die hohen Verwaltungskosten und die »überaus kulante Schadensregulierung« zu Buche. Zudem gab es eine »auffällig große Zahl von übertariflich Besoldeten«. An erster Stelle der Gehaltsliste stand mit 3 200 RM pro Monat [!] Dr. Walter Erhard, Chef der Berliner Vertretung. Laut Prüfbericht bezeichnete er sich als verantwortlichen Leiter des deutschen Geschäfts. Aber: »Die Pläne der Wiener Direktion sollen dahin gegangen sein, Erhard zum deutschen Hauptbevollmächtigten zu bestellen; man ist jedoch hiervon zunächst wieder abgekommen, weil Erhard Jude ist.«[32] Diese Funktion lag somit bei Justizrat Dr. Hermann Steininger, Phönix-Chef in München, der dafür 3 000 RM im Monat bezog. Erhard erhielt 200 RM mehr – war nicht doch er der Chef?

Wandel in Direktionsrat und Vorstand

Die oben angeschnittene Frage nach Namen und Rollen führt in einen weiteren Zusammenhang; sie betrifft alle Personen, denen die Wiener Zentrale im deutschen Geschäft höherrangige Aufgaben zuschrieb. Denn neben der »Direktion für das Deutsche Reich« gab es noch ein zweites Organ: den »Direktionsrat für das Deutsche Reich«, der 1927 bei der Ausdehnung des deutschen Geschäftsfelds entstanden war. Damit wollte der Phönix Berater gewinnen, vor allem aber Beziehungen zu wirtschaftlichen, sozialen und politischen Eliten in Deutschland flechten. Dass das zweite Ziel vor dem ersten stand, war offensichtlich; denn in dem Kreis der Auserwählten war die Versicherungsbranche nur mit einer einzigen Person vertreten. Die Zahl der Mitglieder stieg von elf in 1927 auf zwanzig in 1934. Somit gab es im »reichsdeutschen« Direktionsrat mehr als doppelt so viele Namen wie im entsprechenden Gremium des Gesamtunternehmens. Wo liegt die Erklärung, setzte man in Wien ein anderes, wirksameres Mittel ein, um solche Netze zu knüpfen?

Für den Vorsitz des Rats war ein Mann gesucht, der mit politischem Kräftespiel auf hoher Ebene vertraut und auch in der öffentlichen Verwaltung erfahren war. Als erster übernahm Dr. Franz Schweyer (geb. 1866) diese Aufgabe: bayerischer Verwaltungsjurist, 1920 Staatssekretär und bald darauf Staatsminister im bayerischen Innenministerium. In dieser Rolle war er 1923 für die Niederschlagung des Hitler-Putsches verantwortlich. Er tat dies mit einer Härte, die selbst dem Ministerpräsidenten missfiel. Schweyer verlor 1924 sein Amt und ging in die Wirtschaft. Er vernetzte sich erfolgreich, indem er Aufsichtsratsposten in den Sektoren Energie und Finanzen einnahm, einem deutsch-österreichischen Energieausschuss vorsaß und sich im bayerischen Vereinswesen wie in der Kriegsfürsorge engagierte. 1933 wurde er für mehrere Wochen ins KZ Dachau gesperrt und starb 1935.

Die stärksten Gruppen im Direktionsrat bildeten erstens die Herren aus der Wirtschaft und zweitens die Adeligen und Großgrundbesitzer. Hinzu kamen Würdenträger der Kirche, höhere Beamte und weitere. In der ersten Besetzung des Rats waren noch acht der elf Mitglieder (einschließlich Schweyer) dem Wirtschaftsleben zuzurechnen; zudem gab es je ein Mann des Adels, des höheren Beamtentums und der Presse. Schon 1931 war die Schichtung deutlich anders: die Wirtschaft war mit zehn, der Adel mit drei, der Beamtenstand mit zwei und die Kirche mit einer Person vertreten.

In der ersten Gruppe gab es 1931 vor allem Männer der Industrie: der Chemieindustrielle Fritz von Philipp (geb. 1882), zugleich bulgarischer Generalkonsul in Leipzig; aus derselben Branche der Kölner Robert Pastor, luxemburgischer Konsul; der Bonner Geheimrat Dr. Karl Kaufmann aus der Vorstandsetage der Papierindustrie und nicht zuletzt Fritz Wolff aus den branchenführenden *Erfurter Malzwerken.* Hinzu kamen drei Vertreter des Finanzsektors: Hans Remshard, Direktor der *Bayerischen Hypotheken- und Wechselbank* mit zahlreichen Aufsichtsratsposten, Dr. Rudolf Dalberg von der Investment-Gesellschaft *British and German Trust* und Dr. Hermann Steininger vom Phönix selbst. Auch Dr. Fritz Demuth, Syndikus der Industrie- und Handelskammer zu Berlin und Dr. Edgar Oppenheimer, Rechtsanwalt aus Stuttgart, waren der Wirtschaftsgruppe zuzurechnen.

Der Adel: an erster Stelle ist Prinz Adalbert von Bayern zu nennen, freier Schriftsteller und Historiker, und schon seit 1927 in dem Kreise. Sein Großvater (väterlicherseits) war König Ludwig I. von Bayern und seine Großmutter (mütterlicherseits) die Königin Isabel II. von Spanien. Zwei Standesvertreter kamen 1931 hinzu: zum einen Rudolf Freiherr von Brandenstein, Geh. Kabinettsrat a. D. des Herzogs von Sachsen-Meiningen, Mitglied des Deutschen Herrenklubs und erfahren in Kolonialwirtschaft; zum anderen Max Prinz zu Schaumburg-Lippe, Patenkind des Max Prinz von Baden, mit Offizierslaufbahn bis 1918, dann Banklehre und Rennfahrerkarriere.

Auch die staatliche Versicherungsaufsicht war vertreten, naturgemäß mit einem Ruhestandsbeamten: Dr. Paul Kaufmann, ein Pionier der Invaliditäts- und Altersversicherung und von 1906 bis 1923 Präsident des Reichsversicherungsamts, der höchsten Aufsichts- und Spruchinstanz der staatlichen Sozialversicherung. Kaufmann kam aus einer traditionsreichen, katholischen Beamtenfamilie; sein Vater war von 1851 bis 1975 Oberbürgermeister von Bonn und anschließend in der Zentrum-Fraktion Mitglied des Preußischen Abgeordnetenhauses gewesen. Beamter eines anderen Zuschnitts war Carl Fritz: Landesbaurat, vor allem aber (ehrenamtlicher) Präsident des ADAC. Und schließlich: von der katholischen Kirche trat Hochwürden Johannes Nar dem Rat bei; er war *Caritas*-Direktor in Augsburg.[1]

Dies war die Besetzung von 1931: eine überlegte Auswahl von Persönlichkeiten, mit der die Phönix-Leitung Fäden in die reichsdeutsche Elite eingewebt hatte. Ein Kreis aus Politik, Wirtschaft und Gesellschaft, gebildet von einflussreichen Personen, die sich gern in solche Salons bitten ließen, aber auch von *big linkers,* die selbst aktiv tragfähige Beziehungsnetze knüpften. Beeindruckend war auch die Altersspanne: sie reichte von Jahrgang 1856 (Paul Kaufmann) bis Jahrgang 1899 (Prinz zu Schaumburg-Lippe).

»Der Phönix unter Anpassungszwang«: adjustierte er ab 1933 sein reichsdeutsches Netzwerk? Wie erwähnt stieg die Mitgliederzahl von 16 (1931) auf 20 (1934). Carl Fritz trat Ende 1932 als ADAC-Präsident zurück; etwa zeitgleich dürfte er auch den Direktionsrat verlassen haben. Franz Schweyer war vermutlich schon vor ihm ausgeschieden. Auch der Industrielle Fritz Wolff trat aus dem Kreise aus. Die vier jüdischen Mitglieder emigrierten: Syndikus Fritz Demuth (geb. 1876), Linksliberaler und Kuratoriumsmitglied der Handelshochschule Berlin, ging 1933 in die Schweiz und 1936 nach England, wo er in der Notgemeinschaft deutscher Wissenschaftler im Ausland mitwirkte. Edgar Oppenheimer (geb. 1885) hatte Deutschland möglicherweise schon 1932 verlassen und war über die Schweiz und Kanada 1941 in die USA gelangt. Sein Doktortitel der Universität Greifswald wurde ihm 1940 aberkannt.

Erst später verließ Rudolf Dalberg (geb. 1885) das Land. Er war ein außerordentlich gut »verlinkter« Ministerialbeamter und Wirtschaftsjurist, Mitglied in diversen Aufsichtsräten und Gesellschaften. In den Direktionsrat war er vermutlich als Nachfolger von Samuel Ritscher (Direktor der staatlichen *Reichskreditgesellschaft*) eingetreten, mit dem ihn der Bezug zum *British and German Trust* verband. Der »Nichtarier« Dalberg behielt seine Anwaltszulassung bis zum Oktober 1938, auf besonderen Antrag.[2] Er emigrierte – vermutlich im Folgejahr – nach England und war von britischer Seite an der Vorbereitung des Londoner Schuldenabkommens (1953) beteiligt. Dabei konnte er an seine frühere wissenschaftlich-beratende Tätigkeit zu Währungsfragen und Auslandsverschuldung anknüpfen. Nach Deutschland kehrte er nicht zurück, anders als Richard Lenel (geb. 1869), der vermutlich 1932 in den Direktionsrat eingetreten war. Sein Amt als Handelskammerpräsident (Mannheim) verlor er 1933 und sein Textilunternehmen 1938. Er ging nach England, später in die USA und starb in Neckargemünd.

Von 1931 bis 1933 hatten somit Schweyer, Fritz, Demuth, Oppenheimer und auch Wolff den Rat verlassen. Neun Personen traten hinzu. Den Vorsitz übernahm Siegfried von Kardorff (geb. 1873), der zuvor den Direktionsrat für den gesamten Phönix geleitet hatte; einige biografische Details sind dem Leser schon bekannt. Er war Sohn eines preußischen Rittergutsbesitzers, wurde Ministerialbeamter, dann Landrat, und erwarb sich Ansehen als Politiker der bürgerlichen Mitte. Im Krisenjahr 1923 beauftragte ihn Ebert mit einer Regierungsbildung; sie scheiterte. Er wurde 1926 Vize-Präsident des Reichstags und verlor seine politischen Funktionen 1932, weil er zusammen mit SPD- und Zentrums-Abgeordneten gegen den Sturz des Kanzlers Brüning stimmte – und dafür aus der Deutschen Volkspartei ausgeschlossen wurde. Wichtige Aufsichtsratsposten, so bei der *D. A. S. Rechtsschutzversicherung* und bei *Brown, Boveri & Cie.*, behielt er. Im deutschen Direktionsrat des Phönix kam er 1934 auf den zweiten Platz; den Vorsitz übernahm Paul Kaufmann.

Zwei Industrielle traten der »Wirtschaftsgruppe« im Direktionsrat bei: der schon genannte Richard Lenel und der Geheimrat Max Wessig (geb. 1875), aus der rheinischen Metallindustrie. Mit Einschränkung ließ sich auch der Wiener Karl Künzel (geb. 1889) dieser Gruppe zurechnen; er hatte als österreichischer Konsul gedient, bevor er zum Filmproduzenten der leichten Muse wurde. In den Kreis »Adel und Grundbesitz« traten Siegfried von Kardorff und der schlesische Grundherr Hubertus Graf von Garnier-Turawa ein, zudem ein bürgerlicher Rittergutsbesitzer namens Münster-Schultz und 1934 – *last but not least* – Dr. Karl Ritter von Halt (geb. 1891). Der katholische *Caritas*-Verband war zusätzlich durch den Domdekan Dr. Theodor Madlener vertreten. Neu war auch ein Verlagsdirektor aus Essen, Wolfgang Müller-Clemm (geb. 1891). Alle Nichtgenannten hatten ihren Platz behalten.

Gab es in diesem erweiterten Direktionsrat NSDAP-Mitglieder, hatte der Phönix die Nähe zur »Bewegung« gesucht? Wenn ja, waren sie Aktivisten, Nutznießer oder nur Mitläufer? Die erste Antwort: von den zwanzig Ratsmitgliedern hatten am Jahresende 1934 nicht weniger als fünf ein Parteibuch. Dies waren Fritz von Philipp, Max Prinz zu Schaumburg-Lippe, Karl Ritter von Halt, Max Wessig, Wolfgang Müller-Clemm. Bei den Parteieintritts-Daten zeigte sich die bekannte Häufung auf den 1. Mai 1933; zu diesen »Märzgefallenen« zählten die ersten drei. Wessig war Mitglied in mehreren parteinahen Gliederungen und Verbänden und wurde 1935 auch »Pg.«. »Alte Kämpfer« waren also nicht in dem Kreise, auch Müller-Clemm hatte diesen Ehrenstatus nicht. Aber mit seinem Eintritt im März 1932 erhielt er als einziger eine immerhin noch sechsstellige Mitglieds-Nummer.

Sucht man nach Aktivisten in diesem Kreis, so wird man bei ihm beginnen. Er war Offizier wie sein Vater Georg Müller, Mann der Wirtschaft wie sein Großvater Carl Clemm, zudem Schriftsteller und Wirtschaftsjournalist. Sein Roman »Held ohne Ruhm« erschien 1933. Zu dieser Zeit war er auch Direktor der *Essener Nationalzeitung,* als Vertrauter des Gauleiters Terboven, der diese Zeitung 1929 gegründet hatte. Bekannt war, dass Göring auf dieses Blatt Einfluss nahm. Dies mag erklären, warum es zu den fünf ausgewählten deutschen Zeitungen gehörte, die 1936 in Österreich wieder zugelassen wurden.[3]

Müller-Clemm war zusätzlich Vorstandsmitglied der *National-Bank AG Essen* – bis 1933 ein Haus der christlichen Gewerkschaften – und auch Geschäftsführer der *Essener Verlagsanstalt,* die Sachbücher zu nationalsozialistischer Weltsicht publizierte. Ab 1938 verlegte er dort das Jahrbuch des Deutsch-Italienischen Kulturinstituts in Köln, und bald darauf erhielt die *Essener Verlagsanstalt* – notabene: im Besitz der *Hermann-Göring-Werke* – die alleinigen Verlagsrechte für alle Schriften und Reden des *Duce* in deutscher Sprache. Ohne Einfluss des Reichsmarschalls wäre dies sicherlich nicht zustande gekommen, ebenso wenig wie die Entsendung des Luftwaffenmajors Müller-Clemm an die Deutsche Botschaft in Rom im Jahre 1939.[4] Dieser erreichte 1942 in Privataudienz bei Mussolini, dass er dessen Buch über seinen als Pilot verunglückten Sohn in deutscher Fassung verlegen durfte: »Ich rede mit Bruno«, mit einem Vorwort von Hermann Göring.[5]

Dabei bot Müller-Clemm die aus dem Buch bezogenen Verlagsgewinne als Spende an, woraufhin der *Duce* eine zukünftige »Stiftung Bruno Mussolini« als Empfängerin vorschlug. Sie sollte deutschen »Fliegerhinterbliebenen« finanzielle Hilfe geben. Dies führte auf deutscher Seite zu erheblichen Reibungen zwischen

Außen-, Innen-, Luftfahrtministerium und Partei. Der *Duce* und der Reichsmarschall erwarteten ein Spendenaufkommen von mindestens 5 Millionen Reichsmark. Die *Essener Verlagsanstalt* sah sich außerstande, Verkaufsgewinne in dieser Größenordnung zu erzielen und beantragte eine Sondersammlung, die das Reichinnenministerium aber nur zögernd und mit starken Einschränkungen für die Einwerbung genehmigte. Das Auswärtige Amt wollte verhindern, dass Müller-Clemm in Rom »weiterhin persönliche Beziehungen spielen« ließ, und die Parteikanzlei verwies auf den Führerbefehl, wonach Sammlungen zugunsten einzelner Waffengattungen (wie etwa der Luftwaffe) verboten seien.[6]

Zurück zum Direktionsrat im Jahre 1934: denkbar ist, dass Müller-Clemm dem Phönix nicht aufgedrängt wurde, sondern dass vielmehr ihr Direktor Berliner eine wohlüberlegte Personalentscheidung traf. Er war bereit, die Tür einem Partei-Propagandisten öffnen, vom Zuschnitt eines nationalsozialistischen Kulturmenschen, der zudem mit seiner *relazione italiana* für diplomatische Dienste nützlich sein konnte, in die Berliner sich von Zeit zu Zeit eingebracht hatte – auf Wunsch der österreichischen Regierung. Dieses Potenzial konnte er zwar nach dem Anschluss nicht mehr ausschöpfen, aber für die Rettung des deutschen Phönix-Bestandes war die Verbindung zu Göring nicht ohne Bedeutung. Dass Müller-Clemm seinerseits diplomatisch einflussreich war, zeigt sich daran, dass er nicht nur beim *Duce* sondern auch beim Papst vorgelassen wurde, letzteres im Rahmen einer Initiative zur Beendigung des Kampfes zwischen Hitler-Regierung und Vatikan.[7]

Wie waren die vier weiteren Parteigenossen im Direktionsrat einzuordnen? Wessig, in vielen Aufsichtsräten dabei (auch *Daimler-Benz*), ließ sich vermutlich gern und häufig bitten, ohne Aktivist werden zu müssen oder begieriger Nutznießer sein zu wollen. Mit seiner Nähe zur Partei stand er zudem im Milieu der rheinischen Metallindustrie nicht allein. Ähnlich dürfte von Philipp einzustufen sein. Der Jüngste, Schaumburg-Lippe, schätzte offenbar die sportliche Seite der Bewegung. Bei der Parteistatistischen Erhebung 1939 gab er an, führendes Mitglied im Nationalsozialistischen Kraftfahrkorps zu sein, mit dem Zusatz »Oberste Nat. Sportbehörde«. Einen Beruf nannte er 1939 nicht; dagegen hatte er 1933 in seine Pg.-Karteikarte »Dir. Mitgl.« eintragen lassen. Sollte er damit seine Mitgliedschaft im Phönix-Direktionsrat gemeint haben?[8]

Der zweite Sportler im Kreise war Halt. Er brauchte nichts vorzuspiegeln; er hatte einen Beruf und überhaupt ein ungewöhnliches Profil. Der Leutnant Karl Ferdinand Halt erhielt als Kriegsauszeichnung den Titel »Ritter von« und wurde, parallel zu seiner Tätigkeit bei der *Deutschen Bank*, fünfmal Deutscher Meister im Zehnkampf. Als er 1934 in den Direktionsrat des Phönix eintrat, war er zugleich Generalbevollmächtigter des *Bankhauses Aufhäuser* in München, Mitglied mehrerer Aufsichtsräte und »Führer der deutschen Leichtathletik«. Auch hatte er bereits die ersten Schritte seiner sport-diplomatischen Karriere hinter sich, die er nach dem Krieg mit internationaler Anerkennung fortsetzen sollte. Im Jahr, als der Phönix zusammenbrach, war er zugleich Hauptorganisator der Winter- wie Mitorganisator der Sommerolympiade. Er gehörte zum »Freundeskreis Reichsführer-SS« und war SA-Oberführer.

Ein kurzer Blick zurück auf die oben geschilderten Anpassungen, die der Phönix ab 1933 in seinem *Image-Marketing* vornahm: sicherlich wurden sie durch die Umbesetzungen im Direktionsrat begünstigt. Vielleicht waren letztere auch gezielt vorgenommen worden, um den »Direktvertrieb« der neuen Produkte zu unterstützen. Ein wichtiger Ansprechpartner für Gruppenversicherungen war die *Caritas,* zumal der Phönix ihr sicherlich näher stand als die Unternehmen der DAF. Mit der »Caritas-Vorsorge Augsburg« hatte der Phönix im Mai 1928 einen umfassenden Vertrag geschlossen, ihr damit eine Vertretung übertragen und erhebliche Einnahmen zugesichert.[9] Folglich waren die beiden *Caritas*-Direktoren im Rat nicht nur für eine allgemeine Öffentlichkeitsarbeit wichtig. Entsprechend wird die Werbeabteilung des Phönix die Herren der Wirtschaft im Rat als Multiplikatoren gesehen haben; sie konnten Informationen zur Werksgemeinschaftsversicherung an interessierte Unternehmen weitergeben. Als ein solches Medium ließ sich selbst der Prinz zu Schaumburg-Lippe einordnen; er war eine der Leifiguren im NSKK und damit im sportlichen Kraftfahrwesen. Und nicht zuletzt: auch für die alten und neuen Eliten, die – bei allem Bekenntnis zur »Volksgemeinschaft« – vom Phönix den Zugang zu einer »großen« Lebensversicherung erwarteten, fanden sich im Direktionsrat die passenden Referenzpersonen.

Bei dem skizzierten Wandel im Direktionsrat behielt die Phönix-Leitung nach allem Anschein eine sichere und auch weitgehend freie Hand. Die oben gegebene Darstellung lässt nicht darauf schließen, dass sie sich zu tiefen Einschnitten zwingen ließ oder sich mit vorbeugendem Gehorsam anbiederte. Dass sie sich energisch und mutig für die »Juden« im Rat einsetzte und Einstiege von Parteigenossen zu verhindern suchte, lässt sich allerdings ebenso wenig behaupten. Mit anderen Worten: in der Besetzung seiner Aufsichts- und Beratungsgremien reagierte der Phönix auf die Machtergreifung in Deutschland nicht anders als der Durchschnitt aller deutschen Großunternehmen.

Dass dies auch für seine Personalpolitik in der deutschen Belegschaft galt, erscheint plausibel, ist aber nicht nachzuweisen. Die Geschäftsberichte sagen dazu nichts, und in den RAA-Akten findet sich allein der Hinweis, dass Phönix-Deutschland an nichtarische Mitarbeiter, die 1933 ausgeschieden waren, insgesamt 60 000 RM Abfindung gezahlt hatte. Auch hier wird es sich, wie oben allgemein festgestellt, vorwiegend um Leitungskräfte gehandelt haben; denn warum hätte der Phönix sich bei den Linienkräften »judenfeindlich« verhalten sollen, wenn das Wirtschaftsministerium – wie oben angesprochen – dies für rechtlich unvertretbar hielt? Anders hätte sich es bei freiwilligem Ausscheiden, insbesondere älterer Mitarbeiter, dargestellt.[10] Für zumindest ein Mitglied der Berliner Leitungsriege ist das Ausscheiden kurz nach der Machtergreifung belegt. Edgar von Bleichröder, 1883 in die bekannte Bankiersfamilie geboren, der sein Beziehungsnetz pflegte und für den Phönix das Deutsche Rote Kreuz als Kunden akquiriert hatte, erhielt ab 1933 eine lebenslange Pension.[11]

Abschließend noch ein Blick auf Vorstand und weitere leitende Mitarbeiter. Auch unter diesen waren – wie im Direktionsrat – Männer blauen Blutes: der schon erwähnte Prinz Heinrich von Reuß, zudem ein älterer Wolfgang von Poellnitz aus altem und ein jüngerer Karl von Luschka aus jungem Adel. Die leitende Persönlichkeit im Vorstand war Dr. Walter Erhard. Geboren 1899 in Berlin, hatte er nach Kriegsteilnahme Rechts- und Staatswissenschaften studiert, seine Dissertation über Betriebsdemokratie geschrieben und in diesen Jahren auch für den *Jüdischen Nationalfonds (KKL)* gearbeitet. Dessen Deutschlandbüro leitete er ab 1923 und blieb in verantwortlicher Position – auch nachdem er 1926 beim Phönix eingetreten war.[12] Dort wurde er zu einem der drei Stellvertreter in der deutschen Direktion, neben dem Konsul Albert Schorss und Ludwig Freiherr von Pastor. Nur er war Fachmann; der kgl. norwegische Konsul war ein Mann der Münchener Gesellschaft, so als Vorsitzender des Münchner Sportclubs, und von Pastor war ein Hauptmann a. D., den vermutlich sein Onkel Paul Kaufmann für diesen Posten empfohlen hatte. Erhard wechselte 1933 in der Berliner Geschäftsstelle von der Stellvertreter- in die Leitungsposition, als Nachfolger der Kommerzienrats Otto Herz. Damit wurde er zum eigentlichen Chef des Phönix Deutschland. Als »Hauptbevollmächtigter« zeichnete zwar – wie erwähnt – der Justizrat Dr. Hermann Steininger in München, nur war dessen Name im deutschen Wirtschaftsleben fast ohne Bedeutung. Einen guten Klang hatte er dagegen in der bayerischen Gesellschaft; die Villa Steininger am Starnberger See, nahe dem Münchner Yacht-Club, war eine erste Adresse.[13]

Die Lebensversicherung für jüdische Kunden

Wie verhielten sich Versicherer gegenüber Kunden, die spätestens ab 1933 als jüdisch galten? Ein »Kapitel für sich«, mit vielen Verästelungen und offenen Fragen. Durchleuchtet wird zunächst, wie europäische Versicherungsgesellschaften sich auf eine stürmisch wachsende Nachfrage nach »Finanzprodukten« einstellten, die wohlhabenden Juden helfen sollten, Vermögen über die deutsche Grenze zu bringen. Dafür gab es legale Wege, die dennoch Stirnrunzeln in Partei und Staat erregten, und es gab Schiebungen – zumindest aus Sicht der Gestapo. Aber es gab auch einvernehmliche Lösungen, die von der NS-Regierung aktiv mitgetragen wurden. Dies wird unter dem Stichwort »Haavara« untersucht; die praktische Umsetzung dieses Abkommens lässt sich am Fall eines Berliner Phönix-Direktors nachvollziehen. Daran anknüpfend wird der zionistische *Jüdische Nationalfonds (JNF)* betrachtet, womit der Blick sich weitet, und auch weniger begüterte Juden ins Bild kommen. Denn für diese Kundengruppen entwickelte insbesondere der Phönix, zusammen mit dem *JNF*, Formen der Gruppenversicherung, die auf eine starke Nachfrage stießen und sich auch für zionistische Propagandaaktionen eigneten.

Vermögenstransfer auf neuen Wegen

Vermögen, das transferiert werden soll, muss flüssig oder quasi-flüssig sein. Es derart mobil zu machen, ist besonders bei Immobilienvermögen keine leichte Aufgabe. Allerdings halten Versicherer dafür eine elegante Lösung parat: das Haus wird als Einmalprämie übernommen, und der Verkäufer erhält dafür im Gegenzug seine Lebensversicherungspolice.[1] Der Phönix machte von dieser Lösung ausgiebig Gebrauch, in offener und verdeckter Form, für deutsche und nicht-deutsche Kunden.

Ein kurzer Rückblick auf die Jahre vor 1933 zeigt, dass der Phönix in Deutschland schon vor seinem Weg nach Norden etliche jüdische Kunden hatte, vor allem im gehobenen Mittelstand. Diese Konzentration auf relativ Wohlhabende hielt bis Mitte der Zwanziger an. Ein massiver Zulauf ergab sich dann mit dem Einstieg in die Gruppenversicherung, vorrangig in Kooperation mit jüdischen Organisationen. Zu diesen zählten der schon genannte Jüdische Nationalfonds, der Reichsbund jüdischer Frontsoldaten, der Jüdische Frauenbund, der Agudas Jisroel, der Makkabi-Weltverband, der Reichsbund für jüdische Siedlung in Deutschland u. a. mehr.[2] Die Zahl der Verträge in Deutschland stieg von 21 000 in 1927 auf das Fünffache in 1932; ein Großteil dieser neuen Kunden waren deutsch-jüdische Familien. Diesen Zuwachs erreichte der Phönix vor allem im Kleinlebensgeschäft, zu erkennen am Absinken der durchschnittlichen Versicherungssumme je Vertrag: sie ging im genannten Zeitraum von 2 800 auf 2 000 Reichsmark zurück.[3]

Schon das Jahr 1933 brachte einen ersten Einbruch. Bei dem erwähnten Treffen im April sprach Dr. Berliner im RAA auch den Verlust jüdischer Kunden in Deutschland an. Das Amt fordere die Auffüllung der Prämienreserve; zu bedenken sei aber, dass voraussichtlich mehr als ein Viertel der Versicherten, »die zum größten Teil jüdischen Kreisen angehörten«, ihre Prämien nicht mehr werden zahlen können. Dies werde ein beträchtliches Storno nach sich ziehen und damit die Auffüllung der Prämienreserve weniger dringlich machen.[4]

Funktion und Wert von Lebensversicherungen änderten sich, vor allem für die Wohlhabenderen. Je klarer sie erkannten, dass nur die Emigration einen Ausweg aus Entrechtung, Enteignung und Verfolgung bieten könnte, desto nötiger war es zu klären, wie sich Lebensversicherungspolicen für den Vermögenstransfer in Ausland einsetzen ließen. Diese Frage stellte sich ebenso für bestehende wie für eventuell noch abzuschließende Verträge. Wie ließ sich das Barvermögen aus ersteren über die Grenze bringen, und wie ließen sich andere Eigentumswerte in ein Lebensversicherungsvermögen umwandeln, um dann auch dieses zu transferieren?

Sofern sie nicht zur kleinen Minderheit gehörten, die von den ersten Gesetzen zur Vermögenseinziehung betroffen waren,[5] konnten Emigranten den Vermögenstransfer anfangs noch zu gewohnten Bedingungen realisieren. Zur Auswanderung Entschlossene mussten die schon 1931 einführte Reichsfluchtsteuer zahlen und Verluste hinnehmen, wenn sie Firmen und Immobilien unter Zeitdruck verkauften. Aber bei weitem nicht alle vermögenden Juden sahen sich unmittelbar bedroht; ein Großteil wollte vor der Auswanderung noch private und geschäftliche Übergänge ordnen oder auch abwarten, ob sich nicht doch Alternativen zur Emigration ergaben.

Für den Transfer ihres Barvermögens ins Ausland rechneten viele Emigranten primär auf ausländische, in Deutschland vertretene Versicherer. Erste Ränge in diesen Erwartungen hielten die Schweizer Gesellschaften: *Basler Leben, Schwei-*

zerische Lebensversicherungs- und Rentenanstalt, Winterthur Leben und *Vita.*[6] Sie aber spürten nicht nur die Chancen, sondern auch die Risiken des Transaktionsgeschäfts. Den potenziell hohen Erträgen im neuen Marktsegment standen mögliche Kosten gegenüber, die auf das gesamte Deutschlandgeschäft durchschlagen konnten. Dass die NS-Regierung diesen erneuten Kapitalabfluss nicht werde hinnehmen wollen, war klar. Somit mussten die ausländischen Versicherer damit rechnen, bei offenem Engagement als »judenfreundlich« eingestuft zu werden.[7]

Welche Arten von Transaktionshilfe erwarteten oder erhofften die jüdischen Kunden von Versicherern? Das prinzipiell nächstliegende Mittel wäre die Fremdwährungsversicherung gewesen – unter Bedingungen des freien Devisenverkehrs. Diese aber waren in Deutschland spätestens seit der Bankenkrise 1931 nicht mehr gegeben. Vorher hatten sogar prominente Nationalsozialisten Fremdwährungspolicen genutzt, um Teile ihres Vermögens vor Währungsverfall zu schützen und sich eine höhere Verzinsung zu sichern. Fritz Todt erhielt seine erste Police, über 20 000 Franken, schon 1929, und Hermann Görings Vertrag, 1930 desgleichen bei der *Schweizerischen* gezeichnet, lautete auf die doppelte Summe.[8] Ab Juli 1931 aber folgte eine Devisen-Notverordnung der anderen, mit der Konsequenz, dass die Prämienzahlung in Devisen erschwert und die Verwendung der Auszahlung eingeengt wurde. Die Schritte nach der Machtergreifung wurden oben schon beschrieben: vom Wegfall des Auszahlungsanspruchs in Devisen bis hin zum endgültigen Verbot dieser Versicherungsform. Nur für die vor 1931 abgeschlossenen Fremdwährungsversicherungen war noch bis 1934 eine Übertragung ins Ausland möglich, mit zwei Einschränkungen: die Rückkauf- bzw. Darlehenssumme wurde auf den Freibetrag angerechnet, und die Devisen hatte der Versicherer zu stellen, nicht die Reichsbank.[9]

Sehr gefragt, seitens jüdischer Kunden, waren zwei weitere Varianten, die auch für Reichsmark-Policen einen Transfer boten. Die erste Form bestand darin, einen alternativen Erfüllungsort im Ausland zu vereinbaren; dabei wurde die Prämienzahlung üblicherweise mit einer hohen Einmaleinlage geleistet. Am Auslandsort kündigte der geflohene oder emigrierte Berechtigte den Vertrag und ließ sich den Rückkaufswert in Devisen auszahlen. Den erforderlichen Transfer des Deckungskapitals aus Deutschland hatte der Versicherer zu garantieren. Dieser Nachteil wurde ab März 1933 immer gravierender und wog ihm den Vorteil der hohen Vertragssumme nicht mehr auf. Für einen Schweizer Versicherer *(Vita)* ist belegt, dass er noch 1933 diese Vertragsform für Deutschland aus seinem Programm nahm. Was blieb, war das Bemühen von Versicherungsagenten, die Interessenten dennoch glauben zu machen, dass der Transfer garantiert war, obwohl der Vertragstext – sehr genau gelesen – dies ausschloss.[10]

Bei der zweiten Variante erhielt der Berechtigte zwar nicht die Option, den Vertrag im Ausland »zurückzukaufen« (den Rückkaufswert ausgezahlt zu erhalten), wohl aber wurde ihm die Beleihung seiner deutschen Lebensversicherung eingeräumt. Er bekam somit ein Policendarlehen in Auslandswährung, das mit seiner (nur in Deutschland auszahlbaren) Lebensversicherung besichert war. Die deutschen Devisenbehörden beobachteten auch die Entwicklung dieser Form sehr genau, mit der Folge, dass ausländische Versicherer ihr Angebot alsbald einschränkten. So befürchtete die Zentrale der *Winterthur Leben*, dass ihr aus solchen Verträgen »letztendlich großer Schaden erwachsen würde, wenn es in Deutschland hiesse, wir seien die Versicherungsgesellschaft der Juden.«[11]

Dabei war diese Form von »Kapitalflucht« nach schweizerischem Recht kein Delikt. Anders verhielt es sich bei einer dritten, unerlaubten Variante: in Deutschland wohnenden Antragstellern wurden Policen ausgestellt, die nicht zu dem deutschen sondern zu einem ausländischen Versicherungsbestand rechneten. So konnte etwa ein in Berlin wohnender Jude eine Lebensversicherung im schweizerischen Bestand zeichnen. Für diese Versicherung galt dann Schweizer Recht, was *de jure* nach dem Territorialitätsprinzip ausgeschlossen war.[12] Praktisch jedoch nicht; wichtige Kunden, die ein Bankkonto im Heimatland des Versicherers hatten, eventuell auch über Strohmänner verfügten, konnten Ausnahmen durchsetzen.[13]

Die Schweizer Gesellschaften entschieden sich offenbar schon 1933, aus der Chance kein großes Geschäft zu machen. Sie änderten damit nicht ihre Strategie, ausländische Privatanleger in der Schweiz an sich zu binden, wollten aber ihr Deutschlandgeschäft nicht für einige taktische *windfall gains* in Gefahr bringen. Strategisch anders aufgestellt war der Phönix. Sein Problem war nicht, eventuell als »Versicherungsgesellschaft der Juden« eingestuft zu werden; denn für die Partei, aber auch in der Branche stand er längst in diesem Ruf. Er musste daraus das Beste machen und versuchte dies mit strategischem Drang nach vorn – aus wirtschaftlichen, zudem moralischen Gründen.

Das deutsche Konsul in Linz schrieb am 26. Februar 1936 dem Auswärtigen Amt in Berlin: »Geheim! Von einem zuverlässigen und bewährten Vertrauensmann ist mir folgendes mitgeteilt worden: Es sind mehrere Fälle festgestellt worden, in denen bei der Berliner Vertretung der Versicherungsgesellschaft Phönix unverhältnismäßig hohe Lebensversicherungen abgeschlossen wurden, für die die erste Prämie in Reichsmark bezahlt wurde. Kurze Zeit darauf wurden bei der Zentrale in Wien diese Lebensversicherungen gekündigt und die Prämie unter den üblichen Abzügen in Schillingen ausgezahlt. Trotz der Abzüge, die mit der Rückzahlung verbunden sind, muss das Geschäft doch lohnend sein. Ich bitte das Geheime Staatspolizeiamt hiervon zu verständigen.«[14] Dies war die erste, oben genannte Variante des Vermögenstransfers. Um eine weitere ging es diesem Bericht: »Dr. Berliner soll Juden in Deutschland bei ihrer Auswanderung und bei der Verbringung ihres Geldes ins Ausland in der Weise behilflich gewesen sein, daß er bei den Stellen des ›Phönix‹ in Deutschland die betreffenden Reichsmarkbeträge in Höhe bis zu 1 000 000,– RM im Einzelfall einzahlen ließ, wogegen die Wiener ›Phönix‹ von dem Schilling-Gegenwert lediglich die Zinsen zu Sätzen von 6–4 % in Monatsbeträgen zur Auszahlung brachte. Die Kapitalbeträge seien der ›Phönix‹ als auf 10 Jahre fest gegebene Darlehen mit Goldklausel verblieben.«[15]

Dies war ein hochriskantes Geschäftsmodell, das ein außerordentlich geschicktes Taktieren verlangte. Die zwei Berliner Gesichter des Phönix, Hermann-Göring-Straße einerseits und Taubenstraße andererseits, passten in diesen Plan. Einerseits konnte er damit pragmatischen Nationalsozialisten als willkommener Helfer erscheinen, als ein Versicherer, der die Abwanderung der Juden erleichterte und dabei transparent wie kontrollierbar blieb – dank der Strenge des RAA, aber auch über die Zusammensetzung seines Direktionsrats. Dies schloss andererseits nicht aus, dass »nichtarische« Kunden und Interessenten in ihm einen Partner sahen, der jüdische Versicherte jahrelang als eine besondere »Zielgruppe« gepflegt und bedient hatte. Dieses positive Bild war durch die Einschätzung wohlhabender Juden im Großlebensgeschäft ebenso geprägt wie durch die Erfahrung jüdischer Organisationen als Partner im Gruppen-/Kleinlebensgeschäft. Letzteres wurde schon kurz angesprochen und ist später noch auszuleuchten.

Vorab jedoch ein weiterer Blick auf illegale »Verschiebungen« jüdischer Vermögen ins Ausland, die einzelne Lebensversicherer, insbesondere der Phönix, hätten vornehmen können. Mit solchen Anschuldigungen war zu rechnen; denn die pragmatische Auffassung, dass ein »jüdischer« Versicherer reichsdeutschen Behörden bei der »Entjudung« helfen sollte, musste in Partei und Sicherheitsorganen auf Widerspruch stoßen. Somit wird es das RMWi nicht verwundert haben, als es im Oktober 1933 ein Schreiben aus der Prinz-Albrecht-Straße erhielt. Darin malte die Gestapo das Bild einer Juden-Verschwörung in Prag, finanziert von »einem der größten Versicherungskonzerne des Kontinents«. Ein Notar Dr. Posener – früher Berlin, jetzt Prag – sei von einer Geheimorganisation beauftragt, eine Liste aller in die Tschechoslowakei verzogenen deutschen Reichsangehörigen zu führen, mit Daten über Person und Vermögenslage.

Diese Organisation habe mit dem europaweit agierenden Versicherer, dessen »Leiter wie Belegschaft durchweg jüdisch« seien, ein konspiratives Abkommen getroffen. Alle in der Liste des Dr. Posener verzeichneten Emigranten sollten geworben werden, eine Lebensversicherung abzuschließen und als Prämie ihr gesamtes in Deutschland verbliebenes Vermögen einbringen. Der Phönix würde über Strohmänner dieses Vermögen einziehen, und zwar so, daß sie »nach entsprechender banktechnischer und grundstücksmaklerischer Behandlung« der Organisation zufielen. Jeder Emigrant könne dann seine Police, ausgestellt für das Land seiner Wahl, in dessen Währung beleihen – zu 80 Prozent, mit sofortiger Auszahlung.

Ein solches Vorhaben war zweifelsfrei als illegal einzustufen. Doch nicht darin lag seine Brisanz. Vielmehr ginge – so der Spitzelbericht an die Gestapo – das Programm über Flüchtlingshilfe weit hinaus. Denn: die so gewonnenen Mittel sollten einen geplanten Schlag gegen die deutsche Wirtschaft finanzieren. Wie dieser ablaufen könnte, sei allerdings noch völlig unbekannt. Die Organisation habe ihre Zentrale in Wien eingerichtet, geleitet von einem Direktor Fantl; weitere Zentralen in Europa seien geplant. Und, so der Vorschlag des Kundschafters: »Genaue Recherchen sind möglich, wenn Dienst in einer der Zentralen angetreten werden kann.«[16]

Im Ministerium ging man zu diesen Darstellungen auf Distanz. Der zuständige Referent fand sie in seinem Vermerk »reichlich phantastisch«. Zweifellos würden nichtarische Auswanderer hin und wieder Geldmittel auf verbotenen Wegen über die Grenze schaffen; auch geschehe dies mit Einsatz von Lebensversicherungen. »Etwas romanhaft« aber sei die Vorstellung, dass nicht diese Auswanderer selbst das Geld erhielten sondern eine unbekannte Organisation. Die im Bericht angesprochene Lebensversicherung sei »vermutlich der Wiener Phönix, gegen den dauernd Verdächtigungen dieser Art ausgesprochen werden«. Sorgfältigste Untersuchungen seitens des RAA hätten dafür keinerlei Anhaltspunkte ergeben.

Weiter schrieb der Referent: »Ich habe in der Angelegenheit auch mit dem Direktor Berliner von der Wiener Zentraldirektion des Phönix sowie mit dem deutschen Aufsichtsratsmitglied Herrn von Kardorff gesprochen. Beide Herren haben versichert, dass derartige Dinge nicht vorkommen.« Allerdings habe man eingeräumt, dass so etwas von untergeordneten Organen ab und an gemacht werde, womit nicht auszuschließen sei, dass der Phönix einen im Inland abgeschlossenen Vertrag nachher in seinen ausländischen Bestand überführe und damit im Ausland eine Rückkaufmöglichkeit eröffne. Eine wirklich verantwortliche Person würde dies aber schon deshalb nicht machen, weil sie wisse, dass – wenn vom RAA entdeckt – die Konzession verloren sei, mit möglichen Folgen auch in anderen Ländern. Diese Darstellung fand der Referent überzeugend, »darin ist den Herren wohl zuzustimmen«.[17] Für das Ministerium selbst sei nichts unmittelbar zu veranlassen; sein Devisenreferat und das RAA würden den Phönix fortan mit erhöhter Aufmerksamkeit prüfen.

Wenige Monate später erhielt das Ministerium eine zweite Mitteilung der Gestapo, gerichtet an das Landesfinanzamt Berlin und von diesem als Abschrift weitergereicht. Es ging um »Vermögensverschiebungen ins Ausland durch Abschluss von Lebensversicherungen im Inland«, und beschuldigt wurde, gleich zweifach, der Phönix. Am Tatort Wien spreche er Kunden mit Hausbesitz in Deutschland an und mache ihnen das folgende Angebot: »Wenn Sie mir Ihr Haus verkaufen, zahle ich Ihnen durch 10 Jahre monatlich 1 000 Schilling. Den Restbetrag gebe ich Ihnen als Lebensversicherungs-Police auf Ableben.« Der weitere Ablauf: der Phönix kaufe die Häuser, um sie dann an eine holländische Firma (Arrat oder Arra?) zu veräußern. So komme der Jude zu seinem Geld – auf Raten. Die Police erhalte er aber nur unter einer Bedingung: er müsse nach Palästina gehen und sich dort eine Existenz gründen.

Dem Referenten erschien auch dieser Spitzel-Bericht romanhaft; denn am Rande notierte er: »Das kann der Phönix ohne Genehmigung der Aufsichtsbehörde gar nicht!« Ganz anders beurteilte er einen zweiten Verschiebungsdienst, den der Phönix angeblich im Saargebiet anbot: »Das tun alle großen Gesellschaften.« Diese Einschätzung ist bemerkenswert; denn auch das Geschehen am Tatort Saarbrücken hatte einen illegalen *touch*. Der Tatbericht des Spitzels: »Kommt ein geflüchteter Jude, der ein Haus, Grundstück, Fabrik oder sonstiges Vermögen in Deutschland hat, so soll er bis zu 40 % dieses Wertes eine Lebensversicherung abschließen, die bei der ausländischen Firma gemacht werden kann. [Beim Phönix oder einem mit ihm kooperierenden schweizerischen oder französischen Versicherer, d. V.] Er erhält dann seine übrigen 60 % ausbezahlt und die ›Phönix‹ zieht dann das Objekt oder Barvermögen ein.«[18]

Haavara-Abkommen und Kollektivversicherung

Merkwürdig: die Lebensversicherung nach dem zweiten Wiener Modell konnte, laut Spitzel-Bericht, nur derjenige erhalten, der sich in Palästina niederließ. Eine ähnliche Bedingung hatte das »Haavara-Abkommen« eingeführt. Mit dieser Vereinbarung, 1933 zwischen der NS-Regierung und der Zionistischen Weltorganisation geschlossen, sollte – angesichts eines drohenden Handelsboykotts und knapper Devisen – die deutsche Ausfuhr nach Nah-/Mittelost gefördert und gleichzeitig die Einwanderung deutscher Juden nach Palästina erleichtert werden.[1] Die wirtschaftliche Grundlage des Abkommens war ein Mechanismus, mit dem jüdische Auswanderungswillige Reichsmark-Beträge in einen deutschen Fonds einbrachten, aus dem dann deutsche Warenausfuhren bezahlt wurden. Die zeitliche Verwendung der Fondsmittel erfolgte in dem Maße, wie Bestellungen palästinensischer Importeure bei der deutschen Schaltstelle eingingen. Der Wettlauf um diese Mittel – auf 3 Millionen Reichsmark begrenzt – begann schon im August 1933.

Angenommen, die Zitrus-Pflanzengesellschaft *Hanotaiah* in Tel Aviv hatte Bewässerungspumpen bei dem Hersteller *Siemen & Hinsch (SiHi)* in Itzehoe/Holstein bestellt.[2] Nach Auslieferung der Pumpen erhielt *SiHi* den Rechnungsbetrag aus dem deutschen Fonds in Reichsmark, und *Hanotaiah* zahlte die entsprechende Summe in Landeswährung (Palästina-Pfund) an die Transferstelle in Tel Aviv. Aus diesem palästinensischen Fonds wiederum erhielten die Auswanderer (mit erheblichen Abschlägen) den Pfund-Gegenwert ihrer Einzahlung zurück – in der

Reihenfolge, wie sie diese in den deutschen Fonds gegeben hatten. Ohne Devisen wäre ihnen der Zugang nach Palästina versperrt gewesen, denn die britische Mandatsbehörde verlangte ein »Vorzeigegeld« von 1 000 Pfund. In diesen Mechanismus von Zahlungen und Lieferungen waren neben den beiden Transferstellen verschiedene Organisationen und Unternehmen einbezogen, darunter auch der *Jüdische Nationalfonds.*[3]

Der *JNF (KKL)* war 1901 im Rahmen der Zionistischen Weltorganisation gegründet worden, um mit freiwilligen Beiträgen den Aufkauf von Land in Palästina zu finanzieren, auf Dauer zu verpachten und damit die jüdische Besiedlung auszuweiten. Den politischen Durchbruch für diese Bewegung brachte erst die Balfour-Erklärung von 1917 für die »Errichtung einer nationalen Heimstätte für das jüdische Volk in Palästina« – mit dem Nebensatz, dass nichts geschehen sollte, »was die bürgerlichen und religiösen Rechte der bestehenden nicht-jüdischen Gemeinschaften in Palästina […] in Frage stellen könnte.« Den Boden für die Besiedlung bereitete der *JNF,* zusammen mit dem 1920 gegründeten Palästinawerk (Keren Hayessod) als umfassendem Finanzierungsfonds und der *Palestine Land Development Company* (PLDC) als Bodenerwerbs- und Parzellierungsgesellschaft. Fünf Jahre nach der Balfour-Deklaration hatte er damit einen Anteil von 13 Prozent am gesamten jüdischen Boden in Palästina erworben; deutlich größere Anteile hielten die philanthropische Jewish Colonization Agency (40 Prozent) und private Kolonien (19 Prozent).[4] Die weltweiten Spenden lagen in dieser Zeit bei 100 000 Pfund pro Jahr. Sie stiegen bis Ende der Zwanziger auf das Doppelte, sanken beträchtlich in der Weltwirtschaftskrise und nahmen ab 1933 erneut einen steilen Aufstieg. Dies bewirkten vor allem die Beiträge aus den USA, deren Anteil am Gesamtaufkommen sich in drei Jahren verdreifachte: von 14 Prozent in 1934/35 auf 42 Prozent in 1937/38.[5]

Mit dem *Jüdischen Nationalfonds* war der Phönix gleich mehrfach verbunden, wie Leserin und Leser wissen. Sein Berliner Direktor Dr. Erhard hatte vorher, ab 1923, das Deutschlandbüro des *JNF* in der Hauptstadt geleitet. Als er an die Spitze der Phönix-Filialdirektion wechselte, behielt er die Geschäftsadresse: Meinekestraße 10. Das Gebäude gehörte der *Jüdischen Rundschau* und war in dieser Zeit die Zentrale des Zionismus in Deutschland. So befanden sich unter seinem Dach die Zionistische Vereinigung für Deutschland (ZVfD) und auch die wichtigsten Organisationen, die die deutsch-jüdische Emigration nach Palästina förderten: JNF, Keren Hayessod, PLDC, Hechaluz und das Palästina-Amt. 1927 kam die Filialdirektion des Phönix hinzu, mit ihrem Leiter Walter Erhard.

Schon im Folgejahr präsentierte sich der Phönix in der *Jüdischen Rundschau* als »die alleinige Vertragsgesellschaft des Keren Kajemeth« und bot »den Mitgliedern großer jüdischer Organisationen, mit denen wir allein Verträge besitzen«, seine Versicherungen zu Sonderkonditionen an. Zudem warb er um Mitarbeiter in der Organisation und Akquisition.[6] Auch die Maklergesellschaft des Phönix offerierte in dem Blatt ihre Dienste: »Dem Keren Kajemeth und sich selbst nützen Sie, wenn Sie Ihre [...] Versicherungen durch die Phönix-Versicherungs-Vermittlungs-GmbH [...] abschließen.« Und die Versicherungsabteilung des *Keren Kajemeth*, mit derselben Geschäftsadresse, hatte am Erfolg keinen Zweifel: »Nach einer sachlichen Prüfung wird jeder Zionist seine Versicherungen nur dem Phönix geben.«[7]

»Alleinige Vertragsgesellschaft des *Keren Kajemeth*«: schon erwähnt wurde, dass der Phönix in Deutschland auch 1933 noch mit diesem Vorrang warb.[8] Gemeint war die Gruppenversicherung, die der Phönix über den *JNF* anbot. In späteren Anzeigen kam zum *JNF* die *HOG* hinzu; der Phönix war somit auch für die Vereinigung der Palästina-Einwanderer aus Deutschland der einzige Vertragspartner für eine Kollektivversicherung.[9] Für diese Zusammenarbeit dürfte Walter Erhard in der deutschen Landesverwaltung des *JNF* wichtige Anstöße gegeben haben. Verdienste hatte er dort schon in seinem ersten Amtsjahr erworben, mit Straffung der Organisation in Deutschland und Durchführung einer Sondersammlung, um der Spendenentwertung entgegenzuwirken. Durch die galoppierende Inflation waren die im Jahre 1922 eingenommenen 14,6 Millionen Mark nur mehr 1 500 palästinensische Pfund wert; dies entsprach einem Anteil am weltweiten Spendenaufkommen des *JNF* von gerade einmal 2 Prozent.[10]

Den Gruppenversicherungsvertrag schloss der Phönix 1925 mit dem *JNF* für den gesamten Aktionsbereich des Versicherers; 1929 wurde er erneuert und erweitert. Der Fonds war für diese internationale Zusammenarbeit ein idealer Partner; innerhalb der zionistischen Weltorganisation hatte er das Monopol für Versicherungswerbung.[11] Für das Versicherungsgeschäft mit dem Phönix verfügte das Direktorium des Fonds in allen betroffenen Länderbüros über spezielle Abteilungen, die bis 1930 allein 28 000 Lebensversicherungspolicen mit einem Gesamtwert von neun Millionen Pfund (ca. 27 Millionen US Dollar) verkauften. Der Generalvertrag sah auch eine Beteiligung des *JNF* an den Prämieneinnahmen vor: bis 1925 war eine jährliche Mindesteinnahme von 25 000 US Dollar garantiert, die sich ab 1929 schrittweise verdoppeln sollte. Aus dieser Quelle erhielt der *JNF* bis 1930 immerhin 37 000 Pfund, fast 4 Prozent seiner Gesamteinnahmen dieser Jahre. Zudem verpflichtete der Vertrag den Phönix zur Kapitalanlage in Palästina-Aufbauprojekten; dafür investierte er im selben Zeitraum 23 000 Pfund.[12] In einer Aufstellung der Gesamtspenden an den *JNF* seit dessen Bestehen ist der Phönix mit 62 000 Pfund genannt.[13]

In der herkömmlichen Form dieser Gruppenversicherung floss die Auszahlung dem Versicherten oder seinen persönlichen Erben zu. Es gab aber noch eine zweite Form, die von vornherein nicht zum eigenen Nutzen sondern als Spende konzipiert war. Der Versicherte setzte in den Vertrag als Begünstigte eine Organisation ein; an diese war bei Fälligkeit die Versicherungssumme auszuzahlen. Die Kooperation zwischen Phönix und *JNF* schloss diese Form ein, wie auch die SS-Zeitung *Das Schwarze Korps* im April 1936 bemerkte. »… wurde aber bei der ›Phönix‹ auch eine andere politische Transaktion durchgeführt. Massenhaft wurden Prospekte verschickt, in denen aufgefordert wurde, zugunsten des ›Keren Kajemeth Lejisrael‹ Versicherungen auf Er- und Ableben abzuschließen, wobei in Deutschland allein die runde Summe von 97 985 200 Goldmark gezeichnet wurde! Nachdem diese Aktion von der ›Phönix‹ überall aufgezogen wurde, um Palästina zu finanzieren.« Und im Artikel der Folgenummer, mit dem Titel »Lieder aus dem ›Berliner-Wald‹«, zitierte der Schreiber aus einer Mitteilung, die der *KKL* Österreich an alle Mitarbeiter anlässlich des Todes von Wilhelm Berliner geschickt hatte: »Der Name Dr. Berliner soll ewig blühen im ›Dr.-Wilhelm-Berliner-Wald‹ auf dem Boden des Keren Kajemeth, der dem ganzen jüdischen Volke gehört …«.[14]

Dr. Erhard dürfte wesentlich dazu beigetragen haben, die Kooperation von Phönix und *JNF* anzubahnen. Denn er wirkte beim Aufbau von dessen Lebensversicherungsabteilung mit, und er konnte die Geschäftsbeziehung stärken, nachdem er 1926 in die Phönix-Direktion eingetreten war.[15] Als Kommissionsmitglied der deutschen Landesstelle blieb er im *JNF* weiterhin präsent; offenbar vertrauten ihm beide Parteien gleichermaßen. In einem Bericht der ZVfD vom Februar 1936 ist zu lesen: »Die Landeskommission wurde, nachdem bis auf Herrn Dr. Walter Erhard alle Mitglieder nach Palästina ausgewandert sind, nicht mehr neu konstituiert. Die maßgeblichen Entscheidungen werden gemeinsam von dem Leiter der Zentrale und Herrn Dr. Erhard getroffen, der ihr unentbehrlicher Ratgeber ist.«[16] Aber auch Erhards Auswanderung stand bevor. Der Leiter der Zentrale, Josef Weiss, erinnerte sich 1969, dass Erhard aus Deutschland geflohen sei, »nachdem das Organ der SS, das ›Schwarze Korps‹, gegen ihn persönlich eine Pressekampagne eröffnet hatte.«[17]

Ins Blickfeld der Partei war Erhard vermutlich schon deshalb geraten, weil er 1931 einen Verband zur Versicherung jüdischer Gemeinden mitbegründet hatte und ihn zusammen mit einem Vorstandskollegen leitete. Der vollständige Name war: Familienschutz. Gemeinnütziger Verein für Hinterbliebenenfürsorge der Mitglieder jüdischer Gemeinden e. V. Seinen Hauptsitz hatte der *Familienschutz* anfangs in der Berliner Friedrich-Ebert-Straße 2/3, unter der bekannten Phönix-Adresse.[18] Als Zweck des Verbands hatten die Gründer bestimmt: »den Mitgliedern jüdischer Gemeinden im Deutschen Reich, in Danzig und im Saargebiete Versicherungsschutz zu gewähren und zwar sowohl einzeln als auch kooperativ.« In der Durchführung wolle der Verband mit Versicherungsunternehmen Verträge schließen, um Schutzleistungen zu günstigen Bedingungen zu erbringen, ohne selbst Gewinn zu erzielen. Ein eventueller Überschuss werde satzungsgemäß den

Mitgliedern oder gemeinnützigen Wohlfahrtszwecken des Judentums zugeführt. Die Höchstversicherungssumme betrage 5 000 RM für Einzelmitglieder; für Gemeinden sei sie auszuhandeln.[19]

Den genaueren Anlass für die Gründung beschrieb der Vorstand mit diesen Worten: »Die wachsende Zahl der Bestattungen, die durch die veränderten wirtschaftlichen Verhältnisse ganz von der Gemeinde getragen werden müssen, stellt eine Bedrohung des an sich schon mühevoll hergestellten Gleichgewichts des Etats dar.« Man wisse, dass in einigen Mittel- und Großgemeinden die von ihnen zu tragenden Beerdigungskosten um das Zweieinhalbfache pro Jahr gestiegen seien. Auch bleibe es nicht bei diesen Ausgaben; darüber hinaus hätten die Gemeinden vielfach die Pflicht, solchen Familien, die ihren Ernährer verloren hatten, in den ersten schweren Monaten wirtschaftlich zu unterstützen.[20] Auch die Zentralwohlfahrtsstelle der deutschen Juden in Berlin berichtete in ihrer Zeitschrift über die Gründung: »Die Notlage weiter Kreise des jüdischen Mittelstandes hat bekanntlich vor einigen Monaten zur Gründung des gemeinnützigen Vereins ›Familienschutz‹ e. V. geführt, der es sich zur Aufgabe gestellt hat, durch eine billige Ablebensversicherung die Hinterbliebenen vor unmittelbarster Not zu schützen und gleichzeitig die Kosten der Beerdigung sicherzustellen. Damit wird zugleich der Etat der Gemeinden […] wesentlich entlastet. Da sich der Familienschutz auf der Grundlage der Selbsthilfe aufbaut […], da weiterhin die Überschusse des Vereins der jüdischen Wohlfahrtspflege ungekürzt zugutekommen, hat die Zentralwohlfahrtsstelle der deutschen Juden die Kontrolle der Gemeinnützigkeit […] übernommen. Den Vorsitz im Verwaltungsrat des Vereins Familienschutz hat Prof. Dr. Seligmann, stellvertretender Vorsitzender der Zentralwohlfahrtsstelle, übernommen.«[21]

Der Schneider Max Löwenthal, geboren im Wartheland und heimisch in Berlin-Friedrichshain, erhielt seinen *Familienschutz*-Mitgliedsausweis im Mai 1933. Ausgestellt hatte ihn die Geschäftsstelle in der Taubenstraße 35 [!]; sie bekundete damit dem Mitglied, dass für ihn eine Lebensversicherung abgeschlossen sei, mit einer monatlichen Prämie von 2 RM und der Versicherungssumme von 368 RM. Diese werde nach seinem Tode oder nach Vollendung seines 85. Lebensjahres fällig. Dieses Auszahlungsalter erreichte Max Löwenthal bei weitem nicht. Er wurde nach Auschwitz deportiert und starb – so das Gedenkbuch – im Mai 1943, acht Tage vor seinem 66. Geburtstag. Ein Zeitzeuge erinnerte sich, er sei zusammen mit seiner gelähmten Frau Selma Löwenthal »abgeholt« worden.[22] Was wurde aus seiner Versicherung? Hat er sie zurückgekauft – frühestmöglich am 1. Juni 1936? Sicherlich nicht vom Phönix; denn der war zusammengebrochen. Somit von dessen Nachfolgerin, der *Isar Lebensversicherung AG*? Zu ihr ist belegt, dass sie viele der Gruppenversicherungsverträge, die *Familienschutz* und Phönix abgeschlossen hatten, 1938 zurückkaufte; die Pogromnacht hatte einen Ansturm jüdischer Kunden ausgelöst.[23] Die Frage, ob es zum Mitgliedsausweis Nr. E6053 des Max Löwenthal jemals eine Auszahlung gegeben hat, blieb ungeklärt.

Eine der wichtigsten Stimmen der jüdischen Wohlfahrtspflege in Deutschland, Georg Lubinski, schrieb 1933 über den »Gedanken der Selbsthilfe in der Jüdischen Wohlfahrtspflege« und hob darin das Verdienst des Vereins *Familienschutz* hervor, »den Versicherungsgedanken in die jüdische Arbeit eingeführt zu haben. Der Rechtsanspruch gegen die Versicherungsgesellschaft [...] macht den Einsatz der Wohlfahrtspflege überflüssig. So führt der konsequente Gedanke der Selbsthilfe zur Überwindung des Begriffs der Wohlfahrtspflege.«[24] Der *Familienschutz* selbst bezeichnete sich in seinen Inseraten als »Erste jüdische Familien-Versicherung auf gemeinnütziger Grundlage«, empfohlen durch zahlreiche jüdische Verbände und Organisationen.[25]

Der Verein bot auch Leibrentenversicherung an, in verschiedenen Varianten. Welche Familien er damit vor allem schützen wollte, zeigt eine Werbung in den *Palästina-Nachrichten:* ältere Personen, die über ein gewisses Vermögen verfügten und deren Kinder ihnen, wegen Auswanderung, keine finanzielle Unterstützung mehr geben konnten. Gegen Übertragung des Vermögens, etwa des eigenen Hauses, an den Versicherer erhielten die Eltern bis zum ihrem Tode regelmäßig einen festen Betrag, die Leibrente.[26] Schon erwähnt wurde, dass auch der *JNF* solche Leibrentenversicherungen in Deutschland anbot: er nahm das Vermögen zu treuen Händen, transferierte es über den Haavara-Mechanismus nach Palästina und kaufte dort über eine Tochtergesellschaft Grundstücke, als dessen Eigner die Versicherten eingetragen wurden.[27] Die Vertragskonstruktion sah vor, dass sie diese Grundstücke nach Auswanderung in Anspruch nehmen oder aber dem *JNF* überlassen konnten. Dies geschah gegen Zahlung der zugesicherten Leibrente, nach eigenem Ermessen aber auch, zumindest teilweise, als Spende.[28]

Die Leibrentenversicherung war nach der Palästina-Deklaration der britischen Regierung, im Anschluss an den Simpson-Bericht, populär geworden. Gegen die darin geforderte Beschränkung der jüdischen Einwanderung wandte sich der *JNF* mit einer »Legats-Versicherungs-Aktion«, ab Oktober 1930. Sie wurde im Deutschland mit engagierter Propaganda der *Jüdischen Rundschau* gestartet. Diese meldete am 7. November: »Im Zeichen des praktischen Protestes: Aufschwung der neuen Aktion ›Legats-Versicherungen für den KKL‹. Die Versicherungs-Abteilung des KKL (Phönix) [sic!] verzeichnet diese Woche folgende Anmeldungen: Dr. Paul Hirsch, Dr. Walter Erhard, Dr. Ernst Mandelbaum [...]«[29]. Es folgten zehn weitere Namen, darunter Siegmund Warburg und Dr. Salli Hirsch; insgesamt hatte diese Gruppe Verträge für 25 000 RM gezeichnet.

Bei der politischen Bedeutung dieser Aktion ist kaum zu bezweifeln, dass die allermeisten Zeichner den Gemeinnutz vor ihren Eigennutz stellten. Das Monatsblatt des zionistisch-orthodoxen Misrachi schrieb dazu. »Daß der Phönix jedem Freund des Palästina-Aufbaus die Möglichkeit gibt, zu ganz außerordentlich günstigen Vorzugstarifen eine Lebensversicherung unwiderruflich [sic!] zugunsten des Keren Kajemeth abzuschließen, gehört zu den Vorteilen, die der K.K.L.-Vertrag den Versicherungsnehmern bietet. Diese sogenannte Legats-Aktion hat zu Ergebnissen geführt, die jeden Zionisten und jeden Palästina-Freund mit Stolz erfüllen dürfen. Legatsversicherungen über fast RM 500 000,– sind in wenigen Monaten in Deutschland abgeschlossen worden. [...] (Sie werden) in absehbarer Zeit für den Erwerb von Grund und Boden in Palästina als unveräußerliches Eigentum des jüdischen Volkes zur Verfügung stehen. [...] Der deutsche Misrachi hat es für seine Pflicht gehalten in einem Sonderabkommen mit dem Phönix den Abmachungen zwischen diesem und dem K.K.L. beizutreten und seine Mitglieder aufzufordern, im Interesse des Palästina-Aufbaus und im eigenen Interesse ihre Versicherungen über die Versicherungs-Abteilung des K.K.L. beim Phönix abzuschließen.«[30] Auch international gab es Beiträge für die Aktion; die Women's International Zionist Organisation beschloss 1931, die Legatsversicherung zugunsten des *JNF* tatkräftig zu unterstützen.[31]

Dr. Walter Erhard traf schon bald nach der Machtergreifung Vorsorge für eine mögliche Auswanderung. Für ihn, als »praktischen« Zionisten,[32] wird es keine Alternative zur *Alijah* nach Palästina gegeben haben. Damit war auch klar, dass er die Möglichkeiten nutzte, die dafür das Haavara-Abkommen bot. Über dessen geheime Aushandlung ab März 1933 in Berlin dürfte er schon früh von führenden Berliner Zionisten erfahren haben. So war etwa Georg Landauer von Beginn an über diese Verhandlungen informiert; ihn hatte Erhard spätestens 1924–25 in der Meinekestraße 10 kennengelernt, wo Landauer das Palästina-Amt leitete. Auch könnte Erhard den Chefunterhändler Sam Cohen gekannt haben, der seit den frühen Zwanzigern Mitinhaber einer Berliner Bank (nicht fern der Taubenstraße) und in jüdischen Geschäftskreisen vernetzt war.[33]

Am 3. August 1934 schrieb Erhard einen Brief an die Devisenstelle des Landesfinanzamts Berlin und bezog sich darin auf eine vor kurzem getroffene Regelung der Reichsstelle für Devisenbewirtschaftung.[34] Erhard beantragte, dass die Devisenstelle ihm drei Schritte genehmige. Er wollte erstens 50 000 RM auf das »Sonderkonto II« einzahlen, das bei der Reichshauptbank für die *Bank der Tempel-Gesellschaft* eingerichtet worden war. Zweitens erwartete er, dass ihm im Gegenzug eine entsprechende Devisenforderung eingeräumt wurde. Und drittens wünschte er, diese Forderung für den Erwerb von Wertpapieren zu verwenden, genauer: von Obligationen des *Keren Kajemeth Lejisrael Ltd.* in Jerusalem, die von der *Nir Ltd.*[35] in Tel Aviv verkauft wurden. Dem Brief legte er zwei vorgeschriebene Dokumente bei. Das Finanzamt Wilmersdorf bescheinigte, dass er keine Steuerrückstände hatte und das beantragte Kapital von 50 000 Reichsmark sein eigenes

Vermögen war. Und das Palästina-Amt bescheinigte ihm, dass er »die ernsthafte Absicht hat, sich in Palästina eine Heimstätte zu schaffen.«

An diesem Brief ist einiges erklärungsbedürftig.[36] Die genannte Reichsstelle hatte am 28. Juli 1934 ihren Runderlass Nr. 82/34 herausgegeben und damit den Erlass zum Haavara-Abkommen aktualisiert und ergänzt. Die erste Tranche von 3 Millionen Reichsmark war schnell erschöpft. Sie galt für die beiden Teile des Fonds, »Sonderkonto I« und »Sonderkonto II«. Das erste war für Auswanderer und das zweite für Personen eingerichtet worden, »die zur Zeit noch nicht auswandern, sich aber gleichwohl schon jetzt eine Heimstätte in Palästina schaffen wollen«. In der Bedienung hatte das erste Vorrang vor dem zweiten. Über eine zweite Tranche des Fonds wurde wochenlang verhandelt, während Einzahlungen in das Sonderkonto II schon nicht mehr möglich waren. Erst mit dem Erlass vom 28. Juli wurde erneut ein solches Konto eingerichtet, was offenbar Erhard wie viele andere veranlasste, umgehend eine Zuteilung zu beantragen.

Mit seinem Antrag, ihm die Einzahlung von 50 000 Reichsmark (Schritt 1) auf das Konto der *Tempel-Gesellschaft* zu genehmigen, ging er an die Höchstgrenze, die der Erlass erlaubte. Es war nun Sache der Devisenstelle zu prüfen, ob die Einzahlung zu genehmigen war. Falls ja, so war Erhard damit auch gestattet, eine entsprechende Devisen-Forderung zu erwerben, gerichtet an die Haavara (Schritt 2). Beide Vorgänge waren schnell erledigt. Nun aber begann das Warten auf den tatsächlichen Erwerb der Devisenforderung; denn diese erfolgte nach Maßgabe der realisierten Ausfuhren. Diesen musste eine Nachfrage nach deutschen Waren vorausgehen, also etwa eine Bestellung von *SiHi*-Pumpen seitens der *Hanotaiah*. Erhard reihte sich in die Warteschlange ein. Er wartete nicht weniger als 15 Monate; denn der Exportstrom war zwischenzeitlich ins Stocken geraten.[37] Ende Oktober 1935 schrieb ihm die Devisenstelle, dass er nun eine Forderung von 3 456 Pfund erworben habe, nach Abzug der Transferspesen. Diese waren erheblich; bei einem Wechselkurs von 12,5 Reichsmark je Palästina-Pfund betrugen sie knapp 6 700 Reichsmark.

Nun folgte der dritte Schritt: die Genehmigung, dass er die Devisenforderung für die gewünschte Vermögensanlage nutzen durfte. Grundsätzlich standen mehrere Alternativen zur Wahl: Grund und Boden, Häuser, Hypotheken und Pfandbriefe, Schuldverschreibungen, langfristige Darlehnsforderungen, aber auch Anteile an Unternehmungen und Gesellschaften. Allerdings musste der deutsche Generalkonsul in Jerusalem bestätigen, dass es sich um eine Vermögensanlage im Sinne des Haavara-Abkommens handelte. Er vereinfachte dieses Verfahren, indem er eine Liste von Anlagewerten erstellte und fortschrieb, für die es keiner besonderen Bestätigung bedurfte. Die erste Aufstellung dieser Art enthielt die Namen *Hanotaiah, Nir Ltd.* und auch *JNF*, an vierter von sechs Stellen.[38] Somit hatte Erhard grünes Licht; denn er wollte Obligationen des *JNF* über die *Nir Ltd.* kaufen.

Die Devisenstelle genehmigte ihm umgehend, seine Forderung an die Haavara für den Erwerb von festverzinslichen Anleihen des *JNF* zu verwenden. Sie wies ihn aber daraufhin, dass er über sein Recht auf Zinsen (in Pfund) gemäß dem Runderlass Nr. 82/34 nicht frei verfügen konnte sondern es der Reichsbank zum Kauf anbieten musste. Erhard antwortete Ende November, dass nunmehr für ihn 693 Obligationen der *KKL*-Anleihe bei der *Haavara Ltd.* in Tel Aviv deponiert seien; sie würden mit 2,5 Prozent p. a. verzinst. Damit war allerdings der Fall für die Devisenstelle noch nicht abgeschlossen. Erhards Rechtsanwalt stellte zur Klärung strittiger Forderungen einen Feststellungsantrag, zog ihn aber im Oktober 1936 zurück und beantragte stattdessen die Zahlung von Reichsfluchtsteuer und sonstigen laufenden Unkosten aus dem Sperrkonto; Dr. Erhard sei »in Auswanderung begriffen«.[39]

Noch am 27. März 1936 hatte Erhard eine Besprechung im RAA, über den Fall des Phönix. Zwei Wochen später schrieb *Das Schwarze Korps* den oben zitierten Hetzartikel gegen den Phönix, zielte (ohne Namensnennung) auch auf Erhard und unterstellte ihm indirekt, er wolle in einem deutschen Unternehmen untertauchen. Der Kommentar: »Wir glauben, daß genug Juden noch in der deutschen Wirtschaft sitzen. Und eine ›Auffrischung‹ durch sie erscheint uns nicht sehr zweckmäßig.«[40] Erhard verließ Deutschland kurz darauf, ging nach Triest und trat als leitender Mitarbeiter in die *Assicurazioni Generali* ein. Dort wird er hochwillkommen gewesen sein; denn dieser Versicherer war gerade aktiv bemüht, Phönix-Bestände in mehreren Ländern zu übernehmen.[41] Im Oktober 1936 reiste Erhard weiter nach Palästina, als Einwanderer der Kategorie A1, mit »Kapitalistenzertifikat«.[42] Die Bezeichnung mag für ihn irreführend sein. Er zählte zu den erklärt zionistischen Einwanderern, im Gegensatz zu einer Vielzahl deutscher Juden, die dem Zionismus eher fern standen und die ihr Geld für privaten Landerwerb oder zur Anlage in nicht-zionistischen Unternehmen und Einrichtungen einsetzen wollten.[43]

Schon im Folgejahr trat Erhard als Generaldirektor in die *Migdal*-Versicherungsgesellschaft ein, die 1934 von einer jüdischen Gruppe in Jerusalem gegründet und dann von dem Zionisten Dr. George Halpern geleitet worden war. Die Firma kam 1935 auf die Liste der bevorzugten Unternehmen des Haavara-Abkommens.[44] Drei ausländische Versicherer wirkten am Aufbau mit, darunter die *Generali* für den Bereich der Lebensversicherung.[45] *Migdal* – bis 2012 mehrheitlich im Besitz der *Generali* – ist heute die größte Versicherungsgruppe Israels.[46]

Mobilisierung des Immobilienbesitzes

Wie erwähnt: bei Transaktionen jüdischen Vermögens ins Ausland, die über Lebensversicherungen liefen, leistete der Versicherte seine Einzahlung umgehend als Einmalprämie. Ebenso beschränkten sich die Überweisungen auf die Haavara-»Sonderkonten« auf einmalige Einlagen. Dies setzte naturgemäß voraus, dass die Einzahler einen erheblichen Teil ihres Vermögens in flüssige Form brachten. Für Auswanderer lag es nahe, hierfür zunächst den »unbeweglichsten« Teil ihres Besitzes zu liquidieren: die fremdgenutzten Immobilien. Und auch für Versicherer – als Kaufinteressenten – war dies einleuchtend, schon deshalb, weil das Aufsichtsamt von ihnen forderte, bis zu einem Viertel des Sicherungsvermögens in Form von Grundbesitz zu halten. Hinzu kam, dass ausgerechnet diese »ursolide« Anlageform in jenen Jahren verlockende Gelegenheiten zur Spekulation bot. Denn die Immobilienpreise lagen niedrig, bedingt durch Wirtschaftskrise und – ab 1933 – durch zunehmende Auswanderung.

»Die Gesellschaft hat in den letzten Jahren, insbesondere in Verbindung mit dem Einmalprämiengeschäft, eine große Anzahl Grundstücke erworben, Ende 1933 betrug der Buchwert 6,793 Millionen RM.«[1] Dies bescheinigte das RAA dem Phönix für sein deutsches Geschäft. Und der Trend hielt an: war der Buchwert des Immobilienvermögens von Ende 1932 auf 1933 um 22 Prozent gestiegen, so kamen bis Ende 1934 noch einmal 16 Prozent hinzu. Mit diesem Ankauf hatte der Phönix die vom RAA gesetzte Schwelle fast erreicht.[2] Er besaß 1932 in Deutschland 14 Objekte. Im Folgejahr kamen 29, 1934 dagegen nur 7, aber 1935 allein im ersten Halbjahr 13 hinzu; damit war der Bestand auf 63 gestiegen. Dies waren 35 Prozent aller Immobilien, die der Phönix in 13 Ländern besaß; auf Österreich entfielen 30 Prozent. In Deutschland lag er als Immobilieneigner etwa gleichauf mit der *Victoria Berlin* und der *Gothaer Leben,* übertroffen nur von der *Alten Leipziger* (295 Objekte), der *Allianz* (102) und der *Karlsruher* (90). Dabei waren der *Allianz* 90 Prozent ihrer Zukäufe in 1934 per Zwangsversteigerung zugefallen,[3] während der Phönix – nach seinen Angaben – auf solche Gelegenheiten verzichtet hatte.

Vielleicht war dies ein weiterer Ausdruck »judenfreundlicher« Geschäftspolitik – nicht auf Selbstlosigkeit, aber doch auf betonte Fairness gegenüber jüdischen Kunden gerichtet. Nur: hatte der Phönix seine neuen Häuser tatsächlich von Juden gekauft, ihnen eine Liquidierung des Teilvermögens geboten und damit den Besitztransfer ins Ausland erleichtert? Und wenn ja: sind die Bedingungen dieser Geschäfte bekannt, zumindest erforschbar, und nach welchen Maßstäben lassen sie sich bewerten? Muss man dabei nicht differenzieren: zwischen offenen, grauen und dunklen Geschäften? Wenn ja: welchen Anteil haben die in Geschäftsberichten genannten und dem RAA bekannten Ankäufe; waren sie möglicherweise unbedeutend im Vergleich zu raffinierten Schiebungen, bei denen der Phönix die Weisungen gab, aber selbst nicht ins Grundbuch kam?

Der in Geschäftsberichten genannte deutsche Besitz hatte sich bis zum großen Krach auf 63 Objekte erhöht.[4] Von diesen lagen 54 in der Hauptstadt – mehr als ein Viertel der Gesamtzahl in Europa, Nahost und Afrika. Dieser Berliner Bestand war rasant gewachsen. Noch 1932 war der Phönix in nur zwei Häusern als Eigentümer eingetragen: in dem eigenen Bürogebäude, nahe dem Brandenburger Tor, und in einem Mietshaus am Prenzlauer Berg. Von letzterem Typ, der »Mietskaserne«, kamen in den folgenden vier Jahren noch 19 hinzu. Gemeint sind die Häuser der Bauklasse Va, fünfgeschossige Gebäude mit einem oder mehreren Hinterhöfen.[5] Dies bedeutet freilich nicht, dass der Phönix nur in die billigste Unterklasse investiert hätte. In Mietskasernen wohnten um 1930 2,4 Millionen Berliner – mehr als die Hälfte der Gesamtbevölkerung, mit einem Anteil von nur 8 Prozent am gesamten Berliner Wohngebiet.[6]

Die Hälfte des Phönix-Besitzes lag somit in Straßenblöcken der Klasse Va, die in den Karten des Berliner Bauzonenplans von 1925 violett markiert waren. Am Rande bemerkt: auch das Monopoly-Spiel, das bald populär wurde, hatte eine lilafarbene Kategorie. Dazu gehörten die »Turmstraße« und die »Badstraße« – die in der Berliner Wirklichkeit die Bezirke Wedding und Moabit durchzogen, in denen auch der Phönix »violette« Häuser besaß. Hinzu kamen die Mietskasernen am Prenzlauer Berg und in Neukölln. Sie waren zwischen 40 und 50 Jahre alt, somit meist Produkte der großen Bauwelle der 1890er. Ähnlich – in Zuschnitt und Lage – waren die fünf Phönix-Häuser der Bauklasse V, gelegen in Neukölln und Charlottenburg. Schaut man in das Berliner Adressbuch von 1935,[7] zählt »über den Daumen« die Wohnungen dieser 25 Häuser zusammen, und nimmt noch die sieben Gebäude hinzu, die heute ebenfalls zur »einfachen Wohnlage« rechnen, so kommt man auf eine Zahl von fast 990 Wohnungen. Das Fazit: kaum weniger als 5 000 Berliner dürften 1935 in solch einfachen Domizilen »unter dem Dach des Phönix« gewohnt haben. Die übrigen 22 Wohnhäuser befanden sich dagegen in »bürgerlichen« Bezirken wie Steglitz, Wilmersdorf und Charlottenburg, darunter fünf in zweitbesten Wohnlagen. Der Wert des beschriebenen Bestandes, einschließlich des Bürogebäudes, lässt sich auf gut 8 Millionen RM schätzen.

Wie passt all dies ins Bild der »judenfreundlichen« Geschäftspolitik, der Hilfe des Phönix-Vorstandes für die Auswanderung wohlhabender Juden? Müssten in dem Bestand nicht wesentlich mehr Villen in guter Wohnlage zu finden sein, nämlich die eigenen Wohnhäuser der Auswanderer? Zur Klärung dieser Frage kann es nur Vermutungen gaben, allenfalls mit Konkretisierung in Einzelfällen. Zum einen ist anzunehmen, dass die Emigranten das eigene Haus in der Reihenfolge der Vermögensauflösung nicht gerade an die erste Stelle setzten. Vorrang werden sie ihren Privatvermögensanlagen in Häusern und Wertpapieren gegeben haben, sowie dem eventuellen Geschäftsvermögen. Das Privathaus hatte nicht nur einen besonderen ideellen Wert sondern oft auch den Zweck, Wohnraum für zurückbleibende Familienmitglieder, eventuell auch für Freunde und Bekannte zu sichern. Zudem: wer konnte (und wollte) in diesen Anfangsjahren wissen, dass es ein Abschied auf immer war? Eine zweite Vermutung: auch Privathäuser wechselten mit Hilfe des Phönix den Besitzer, aber dies geschah verdeckt; der Name des Versicherers tauchte in Kaufverträgen und Grundbucheintragungen nicht auf.

Noch zu klären bleibt: wann wurde der Phönix – ganz offiziell – Eigentümer der Immobilie, und wer waren die vorherigen Eigner? Die weitestgehende Übersicht zu beiden Fragen, wenn auch mit Ungenauigkeiten und Fehlern, bietet das Berliner Adressbuch, für die Jahre 1932–1936. Schnell wird deutlich, dass der Phönix den weitaus größten Einzelbestand von einer Immobiliengesellschaft erwarb, die in der Branche zu den wichtigen Akteuren zählte: *Aktiengesellschaft für Haus- und Grundbesitz* in Leipzig. Erst 1922 gegründet, wurde sie vor allem durch die 1929/30 erbaute »Krochsiedlung« in Leipzig-Gohlis bekannt, ein Projekt des sozialen Wohnungsbaus im Stil der klassischen Moderne. Dessen Initiator – und Hauptaktionär der Trägergesellschaft – war der Leipziger Bankier Hans Kroch. Als »jüdisches« Unternehmen kam die AG, wie auch das *Bankhaus Kroch,* ab 1933 unter wachsenden Druck. Das Stammkapital schrumpfte von 1933 bis 1936 auf ein Achtel, und die Hälfte der Grundstücke wurde veräußert, mit zahlreichen Einzelverkäufen auch in Berlin.[8] Der Phönix übernahm 1935/36 neun Objekte mit insgesamt 230 Wohnungen. Zwei Jahre später folgte die Arisierung der AG; Hans Kroch emigrierte über Holland nach Argentinien und später nach Israel.

Die zweite Kapitalgesellschaft mit hohem Grundstücksanteil hatte ihren Sitz in Amsterdam, und ihr Namenskürzel war Vijgendam. Im Adressbuch von 1930 erschien sie erstmals als Eignerin von sieben Häusern, in einer attraktiven Lage des gehobenen Wohnbezirks Steglitz. Es ist sehr wahrscheinlich, dass mit dem Kürzel Vijgendam das *Trust- en Administratiekantoor Vijgendam* als Eigentümer genannt war; denn im einschlägigen niederländischen Register ist kein zweites Unternehmen mit dem Firmenbestandteil »Vijgendam« zu finden.[9] Das genannte »Kantoor« war in diesen Jahren eine Tochter der *Kaufmanns-Bank;* diese hatte ihren Sitz am Vijgendam (dt.: Feigendamm) in Amsterdam.

Ihre Geschichte ist geschrieben.[10] Hugo Kaufmann aus Frankfurt/Main ging nach 1918 in die Niederlande, gründete die *Hugo Kaufmann & Co.* und machte sie zu einem attraktiven Finanzinstitut. Die *Commerzbank,* auf der Suche nach Stützpunkten am Finanzplatz Amsterdam, kaufte sich 1923 ein und wurde bestimmende Kraft. Das Unternehmen wuchs in den Zwanzigern zu einer vielköpfigen, schwer überschaubaren Familie heran; 1927 kam das *Trust- en Administratiekantoor* hinzu. Es dürfte vornehmlich Vermögensverwaltung betrieben haben. Bekanntlich war Amsterdam in den Zwanzigern ein wichtiger Zielort für deutsches Fluchtkapital; somit ist nicht auszuschließen, dass die Finanzierung der sieben Steglitzer Wohnhäuser mit ursprünglich deutschem Vermögen geschah. Sie fand statt, bevor die *Commerzbank* sich 1931, im Zuge der Bankenkrise, aus der Kaufmann-Gruppe zurück zog – und zurück kehrte, als ab 1933 wiederum Fluchtkapital von Deutschland nach Holland strömte.

Auch der Phönix war der Kaufmann-Gruppe verbunden; in Steglitz wurde er 1930 Verwalter und ab 1933 auch Eigentümer und Vermieter der sieben *Vijgendam*-Objekte. Zu seinen Mietern in der Steglitzer Opitzstraße zählten Schriftsteller, Wissenschaftler, Künstler und insbesondere zwei Frauen mit bewegendem Intellekt und zeitgeschichtlicher Bedeutung. Hannah Ahrendt, Philosophin und Politikwissenschaftlerin, wohnte 1933 in der Nr. 6; sie emigrierte noch im selben Jahr. Margret Boveri, Journalistin und Schriftstellerin, zog vier Jahre später in die Nr. 8; auch sie blieb nur kurz, da ihre Rolle als Schriftleiterin im gleichgeschalteten *Berliner Tageblatt* reizlos wurde, und die *Frankfurter Zeitung* ihr den Wechsel in Reisejournalismus und Auslandsbüros anbot.

Und noch einen zweiten, spannenden Bezug gab es zwischen dem Vijgendam in Amsterdam und dem Otto-Wagner-Platz in Wien. Die dort residierende Phönix-Leitung bediente sich, um die fatale Unterdeckung ihrer Prämienreserven zu verschleiern, gleich mehrerer Firmen im Ausland. Zu diesen zählte auch das genannte »Kantoor«. Betrieben wurde eine raffinierte Bilanzfälschung, die durchaus nähere Betrachtung verdient – an späterer Stelle. Noch auszuleuchten bleibt auch die Verknüpfung des Phönix mit einem italienischen Versicherer, der heute [!] mit einer Agentur in der genannten Opitzstraße vertreten ist: die *Assicurazioni Generali.*

Die 54 bis 1936 erworbenen Häuser hatte der Phönix zu einem Drittel von Unternehmen gekauft: von der *Haus- und Grund-AG*, der *Vijgendam* und – mit jeweils einem Objekt – von zwei Berliner Immobilienfirmen. Von diesen galt eine als jüdisch.[11] Die andere Firma – und nun fällt der Blick auf Häuser, die Einzelpersonen gehörten – hatte ihr Objekt nur kurz gehalten und dann an den Phönix weitergegeben. Noch 1933 hatte das Haus einem Leipziger Kaufmann gehört: »J. L. Hepner«, so der Adressbucheintrag. Auch das Nachbargebäude war damals noch in dessen Eigentum, bis es über »Frau Hepner« an den Phönix ging. Sucht man im einschlägigen Leipziger Adressbuch, so findet man einen Kaufmann Jakob Hepner, mit Wohnsitz im gutbürgerlichen »Waldstraßenviertel« und einen Elias Hepner in der heutigen Lumumbastraße, nicht weit von der oben genannten Krochsiedlung.[12] In einer Familiengeschichte ist nachzulesen, dass Jakob, ebenso seine Brüder Elias, Bernhard und Max, im Leipziger Pelzgewerbe erfolgreich waren.[13] Wie Jakob, so steckte auch Elias einen Teil seines Vermögens in zwei Berliner Häuser, vielleicht vermittelt durch Max, der ein Schwiegersohn des Berliner »Hofkleidermachers« Walther Silberstein geworden war. Beide verkauften ihre Häuser nach 1933 an den Phönix. Die Auswanderung von Teilen der Familie bereitete Max vor; er hatte seinen polnischen Pass behalten und ging mit Frau und Kindern von Leipzig nach England. Bernhard folgte ihm, nach der Pogromnacht 1938. Elias, geboren 1879, starb 1938 noch in Leipzig. Die Volkszählung im Mai 1939 »erfasste« dort wohl nur Jakob; auf seiner Karte findet sich der Eintrag: »1. 6. 1939 nach Paris.« Dort lebte er bis Kriegsende versteckt, zusammen mit seiner Frau und vier Kindern.[14]

Die Hepners waren nicht die einzigen Leipziger, die Berliner Immobilien an den Wiener Phönix verkauften. Des Weiteren gab es einen Leipziger Hauseigentümer Stein, mit Vornamen Israel oder Jakob, dem sich keine biografischen Daten zuordnen lassen. Zudem nennt das Adressbuch den »Fabrikbesitzer E. Tänzer« als Eigner zweier Häuser in Neukölln. Elkan Tänzer aus Krakau hatte sich als Industrieller auf Bettfedern und Kunstblumen spezialisiert, wurde im Leipzig der Zwanziger erfolgreich, ab 1933 aber zum Opfer antisemitischer Verfolgung. Nach Häuserverkauf, Gefängnisstrafe und Ausweisung verlor er 1943 sein Leben in Belzec – wie auch Frau und Sohn.[15]

Neben den Leipzigern gab es eine Gruppe ausländischer Eigner: die Wiener, mit Nachnamen wie Safier, Wiener und anderen. Eine genauere Zuordnung erlauben die Adressbuchangaben im Straßenteil nicht; denn darin fehlen die Vornamen. Zu erkennen ist allerdings, dass es neben dem Wohnort Wien noch eine zweite Gemeinsamkeit gab. In fünf von sechs Fällen haben die Eigentümer Nachnamen, die jüdische Familien in Wien trugen. Dies lässt etwa ein Blick in das Gräberverzeichnis des Wiener Zentralfriedhofs erkennen, der räumlich nach Konfessionen aufgeteilt ist.[16]

Der Auffälligste in dieser Gruppe war ein »Privatgelehrter«, Dr. Hermann Gellmann. Er hatte 1915 in Wien seine Dissertation über »Die völkerrechtliche Okkupation« vorgelegt und kürzere staatswissenschaftliche Schriften folgen lassen. Danach trat er nicht mehr wissenschaftlich sondern unternehmerisch hervor: am Berliner Immobilienmarkt. Seinen österreichischen Pass behielt er, ebenso den Hauptwohnsitz Wien. Im Januar 1923, als die ersten Notenpressen heiß liefen, erwarb er ein Haus im gutbürgerlichen Lichterfelde, mit 25 Mietern und Gewerbe im Erdgeschoss. Der Kaufpreis betrug 1,5 Millionen Mark, wovon Gellmann »nur« etwa fünf Sechstel aufzubringen hatte; denn eine im Grundbuch eingetragene Hypothek, zugunsten der *Allianz*, blieb bestehen. Diese Gläubigerin sah sich Ende 1930 gezwungen, eine Zwangsversteigerung zu betreiben, die im Mai 1931 stattfand. Meistbietender war ein Bankier Albert Angel aus Paris, der das Objekt gut zwei Jahre später an den Phönix verkaufte.[17] Gellmann verlor bis 1936 – nach allem Anschein – auch seine weiteren Berliner Immobilien. Im Wiener Adressbuch von 1938 ist er eingetragen, mit Wohnung in der Reichsrathstraße, vis à vis der Universität.

Weitere Ausländer machten eine dritte Gruppe aus, mit Herkunft aus Lettland, Polen und Belgien. Deutsche Eigner gab es insgesamt elf, davon neun Berliner. Der Rechtsanwalt Dr. Max Benjamin verkaufte sein 30-Wohnungen-Haus an der Kaiserallee vermutlich noch 1935/36, vor seiner Emigration in die USA. Moritz Stein, Betreiber eines Teppichhauses an gutem Standort, veräußerte gleich drei

Häuser an den Phönix. Sein Unternehmen wurde 1938 aufgelöst, und sein Name verschwand aus dem Adressbuch. Julius Barkowski bot dem Phönix sein Wohnhaus in Moabit an. Er war Inhaber eines Bekleidungsfachgeschäfts mit mehreren Filialen, zusammen mit drei Brüdern. Fast alle Mitglieder dieser vier Familien wurden Opfer des Holocaust.[18]

Prof. Dr. Wilhelm Wechselmann, Direktor für Haut- und Geschlechtskrankheiten am Rudolf-Virchow-Krankenhaus, besaß ein Haus in guter Schöneberger Wohnlage, das 1933 an den Phönix überging.[19] Ein ähnliches Haus kaufte dieser von den »Cohn'schen Erben« und ein betagtes Gründerzeitobjekt von einem Zwangsverwalter, der in die Rechte der *Gebr. Lewy* eingetreten war. Einen großen Wohnblock in Treptow besaß Erich Jacobowitz, Inhaber der Aesculap-Apotheke in Berlin-Mitte. Für ihn als Jude galt ab März 1936 der »gesetzliche Verpachtungszwang«. Er übergab die Apotheke noch im selben Jahr an einen Nachfolger und verkaufte auch den Wohnblock. Sein Sohn war 1933 nach Palästina emigriert, möglicherweise folgte er ihm.[20]

Die oben angesprochen fünf Häuser in zweitbesten Wohnlagen waren am oberen Kurfürstendamm und in der Villenkolonie Nikolassee zu finden. Zwei von ihnen gehörten einem mittelständischen Gewerbebetrieb, nicht erkennbar jüdisch, der 1933 seine Tore schloss. Das dritte war im Adressbuch einem Alfred Gutmann zugeschrieben, Spitzenmanager der aufstrebenden Phono-Industrie, der selbst im Grunewald wohnte. Im *Carl Lindström-Konzern* leitete er die weltbekannte Plattenfirma *Odeon;* sein Bruder Max war stellvertretendes Mitglied im Konzernvorstand. Obwohl die Unternehmensgruppe seit 1931 zur britischen *EMI* gehörte, wurde der Vorstand ab 1936 »arisiert«. Der *Lindström*-Chef Max Straus ging 1936 nach England, und auch die beiden Gutmann-Brüder emigrierten.[21]

Die zwei weiteren Objekte lagen in der Villenkolonie, waren aber eigentlich Mehrwohnungshäuser vom Typ »Mietvilla«. Erbauerin war eine *H. Meyerhoff'sche Erben GmbH;* dahinter stand eine Berliner Familie, die noch um 1800 vom Holzhandel lebte, zur Jahrhundertmitte schon bekannte Apotheker und Ärzte hervorbrachte und in der Folgezeit ihren sozialen Status festigte. Auch Grund und Boden erwarb sie, der später an die Reichsmarine ging, neben dem »Bendlerblock«. Mit dem Verkaufserlös gründete sie die genannte GmbH; damit begann der Niedergang. Die Villenkolonie verlor nach dem Krieg an Reputation und die Immobilie an Wert, die Gesellschaft wurde aufgelöst und die Familie fiel auseinander. Der Phönix kaufte die Gebäudegruppe 1934 für 250 000 Goldmark, und die geschiedene Witwe des GmbH-Gründers erhielt ihr lebenslanges, mietfreies Wohnrecht.[22]

Alle diese Aufkäufe geschahen transparent und legal; denn sie sollten gegenüber dem RAA als Nachweis eines stabilen Deckungsstocks dienen. Andererseits wurde oben schon angedeutet, dass der Phönix auch dunkle und vernebelte Wege ging, um jüdisches Immobilienvermögen zu mobilisieren und verdeckt zu transferieren. Schon bei den ersten Untersuchungen, die das österreichische Finanzministerium nach dem Phönix-Krach unternahm, fiel der Blick auf illegale Geschäfte des Phönix mit deutsch-jüdischen Grundstücksbesitzern. Eine Schlüsselrolle spielte dabei ein Direktor Bachmann, der im Folgekapitel näher vorgestellt wird. Isabella Ackerl schrieb über ihn: »Bachmann hat wahrscheinlich für Phönix die Verbindung mit der Firma Ares, Berlin hergestellt. Diese Firma beschäftigte sich mit dem Immobilienhandel. Sie übernahm Häuser von Emigranten in Deutschland, der Gegenwert dieser Immobilien gelangte jedoch im Ausland zur Auszahlung. Diese Verbindung dürfte den Interessen von Phönix sehr entgegengekommen sein, vor allem deshalb, weil Bachmann den Kauf dieser Häuser in Sperrmark vermittelt haben soll.«[23]

In Berlin gab es eine *Ares Grunderwerbsgesellschaft mbH,* mit schmalem Stammkapital, 1933 gelöscht; sie wird kaum zum Phönix-Partner getaugt haben. Daneben wies das Berliner Handelsregister eine *Area Grunderwerbsgesellschaft* aus, 1921 entstanden, mit einem Stammkapital von einer halben Million Reichsmark und von zwei Direktoren geführt. Wem gehörte sie? Die Gründer waren nicht zu ermitteln, aber die Eigner sind – mit Einschränkungen – bekannt. Die *Area* hatte ihre Adresse in allerbester respektive sehr guter Lage in der alten bzw. neuen Hauptstadtmitte. Die Firma gehörte ab 1927 zwei Herren, die im Bankenmilieu aufgestiegen waren, in Paris und Wien. Der eine war Charles Marchal, Mitinhaber der alteingesessenen Pariser *Banque Périer,* und der zweite war Dr. Richard Freund, oben bereits erwähnt

Er hatte seinen Karrieresturz nach dem »Kranz-Prozess« auffangen können; dies belegen die Eintragungen im deutschen Adressbuch der Direktoren und Aufsichtsräte ab 1928. Demnach war er Mitglied in Verwaltungs- bzw. Aufsichtsräten von neunzehn Aktiengesellschaften, mit Standorten von Bilbao bis Budapest, von Magdeburg bis Zürich. Zudem gehörte er zwei Vorständen an. Vor allem in Mineralöl- und Kohlewirtschaft war er engagiert, hinzu kamen Maschinenbau- und Pharmaunternehmen. Sein Interesse an der Brauindustrie hatte er offenbar verloren, und auch Banken schien er weitgehend zu meiden. Seine Büroadresse war erstrangig: Berlin, Pariser Platz 1, unmittelbar neben dem Brandenburger Tor.

Der Exkurs ließe sich spannend fortsetzen, führte aber zu weit. Richard Freund, eine schillernde Figur aus der »jüdischen« Wiener Geschäftswelt: Wilhelm Berliner wird seinen Namen gekannt haben, ihm wohl auch begegnet sein. Die Vermutung, sie könnten geschäftlich kooperiert haben, ist sicherlich nicht abwegig, findet sich jedoch im Falle der *Area* nicht bestätigt. Die verdeckten Grundstücksgeschäfte sind anders zu erklären; dies wird deutlich, sobald der Phönix-Direktor Bachmann ins Bild rückt.

Der Krach in Wien und das deutsche Echo

Krise, Sturz und Phönix-Gesetze

Österreich wurde von der Weltwirtschaftskrise ähnlich schwer wie Deutschland getroffen. Das Bruttonationalprodukt schrumpfte 1930–35 real von elf auf neun Milliarden Schilling; erst 1936 gab es wieder ein leichtes Wachstum. Die Arbeitslosenrate stieg bis 1933 auf 26 Prozent und sank bis 1936 nur leicht. Ein einschneidendes Ereignis, das diesen Niedergang beschleunigte, war der Zusammenbruch der *Creditanstalt,* Österreichs größtem Finanzinstitut, im Frühjahr 1931. Die österreichische Regierung, zusammen mit der Nationalbank und dem Bankhaus Rothschild, intervenierte massiv um den Zusammenbruch zu stoppen. Sie entschied, dass der Staat die Haftung für sämtliche Einlagen bei der *Creditanstalt* übernahm, und sie handelte mit den ausländischen Gläubigern ein Zahlungsmoratorium aus. Daraus entwickelte sich erneut eine Vertrauenskrise, eine Schieflage in der Zahlungsbilanz, ein rapider Verfall des Schillingkurses und ein Abfluss von Devisen, das die Währungsbestände der Notenbank in zwei Jahren um drei Viertel schrumpfen ließ.[1]

Dieser Verfall traf auch die österreichischen Lebensversicherer schwer.[2] Der Aufschwung, den sie in den späten Zwanzigern genommen hatten, kulminierte kurz nach dem Dekadenwechsel, angestoßen durch den Fall der *Creditanstalt.* Die Neueinwerbungen gingen zurück, die Prämieneinnahmen sanken, und wegen der Alterung des Versicherungsbestands stiegen die Auszahlungen. Immer mehr Kunden gerieten in Finanzklemme, kauften ihre Policen zurück oder beliehen sie. Das Prämieninkasso wurde schleppend. Dieses Krisenverhalten von Versicherungsnehmern hatte Wilhelm Berliner im Assekuranz-Jahrbuch 1933 beschrieben: »Je nach Temperament wird der einzelne unter diesen Einflüssen verzagt oder leichtlebig, nur wenige behalten das seelische Gleichgewicht. Die Geneigtheit, langfristige Verträge abzuschließen […] wird empfindlich beeinträchtigt.«

Aber: »Es liegt zum Glück im Wesen der Lebensversicherung, daß sie diesen ungünstigen Einflüssen starke Widerstände entgegenzusetzen vermag; zumindest dann, wenn sie nicht durch Reglementierungen allzu sehr gehemmt ist.« Sie müsse ihre Tarife attraktiv halten, verstärkt krisengerechte Versicherungsformen anbieten, somit ihre Produkte zeitweilig an die geänderte Kaufkraft des Geldes oder die verringerte Einkommensbildung anpassen.[3] Genau dies versuchten die österreichischen Versicherer, angesichts der herannahenden Krise. Doch sie verloren an Handlungsfreiheit; die Tendenzen zu verstärkter staatlicher Einflussnahme waren unverkennbar. Die Devisenzwangswirtschaft wurde verschärft, die Bilanzierungsspielräume wurden enger, und die Lebensversicherer sahen sich zunehmend gefordert, dem Staat beim Verkauf seiner Anleihen zu helfen, auch auf dem Wege, dass Versicherungsnehmer ihre Prämien mit Anleihen zahlen konnten.[4]

Der Phönix war davon weniger betroffen. Auch am Beginn der Dreißiger hatte er seine Expansion fast ungebrochen fortgesetzt. So steigerte er 1930–34 den Inlandsbestand um 15 Prozent auf 3 Milliarden Schilling.[5] International rückte er in die Spitzengruppe der kontinentaleuropäischen Lebensversicherer vor; 1933 hielt er den drittgrößten Gesamtbestand. Damit lag er weit hinter der *Allianz,* aber nur knapp hinter der *Schweizerischen.* Gemessen am Nettozuwachs war er sogar Spitzenreiter.[6]

Berliner hatte Erfolge, die aber nicht ausreichten; die Kapitalerträge waren gering, und die unzureichende Prämienreservebedeckung blieb ein gravierendes Defizit. Er verschleierte diese Lücke, besonders in Staaten mit schwacher Versicherungsaufsicht. Dort wo die Prämienreservefonds staatlicherseits kaum kontrolliert wurden, waren sie allenfalls in Bruchteilen vorhanden oder bis zur Höchstgrenze belastet. Und auch im eigenen Lande half ihm das nahezu unbegrenzte »Vertrauen«, das ihm der Leiter der Aufsichtsbehörde entgegenbrachte – ebenso wie die »Kooperation« mit einigen Geldinstituten, die dem Phönix angebliche Wertpapierbestände »bestätigten«. Zu deren Kreis zählte die Wiener *Kompaß-Bank,* die Berliner mitbegründet hatte.

Geradezu eine Hymne auf Wilhelm Berliner brachte Imre Békessys *Ost-Kurier* im August 1933, als der Phönix seinen 50. Geburtstag hatte: »Seine Leistung ist *beispiellos.* Es gibt auf dem Boden der ehemals österreichisch-ungarischen Monarchie *keinen* Wirtschaftsführer, der wie er nach dem Kriege aus einem mittleren österreichischen Unternehmen in der Zeit allgemeinen Verfalls ein Unternehmen von Weltgeltung aufgebaut hat. Was in den 14 Nachkriegsjahren in dem altmodisch-winkligen Geschäftspalais in der Riemergasse geplant und verwirklicht wurde, beweist einen einzigartigen *genial-konstruktiven* Kopf.«[7]

In der Finanzwelt gab es sicherlich Zweifel an der Solidität des Phönix-Aufstiegs, aber transparent oder gar öffentlich kritisiert wurden die Schachzüge des Direktors nicht. Und auch die Zweifler verweigerten dem »Finanzgenie« Wilhelm Berliner ihre Anerkennung nicht; denn bislang hatte er gekonnt immer neue Chancen aufgespürt, Klippen umschifft und Unternehmenskrisen gemeistert. Hatte er nicht auch hochklassige Mathematiker zu seiner Seite, wie Alfred Tauber und Eduard Helly, deren Gleichungen für Prämienreserve und Gewinn offenbar auch bei den notorisch hohen Provisionen und niedrigen Tarifen aufgingen? In einer Erinnerungsschrift der Österreichischen Mathematischen Gesellschaft heißt es: »Alfred Tauber arbeitete als Versicherungsmathematiker bei der Phönix-Versicherung, ebenso wie später Eduard Helly, Eugen Lukacs, Stefan Vajda und (einige Jahre lang) der polnische Funktionalanalytiker und Statistiker Z. W. Birnbaum – eine Besetzung, die jedem Mathematik-Institut zur Ehre gereicht hätte.«[8]

Zudem lichteten sich die Wolken über der Versicherungslandschaft. In den Worten von Martina Roloff, die wohl die detaillierteste Zahlenanalyse für diese Jahre vorgelegt hat: »Die durch die Krise verursachte rückläufige Tendenz in der Geschäftsentwicklung der Lebensversicherung kam 1935 zum Stillstand und wies in den meisten Positionen sogar ein leichtes Ansteigen auf. Mit dieser ins Positive gerichteten ›Konjunkturwende‹ gerade im Aufschwung begriffen, brach im Jahr 1936 neuerlich eine Katastrophe auf das Versicherungswesen herein.«[9]

Der Beginn dieser Katastrophe lässt sich auf den 17. Februar 1936 datieren; an diesem Tag starb Dr. Wilhelm Berliner unter noch immer rätselhaften Umständen. Wien nahm tagelang regen Anteil, die Nachrufe in den öffentlichen Medien überboten sich, während im Verborgenen ein Drama seinen Lauf nahm. Im innersten Kreis des kopflos gewordenen Vorstands wusste man von der Gefahr. Dr. Eberhard von Reininghaus, der neue Vorsitzende und langjährige Verwaltungsrat: ahnte er sie auch?[10] Er war ein Branchen-Insider, seitdem er 1923 mit Förderung des Finanzministers Dr. Victor Kienböck die Leitung der kriselnden *Wechselseitigen Brandschaden und Janus* übernommen hatte. Wilhelm Berliner hatte er schon früh kennengelernt, besaß dessen Vertrauen und erschien manchen seit längerem als dessen möglicher Nachfolger.[11] Am 24. Februar, einem Montag, trat er sein Amt an – um am Freitag zu erfahren, dass die Kassen leer waren. Die fällige Gehaltszahlung musste der Phönix seinen Mitarbeitern vorerst schuldig bleiben. Was war dic Erklärung? Chefbuchhalter Eduard Hanny brauchte knapp vierundzwanzig Stunden, um sie seinem Chef am Samstag vorzulegen, in einem geschlossenen Kuvert. Es enthielt die »richtigen«, ungefälschten Bilanzen.

Reininghaus, dem Kißkalt von der Übernahme abgeraten hatte,[12] erkannte die politische und gesamtwirtschaftliche Dimension schnell und legte die Dinge offen – dem Finanzminister Draxler und dem (ihm befreundeten) Nationalbankpräsidenten Kienböck. Nicht gegenüber der Öffentlichkeit; und auch Informationen, die in Finanzwelt und Medien durchsickerten, blieben geheim. Das Regierungskommuniqué zur Angelegenheit kam dann verspätet und ließ sofort erkennen warum: Regierungs-, Zentralbank- und Justizapparat, unter Einschluss von Finanzwelt-Spitzen, hatten in dreieinhalb Wochen ein voluminöses Gesetzespaket geschnürt, das eine »Reform des Vertragsversicherungswesen« erzwingen sollte. In der Verlautbarung vom 25. März hieß es: »Schon seit einiger Zeit sind die maßgebenden Regierungsstellen mit einer Ausgestaltung und Fortsetzung der vor Jahren begonnenen Reform des Vertragsversicherungswesens befaßt. [...] Diese Neuordnung ist besonders dadurch dringlich geworden, daß anläßlich des vor einem Monat vollzogenen Direktionswechsels bei der Lebensversicherungsanstalt Phönix Unzukömmlichkeiten in der Gebarung festgestellt worden sind, welche den dargestellten Grundsätzen nicht entsprechen und auch eine Unzulänglichkeit der Prämienreserve herbeigeführt haben. Die Reform konnte sich nicht auf diese Gesellschaft beschränken, sondern mußte auf das gesamte Gebiet des Vertragsversicherungswesens ausgedehnt werden, obwohl ähnliche Übelstände bei anderen Privatversicherungsanstalten nicht vorliegen.«[13]

Tags darauf gab es eine Pressekonferenz. Der Innenminister Baar-Baarenfels hob hervor, dass die Entwicklung beim Phönix zwingend verlangt habe, mit den Maßnahmen »sofort« vor die Öffentlichkeit zu treten. »Diese Schnelligkeit wäre nicht möglich gewesen, wenn die Ergebnisse vorbereitender früherer Arbeiten nicht vorgelegen wären.« Und der Finanzminister Draxler machte einen ersten Versuch, das Phönix-Defizit zu beziffern: »Die anläßlich der Feststellung der Bilanz für das Jahr 1935 diesbezüglich gemachten Feststellungen sind zu dem Ergebnis gekommen, daß im österreichischen Geschäft der Lebensversicherungsanstalt ›Phönix‹ eine Unterdeckung der Prämienreserve besteht, deren Ausmaß noch nicht bis ins Detail festgestellt werden konnte, jedoch auf jeden Fall mit dem Betrage von 250 Millionen Schilling nach oben zu begrenzen ist.«[14]

Was das Reform-Paket enthielt, wurde schon auf den ersten Blick deutlich: es waren vier »Phönix-Gesetze«. Allerdings sollten sie nicht primär den Phönix retten, sondern verhindern, dass sich sein Sturz zu einer Finanzkatastrophe ausweitete. Zu stabilisieren waren nicht die Institute des Phönix-Konzerns – dafür war es zu spät – sondern die zahlreichen Unternehmen und Einrichtungen, die sich durch den Zusammenbruch an den Rand ihrer Existenz gedrängt sahen. Schon die erste Einschätzung allein des österreichischen Geschäfts hatte gezeigt, dass der Phönix inländische Verbindlichkeiten von 290 Millionen Schilling hatte, von denen nur 40 Millionen mit Sicherheit gedeckt waren.

Entsprechend waren die Kosten der Reform enorm und – zumindest aus staatlicher Sicht – nur dadurch zu decken, dass sie vergesellschaftet wurden. Das erste Instrument in dem Paket war das Versicherungsfondsgesetz:[15] für private Lebensversicherer war ein Rettungspool aufzustauen, mit Zuflüssen aus den Kassen der Versicherer und Versicherten. Erzwungen wurden diese Beiträge durch prozentuale Aufschläge auf die Leistungen der Versicherungsgesellschaften wie auch auf die Prämien, die ihre Kunden zahlten.

Das Fondsgesetz war ein Auffangnetz für bereits taumelnde Firmen (*de facto* für den Phönix), während die drei weiteren Gesetze dem Straucheln vorbeugen sollten. Die Personallasten, schwerste Kostenbürde der Versicherer, wurden verringert und deren Leistungen an die Versicherungsagenten begrenzt. Gerade der Phönix hatte bei diesen beiden Aufwandsposten alle ökonomisch sinnvollen Grenzen durchbrochen. Auch das vierte Gesetz war eine Lehre aus dem Phönix-Skandal; es gab den Lebensversicherern nunmehr detailliert und verbindlich vor, wie das Soll der Prämienreserve zu errechnen und wie das Sicherungsvermögen zu bilden und zu verwalten war. Ein solches Gesetz, unerlässlich um die Zahlungsansprüche der Versicherten aus einem Sondervermögen zu decken, war durch das Versicherungsregulativ von 1921 auf die Agenda gesetzt, aber wegen zahlreicher Konflikte bis dato nicht durchgebracht worden. Der Phönix hatte diese Gesetzeslücke genutzt; die Unterdeckung der Prämienreserven allein in Österreich und der Tschechoslowakei wurde 1936 mit 320 Millionen Schilling beziffert – nach heutiger Kaufkraft fast 11 Milliarden Schilling.[16] Albert Ehrenzweig, Initiator des Regulativs und Leiter der Aufsichtsbehörde, hatte diesen Teil des Gesetzes nicht durchsetzen können, und sein Nachfolger – Heinrich Ochsner – unterließ es. Max Leimdörfer kommentierte dies in seinen Erinnerungen: »Ob er dies aus Nachlässigkeit getan, oder weil er Grund hatte, Dr. Berliner in seinem Vabanquespiel nicht zu stören, soll hier nicht erörtert werden. Er hat seine Schuld durch seinen Freitod gebüßt.« Ehrenzweig habe ihm mehrfach versichert, dass er – bei Verbleiben im Amte – diese Bestimmungen durchgesetzt, die Täuschungsmanöver Berliners beendet und die gigantische Unterdeckung verhindert hätte.[17]

Ein ganz auf den Phönix zentriertes Gesetz folgte am 8. April. Es sollte die Verpflichtungen aus dem Vertragsbestand eingrenzen, um diesen zur Übertragung auf eine andere Gesellschaft vorzubereiten. Ein Verwalter trat an die Stelle der obsolet gewordenen Gesellschaftsorgane, die Phönix-Prämienreserve wurde in ihrer Deckungsfunktion auf solche Leistungen beschränkt, die im Inland zu erfüllen waren, und den Versicherten konnte ein Rückkauf der Police wie auch eine Vorauszahlung verweigert werden. Zudem wurde ein Konkurs über das Vermögen des Phönix ausgeschlossen und verfügt, dass sein Inlandsbestand nur an einen österreichischen Versicherer übertragen werden durfte. Um dies zu erleichtern, bestimmte ein Gesetz vom 30. April, dass alle Verträge des Phönix, die auf eine Fremdwährung oder auf Schilling mit Goldklausel lauteten, auf reine Schilling-Verpflichtungen umgeschrieben wurden und der Abschluss solcher Verträge nunmehr generell – also auch anderen Gesellschaften – untersagt war.

Damit war der Weg frei, um die Bestände und alle weiteren noch verfügbaren Werte zu übergeben und den Lebens-Phönix zu liquidieren. Den gesamten Inlandsbestand von 330 000 Policen – aber nur ein Sechstel der Angestellten – übernahm die eigens gegründete *Österreichische Versicherungs-Aktiengesellschaft (ÖVAG).*[18] Auch hier blieben dem österreichischen Staat finanzielle Opfer erspart; denn die *ÖVAG* entstand ohne Beteiligung der bundesstaatlichen Ebene. Zwei Drittel des Aktienbestands erwarben zwei Banken *(Creditanstalt, Österreichisches Creditinstitut)* und zwei Versicherer *(Wiener Städtische, Generali).*[19] Auf der Aktivseite der *ÖVAG* stand ein Vermögen von 269 Millionen Schilling, von dem allein 250 Millionen auf Obligationen entfielen, die durch eine ständige Umlage unter allen österreichischen Versicherern gedeckt wurde – gemäß dem Versicherungsfondsgesetz. Die *ÖVAG* erhielt Anspruch auf laufende Zinserträge aus diesem Fonds.

Die Bundesregierung stärkte ihre Aufsichtsfunktion im Versicherungswesen, indem sie im September 1936 die Zuständigkeit vom Bundeskanzleramt in das Finanzministerium verlagerte. Dies war der letzte Stein in dem gesetzlichen Fundament, auf dem sich das österreichische Versicherungswesen stabilisieren und neu ausrichten konnte.[20] Die Gefahr einer übergreifenden Finanzkrise, einer Domino-Sequenz, war weitgehend abgewendet. Freilich zu hohen und nachhaltigen Kosten, die von den Gesellschaften, ihren Mitarbeitern und nicht zuletzt den Versicherten zu tragen waren. Das Phönix-Defizit entsprach einem Zwanzigstel des jährlichen Nationalprodukts, eine Drittelmillion Policen waren betroffen, und 1 300 Mitarbeiter wurden entlassen.

Einschätzung in deutscher Presse und Auswärtigem Amt

Die rechtlichen und technischen Maßnahmen zur Rettung des österreichischen Versicherungsbestandes sind damit beschrieben. Die Regierung in Wien wollte eine schnelle Lösung, die das Vertrauen von Versicherten, Gläubigern, Aktionären und Investoren umgehend wiederherstellte und weitere Fragen zu Ursache und Schuld obsolet machte. Dabei sollte der österreichische Staat sich als nicht schuldig darstellen, keine finanziellen Verpflichtungen übernehmen und sich insbesondere nicht für den Versicherungsbestand im Ausland verantwortlich sehen.

Welches Risiko dieses Konzept in sich barg, war der Regierung bewusst. Schon am 27. März sagte Schuschnigg im Kabinett, dass der Zusammenbruch keineswegs nur finanziell und versicherungstechnisch zu verstehen sei sondern kriminelle Hintergründe habe. Zu dieser Einschätzung führe eine von Berliner hinterlassene Liste, die zu Vermutungen über Bestechungen großen Stils Anlass gab. Noch am selben Tage erhob die Staatsanwaltschaft in Wien Anklage, und die Bundespolizeidirektion lud den Leiter des Versicherungsaufsichtsamt zu einer Ver-

Abbildung 7.1 Heinrich Ochsner
(*Die Versicherung* 15.10.1935)

nehmung vor. Der Sektionschef Ochsner erschien nicht; er nahm sich am Morgen des 28. März das Leben.

Die Medien brachten zum Korruptionsskandal zunächst nichts, denn die Sicherheitsdirektoren waren aufgefordert worden, »in der Presse Ihres Amtsbezirkes [...] mit allen Mitteln darauf zu wirken, daß bei den Versicherungsnehmern keine Unruhe entsteht, und in diesem Zusammenhang muß allen Gerüchten von einer Liquidierung des ›Phönix‹ entgegengetreten werden.«[1] Nur die Nachricht vom Suizid des Sektionschefs sickerte durch. Die *New York Times* berichtete darüber am 29. März: »Heinrich Ochsner, a high official [...] charged with the control of insurance companies, committed suicide the afternoon by shooting in a Vienna suburb.«[2]

Was brachten die deutschen Zeitungen zum Fall Phönix – und nahm die Hitler-Regierung darauf Einfluss? Franz von Papen, deutscher Gesandter in Wien, gab am 26. März telegrafisch diese Empfehlung: »Zu den Pressemeldungen über gestrige Reformgesetze Versicherungswesen handelt es sich um großen Finanzskandal Phoenix, in dem, wie ich erfahre, führende Heimwehrkreise sowie Reichsbund Österreicher mit Gesandtem Wiesner und jüdischer Herausgeber Klebinder Sonn- und Montagszeitung stark kompromittiert sind. [...] Empfehle Veröffentlichung dieses Tatbestands mit Tendenz, hiesigen antisemitischen Reinigungsprozess zu fördern.«[3]

Die ehemals freie Presselandschaft in Deutschland war versteppt, und die verbliebenen Kulturpflanzen, wie die *Frankfurter Zeitung* und das *Berliner Tageblatt*, waren systemgerecht gestutzt. In der Sache Phönix hielten sie sich zunächst zurück. Sie behandelten das Thema vorerst unter »Wirtschaftsnachrichten«, verkannten somit die politische Dimension des Falls oder wollten sie ignorieren. Der

»Wirtschaftskorrespondent« des *Berliner Tageblatts* schrieb am 26. März über eine »Stützung« des Wiener Phönix und erwähnte den Kabinettsbeschluss zur »Versicherungsreform«.[4] Laut amtlicher Mitteilung habe der Phönix das deutsche Geschäft aber völlig getrennt behandelt. Vorsichtig deutete er an, dass die *Münchener Rückversicherung* der deutschen Seite helfen könnte, sich mit der Wiener Versicherungsgesellschaft auseinander zu setzen.

Die *Frankfurter Zeitung* spielte denselben Auftakt; sie begann mit einem Bericht über »Oesterreichische Staatsmaßnahmen für den Wiener Phönix« und zitierte darin das deutsche Reichaufsichtsamt: »daß zu irgendwelchen Befürchtungen für den deutschen Versicherungsbestand des Phönix infolge der strengen Maßnahmen der Aufsichtsbehörde kein Anlaß besteht.«[5] Ihr Handelsteil brachte Fachliches, unter der Überschrift »Besonnenheit auf allen Seiten.«[6] Mit einem Hinweis auf »Ungewöhnliche Effektengeschäfte« merkte sie allerdings an, dass der Wirtschaftsredaktion bei ihrer Besprechung der Phönix-Jahresberichte regelmäßig Verbindlichkeiten aufgefallen seien, die mit dem Versicherungsgeschäft nicht zusammenhängen konnten. Die Direktion habe dies mit Verpflichtungen erklärt, die ihr bei Übernahme ausländischer Versicherungsgesellschaften entstanden seien. Sie habe versucht, die dadurch geforderten Prämienreservefonds möglichst rasch aufzubauen und dafür auch Wertpapierspekulationen unternommen. Als hoch riskant habe sich zudem ein Geschäft erwiesen, das der Phönix mit der *Oesterreichischen Creditanstalt* – ein Jahr vor deren Krach – abgeschlossen hatte: einen Pensionsversicherungsvertrag, den die *Creditanstalt* mit eigenen Aktien bezahlen sollte.

Damit zog die Zeitung den Phönix-Direktor schon früh ins Zentrum ihrer Darstellung. Ein ganzseitiger Artikel über den Fall – noch im Handelsteil – skizzierte Berliners Biografie, würdigte seine Mitwirkung bei den Nachkriegsverhandlungen über die internationalen Versicherungsverflechtungen und ließ keine Zweifel an der Raffinesse dieses Finanzmannes, der sich rühme, die ›mathematische Formel für Vermeidung von Verlusten im Effektengeschäft‹ gefunden zu haben. Tatsächlich habe er spektakuläre Erfolge bei der Auffüllung der Prämienreserve erzielt, sich dadurch aber einer »unablässigen Jagd nach Finanzgewinn« verschrieben, in der er letztlich nicht mehr Jäger sondern Gejagter war.[7]

Der Fall Phönix war für die *Frankfurter* nicht nur ein Problem dieses »in höchstem Maße spekulativen Finanzdirektors«. Als zweite Ursache sei das völlige Versagen staatlicher Aufsichtsbehörden hinzugekommen – »in mehreren Ländern, aber nicht in Deutschland.« In Wien habe man den Sektionschef »zunächst in Urlaub geschickt.« Für die Übernahme des deutschen Versicherungsbestands deute sich bereits eine Lösung an. Genannt wurde die *Münchener Rück* als mögliche Vermittlerin, und als Beteiligte »eine in München domizilierende Konzern-Gesellschaft, die auch österreichischen Interessen nahesteht«. Nota bene: Spekulationen über die *Allianz* waren in diesen Tagen Grundzutaten in der Gerüchteküche.

Dieselbe Vermutung fand sich kurz darauf auch im politischen Teil des Blattes: »Man wird die deutschen Phönix-Geschäfte [...] mit einer deutschen Gesellschaft vereinigen.« Der Artikelschreiber »A. L.« sah die Hauptschuld für die »Katastrophe« bei Berliner, brandmarkte aber auch die Mitdirektoren und den Verwaltungsrat, die ihm nicht in den Arm gefallen waren. Ein völliges Versagen sah er bei der Staatsaufsicht; »der verantwortliche österreichische Beamte hat sich das Leben genommen.«[8] Verwunderlich ist, dass auf deutscher Seite nicht nur das RAA ein großes Lob erhielt, sondern auch die »korrekte Betriebsleitung der deutschen Phönix-Verwaltung« gewürdigt wurde. War nicht diese Niederlassung maßgeblich in jüdischer Hand gewesen? »A. L.« war kaum ein anderer als Artur Lauinger, Versicherungsexperte der Zeitung, Mitglied im RAA-Beirat und journalistische Hauptperson bei der Enthüllung des *Favag*-Skandals. In der *Frankfurter Zeitung* zählte er zu den »jüdischen« Redakteuren. 1939 wanderte er aus, nachdem er im Vorjahr einige Tage »Schutzhaft« in Buchenwald erlebt hatte.[9]

Eine Woche später brachte das *Berliner Tageblatt* einen Artikel zum »Schweigen über die Phönix-Affäre«. Das Thema, bislang im Handelsteil präsent, war zur »Affäre« geworden und deshalb im politischen Teil plaziert. »Die österreichische Presse darf seit heute über die Phönix-Affäre und die Kompaßbank keine Veröffentlichung mehr bringen. Die ›Freie Arbeiterstimme‹, [...] eng mit dem Gewerkschaftsbund verknüpft, wurde [...] beschlagnahmt. Gegen den verantwortlichen Schriftleiter wurde die Untersuchung wegen Aufwiegelei eingeleitet. Gleichzeitig wurde jede Auskunftserteilung über den ›Phönix‹ verboten«.[10] Auf diesen Paukenschlag folgte erneut Zurückhaltung – auf höhere Veranlassung?

Im Handelsteil des *Tageblatts* erfuhr man fünf Tage später, dass es eine gewisse Beruhigung in der Sache gebe. Berliners Mitdirektoren, auch seine Sekretärin, habe man inzwischen ausgeschaltet. Unbehagen bereite noch das umfangreiche Einmalprämiengeschäft: Verkauf deutscher Häuser gegen Phönix-Versicherungspolicen. Bedenklich seien auch die ungewöhnlichen Abhebungen von Konten bei der *Kompaß-Bank.* Aber es werde durchgegriffen; laut amtlicher Mitteilung seien drei Mitdirektoren von Berliner nunmehr in Haft: Bretschneider, Nußbrecher und der langjährige Chefbuchhalter Hanny. Ebenfalls habe man drei jüdische Direktoren der *Kompaß-Bank* verhaftet, die dem Phönix nahe stehe. Offiziell sei nun auch dies: es werde geprüft, ob von der Direktion »an betriebsfremde Personen ohne Gegenleistungen Zuwendungen oder Bestechungsgelder verteilt wurden.«[11] Zudem: die *ÖVAG* war gegründet, die Liquidation des Phönix stand bevor, und den Gläubigern wurde für die Anmeldung ihrer Ansprüche eine Frist gesetzt. Das deutsche Geschäft galt als kaum betroffen.

Soweit ein erster Blick durch deutsche Pressebrillen. Was wussten, was mutmaßten in diesen Tagen die Beobachter am Platze, zwischen Börse und Hofburg? Was erfuhren die Gesandtschaft, das Auswärtige Amt, die *Münchener Rückversi-*

cherung und die *Allianz?* Die Gerüchte über die Hintergründe des Skandals wollten nicht verstummen, und die österreichische Regierung sah sich gezwungen, den Vorhang etwas weiter zu öffnen. Dies geschah in zwei Zügen. Am 31. März hielt der Generalsekretär der Vaterländischen Front, Walter Adam, eine vielbeachtete Rundfunkrede, mit der er den Korruptionsteil des Phönix-Schauspiels relativieren und zu einer Abstufung der Vergehen aufrufen wollte.[12] Die österreichischen Zeitungen unterstützten dies mit detaillierter Berichterstattung, sicherlich nicht ohne Wohlwollen der Regierung Schuschnigg. Die Korruption – so Adam – war für den finanziellen Zusammenbruch des Phönix kaum von Bedeutung. Hauptsündenböcke des Skandals waren zwei Verstorbene: Berliner und Ochsner. Hinzu kamen bestimmte politische Organisationen. Bei vielen der übrigen Zuwendungsnehmer konnte von Schuld kaum die Rede sein.

Dies waren die wichtigsten Botschaften der Rede.[13] Und Entschärfung durch Relativierung war des Redners erkennbare Absicht. »Das Kapitel ›Korruptionswirtschaft‹ war keinesfalls für die Entwicklung der ›Phönix‹ entscheidend. Was man rasch und einfach mit dem Ausdruck Korruptionswirtschaft bezeichnet, gliedert sich bei genauerem Hinsehen in sehr verschiedenartige Tatbestände.« »So wie die Tatbestände verschiedenartig sind, so ist auch die Schuld mannigfach abgestuft.« »Es sei nur erwähnt, daß die politischen Interessen des verstorbenen Leiters der Anstalt sehr bunt und fast unbegrenzt waren. Sein Geld, richtiger gesagt, das Geld, mit dem er wirtschaftete, wurde von Zionisten und Sozialdemokraten, aber auch von Nationalen und Nationalsozialisten genommen, natürlich auch von Leuten, die weder mit den einen noch den anderen je zu tun hatten. Entscheidend für die Beurteilung der Geldnehmer ist nun die Frage, für welche Zwecke und in welcher Absicht sie es genommen haben. Wo es nachweisbar […] für wohltätige oder sonstige gemeinnützige Zwecke oder für legale Vereine genommen […] wurde, ist eine Schuldfrage kaum gegeben.«[14]

Der zweite Zug am Vorhang war nicht mehr als eine Ankündigung. Bundeskanzler Schuschnigg ging am Folgetag in seiner innen- und außenpolitischen Rede vor dem Bundestag auch kurz auf das Phönix-Problem ein und sagte: »Müßte man es nicht als unverantwortliche Demagogie bezeichnen, wenn – und auch das scheint da und dort zu geschehen – der Fall dazu benutzt würde um fernab von Sachlichkeit etwa politisch destruktive antiösterreichische Tendenzen zu vertreten. Daß dies wirklich Demagogie ist, die als solche leicht entlarvt werden kann, das wird man mit deutlicher Namen- und Ziffernangabe in sehr kurzer Zeit unter Beweis stellen können.«[15]

Aufmerksam beobachtet wurde das Phönix-Geschehen auch von zwei Münchener Unternehmen: *Allianz* und *Münchener Rück*. Die deutsche Gesandtschaft in Wien wies Anfang April auf Einstiegshoffnungen der italienischen *Generali* hin und sprach erstmals von einem möglichen deutschen Interesse an der Übernahme des Phönix-Auslandsbestandes: »Hiesige nationale Kreise sind der Ansicht, daß der Fall ›Phönix‹ für Deutschland eine günstige Gelegenheit sei, in Österreich wieder größeren Einfluss zu gewinnen und auch in den anderen Staaten, in denen sich ›Phönix‹-Filialen befinden, deutsche Belange mehr als bisher zur Geltung zu bringen.«[16] Eine Woche darauf informierte die Gesandtschaft über einen Besuch des Generaldirektors Reininghaus bei der *Münchner Rück*. Der Lebens-Phönix halte noch 75 000 Aktien des *Elementar-Phönix* unter den Aktiva, und die *Münchener Rück* sei an deren Erwerb interessiert.[17] Dies erschien der Gesandtschaft »aus politischen und auch aus wirtschaftlichen Gründen wünschenswert.«

Bedenklich sei allerdings, dass Reininghaus möglicherweise die Leitung des *Elementar-Phönix* anstrebe.[18] »Reininghaus gilt als deutschfeindlich und korrupt. [...] Bitte baldmöglichst auf Münchener Rückversicherung einzuwirken, bei Verhandlungen Zusage an Reininghaus hinsichtlich leitender Stellung bei Phoenix-Elementar zu vermeiden.«[19] Dieses Thema zog sich noch einige Zeit durch die Akte, bis die Gesandtschaft erkannte, dass die Berufung von Reininghaus nicht mehr zu verhindern war. Denn in der Zwischenzeit hatten *Münchener Rück* und *Generali* sich geeinigt, dass letztere die Beteiligung des Lebens-Phönix am *Elementar-Phönix* (75 000 Aktien) übernehmen und Reininghaus den Vorstandsvorsitz erhalten werde. Auch der dritten Großaktionärin, der *Creditanstalt*, war es recht.

Zwei Wochen zuvor war Kißkalt in einer anderen Phönix-Sache angesprochen worden. Das Auswärtige Amt schrieb am 30. April – einen Tag nach der *ÖVAG*-Gründung – der Gesandtschaft: »Die Frage, welche Haltung die deutschen Versicherungsgesellschaften bei dem Zusammenbruch des Phönix zweckmäßigerweise einnehmen können, ist mit den leitenden Herren der beteiligten Gesellschaften, nämlich mit dem früheren Reichswirtschaftsminister Schmitt von der Allianz und Herrn Kißkalt von der Münchner Rückversicherungsgesellschaft, eingehend besprochen worden. Wie der Gesandtschaft bereits bekannt ist, sind die Versuche, die Aktienmehrheit der eigentlichen Phönix (Lebensversicherung) in reichsdeutsche Hände zu bekommen, an dem Widerstand der beteiligten österreichischen Stellen gescheitert. Auf eine Minderheitsbeteiligung haben die deutschen Gesellschaften [*Allianz* und *Münchner Rück*, d. V.] daraufhin verzichtet. Dagegen hat sich die Münchner Rückversicherungsgesellschaft bekanntlich an der Phönix-Elementar mit 1/3 des Aktienkapitals beteiligt. Die beiden anderen Drittel sind in den Händen der Assicurazioni Generali und der österreichischen Kreditanstalt.«[20]

Dies sei vorweg genommen: 1938 kam die *Allianz* dann doch zum Zuge – beim Elementar-Phönix, herein gewunken von der *Münchener Rückversicherung*. Die 1936 gebildete Konstellation – als Eigner traten die *Münchener Rück*, die *Generali* und die *Creditanstalt* ein – wurde zwei Jahre später auf Druck von *Allianz* und

Münchener Rück durch eine »rein deutsche« Form ersetzt. Erstere führte fortan die Gesellschaft wie eine Zweigniederlassung, und letztere übernahm das zugehörige Rückversicherungsgeschäft. Reininghaus musste gehen (erhielt neue Aufgaben bei der *Münchener Rück*), und der Elementar-Phönix wurde umfirmiert in »*Wiener Allianz*«.[21]

Bestechungslisten und Parteipropaganda

Zurück zum Phönix-Bild in der deutschen Presse: während in der *Frankfurter* und im *Tageblatt* antisemitische Töne ausblieben und Bestechungen kaum zur Sprache kamen, bestimmten sie von Beginn an das Vorgehen im *Angriff* und im *Völkischen Beobachter.* Das Parteiblatt hatte schon zur Zeit der Dollfuß-Regierung über Phönix-Hilfen an den Staat berichtet: »Die Sucht des jüdischen Generaldirektors Berliner, als Retter des Vaterlandes aufzutreten, kann also dem bodenständigen Volk unter Umständen wieder einmal viele Millionen kosten.«[1] Nun, nach dem Phönix-Krach, stieß es sogleich in dasselbe Horn. Im ersten Artikel las man von Schiebungen des jüdischen Generaldirektors und von der Bestechung zweier Sekretäre im Finanzministerium. Die Regierung halte die Affäre vor der Öffentlichkeit streng geheim.[2] Dafür habe sie offenbar Gründe; denn man höre, dass von der Gesamtsumme – 250 Millionen Schilling – »nur etwa 40 Prozent auf Fehlspekulationen und dergleichen entfallen, während weitere 40 Prozent für ›betriebsfremde Zwecke‹ verwendet wurden und die restlichen 20 Prozent in die Taschen der jüdischen Direktoren des Instituts geflossen sind.«[3]

Detailliert berichtete der *V. B.* auch über »Millionenbeträge für deutsche Emigranten und antideutsche Organisationen«. Er gab erste Hinweise auf Personen und Organisationen: ein »Prinz Löwenstein«, der 1935 gegen das »Heim-ins-Reich« des Saarlands agitiert habe; der *Jüdische Nationalfonds* zum Aufbau Palästinas; die »Heimwehr« des Vizekanzlers Starhemberg, wie auch dessen Mutter; und neuerdings die legitimistische Bewegung unter ihrem Führer von Wiesner. Zudem erhielt der Leser Einsicht in die »Schiebungen, »Vorschüsse« und »Schwindel«, mit denen jüdische Direktoren es »sich bei der Phönix gutgehen« ließen. Ein halbes Dutzend wurden beim Namen genannt. Auch das, was »man« über den Tod des »eigentlichen Leiters« Berliner sagte, wurde zitiert: er hätte sich »am Leben erhalten können, wenn er nicht absichtlich auf die Anwendung von Mitteln, die ihn hätten retten können, verzichtet hätte.« Die Redaktion erklärte auch, wieso sie diese Einzelheiten vor allen anderen Blättern berichten konnte: »Wir sind in der Lage, auf Grund von Informationen von absolut zuverlässiger und genauestens unterrichteter Seite diese bisher noch in völliges Dunkel gehüllte Partie des Skandals einigermaßen aufzuhellen.«[4]

In den folgenden Tagen flossen ihr aus solchen Quellen offenbar weitere Informationen zu. Damit kam eine zweite amtliche Mitteilung in die Kritik: sie beschränke sich auf die Irrwege und Verfehlungen im Versicherungsgeschäft und lasse den Bestechungskomplex völlig außen vor. Unerwähnt bleibe die Unterstützung politischer Bewegungen aller Richtungen, der Beistand für jüdische Organisationen, sowie die Finanzhilfe an inländische Zeitungen – mittels Anzeigenschaltung in Millionenhöhe.[5] Über die Korruption in all diesen Formen werde »ein dichter Schleier gebreitet.«[6]

Was wusste, was brachte *Der Angriff*? In geübter Arbeitsteilung mit dem höchsten Parteiorgan schwang er die Keule. Auf erste Skandalmeldungen antwortete er im Ton der antisemitischen Arbeitsfront: »Es ist geradezu tragisch, wie hier einmal wieder der kleine und bescheidene Arbeiter und Angestellte für die Sünden eines großkapitalistischen Juden büßen muß.«[7] Seinen Artikel über die Verhaftungen des Phönix-Vorstands überschrieb er mit »Knietief im ›Phönix‹-Sumpf – Sechs jüdische Direktoren in Untersuchungshaft.«[8] In derselben Ausgabe findet sich eine Beilage, mit dem Titel »Wir sind im Bilde«. Zu den Bildern gehören Fotos von Prominenten und nicht zuletzt die Karikatur eines doppelköpfigen »Phönix, der lose Vogel«. Die Schnäbel zeigen »eine unverkennbar jüdische Krümmung«, und in den Krallen hält er Hammer und Sichel; »denn Emigranten und Kommunisten kehrten gerne bei dem Direktor Berliner […] ein, um sich ihr Scherflein für den Kampf gegen Neudeutschland abzuholen.«[9]

In der Ausgabe vom 17. April ist zu lesen, dass der Redaktion nunmehr ein Ausschnitt der »ersten authentischen Bestechungsliste« vorliege; nur werden Namen kaum genannt. Dies fällt auf: ebenso wie der *V. B.* behauptete *Der Angriff*, die Listen zu kennen, ließ aber seine Leser nicht teilhaben. Was stand dahinter? Wussten die beiden Redaktionen tatsächlich weit weniger als sie vorgaben? Erhielten sie Weisungen von oben, das Schreibverbot der österreichischen Regierung auch für die eigene Berichterstattung zu berücksichtigen? War etwa das Reichspropagandaministerium gar nicht daran interessiert, dass die Listen vollständig an die Öffentlichkeit kamen, weil dann auch deutsche Namen genannt würden?

Vollständig? Wie viele ›Listen‹ und Namen gab es? Die *Neue Freie Presse* schrieb am 29. April: »Die Bundesregierung hat ihr Wort gehalten. Sofort nach dem Auffliegen der Phönix-Affäre war angekündigt worden, daß eine strenge Untersuchung Platz greifen und daß die Öffentlichkeit vollständige Klarheit erhalten werde. Gestern nun wurde in einem amtlichen Kommuniqué auf Grund des Berichtes der Staatsanwaltschaft ein Bild der juristischen und moralischen Seite gegeben. Danach ist das gerichtliche Verfahren gegen siebenundzwanzig Personen eingeleitet worden. Es beruht auf dem Verdacht, daß das Verbrechen des Betruges begangen wurde. In ausführlicher und rückhaltloser Weise befaßt sich das Kommuniqué mit den in der Öffentlichkeit vielfach genannten ›Listen‹. Damit sind die vom Bundeskanzler mehrfach angekündigten Aufklärungen in vorbildlicher Weise gegeben, denn es ist nicht verschwiegen, nichts beschönigt worden, und die Bevölkerung erhält die Gewißheit, daß die behördlichen Nachforschungen mit aller Gründlichkeit betrieben wurden.«[10]

Es folgt die »amtliche Darstellung«, wiedergegeben im selben Artikel. Ein Auszug: »Die in der Öffentlichkeit vielfach genannten ›Listen‹ wurden bei der Direktion der Lebensversicherungsanstalt Phönix vorgefunden und befinden sich in den Händen der Behörde. Es handelt sich um eine Liste, bestehend aus 24 Blättern, die lückenlos vom Januar 1931 bis zum 17. Februar 1936 [Berliners Todestag, d. V.] geführt wurde. Die Gesamtsumme der darin verzeichneten Beträge beläuft sich auf 2 814 000 Schilling und 7 000 Czechoslowakische Kronen. [...] Für die Pressezwecke wurden 1 089 000 Millionen Schilling ausgegeben; von diesem Betrage entfallen 635 000 Schilling erwiesener Auszahlung an den Herausgeber der ›Sonn- und Montagszeitung‹ Ernst Klebinder. [...] Der Betrag von 94 329 Schilling ist auf die Buchstabenchiffre ›O‹ eingetragen; hierbei liegt der dringende Verdacht vor, daß es sich hier um jene Summe handelt, die dem Leiter der Aufsichtsbehörde, Sektionschef Ochsner, zugekommen ist. [...] An Beträgen, die politischen Parteien oder anderen Organisationen zugeflossen sind, ergeben sich zum Teil aus der früher erwähnten Liste, zum Teil aus anderen Belegen nachfolgende Summen: Der Jüdische Nationalfonds erhielt unter dem Titel einer Überprovision 500 000 Schilling. [...] Nationalsozialisten erhielten rund 494 000 Schilling. Hiervon entfiel der weitaus größte Teil (430 000 Schilling) auf einen gewissen Willi Bachmann, der vom Verstorbenen Dr. Berliner für Devisengeschäfte und bei Vermittlung von Ankäufen von Emigrantenhäusern in Deutschland erfolgreich verwendet wurde.«

Zu den Empfängern im politischen Feld zählte auch die (Pfrimer-)/Steirische Heimwehr, die sozialdemokratische Gewerkschaft »Technische Union«, der dem »großdeutschen« Lager zuzurechnende Landbund sowie der christlich-soziale, der Heimwehrbewegung nahestehende Dr. Rintelen, bis 1933 Landeshauptmann in der Steiermark. Zudem: »Der Heimatschutz hatte für alle seine Angehörigen in allen Bundesländern eine kollektive Unfallversicherung abgeschlossen, wofür ihm ein Regiekostenbeitrag für die Durchführung dieser Versicherung in Höhe von 5 000 Schilling monatlich ausgezahlt wurde. Die Summe dieser Vergütungen beträgt 95 000 Schilling.«[11]

Wie stellte sich der *Völkische Beobachter* zu dieser amtlichen Bekanntgabe der »Liste«? Er nannte alle Organisationen und Personen in seiner Ausgabe vom Tag darauf – mit eigener Akzentsetzung. Den Absatz zum Heimatschutz brachte er in auffälligem Fettdruck; konsequent wohl deshalb, weil diese Organisation nach ihrer Aufspaltung in einen NSDAP-nahen und einen national-ständestaatlichen Flügel 1933 aus Parteisicht fragwürdig geworden war. Nicht überraschend war auch, dass das Parteiblatt die Angaben zu Willi Bachmann – »der angebliche Nationalsozialist« – besonders ausführlich kommentierte. »Dieses Manöver, das System dadurch zu entlasten, daß man den Nationalsozialismus zu diskreditieren versucht, ist umso plumper, als der in dem amtlichen Bericht als nationalsozialistischer Phönix-Geldempfänger genannte Willi Bachmann überhaupt niemals Nationalsozialist gewesen ist.« Auf Grund »absolut einwandfreier Informationen« wisse man, dass Bachmann ein gleichermaßen unpolitischer wie fragwürdiger Mann sei, ein Vertrauter Berliners, der diesem geholfen habe, im Deutschen Reich und anderswo »festgefrorene Guthaben des Phönix« nach Österreich zu bringen. Dabei habe er auch mit amtlichen deutschen Stellen verhandelt; vorschnell und absichtsvoll sei er deswegen im Kommuniqué als Mitglied der NSDAP eingestuft worden. Eine »dunkle Persönlichkeit« sei er auch deshalb, weil ein österreichisches Gericht ihn im Vorjahr zu einem Jahr schweren Kerkers verurteilt habe – wegen betrügerischer Titelvermittlung an einen karrierebewussten Studenten, der auf diesem Wege ein »Herzog von Mantua« werden wollte.[12] Der Oberste Gerichtshof hatte allerdings den Einspruch Bachmanns akzeptiert und eine Wiederaufnahme des Verfahrens beschlossen.

Am Rande bemerkt: auch die Wiener Presse hatte seinerzeit den Fall aufmerksam verfolgt. »Der ›Herzog von Mantua‹ geht in den Tod« berichtete das *Neue Wiener Journal* im Mai 1935. Eine Woche davor hatte es ihren Lesern die Geschichte mit allen Verästelungen erzählt.[13] Eine junge Frau war – im Zuge ihrer Adoption – zu einer beeindruckenden Sammlung von Titeln gelangt. Sie nannte sich »Prinzessin von Este-Gonzaga, Herzogin von Mantua und Montserrat, Gräfin von Lennox und Baronesse Tobago«. In hohem Alter erfuhr sie, nicht zuletzt unter dem Einfluss eines Häusermaklers Josef Reisch, von dem Marktwert dieser Titel und übertrug sie ihm. Reisch entschied sich für ein *Splitting* dieses Pakets in mehrere, so besser marktgängige Produkte; eines davon war der Titel »Herzog von Mantua«. Der Verkauf stellte sich dennoch als schwierig heraus, bis sich Bachmann einschaltete. Er versprach dem geltungsbedürftigen Studenten, einen angeblichen Herzog von Mantua zum Verkauf seines Titels zu bewegen, und er arrangierte in der Hofburg eine feierliche Verleihungszeremonie. In dieser Komödie hatte Josef Reisch die Rolle des Herzogs; auch hatte er dem Studenten – der vier Häuser besaß – geholfen sie zu beleihen und so die Kaufsumme von 25 000 Schilling aufzubringen. Nur: der Student erkannte bald den Betrug, zeigte Bachmann und Reisch an und »trieb« damit letzteren in den Tod.

Das parteioffizielle Sicht des *V. B.* und die antisemitische Deutung des *Angriff* – welche Rolle übernahm in diesem Spiel *Das Schwarze Korps,* die Wochenschrift der SS? Sie war nicht nur Kampf- sondern auch Mitgliederwerbe-Blatt und verstand sich als Organ der ideologietragenden Elite. Dies prägte Sprache und De-

Abbildung 7.2 Karikatur (*Das Schwarze Korps* 09.04.1936)

sign des Blattes. So waren die Artikel zum Phönix-Skandal ohne plumpe Akzentuierung, der Text subtil geschrieben und die Karikaturen raffiniert gezeichnet. Der Fall wurde in drei Ausgaben beleuchtet, jeweils auf einer vollen Seite. Der erste Beitrag am 9. April drehte sich »Rund um den Phönix-Skandal«, mit einer augenfälligen Karikatur im Zentrum. Sie zeigt Kanzler und Vizekanzler, beide nachdenklich bis sorgenvoll. Schuschnigg sagt zu seinem Amtskollegen, der – in Heimwehr-Uniform – eine Zigarre in der Rechten und die Federmütze in der Linken hält: »Du, Starhemberg, allerweil, wenn i deine Federn am Huat seh, muß i an ein' gewissen Vogel denk'n.«[14]

Im Text werden die wichtigsten Geschehnisse, Personen und Zahlen pointiert und auch bislang Unbekanntes berichtet. »Zu den Tochterunternehmen des ›Phönix‹ zählen unter anderem im Reiche die ›Zukunft‹ in Berlin und die ›Saarland‹ in Saarbrücken. Um leidigem Doppelverdienertum entgegenzutreten, ist der zuständige Vertreter der ›Phönix‹-Direktion mit dem Direktor der Berliner Tochtergesellschaft identisch [Walter Erhard, d. V.]. Um den schlechten Eindruck zu verwischen, den jüdische Direktoren nun einmal erwecken, sind dafür die Verwaltungsräte in ihrer Zusammensetzung äußerst feudal. Namen wie S.K.H. Prinz Adalbert von Bayern, Freiherr von Brandenstein und Graf Garnier-Turawa sowie Prälat Dr. Theodor Madlener und der *Caritas*-Direktor Hochwürden Johannes Nar sind dazu angetan, den Unternehmungen einen honorigen Rahmen zu geben, sie sind aber wirtschaftlich nicht versiert genug, um zu sehen, was eigentlich vorgeht.«[15]

Auch wird – mit deutlich ideologischer Einfärbung – kommentiert, dass der deutsche Phönix-Bestand als weitgehend ungefährdet gilt: »Man sieht, daß es immerhin gut ist, wenn sich die Regierung ein wenig um die Privatunternehmen kümmert, wenn auch in manchen Wirtschaftskreisen die Meinung vorherrscht, daß man den Handel und Wandel den Juden zu treuen Händen lassen solle, da sie mehr Fähigkeiten entwickeln als wir unbegabten Arier.« Und zu Gerüchten, der deutsche Bestand solle in die *Zukunft* eingebracht werden, bemerkt der Schreiber mit abschließender Ironie: »Es liegt uns fern, wirtschaftliche Transaktionen zu stören; Unruhe schaffen hieße in der heutigen Zeit, sich am Wirtschaftsaufbau zu versündigen. Aber mit der uns eigenen Einfalt glauben wir nicht an die Notwendigkeit einer Fusion.«[16]

Ironie und Kollektivstil (»wir«) finden sich auch im zweiten Beitrag, der vor allem die »Selbstmörder« und die Prominenten in den »Listen« auf Korn nahm. Die »Zukunft«-Lösung sah der Schreiber weiterhin als möglich und inakzeptabel; betrieben werde sie von den Juden in der Berliner Phönix-Zentrale. »Die maßgebende Direktion der ›Phönix‹ in der Taubenstraße wird fast nur von Juden geleitet und die Geschäftsstelle in der Hermann-Göring-Straße ist ohne jeden Einfluß und daher auch ›arisch‹. […] Wir haben bereits in der letzten Folge darauf hingewiesen, daß es daher ein mehr als fragwürdiger ›Gewinn‹ für unsere Wirtschaft wäre, wenn die Herrschaften aus der Taubenstraße in den deutschen Tochtergesellschaften unterschlüpfen würden, wie sie es beabsichtigen. […] Es dürfen heute in einem Unternehmen, das neu aufgezogen wird, keine Juden mehr überwiegenden Einfluss haben. Dazu sind wir nun wirklich nicht schon das vierte Jahr an der Macht. Wir verdächtigen niemand in der Berliner Taubenstraße, aber man kann auch von uns nicht verlangen […] sie in unser Herz zu schließen.[17]

Auch das *Schwarze Korps* hatte vermutlich Anweisungen »von oben«, Namen aus den Listen nicht zu nennen. Denn im dritten Artikel war zu lesen: »Leider stellt es sich heraus, daß man uns über verschiedene Dinge ›falsch unterrichtet‹ hält. Wir möchten nur darauf hinweisen, daß wir in unserer Einfalt weder für ›zinsenlose Darlehen‹ noch andere ›Zuwendungen‹ Verständnis haben, wenn sie von der ›Phönix‹ kommen. […] Und wenn wir heute keine Namen nennen, so, weil wir es für richtig halten. Um aber wenigstens zum Teil neugierige Gemüter zu beruhigen, versichern wir schon heute, daß wir auch den zartesten Faden aufdecken werden, der sich etwa von der ›Phönix‹ nach Deutschland ziehen sollte.«[18] Auch den

Namen »Erhard« nannte die Zeitung nicht, und erlaubte sich auch nicht, ihn zu »verdächtigen«. Anders verhielt es sich mit Namen von Organisationen, wie dem *Jüdischen Nationalfonds*. Erinnert sei an den genannten Artikel »Lieder aus dem ›Berliner-Wald‹«, mit dem Zitat: »Der Name Dr. Berliner soll ewig blühen im ›Dr.-Wilhelm-Berliner-Wald‹ auf dem Boden des Keren Kajemeth, der dem ganzen jüdischen Volke gehört [...]«.[19]

Noch am Rande: fast stumm blieb das antisemitische Hetzblatt *Der Stürmer*. Es schrieb in diesen Monaten zuhauf über »Juden in ...«, mit voller Namensnennung, brachte auch einen Artikel über »Die Verjudung in Österreich«, schwieg aber über Juden im Phönix und später auch über die »Listen«. Erst im Juni erschien ein Beitrag, mit dem Titel »Die Leichenrede« und Zitaten aus der Ansprache, die der Wiener Oberrabbiner – im Februar – am Grabe von Wilhelm Berliner gehalten hatte. »Vor kurzem« sei in Wien die Versicherungsgesellschaft Phönix zusammengebrochen, politische Persönlichkeiten seien bestochen, Gelder verschoben und Parteien finanziert worden.[20] Namen erfuhren auch die – sicherlich neugierigen – *Stürmer*-Leser nicht. Warum?

Der *SA-Mann* aus München nannte zumindest einen Namen: Die *Reichspost* habe jährlich 20 000 Schilling erhalten. Deren Chefredakteur schrieb daraufhin dem Gesandten von Papen, dass an dieser Darstellung kein Wort wahr und die Ehre des Blattes in empfindlichster Weise berührt sei. Damit löste er einen Brief des Pressebeirats der Botschaft an das SA-Blatt aus: »Im Auftrage des Herrn Gesandten darf ich Ihnen nun das Ersuchen der Schriftleitung der ›Reichspost‹ um eine entsprechende Richtigstellung der vorerwähnten Notiz in ›SA-Mann‹ mit der Bitte übermitteln, diesem stattgeben zu wollen.«[21]

Verbindungsmann zwischen Phönix und NSDAP

Im Bundesarchiv Berlin findet sich eine Akte zu dem genannten Willy Bachmann; sie gehört zum Bestand »Parteikorrespondenz« und stammt aus der Quelle des Reichsschatzmeisters der NSDAP.[1] Dokumentiert ist, welchen »Geschäften« Bachmann nachging, wie eng er dabei mit Wilhelm Berliner zusammenarbeitete, was über ihn im Zusammenhang mit dem Herzog von Mantua festgehalten wurde – und etliches mehr. So ist zu lesen, dass der *Völkische Beobachter* mit seiner Behauptung, Bachmann sei nie Nationalsozialist gewesen, nicht allein gestanden habe. Alfred Proksch, ehemals an der Spitze der NSDAP-Landesleitung Österreich, schrieb im Mai 1936: »Da [...] Bachmann wie ausgeführt zu einem Jahre Kerker verurteilt wurde, kann er gar nicht mehr Mitglied der N.S.D.A.P. gewesen sein. Es konnte daher der Völkische Beobachter in seiner Verlautbarung zum Phönix-Skandal mit gutem Recht erklären, dass Bachmann der NSDAP nicht angehöre.« Zum »ehemaligen« Landesleiter war Proksch abgestiegen, als in Österreich 1933 die NSDAP verboten und in Berlin eine »Abwicklungsstelle« der Landesleitung eingerichtet wurde.

Proksch floh nach Deutschland, wurde eingebürgert und 1936 Mitglied des Reichstags. Der oben zitierte Satz ist seinem »Bericht an den Reichsschatzmeister betreffend Willi Bachmann« entnommen. Darin ist – im Vergleich zu anderen Quellen – Bekanntes, weniger Bekanntes und Falsches zu lesen. Richtig etwa war, dass Bachmann, österreichischer Staatsbürger, seine Wohnung in Wien/Hofburg, Marschallstiege hatte und der Versicherungsgesellschaft *Donau* vorstand, bevor er zum Phönix wechselte. Ebenfalls zutreffend, wenn auch wenig bekannt war, dass er 1932 im Gau Wien der NSDAP beitrat und die Mitgliedsnummer 904.263 erhielt. Falsch war, dass der Prozess wegen Verkauf des Titels »Fürst von Mantua«, »in dem der Name Bachmann erstmals in der Öffentlichkeit viel genannt« wurde, 1934 stattfand.[2]

Belegt ist, dass Bachmann als »Direktor« des Phönix an den erwähnten Gesprächen im RAA teilnahm, in denen im November 1934 die Kautionsfrage verhandelt wurde; auch hielt er den Kontakt zum Referenten im Reichwirtschaftsministerium.[3] Durchaus plausibel wirkt daher, was Proksch zur Tätigkeit Bachmanns in Berlin ausführte – mit Ausnahme des Titels »Zentraldirektor der Versicherungsgesellschaft«, den er ihm zuschrieb. »Seine [Bachmanns] Hauptaufgabe bestand während seiner Tätigkeit in Berlin darin Anträge der ›Phönix‹ bei den Behörden (Wirtschaftsministerium, Devisenbewirtschaftungsstelle und Reichsaufsichtsamt für Privatversicherungen sowie Polizeipräsidium) zu vertreten. [...] Bachmann war viel auf Reisen und hielt sich viel in Wien, Prag, München und Berlin auf. In Berlin wohnte er im Hotel Fürstenhof und führte seinen Dienst vom Hotelzimmer aus. Mit dem Generaldirektor der Versicherungsgesellschaft Phönix führte er fast täglich Telefongespräche. [...] Die Besucher Bachmanns kamen aus allen Ländern. Der überragende Teil davon waren Juden.« Und: im Winter 1935/36 verhandelte Bachmann mit Vertretern des Sudetendeutschen Partei über eine Versicherungsangelegenheit.

Aufschlussreich ist auch dies: »Die Versicherungsgesellschaft ›Phönix‹ beziehungsweise Bachmann hatten Interesse für Häuser – An- und Verkäufe im In- und Auslande. Zu diesen Geschäften wurde auch der Berliner Häusermakler Sulke [...] und die ›Sekuritas‹ [...] herangezogen. Die ›Sekuritas‹ [...] war eine Abteilung der Phönix und dürfte unmittelbar der Generaldirektion in Wien unterstellt gewesen sein.«[4] Zur Erinnerung: die Gestapo hatte dem RAA angezeigt, dass der Phönix Grundstücke von Juden verschiebe und sich dabei eines holländischen Unternehmen namens »Arra« oder »Arrat« bediene.[5] Solche Firmen gab es zumindest in Amsterdam zur fraglichen Zeit nicht.[6] Ins Bild passt aber eine dort ansässige *N. V. Bank en Handelsmaatschappij »Ares«*.

Mit ihr setzte sich der Insolvenzverwalter des Phönix im April 1936 auseinander, wie einschlägigen Akten des österreichischen Finanzministeriums zu entnehmen ist.[7] Mehrere niederländische Firmen hatten, gleich nach dem »Krach«, die Beschlagnahme von Phönix-Vermögen und weitere gerichtliche Schritte eingeleitet. In zügigen Verhandlungen erzielte der Verwalter mit *Ares* und sieben weiteren Amsterdamer Firmen einen Kompromiss, der mehrere Querverknüpfungen einschloss. Besonders aufschlussreich ist darin eine Liste von 14 Grundstücken (davon 13 in Berlin), die der Insolvenzverwalter vorlegte. Sie waren überwiegend »im Besitz«, also nicht Eigentum der *Ares;* vermutlich hatte sie den Kaufpreis gezahlt, aber der Grundbucheintrag und die Eigentumsübertragung standen noch aus.

Der Kompromiss sah nun vor, dass der Immobilienbesitz der *Ares* dort verblieb. Allerdings musste sie hinnehmen, dass das Finanzhaus *Rhodius Koenigs* seinerseits Grundstücke behielt, die es ursprünglich an die *Ares* zu übertragen hatte. Dieses Finanzhaus und die Bank *Lisser & Rosenkranz* taten sich als Partner zusammen, um das »Engagement« des Phönix bei drei weiteren Finanzfirmen zu übernehmen. Diese erklärten sich daraufhin dem Phönix gegenüber als »befriedigt«. Auch die Bank *Hugo Kaufmann & Co.* war einbezogen. Sie hatte Forderungen gegen den Phönix, gesichert durch bei ihr deponierte Wertpapiere. Die Partner *Rhodius/Lisser* durften diese zum Teil verwerten, mussten aber eventuelle »Übergewinne« mit dem Phönix teilen. Dieser verpflichtete sich seinerseits gegenüber der Kaufmann-Bank, sein Konto dort zu »ordnen«, woraufhin die Bank eine Beschlagnahme des bei ihr verbleibenden Rest-Depots unterlassen werde. Bei Einhaltung all dieser Abmachungen (in einer vierseitigen »Übereinkunft« festgehalten) würden auch die Partner *Rhodius/Lisser* sich für ihre Ansprüche voll befriedigt erklären und die bisher eingeleiteten Beschlagnahmen auf eigene Kosten zurückziehen.[8]

Franz Koenigs, Miteigner von Rhodius Koenigs und europaweit renommierter Bankier, wurde nach dem deutschen Überfall auf die Niederlande beschuldigt, Juden bei der Flucht aus Deutschland geholfen und »Fluchtgelder« transferiert zu haben. Nach dem oben Gesagten darf man annehmen, dass er dies auch mit Grundstücksgeschäften betrieben hat. Diese könnte er für seine Bank als geschäftsfremd angesehen und die Möglichkeit gesucht haben, die Immobilien an die darauf spezialisierte *Ares* abzugeben.

Diese Amsterdamer Firma wird ihrerseits in enger Beziehung zum Phönix gestanden haben; möglicherweise war sie eine Tochter. Von den dreizehn Berliner Häusern auf der obengenannten Liste sind drei im Adressbuch von 1936 als Eigentum der *Ares* eingetragen. Als Hausverwalterin fungierte eine *Securitas GmbH für Vermögensverwaltung und Grundbesitz* mit Standort Berlin. Deren Gesellschafter waren zwei Phönix-Firmen: die *Société de Gestion de Portefeuille* in Luxemburg und das schon erwähnte *Trust- en Administratiekantoor Vijgendam.*[9] Bei den übrigen Häusern war die Eigentumsübertragung noch nicht erfolgt, oder im Adressbuch nicht registriert; denn für 1936 finden sich dort weit überwiegend dieselben Namen wie schon für 1932. Man darf annehmen, dass diese im Besitz – aber noch nicht im Eigentum – der *Ares* waren.

Die Zusammenarbeit könnte – vereinfacht – nach folgendem Muster verlaufen sein. Wie im Gestapo-Bericht dargestellt, bot der Phönix ausländischen Eigentümern von Berliner Häusern deren Übernahme an. Kam es zu einer Einigung, so kaufte die deutsche Phönix-Niederlassung das Haus, und der Verkäufer erhielt im Gegenzug seine Lebensversicherungspolice. Sodann veräußerte der Phönix das Haus, ohne dass er grundbuchmäßiger Eigner geworden war, an die *Ares* in Amsterdam. Auch diese wurde zunächst nur Besitzerin, weil der Phönix den Eigentumsübergang im Kaufvertrag an bestimmte Bedingungen knüpfte. Damit wollte er sich die Option, doch noch Grundstückeigner zu werden, offenhalten – mit der Freiheit, sie nicht wahrzunehmen, wenn etwa das RAA sich mit einem geringeren Anteil der Immobilien am Deckungsstock zufrieden gab und die Rendite von Grundstücken sich relativ schlecht entwickelte.[10]

Zurück zu Alfred Proksch und dessen Erinnerungsbericht: »Bachmann soll auch des Öfteren Einreise- und Aufenthaltsgenehmigungen für Ausländer, hauptsächlich Juden, besorgt haben.« Wer allerdings ihn für die Berufung in die Akademie für Deutsches Recht vorgeschlagen hatte, war – so Proksch – nicht zu ermitteln. Die Berufungsempfehlung blieb wirkungslos, da von einem Parteigenossen »der Gestapo eine Lebensbeschreibung des Bachmann zur Verfügung gestellt wurde.«

Spannend ist noch, was Proksch über Bachmanns Rolle im Phönix-Skandal zu berichten wusste: er »wurde von Dr. Ehrhardt,[11] dem Leiter des Phönix in Berlin telephonisch nach Berlin gebeten um hier beruhigend einzuwirken und die ›Phönix‹ als selbständige deutsche Versicherungsgesellschaft herauszustellen.«[12] Tatsächlich ist in den Akten des RAA zu lesen, dass Bachmann, Erhard und von Kardorff am 27. März 1936 eine Besprechung im Aufsichtsamt hatten und dort versicherten, dass der Zusammenbruch sie völlig überrascht habe. Die Hauptursache sei vermutlich die Übernahme einer Anzahl überalterter Bestände mit ungenügender Prämienreserve gewesen.[13] Laut Proksch sprach Bachmann zudem mehrmals im Propagandaministerium vor um zu erreichen, dass »über die deutsche ›Phönix‹ nichts Nachteiliges in der Presse verlautbart wird.«[14] Dem Leser zur Erinnerung: kann dies erklären, dass nicht nur die *Frankfurter Zeitung* der deutschen Niederlassung eine »korrekte Betriebsführung« attestierte, sondern auch Parteiblätter mit Kritik sparten?

Am 20. April [!] 1936 setzte Bachmann einen Schlusspunkt unter seine Berliner »Geschäfte«, reiste ab und wurde auf dem Weg nach Budapest verhaftet;

die österreichische Regierung hatte ein Auslieferungsbegehren gestellt. Darüber schrieb nicht nur Proksch sondern, am 2. Juli, auch der *Völkische Beobachter:* »Der ehemalige Versicherungsdirektor Willi Bachmann, der bekanntlich in den Phönixskandal verwickelt ist und von österreichischen Amtsstellen völlig ungerechtfertigt als Nationalsozialist bezeichnet wurde, wurde von Ungarn den österreichischen Gerichtsbehörden ausgeliefert und in Untersuchungshaft genommen.«[15]

Zwei Wochen später sandte der Reichsschatzmeister der NSDAP eine Abschrift des Proksch-Berichts an den »Stabsleiter des Stellvertreters des Führers Herrn Reichsleiter Martin Bormann, im Hause«. Dem Adressaten wurde zur Kenntnis gebracht, »daß Willy Bachmann bis zum heutigen Tage wie folgt in der Reichskartei der NSDAP geführt wird: Willy Bachmann, geboren am 25.6.1890 zu Wien, Beruf: Direktor der Vers.Gesellschaft Donau. Aufgenommen am 20.4.1932,[16] unter Nummer 904.263. Anschrift: Wien I, Hofburg, Marschallstiege.« Der Brief bezog sich nicht allein auf Bachmann: »Da die NSDAP in Österreich verboten ist, besteht auch eine Mitgliedschaft der früheren österreichischen Parteigenossen bei der NSDAP nicht. Eine solche [...] kann allenfalls beim Übertritt in das Reichsgebiet wieder aufleben. Im Falle Bachmann habe ich im besonderen folgendes auszuführen: Die Durchführung eines ordentlichen Parteigerichtsverfahrens [...] ist nicht möglich, weil nach dem oben Gesagten eine Mitgliedschaft bei der NSDAP nicht besteht und durch die Durchführung eines Verfahrens mittelbar eine Mitgliedschaft anerkannt werden würde. Ich möchte aber gleichwohl die Eintragung des Bachmann, wie auch die Eintragung einzelner anderer ehemaliger Parteigenossen beendet wissen. [...] Ich habe im Falle Bachmann und in diesen anderen Fällen die Streichung der ehemaligen Parteigenossen verfügt und vorsorglich diese in die ›Schwarze Liste‹ eintragen lassen. Ich nehme an, daß Sie mit dem von mir eingeschlagenen Verfahren einverstanden sind.«[17]

Ein eventueller Einspruch Bormanns ist in der Akte nicht dokumentiert. Auch die weiteren, über den Fall unterrichteten Stellen haben offenbar keinen Widerspruch eingelegt: Oberstes Parteigericht, Abwicklungsstelle der Landesleitung Österreich sowie Reichsführer SS und Chef der politischen Polizei. Aber nachzulesen ist ein späterer Vorgang: Bachmann stellte im Juni 1938, ein Vierteljahr nach dem »Anschluss«, den Antrag auf Ausstellung einer »vorläufigen Mitgliedskarte«. Er schrieb ihn im »Hotel Baur au Lac« in Zürich und reichte ihn ein beim Landeskreis der NSDAP-Auslandsorganisation in Budapest. In dem Formblatt »Personal-Fragebogen« bezeichnete er sich als Opfer der Dollfuß-Regierung. Demnach wurde ihm seine Wohnung in der Hofburg »vom Handelsministerium durch Stockinger weggenommen, wegen nationalsozialistischer Gesinnung (1936).«[18] Tatsächlich habe diese Gesinnung sein Handeln bestimmt; »in der illegalen Zeit« habe er sich im Altreich für die Sudentendeutsche Partei eingesetzt. Die Abwanderung ins Ausland sei ihm aufgezwungen worden, durch ständige Angriffe der

Wiener Presse. In seinem früheren Berufsleben habe er sich überwiegend kaufmännisch betätigt, so in der Versicherungsgesellschaft Donau und von 1934 bis 1936 »im deutschen Phönix, Berlin bis zum Zusammenbruch des Wiener Phönix.« Im Krieg sei er als Organisationsleiter dem Ministerium für die Kriegsanleihe zugeteilt gewesen.

Man mag sich an dieser Stelle fragen, ob erstens Wilhelm Bachmann schon damals – in Sachen Kriegsanleihen – mit Wilhelm Berliner Kontakt hatte, und womit er zweitens ab Mai 1936, nach seiner Abreise aus Berlin, befasst war. Hatte Ungarn ihn tatsächlich an Österreich ausgeliefert? In Wien tauchte er spätestens am 10. April 1938 wieder auf. Darauf lässt sein Eintrag in der Fragebogenzeile »sonstige Tätigkeit für die NSDAP« schließen: »Bei Machtergreifung war ich in Budapest bei meiner Schwiegermutter und meldete mich bei der Deutschen Gesandtschaft in Budapest und reiste von Budapest zur Volksabstimmung nach Wien.«[19] War er schon früher einmal nach Wien zurückgekehrt?

In der Bachmann-Akte finden sich dazu nur zwei Zeitungsausschnitte. Der Wiener *Telegraf am Mittag* hatte am 13. Mai 1936 berichtet, dass die Strafsache vom Obersten Gerichtshof zurück ans Wiener Landesgericht gelangt sei. Am Berichtstage sollte der »Mantua«-Prozess wieder aufgenommen werden, aber Bachmann erschien nicht. Zwei Wochen später teilte der *Völkische Beobachter* mit, dass Ungarn ihn ausgeliefert habe, er sich somit in österreichischer Untersuchungshaft befinde. Dies war eine knappe Notiz von wenigen Zeilen. Ausführlicher berichtete die *Tages-Post* aus Linz, erwähnte auch, dass ein zusätzlicher Verdacht wegen Veruntreuung auf Bachmann laste und ließ wissen, dass das ungarische Justizministerium am 24. Mai seine Auslieferung beschlossen habe. Allerdings beabsichtige Bachmann, sich dauerhaft in Ungarn niederzulassen.[20]

Sein Antrag auf eine »vorläufige« Rückkehr in die NSDAP, gestellt im Juni 1938, wurde nur schleppend behandelt. Es dauerte fast ein Jahr, bis der zuständige Schatzmeister der Auslandsorganisation in Berlin sich damit befasste. Und weitere drei Monate vergingen, bis das Mitgliedschaftsamt in München den Antrag noch einmal zur Prüfung nach Wien sandte. Darüber informierte es im Februar 1940 die Auslandsorganisation; die Angelegenheit sei zwischenzeitlich an das zuständige Parteigericht in Wien übergeben worden.[21] Dort schien sie längere Zeit zu ›schweben‹; denn aktenkundig wurde sie erst wieder im August 1942. Der Ortsgruppenleiter »Burgviertel« schlug vor, nach Rücksprache mit »alten Parteigenossen«, die Anträge auf Wiederaufnahme und Wiedergutmachung abzulehnen. Der Kreisleiter stimmte zu, und noch im selben Monat schrieb die Gauleitung Wien dem Reichsschatzmeister in München, dass Bachmann ein »ausgesprochener Konjunkturritter« und der Antrag unbedingt abzulehnen sei.

Besser als Willy Bachmann ging es einem Rudolf Manfredini, der ebenfalls für den Phönix akquisitorisch tätig war, wenngleich auf deutlich niedrigerer Ebene.

Erwähnt wurde oben, dass der Phönix mit der Bundesführung des Österreichischen Heimatschutzes einen Unfallversicherungsvertrag abschloss; dieser wurde – »kollektiv«, also als Gruppenversicherung – für alle Mitglieder des Heimatschutzverbands obligatorisch. Gedeckt waren körperliche Schäden, insbesondere »Unfälle bei Streik, Aufruhr, Aufstand«. Der Vertrag galt für drei Jahre, beginnend mit dem September 1934.[22] Manfredini war der Versicherungsbeauftragte beim Steirischen Heimatschutz gewesen, damit fachlich zuständig für den Kollektivvertrag. Nach Auflösung des Heimatschutzes hatte der Phönix ihn übernommen. »Nun ist er arbeitslos.« Dies schrieb ein SS-Offizier Rauter im August 1936 an Carl Clodius im Auswärtigen Amt,[23] mit der Bitte, sich für den Betroffenen einzusetzen, der sich um eine Anstellung bei der *ÖVAG* bemühe.

Rauters Stimme hatte bei Clodius offenbar Gewicht, denn dieser wandte sich an Kißkalt. Ob er nicht helfen könne, »für diesen an sich braven Beamten bei der Phönix [sic] eine Anstellung zu finden«. Kißkalt verwies – ablehnend – auf den dort gebotenen Personalabbau, versprach jedoch nach abermaliger Anfrage Rauters, den Direktor Reininghaus über die Angelegenheit zu informieren. Im April 1937 kam die Erfolgsmeldung: Manfredini arbeite nun bei der *ÖVAG*-Filiale Graz als Außenberater. Clodius gab diese Nachricht Kißkalts fast wortgleich an Rauter weiter, eingeleitet mit »Sehr geehrter Herr Oberführer«. Hanns Rauter hatte den Steirischen Heimatschutz 1921 mitbegründet, sich früh dafür eingesetzt, mit der NSDAP zusammenzugehen, war 1933 nach Deutschland geflüchtet und 1935 zum SS-Oberführer aufgestiegen.[24]

Der Fall Phönix in Politik und Wirtschaft

Schuschnigg, Starhemberg und das Büro Megerle

Der Fall Phönix war ein Nebenschauplatz im Kampf um Staatsform und Souveränität der österreichischen ersten Republik. Die wichtigsten internen Kontrahenten waren: erstens die Vertreter eines nationalen, ständisch-katholischen Modells, zweitens die Befürworter einer Anlehnung an den italienischen Faschismus, unter Wahrung der nationalen Souveränität, und nicht zuletzt die Eiferer für Angleichung oder Anschluss an den deutschen Nationalsozialismus. Auf diese fragile Konstellation nahmen ausländische Mächte massiv Einfluss: primär die Staaten Hitlers und Mussolinis, ihrerseits im handfesten Interessenkonflikt. Diesen Streit verschärfte Italien, indem es Frankreich und Großbritannien für Österreichs Eigenstaatlichkeit gewann und mit den »Römischen Protokollen« 1934 eine enge Wirtschaftskooperation mit Österreich und Ungarn ankündigte. Damit – und beschleunigt durch den Putschversuch der österreichischen NSDAP im selben Jahr – erreichte der Konflikt zwischen Mussolini und Hitler seinen Höhepunkt.

Im Frühjahr 1936 zeichnete sich eine Annäherung ab, die zu einer erneuten Verschiebung im internen österreichischen Kräfte-Dreieck führte. Der ›pro-faschistische‹ Vizekanzler Starhemberg musste mit einem Machtverlust rechnen, während sein Rivale, der ›klerikale‹ Kanzler Schuschnigg, einen Aufwind erwarten konnte. In dieser Situation stürzte der Phönix, und die Verkündung der vier Phönix-Gesetze brachte den ersten Eklat zwischen beiden Politikern. Diese politische Implikation des Krachs verdient eine nähere Betrachtung. Beschlossen wurden die Gesetze in einer Kabinettsitzung, die zum 25. März, einem Mittwoch, einberufen wurde – vom Vizekanzler, nicht vom Regierungschef. Schuschnigg hatte an einem Regierungstreffen zu den Römischen Protokollen teilgenommen und wurde noch für denselben Tag aus Rom zurück erwartet.[1] Warum Starhemberg die Rückkehr nicht abwartete, musste er erklären: er habe so entschieden, weil Finanzminister Draxler und Innenminister Baar-Baarenfels, zuständig für die Versicherungsaufsicht, eine unmittelbare Beschlussfassung gewünscht hätten.

Es lag die Vermutung nahe, dass Starhemberg nicht in erster Linie der Sache dienen sondern Punkte im Machtkampf gegen Schuschnigg sammeln wollte.[2] Regierungsstellen hatten in den Wochen zuvor die Phönix-Gesetze ausgearbeitet, der Bundeskanzler war in den Prozess einbezogen und über den aktuellen Stand laufend informiert worden. Wenn er tatsächlich gewünscht hätte, dass der Ministerrat die Gesetze in seiner Abwesenheit beschlösse, so hätte er dies nach Rückkehr aus Rom sicherlich klar gestellt, schon um sein Gesicht zu wahren. Er tat es nicht. Hatte er in Rom erfahren, dass Mussolini verärgert war, weil man ihn über das Phönix-Desaster nicht rechtzeitig informiert hatte?[3] Wer hätte dies tun sollen, wenn nicht – so mochte er denken – Starhemberg? Ahnte Schuschnigg schon, dass ein entscheidender Schlag zur Entmachtung seines Rivalen von Mussolini kommen könnte?

Die *Wiener Zeitung* brachte am 26. März die amtliche Verlautbarung, mit – zur Erinnerung – diesem Inhalt: die vier Gesetze seien als Kern einer Reform des Privatversicherungswesens zu verstehen. Diese Neuordnung, mit der sich die Regierung schon seit längerem befasst habe, sei »besonders dadurch dringlich geworden, daß anläßlich des vor einem Monat vollzogenen Direktionswechsels bei der Lebensversicherungsanstalt Phönix bei dieser Gesellschaft Unzukömmlichkeiten in der Gebarung festgestellt worden sind. [...] Infolgedessen hat nun die Regierung gestern in einem außerordentlichen Ministerrat eine Reihe von Gesetzentwürfen beschlossen.«[4]

Dies klang nach staatstragendem Verhalten, einer verantwortungsvollen Beschlussfindung, bei der individuelle Vorbehalte angesichts einer unmittelbaren Gefahr für das Land selbstverständlich zurückgestellt wurden. Schaut man in das Protokoll der Ministerratssitzung,[5] so bestätigt sich dieser Eindruck nicht. Im Zentrum der Sitzung stand lange Zeit die Frage der Dringlichkeit: warum waren die Gesetze auf diesem außerordentlichen Treffen zu beschließen und nicht einen Tag später? War die Teilnahme des Kanzlers tatsächlich verzichtbar? Finanzminister Draxler versuchte, dies der Ministerrunde zu erklären; er hatte die Fachkompetenz. Die unmittelbare Gefahr eines »Run« – so seine Erläuterung – gebe es bei einem in Zahlungsnöte geratenen Versicherer typischerweise nicht. Denn – anders als bei einer ins Rutschen geratenen Bank – könnten die Kunden nicht einfach ihr Konto auflösen; vielmehr müssten sie den Versicherer auffordern, ihre Policen zurück zu kaufen. Dies brauche Zeit und bringe den Kunden ganz erhebliche Verluste. Trotz dieser Einschränkung, so der Finanzminister weiter, sei die durch den Phönix-Sturz entstandene Gefahr enorm. »Ein Journalist [sic!] habe dringend gefordert, daß die Bundesregierung noch heute ein Communiqué über die getroffenen Maßnahmen herausgebe, weil sonst ein Run auf die ›Phönix‹ unvermeidlich wäre.« Eben deshalb – so Draxler – habe der Vizekanzler den Ministerrat einberufen. Und Starhemberg ergänzte, dass man angesichts der gebotenen Eile die Rückkehr des Kanzlers aus Rom nicht habe abwarten können.[6]

Was meinten die weiteren Mitglieder der Runde? Entschiedenster Befürworter eines unmittelbaren Handelns war Dr. Kienböck, Präsident der Oesterreichischen Nationalbank, den man hinzu gezogen hatte. Er berichtete, dass zwei ausländische Gesellschaften, die zu einer Übernahme des Phönix bewegt werden sollten, sich nun endgültig zurückgezogen hätten; dies habe die Notwendigkeit eines schnellen Beschlusses definitiv erhöht. Diese Position Kienböcks unterstützte nur der Finanzminister, während Baar-Baarenfels, der ebenfalls für ein Eilverfahren plädiert hatte, sich in dieser Debatte deutlich zurückhielt. Starhemberg agierte zunächst in der Rolle des klug abwägenden Versammlungsleiters.

Justizminister Dr. Winterstein äußerte Bedenken; die Entscheidungsfindung sollte nicht über Gebühr beschleunigt werden. Draxlers Vorschlag, die Gesetze »unter allen Umständen auf Grund des Ermächtigungsgesetzes zu erlassen«[7] sei gründlich abzuwägen; im Ausnahmefall könne auch die »verfassungsmäßige Gesetzesmaschinerie innerhalb von 24 Stunden in Bewegung« gesetzt werden.[8] Aufschlussreich ist auch dieser Protollauszug: »B. M. Dr. Winterstein meint, es sei schwer, Gesetze zu beschließen, von denen die Mitglieder der Regierung nur zum Teil den Wortlaut kannten. Es müßte daher wenigstens der Text der Gesetze vorliegen. Über Befragen des V. K. Starhemberg, warum denn die Gesetzentwürfe den Mitgliedern des Kabinetts nicht zugekommen seien, erklärt B. M. Dr. Draxler, daß die mit der Sache befaßten Beamten bis 4 Uhr früh gearbeitet hätten und es daher nicht möglich gewesen sei, die Gesetzentwürfe gleich zu Beginn der Sitzung vorzulegen. Die Gesetzentwürfe würden jedoch noch im Laufe der Sitzung eintreffen und sodann zur Verteilung gelangen.«[9]

Nachhaltiger Gegner eines Eilverfahrens war der Sozialminister Dr. Dobretsberger.[10] Dabei ging es ihm offenbar weniger um Angriff als um Verteidigung; er widersetzte sich vor allem den Maßnahmen zur »Erleichterung der Personallasten von Versicherungsanstalten.«[11] Darin sah er eine weitere Erosion der Arbeits- und Sozialpolitik, zudem einen Souveränitätsverlust für sein Amt. Wenn er vor der Beschlussfassung nicht die Gelegenheit erhalte, mit Vertretern der Gewerkschaften zu sprechen, so sei sein Ruf als Ressortpolitiker ruiniert. Mit dieser entschiedenen Abwehr entfachte er einen Streit, der schnell zum Kernkonflikt der Debatte wurde; denn nunmehr war die offene Verfahrensfrage mit einer strittigen Sachfrage des Gesetzespakets verknüpft. Die Verfechter des Eilverfahrens sahen sich herausgefordert, und der ressortfachliche Einwand führte unvermeidlich zu einer fallübergreifenden Frage: wie lange, bitte schön, sollten Angestelltenprivilegien aus sozialdemokratischer Regierungszeit noch fortbestehen, während für die große Masse der Beschäftigen längst andere Bedingungen galten?

Dobretsberger wurde zunehmend isoliert, er sprach von Rücktritt. Nun bezog Starhemberg Position. Er war nicht länger der abwägende, ausgleichende Vizekanzler, sondern forderte nun mit Nachdruck dazu auf, alle vier Gesetze noch am selben Tage zu verabschieden. Kurz wurde erörtert, ob ein solcher Beschluss mit der nachträglichen Zustimmung des Bundeskanzlers verknüpft werden sollte. Finanzminister Draxler meinte, »daß es immerhin eine starke Zumutung wäre, wenn man vom Bundeskanzler unmittelbar nach seiner Rückkunft die Prüfung und Entscheidung der den Ministerrat beschäftigenden Probleme [sic!] verlangen wollte.«[12] Er schlug vor, den Beschluss unabhängig zu fassen und nur die zugehörige Regierungsverlautbarung (Communiqué) dem Kanzler zur Genehmigung vorzulegen. Dobretsberger wollte letzteres davon abhängig machen, dass er noch am selben Abend mit Angestelltenvertretern sprach und das Ergebnis bis 22 Uhr dem Vizekanzler mitteilte. Dieser sagte daraufhin wörtlich: »Die Versicherungsnehmer werden nicht gefragt, die paar angestellten polnischen Juden müssen gefragt werden. Die bodenständigen Versicherungsnehmer werden nicht gefragt.«[13]

Erst jetzt begann die Diskussion der Gesetzestexte, schlug aber schnell wieder um, als Dr. Dobretsberger den Raum verlassen wollte. Starhemberg bestand darauf, dass die vier Vorlagen unbedingt als Ganzes zu behandeln seien; andernfalls werde er aus der Regierung ausscheiden. Man kehrte zur Sachdiskussion zurück, weitere Textpassagen wurden angesprochen, die fünfte Stunde der Sitzung brach an, und Dobretsberger erklärte, daß er noch heute zustimmen werde. Er behalte sich aber vor, morgen mit dem Bundeskanzler zu sprechen und danach zu entscheiden, welche Konsequenzen er zu ziehen habe. Damit war der Weg für eine einstimmige Annahme der Entwürfe frei.

Das Gebot der Dringlichkeit: es blieb umstritten, aber die Form wurde gewahrt. Der Bundeskanzler, fahrplanmäßig im Zug aus Rom eingetroffen, wurde am Bahnhof von Vizekanzler und Ministern begrüßt. Das Communiqué war am 26. März in der Wiener Zeitung zu lesen, und noch am selben Tage erklärten Draxler und Baar-Baarenfels die Gesetze detailreich in einer Pressekonferenz. Sie war sicherlich nicht ohne Drängen Schuschniggs zustande gekommen war. Der Eindruck, die Verabschiedung der Phönix-Gesetze könnte voreilig erfolgt sein, durfte sich nicht verfestigen.

Die politische Wirkung des Falls Phönix, mit seiner Verschärfung der Rivalität in der Regierungsspitze: auch in den erwähnten Reden von Adam und Schuschnigg wurde sie deutlich.[14] Beide Vorträge blieben in der deutschen Presse unbeachtet, doch das Auswärtige Amt nahm sie aufmerksam zur Kenntnis. Den Akten ist klar zu entnehmen, welcher der beiden Rivalen den Vorzug erhielt. Die deutsche Gesandtschaft in Wien berichtete, »daß Adam bei der Aufzählung der Geldgeber die Christlichsozialen und die Heimwehr, die er in erster Linie hätte nennen sollen, aus naheliegenden Gründen nicht genannt hat. [...] Adam dürfte seine Rundfunkrede unter dem Einfluß Starhembergs gehalten haben, mit der sichtlichen Tendenz, für die Lösung der Schuldfrage eine die Heimwehr und Starhemberg schonende Richtung zu zeigen.«[15]

Der Bericht zitierte auch Schuschnigg mit seinen Bemerkungen zur Phönix-Sache und verwies auf eine anliegende, »vorläufige« Auflistung der Geldempfänger, die während der Bundestagssitzung am 1. April »von Hand zu Hand« gegangen sei. In dieser Liste hielt die Heimwehr einsam die Spitze, mit 45 Millionen Schilling. Die Gesandtschaft hob dies hervor – und stellte infrage, ob Schuschnigg sich bei der Aufklärung der Phönix-Sache gegen Starhemberg werde durchsetzen können. Das Fazit: »Man hält es hier daher in nationalen Kreisen für wichtig, daß in der deutschen Presse zurzeit alles vermieden wird, was die Stellung Schuschniggs erschweren könnte, zumal Dr. Schuschnigg ernsten Bestrebungen, die ›Phönix‹-Affäre zum Anlaß zu nehmen, um den jüdischen, insbesondere polnisch-jüdischen Einfluß nicht nur beim ›Phönix‹, sondern auch bei sonstigen großen Unternehmungen Österreichs zurückzudrängen, nicht ablehnend gegenüberstehen soll. Man würde es dagegen begrüßen, wenn in der deutschen Presse und zwar auch in der in Österreich zugelassenen ›Frankfurter Zeitung‹ immer wieder auf die Beseitigung des schädlichen jüdischen, insbesondere polnisch-jüdischen Einflusses hingewiesen werden würde.«[16]

Die *Frankfurter Zeitung* gab einen solchen Hinweis nicht, berichtete aber ausführlich über das eigentliche Ergebnis der Bundestagssitzung vom 1. April und damit über einen weiteren Punktgewinn Schuschniggs: das Parlament hatte die Einführung einer allgemeinen Dienstpflicht für öffentliche Zwecke beschlossen. Damit war Schuschnigg ermächtigt, männliche Bundesbürger zum Dienst mit oder ohne Waffe heranzuziehen. Mit Blick auf Auslandsproteste betonte er, dass die Verpflichtung keinesfalls mit einer allgemeinen Wehrpflicht gleichzusetzen sei. Sein Erfolg war vor allem ein innenpolitischer, wie auch die *Frankfurter Zeitung* schrieb: »Damit dürfte [...] eine endgültige Auflösung der freiwilligen Heerverbände, also der Heimwehr, der ostmärkischen Sturmscharen usw. erfolgen.«[17]

Die Verabschiedung des Wehrpflicht-Gesetzes galt somit als Niederlage des Heimatschutzführers Starhemberg. Sein Gegenangriff folgte schon bald. In seiner Rede auf einer Großveranstaltung des Heimatschutzes sagte er: »Zu einer Kundgebung im richtigen Augenblick haben sich Kameraden aus den niederösterreichischen Heimatschutzgauen hier versammelt, um den Beweis zu erbringen, daß der Heimatschutz nicht daran denkt, als bewaffnete freiwillige Formation abzurüsten und vom Schauplatz abzutreten.«[18] Die offizielle Pressemeldung des Heimatschutzes brachte diesen Satz Starhembergs als Zitat, nicht jedoch einen Zusatz, der auch in die Presse kam: die Auflösung sei nur über seine Leiche zu erzwingen.[19]

Tags darauf sprach Schuschnigg auf einer Kundgebung der Ostmärkischen Sturmscharen und der Vaterländischen Front über die »Welt in Sorge« und »Wolken über Österreich«. Dabei bezog er auch den Phönix-Skandal ein: »Auf der einen Seite war es der spekulative Ungeist, der, durch mehr als ein Jahrzehnt wirtschaftend, uns die schwere Verlegenheit in der Lebensversicherungsanstalt Phönix brachte, jener Ungeist der Spekulation, den zu bekämpfen und auszurotten mit eine Aufgabe des neuen Österreich bleiben muß. Und, indirekt bezogen auf Starhemberg, sagte er zu den Differenzen in der Vaterländischen Front: »Es ist ein wenig Mode geworden, [...] daß man sich etwas allzu schematisch entweder als Faschisten oder als Demokraten bezeichnet. [...] Man sollte bei uns nicht zuviel mit diesen Begriffen, die nicht auf österreichischem Boden gewachsen sind, operieren.«[20]

Zwei Tage später kam das Regierungskommuniqué zu den Listen heraus, die den Heimatschutz als einen der Hauptempfänger auswiesen. Die Tage des Vizekanzlers im Amt waren gezählt. In seine Aufzeichnungen schrieb er später: »In den ersten Maitagen überraschte mich Schuschnigg eines schönen Tages mit der Ankündigung, daß er die Absicht habe, tiefgreifende organisatorische Reformen im Aufbau der Leitung der Vaterländischen Front und im Verhältnis der freiwilligen Wehrverbände zur Vaterländischen Front durchzuführen. Gleichzeitig wollte er eine Regierungsumbildung vornehmen. Mir erschien der ganze Plan Schuschniggs kopflos und übereilt, und ich widersprach.«[21]

In den folgenden Tagen kam es zu weiteren Auseinandersetzungen und in der Nacht des 12. auf den 13. Mai zum Bruch. »Am nächsten Tag, um etwa zehn Uhr, kam der Finanzminister Dr. Draxler zu mir. Er teilte mir mit, daß der Kanzler ihn zu sich berufen hätte, um ihm zu sagen, daß er, der Kanzler, nicht mehr mit mir zusammenarbeiten könne und mich auffordern müsse, aus der Regierung auszuscheiden. Als Grund führte der Kanzler unter anderem ein Telegramm an, das ich an Mussolini geschickt hätte und in dem auch eine scharfe Kritik der demokratischen Politik enthalten sei.« Starhemberg hatte Mussolini »im Namen der für den faschistischen Gedanken Kämpfenden und im eigenen Namen [...] zu dem ruhmvollen, herrlichen Sieg der italienischen faschistischen Waffen über die Barbarei, [...] über demokratische Unehrlichkeit und Heuchelei« gratuliert.[22] Schuschnigg schrieb in seinen Erinnerungen: »daß eine Reparatur des Fauxpas unumgänglich war. [...] Daß Vizekanzler und Außenminister [...] aus rein außenpolitischen Gründen nicht gehalten werden konnten, war schon mit Rücksicht auf die Westmächte klar.«[23]

Der Streit weitete sich zu einer Regierungskrise aus. Es spricht viel für die Deutung, dass sowohl Schuschnigg als auch Starhemberg den entscheidenden, offenen Schlagabtausch suchten. Beiden war klar, dass Mussolini die Annäherung an Hitler nur dann gelingen konnte, wenn er nicht weiterhin beanspruchte, die

Unabhängigkeit Österreichs zu schützen. Ein partielles Einvernehmen mit Hitler galt damit beiden – Schuschnigg und Starhemberg – als unabwendbar, nur wollten sie diese Annäherung nicht Seite an Seite sondern nach den jeweils eigenen Vorstellungen erreichen. Die klerikalen und die profaschistischen Sichtweisen waren jedoch unvereinbar.[24]

Nach dem Sieg des Kanzlers stand der schrittweisen Hinwendung zu Hitler nichts mehr im Wege. Vier Wochen nach dem Bruch zwischen Schuschnigg und Starhemberg wurde das »Juliabkommen« zwischen beiden Regierungen geschlossen – »in dem Glauben, damit am besten den vielgestaltigen, wechselseitigen Interessen der beiden deutschen Staaten zu dienen«. Vereinbart wurde, die Beziehungen »wieder normal und freundschaftlich« zu gestalten und auf die innerpolitische Entwicklung im jeweils anderen Land – einschließlich der Frage des österreichischen Nationalsozialismus – keine Einwirkung zu nehmen. Für die von beiden Seiten gewünschte Entspannung seien eine Reihe von Einzelmaßnahmen zu ergreifen und die dafür notwendigen Voraussetzungen zu schaffen. Die deutsche Regierung erkannte die volle Souveränität Österreichs an, im Sinne der Zusicherung, die Hitler bereits vor einem Jahr gegeben hatte.[25]

Schuschnigg nahm zwei Politiker in die Regierung auf, die das Vertrauen der Hitler-Regierung hatten,[26] und er akzeptierte die Amnestie der verhafteten österreichischen Nationalsozialisten. Die Regierungskrise, zu deren Ausbruch der Phönix-Skandal beigetragen hatte, schien überwunden. Jedoch, so das Fazit von Isabella Ackerl: »Die Position des Kabinetts in dieser Zusammensetzung war aufgeweicht worden. Das Ansehen Österreichs wurde durch diesen Skandal sehr in Mitleidenschaft gezogen, daran änderte auch die korrekte Abwicklung durch Schuschnigg nichts. Die Behauptung der Nationalsozialisten, daß dieser Skandal den Weg zum Abkommen vom 11. Juli beschleunigt hätte, kann kaum ein stichhaltiges Argument entgegengehalten werden.«[27]

Der Fall Phönix begünstigte das Einlenken Mussolinis und die Wiederannäherung der »beiden deutschen Staaten«: dies war ein durchaus überraschendes Ergebnis. Hatten doch die Beschwerden des RAA über Deckungslücken beim Phönix durchaus für beiderseitige Verstimmung, auch auf diplomatischer Ebene, geführt. Das Engagement des Phönix in der Aktion Fremdenverkehr und seine Flüchtlingshilfe für deutsche Juden erzeugten ein weiteres Konfliktpotenzial, auch aus Sicht des Auswärtigen Amts. Und bot schließlich der Sturz des Phönix nicht willkommenes Material für eine deutsche Wirtschaftspropaganda gegen den Nachbarstaat?

Ein Blick zurück ins Jahr 1934: die Beziehungen zwischen Wien und Berlin waren spätestens mit dem Juliputsch der österreichischen NSDAP äußerst frostig geworden. Der deutschen Regierung kam das Scheitern des Umsturzversuches mit dem tödlichen Attentat auf den Bundeskanzler Dollfuß höchst ungelegen.[28] Hitler entließ den deutschen Gesandten Rieth und lobte den Vizekanzler von Papen als seinen Sonderbeauftragten in das vakante Amt. Er sollte die Empörung auf österreichischer Seite dämpfen und zu einer Normalisierung der Beziehungen auf diplomatischem Wege beitragen. Das Agrément war auf österreichischer Seite umstritten und wurde ihm nur zögerlich erteilt, im August 1934.[29] Von Papen führte fortan den Titel: der außerordentliche Gesandte und bevollmächtigte Minister in besonderer Mission.

Einen ersten Schwerpunkt setzte er auf den Medienaustausch, der nahezu zum Erliegen gekommen war. Im Juli 1934 war die NSDAP Österreich verboten und deren gesamte Prese ausgeschaltet worden. Umgehend enstand eine Reihe von illegalen Blättern, so *Der Kampfruf* in Wien und *Der Kampf* wie auch *Der Angriff* in der Steiermark. Zudem kamen aus dem Reich einzelne Zeitungen auf Schleichwegen ins Land, insbesondere solche, die verstärkt über Österreich und die dortige Unterdrückung »reichsfreundlicher Bewegungen« schrieben.[30] Dies konnten sie allerdings nur insoweit, wie das RMVP es zuließ. Goebbels, dort bestimmend, notierte am 20. August 1934 in sein Tagebuch: »Mittags und nachmittags Führer. Alles mögliche durchgesprochen. Nachher Papen. Österreich-Frage. Es steht dort sehr sauer. Müssen uns auf lange gefaßt machen. Beschließe mit ihm Entwurf eines Presse- und Rundfunk-Abkommens.«[31] Und zwei Wochen darauf: »Mit Papen Pressepolitik gegen Österreich festgelegt. Da gibt's jetzt eine Linie.«[32]

Auf welchen Sachverstand konnten die beiden in dieser Frage rechnen, wer verstand es, aus der »Linie« ein Konzept zu machen und bei dessen Umsetzung zu helfen? Welche Österreich-Experten mit fundierter Presseerfahrung gab es in Deutschland, und wer von ihnen trug die richtige Farbe? Das »Wer ist wer« in dieser Nische war überschaubar, und vermutlich war es Walter Funk, Staatssekretär bei Goebbels, der den Namen Karl Megerle ins Spiel brachte. Zweifellos hatten sich ihre Wege zu Anfang der Dreißiger bei der *Berliner Börsen-Zeitung* gekreuzt; Funk war dort Chefredakteur und Megerle freier Mitarbeiter. Er lebte seit 1931 in Berlin und befasste sich, auch in Verbindung mit dem Auswärtigen Amt, speziell mit »der österreichischen Frage«. Parteimitglied wurde er im Mai 1933. Galt er als Idealbesetzung? Offenbar, denn Funk berief ihn Anfang Oktober 1934 in das RMVP; er sollte »sich für die in Aussicht genommene Tätigkeit in Wien einarbeiten.«[33] Vorgesehen war, dass er in der Presseabteilung der Wiener Gesandtschaft die Aufgaben eines »Propaganda-Attachés« übernehmen werde. Konnte dabei auch der Phönix zum Propaganda-Ziel werden? Einstweilen arbeitete Megerle als angestellter Referent in der Abt. VII des RMVP, zuständig für Österreich.

Von Papen zeigte sich grundsätzlich einverstanden, wusste aber auch, wie empfindlich die österreichische Regierung auf deutsche Initiativen in den Bereichen Presse und Propaganda reagieren könnte. Mehr noch: er vermutete, dass Megerle in Österreich einschlägig bekannt war, und das Wiener Außenministerium ihm den Zugang in die deutsche Vertretung verwehren könnte. Megerle gehörte der »Vereinigung der Berichterstatter der reichsdeutschen Presse« an. Sie wurde von dem Wiener Hans Hartmayer geleitet, der 1934 ausgewählt war, nach Gelingen des Putsches zum Staatssekretär für das Pressewesen aufzusteigen. In den Erinnerungen eines österreichischen Parteigenossen an die »Presse während der Kampfjahre« liest man: »Dr. Karl Megerle von der ›Börsenzeitung‹, der die illegalen Kämpfer in Österreich stets außerordentlich unterstützte [...] hat nicht nur in vielen großen Blättern des Reiches den Standpunkt der österreichischen Nationalsozialisten, sondern auch ihren Kampf durch tausende und abertausende Bücherspenden unterstützt, die nachts über die Grenze geschwärzt wurden. Einer seiner Artikel ›Die Sünde wider das Reich‹ wurde in vielen zehntausenden Exemplaren durch Fluzeuge abgeworfen und wanderte von Hand zu Hand.[34]

Am 3. November 1934 schrieb von Papen an das Auswärtige Amt: »Ich halte die Zuteilung dieses hochqualifizierten Journalisten [...] für sehr wünschenswert. Indessen hatte ich bei meinem letzten Aufenthalt in Berlin Herrn Reichsminister Dr. Goebbels gebeten, die Entsendung des Dr. Megerle nicht vor dem 1. Januar ins Auge zu fassen und dieses auch mit Dr. Megerle besprochen. Dr. Megerle hat bekanntlich in der Börsenzeitung oft eine sehr scharfe Klinge gegen Österreich geschlagen, und ich möchte mich nicht der Verlegenheit aussetzen, daß seine Persönlichkeit hier aus diesem Grunde auf Veranlassung des Gesandten Ludwig abgelehnt wird.«[35] Papen schlug vor, es bei dem 1. Januar 1935 zu belassen.

Goebbels hielt an Megerle fest, zumal er Papen wenig schätzte und ihm wohl auch ein verdecktes Taktieren zutraute.[36] Dennoch, das Verfahren zog sich hin. Zwischenzeitlich wurde auch der Reichskanzleichef mit der Sache befasst. Megerle hatte sich über eine unzureichende Bezahlung in der Einarbeitungszeit beklagt, und Dr. Lammers hatte daraufhin an Funk geschrieben: »Ihrer [...] Anregung habe ich gern entsprochen und Herrn Dr. Megerle zum Ausgleich der ihm entstandenen finanziellen Schädigungen im Auftrage des Führers und Reichskanzlers den Betrag von 1500,– RM zur Verfügung gestellt. Herr Dr. Megerle ist bereits davon verständigt.«[37] Megerle schrieb, dass sich seine anderweitige Verwendung durch den Führer und Reichskanzler wahrscheinlich noch hinausziehen werde. Sicherlich hatte er davon erfahren, dass von Papen mit seinem Vorschlag, die gesamte deutsche Presse erneut zuzulassen, in Wien auf Granit gestoßen war.[38] Dies stellte Megerles Einsatz in Wien grundsätzlich in Frage; denn das Verbreiten deutscher Zeitungen in Österreich war als eine seiner Hauptaufgaben vorgesehen. Folglich war ein anderer Weg nach Wien zu finden: Megerle beantragte für April einen Erholungsurlaub und schlug vor, ihn mit einer »österreichischen Informationsreise« zu verbinden. Dieses Schreiben in seiner Personalakte trägt eine Randnotiz, vom 3. April 1935: »Dr. Megerle ist ausgeschieden.«[39]

Die Idee, ihn mit Sonderaufgaben in Österreich zu betrauen, war damit keinesfalls vom Tisch. Megerles Programmentwurf für seine Arbeit in Österreich, in Goebbels' Auftrag erarbeitet, war Anfang März 1935 im AA besprochen worden. Papens Stellungnahme, nach Rücksprache mit den deutschen Konsulaten, klang eindeutig positiv.[40] Im August machte Ministerialdirektors Köpke, Leiter der Politischen Abteilung II im AA, diese Aufzeichnung mit Geheimvermerk: »Der Gedanke der Gründung eines Büros Megerle hat inzwischen die Billigung der zuständigen Ressorts und auch der allerhöchsten Stelle im Reich gefunden.«[41] Der Führer werde den Beauftragten demnächst auf dem Obersalzberg empfangen und sich die Pläne vortragen lassen. Megerle verfolge mit seiner Tätigkeit »propagandistisch-kulturelle« Zwecke, er wolle dazu beitragen, die kulturellen und geistigen Beziehungen zum Nachbarlande zu festigen und zu fördern. Das RMVP und die zuständigen Parteistellen unterstützten das Vorhaben »in jeder Hinsicht, auch finanziell.« Das AA sollte sich »mit einem namhaften Betrag« anschließen. Die Haushaltsabteilung sagte dies zu, und der Empfänger quittierte Ende August, dass er fünftausend Reichsmark erhalten habe. Megerles »Österreichspezialauftrag Büro Dr. M (Geheimbüro)«, vom RMVP im April 1935 erteilt, lief schließlich bis zum Mai 1938, endete also kurz nach dem »Anschluss«.[42]

Dr. Karl Megerle (1894–1972) war zweifellos eine wichtige Figur in verdeckten auswärtigen Diensten, zunächst für Goebbels und ab 1939 für Ribbentrop. Mehrere Autoren haben über ihn geschrieben, und aus diesen Teilen lässt sich ein Bild formen. Insbesondere seine Rolle in der geistig-kulturellen Vorbereitung des »Anschlusses« wurde eingehend untersucht und einleuchtend dargestellt.[43] Seine Arbeiten in und über Österreich haben »allerhöchste« Anerkennung gefunden;[44] 1938 wurde er mit einem Reichstagsmandat belohnt. Dies alles ist bekannt. Die Person Megerle könnte somit aus der Betrachtung des Phönix-Skandals getrost ausgespart bleiben, falls dieser Fall den Geheimbüro-Leiter nicht berührt hätte. Dies anzunehmen wäre falsch; denn der Phönix zählte durchaus zu Megerles Themen, kurz vor und nach dem Krach.

Am 1. Juni 1936 schrieb ihm ein Dr. Schumetz aus Berlin-Schöneberg: »Sehr geehrter Herr Doktor! In der Anlage sende ich Ihnen Durchschläge meiner Arbeiten in den letzten Wochen, da dies seinerzeit mit Ihnen so vereinbart wurde.« In diesem Brief folgte eine längere Liste von Artikeln und Nachrichtensammlungen, mit deren Empfängern. Soweit angegeben bezogen sich alle auf Österreich und einige unverkennbar auf den Phönix. Fünf Beispiele, zitiert wird Schumetz:

- »Nr. 35: ›Der Zusammenbruch des Phönix-Konzerns etc.‹ wurde für die Gemeinschaftsarbeit Wehofsich geschrieben, ebenso Nr. 44, ›Die Maßnahmen zur Ausgleichung des Prämienreserveabganges beim Phönix‹ (11 Seiten). Diese

Arbeiten wurden, wie man mir sagte, zusammen mit anderem Material an den Wirtschaftsbeauftragten des Führers Dr. Keppler weitergeleitet.«

- »Nr. 37: ›Die internationalen Auswirkungen des Phönix-Zusammenbruches‹ wurde Pg. Pavlu zu weiteren Verwertung übergeben und ist angeblich im ›Jugoslavenski Lloyd‹ erschienen.«
- »Nr. 45: ist an Pg. Pavlu gegangen. Nicht zur Veröffentlichung bestimmt.« (Dieses Papier hat zum Titel: Exposé über die politische und wirtschaftliche Sinnwidrigkeit der Verwendung von Juden als Vertreter deutscher Wirtschaftsinteressen im Ausland unter besonderer Berücksichtigung der Verhältnisse in Österreich.)
- »Nr. 43: ›Sozialpolitik im christlichen Ständestaat‹ habe ich dem ›Angriff‹ eingesandt und von ihm wegen angeblicher Überlastung zurückerhalten.«

Der Brief ließ am Ende eine gewisse Enttäuschung erkennen, insbesondere über eine Presseagentur IPA:[45] »Die Arbeit an der ›IPA‹ habe ich vorläufig aufgegeben, da von den ganzen Phönixbeiträgen nichts erschienen ist. Man hätte mit diesem Material unbedingt etwas anfangen müssen. Ich erwarte [sic!] Ihre Stellungnahme dazu. Überhaupt hielte ich es für gut, wenn ich gelegentlich mit Ihnen einiges besprechen könnte.«[46]

Wer war dieser »Dr. Schumetz«, zu welchem Zweck schrieb er seine Politikpapiere, und wie sind die Inhalte zu beurteilen? Welches Interesse hatte Megerle an diesen Arbeiten, waren sie gar in seinem Auftrag entstanden? Und wer waren die Empfänger, hatte Megerle sie vorgeschlagen oder bestimmt? Kurzum: schrieb Schumetz für das Büro Megerle? Dr. jur. Georg Schumetz war Österreicher, 1898 in Wien geboren, im Mai 1932 der NSDAP Österreich beigetreten und kurz darauf in deren Landesleitung tätig geworden. Dort trug er im Amt für Wirtschaft als Unterabteilungsleiter die Verantwortung für Geld- und Währungswesen sowie für Allgemeine Wirtschaftspolitik und kooperierte dabei mit nationalsozialistischen Zeitungen.[47]

Die Partei bildete nach ihrem Verbot 1933 eine Exil-Landesleitung in München. Schumetz blieb noch in Wien, bis er 1935 seine Anstellung in der Oesterreichischen Nationalbank verlor.[48] Daraufhin ging er nach Deutschland und meldete sich in Berlin im Mai 1935 im Amt für Flüchtlingsvermittlung. Ausgebürgert wurde er im Folgejahr, kurz vor dem Juli-Abkommen. Er dürfte schon vorher mit Megerle über Presseverbindungen in Kontakt gekommen sein. Denn dass dieser in Sachen Presse eine enge Verbindung zur Landesleitung hatte, bestätigt eine Aktennotiz des AA-Staatssekretärs von Bülow. In der Nacht des 25. Juli 1934, nach Ausbruch des Putsches, habe ein Herr Megerle aus der Landesleitung Österreich mehrmals bei ihm angerufen und sich erkundigt, welche Nachrichten vorlägen und ob es Richtlinien für Presseberichte über die Vorgänge gäbe.[49]

Wie erwähnt: Megerle, ab 1935 NS-Propagandist für Österreich, arbeitete vor allem auf »kulturellem« Gebiet. Zudem war er mit Wirtschaftsfragen befasst. Dazu gehörte es im Frühjahr und Sommer 1936, im Büro Megerle den Fall Phönix propagandistisch aufzubereiten und zu verwerten – eine Aufgabe, die der Büroleiter andernfalls als Gesandtschaftsmitglied erhalten hätte. Anzunehmen ist, dass zumindest zwei der Phönix-Papiere unmittelbar diesem Zweck dienten; denn Schumetz schrieb sie für die »Gemeinschaftsarbeit Wehofsich«.[50] Wehofsich hatte angeblich die erstgenannten Arbeiten an den »Wirtschaftsbeauftragten des Führers Dr. Keppler« weitergeleitet.[51] Die weiteren Arbeiten: vier von Ihnen gingen an den Parteigenossen Rudolf Pavlu, wie Wehofsich aus Österreich emigriert, nachdem er als Stabsleiter von Otto Wächter aktiv am Juliputsch beteiligt gewesen und für 18 Monate inhaftiert war.

Warum, auf wessen Wunsch und für wen schrieb Schumetz seine Papiere? Diese Fragen wurden ansatzweise schon oben beantwortet. Was noch fehlt, ist deren inhaltliche Einordnung; die zwei folgenden Beispiele geben darüber Aufschluss.

Das Papier »Der Zusammenbruch des Phönix-Konzerns – seine Ursachen – seine Auswirkungen«, vermutlich im April 1936 entstanden, unterscheidet sich in puncto Ursachen nicht wesentlich von dem, was in seriösen Wirtschaftsartikeln deutscher Medien, wie der *Frankfurter Zeitung* oder der Zeitschrift *Die Bank* zu lesen war. Der Schluss ist dagegen im Stil des »Angriff« geschrieben. Schumetz' Ursachenanalyse wirkt wirtschaftsjournalistisch qualifiziert, ebenso wie seine Einschätzung der ergriffenen Sanierungsmaßnahmen. Die Gründe des Zusammenbruchs sah er in politischen Fehlkonstruktionen der Friedensverträge, in der österreichischen Außenwirtschaftspolitik nach 1918, in der Schuld Berliners – verbunden mit dem Versagen der Kontrollorgane – und schließlich in der Finanzpolitik des österreichischen Staates, der mit seinen Kreditforderungen die großen Banken und Versicherungen in eine ungesunde Gläubigerposition gedrängt habe. Diese Einschätzung deckte sich in wesentlichen Punkten mit dem, was in der *Bank* oder in *Neumanns Zeitschrift* zu lesen war.[52] Ähnliches gilt für die kritische Einschätzung der Sanierungskonstruktionen.

Anders der propagandistische Schlussteil: er richtete sich gegen »deutsche Wirtschaftsführer«, die auf das österreichische Versicherungswesen einen Einfluss nähmen, der »den politischen Absichten der Reichsregierung geradezu entgegen läuft.«[53] Darauf habe schon vor zwei Jahren das Amt für Wirtschaft in der Landesleitung Österreich hingewiesen. In den Blick nahm Schumetz die vier deutschen Mitglieder im Phönix-Verwaltungsrat, im Übrigen auch einige jüdische Leitungspersonen der Versicherungsgesellschaft *Victoria* zu Berlin und deren Wiener Filiale. Der Verwaltungsrat habe dem Direktor nicht die Hände gebunden, als dieser gleich zweimal Versicherungsgelder einsetzte, um das Überleben der österreichischen Regierung zu sichern. Schumetz' Fazit: »Vorkommnisse, wie sie sich bei der unter maßgeblichem Einfluß der Münchner Rückversicherungsgesellschaft stehenden Lebensversicherung Phönix oder bei der Wiener Filiale der Viktoria zu Berlin ereigneten oder noch ereignen, schädigen nicht nur das Ansehen des Deutschen Reiches im Ausland, sondern sie stellen auch das Vertrauen der Parteigenossen in Österreich auf eine harte Probe, sind also nicht nur außenpolitisch, sondern vom gesamtdeutschen Standpunkt aus gesehen, auch innenpolitisch schädlich.«[54]

In dasselbe Horn stößt er im genannten »Exposé« (Nr. 45): »Der Einfluß der Münchener Rückversicherungsgesellschaft auf den Phönix war maßgebend, die Schuld, die Dr. Berliner auf sich geladen hat, muß mitgetragen werden von diesen vier Mitgliedern des Direktionsrates, die glaubten dass der Ausbau wirtschaftlicher Machtpositionen des deutschen Reichs am Besten durch einen Juden erfolgen könnte.« Als die vier Mitglieder nennt er: von Kardorff, Kaufmann, Kißkalt und Remshard. Die nachfolgenden Passagen sind durchgängig antisemitisch. Dabei bezieht sich Schumetz ausdrücklich auf jahrelang geleistete Überzeugungsarbeit des (seines) Amts für Wirtschaft: die deutschen oder deutsch beeinflussten Großunternehmen im Lande sollten ihre jüdischen Direktions- und Aufsichtsratsmitglieder durch Arier ersetzen. Die Argumentationsfolge: der Antisemitismus in Österreich ist keinesfalls auf die Nationalsozialisten beschränkt. Er ist nicht nur unter den Heimatschützern und in der Vaterländischen Front verbreitet sondern auch im Regierungslager in starken Gruppen verankert. Die »Rücksichtnahme« deutscher Partei- und Regierungsstellen auf eine angebliche Vorliebe der österreichischen Seite für jüdische Manager ist daher ganz und gar unbegründet. Phönix, *Victoria* und auch die Wiener Niederlassung der *I. G. Farben* sind lichtvolle Beispiele.

Leserin und Leser erinnern sich: Schumetz hatte am 1. Juni 1936 einen Brief an Megerle geschrieben, neues Material übersandt, sich aber auch beklagt, dass seine Arbeiten nicht gerade reißenden Absatz fanden. Dafür gibt es eine plausible, wenn auch nicht belegte Erklärung: das Juli-Abkommen war in Vorbereitung, die deutsche Seite propagierte die Rückkehr zu normalen und freundschaftlichen Beziehungen. Scharfe, sogar polemisierende Kritik an der österreichischen Regierung konnte diese Annäherung erschweren, insbesondere dann, wenn sie aus der Feder von erklärten Feinden der Schuschnigg-Regierung stammte. Megerle musste damit rechnen, dass die Bedenken, die Papen Ende 1935 gegen seinen journalistischen Ruf vorgebracht hatte, erheblich verschärft würden, wenn er seine Aufklärungs- und Propagandamaterialien von einem österreichischen Autor bezöge, der wegen nationalsozialistischer Agitation entlassen und ausgebürgert worden war.

Hinzu kam ein inhaltlicher Grund. Schumetz richtete seine Kritik vor allem auf Wirtschaftssystem und Wirtschaftspolitik; seine Phönix-Papiere sind in diesem Rahmen zu sehen. Er tat dies in einer Phase, als auf deutscher Seite das Interesse an wirtschaftlicher Kooperation offensichtlich stieg. Dies fand seinen Niederschlag auch im Juliabkommen: im (geheimen) Gentlemen's Agreement erklärte die Hitler-Regierung sich »zur Anbahnung normaler wirtschaftlicher Beziehungen […] unter Beiseitelassen parteipolitischer Motive« bereit.[55]

Wie zu erwarten, war auch die Versicherungsbranche vom Schwenk zur Kooperationspolitik berührt. So erhielt die Gesandtschaft in Wien eine Stellungnahme von einem in Wirtschaftsfragen offenbar anerkannten Experten, der in dem Zusammentreffen von Phönix-Sturz und Juliabkommen eine »geradezu einmalige Gelegenheit für eine deutsche Gesellschaft« sah, die zu erwartenden Neuversicherungen bei sich abzuschließen. Allerdings müsse sie »unbedingt unter arischer Leitung« stehen; von jüdischen Gesellschaften wollten die österreichische Bevölkerung nicht mehr wissen.

In erster Linie käme die Wiener Niederlassung der *Victoria* in Betracht, »vorausgesetzt, dass der bisherige 100%ige jüdische Kurs abgeändert und die heutige Leitung durch eine arische ersetzt wird.« Andernfalls würde die *Generali* das Geschäft machen. Die Gesandtschaft gab diese Stellungnahme nach Berlin weiter, mit einem ausführlichen Begleitschreiben. Anlass für die Initiative sei der Tod des »jüdischen« Repräsentanten der Victoria in Wien. Es sei nunmehr »vom Standpunkt des deutschen allgemein-wirtschaftlichen Interesses wichtig und unerläßlich, daß eine arische und national eingestellte Persönlichkeit gewählt wird.«[56]

Am selben Tage schickte der Gesandtschaftsrat noch eine zweite Expertise über künftige Wirtschaftsbeziehungen von Wien nach Berlin, ebenfalls mit einem längeren Kommentar. In diesem Falle ging es um »verstärkte Kompensationsgeschäfte Erz/Roheisen aus Österreich, gegen Koks aus Deutschland.« Der Lieferant auf österreichischer Seite sollte die *Alpine-Montan* sein. Dr. Georg Meindl, seit kurzem dort im Vorstand, hatte die Informationsschrift überreicht. Vielleicht auch das Memorandum zur *Victoria?* Der spätere Wehrwirtschafts- und SS-Führer, seit langem bekannt mit Göring, zählte zweifellos zu den führenden »national eingestellten« Persönlichkeiten in Österreich.

Bereits sechs Wochen später waren die ersten drei Wirtschaftsabkommen geschlossen. Die Reichsregierung erwartete sich Vorteile, die weit über Güteraustausch und Reiseverkehr hinausreichten. Sie wollte den deutschen Einfluss in der österreichischen Wirtschaft stärken und der österreichischen Bevölkerung ein positives Bild vom Dritten Reich vermitteln.[57] Dafür war die Wirtschaftskooperation mit zwei weiteren Aktionsfeldern zu verbinden, die im Gentlemen's Agreement ebenfalls genannt waren: der Kultur- und der Pressearbeit. In beiden konnte Megerle sich als Experte anbieten – sicherlich ein Grund mehr für ihn, von der Wirtschaftspropaganda Abstand zu nehmen. Der deutsch-österreichische Kulturausschuss konstituierte sich ein halbes Jahr später, und Megerle gehörte zu den vier deutschen Vertretern auf der Eröffnungstagung.[58]

Am Rande vermerkt: Der Paragraph »Presse« des Gentlemen's Agreement legte fest, dass fünf deutsche Zeitungen in Österreich wieder zugelassen wurden. Der *Österreichische Beobachter*, im selben Monat als »Organ der NSDAP in Österreich« ins (illegale) Leben gerufen, schrieb dazu: »Achtung! Deutsche Zeitungen!!!!: Aufgrund des Normalisierungsabkommens wurden folgende bisher verbotenen Reichszeitungen im Inland zugelassen: (In der Reihenfolge ihres Wertes für uns): 1. Essener Nationalzeitung (dem Reichsminister Göring nahestehend) 2. Berliner Börsenzeitung (dem Reichsaussenamt nahestehend) [...]. Es muss dafür Sorge getragen werden, dass diese Zeitungen in allen von nationalen Menschen besuchten Gaststätten ausliegen.« [59]

Wolfgang Müller-Clemm, Direktionsrat im Phönix und (ehem.) Chefredakteur der *Essener*, wird diese Meldung mit Genugtuung gelesen habe. Wie auch diesen Erinnerungssplitter: »Wie kaum jemals ein Blatt hat die ›Essener Nationalzeitung‹ während der Jahre 1936–1938 in die große Politik eingegriffen, Als sie im Zuge des Abkommens vom 11. Juli 1936 in Österreich zugelassen wurde, da erkannte die politische Führung der illegalen NSDAP. sofort die ungeheure Bedeutung des Blattes zur Unterstützung ihres Freiheitskampfes.« Die Zeitung »wurde nach und nach das legale Sprachrohr der illegalen Bewegung.«[60] So wie der *Österreichische Beobachter* deren illegales Sprachrohr war.

Bis zu dessen Erscheinen hatte *Der Kampf* diese Aufgabe inne. Ab April 1936 berichtete er eingehend über den Phönix-Skandal. Eine Sonderserie handelte von der politischen Rolle Wilhelm Berliners, in den dreißiger Jahren. »Berliner, das Finanzgenie, hat mit allen Mitteln den Kampf gegen Hitlerdeutschland geführt. [...] Er hat Dollfuß in der schwersten Zeit finanziert, war dessen Berater mit seinem Mittelsmann Klebinder und hat auch außenpolitisch den wichtigsten Einfluß auf Dollfuß gehabt. [...] Dollfuß, das politische Genie, erfährt jetzt zum erstenmal durch den ›Phönix‹-Skandal eine gründliche Durchleuchtung. Er wollte sich umgekehrt des Berliner bedienen. Man vergesse nicht: 1933 stand Dollfuß noch allein [...]. Er mußte eine private Staatskasse installieren [...]. Dazu hat er Berliner ausgewählt. [...] Als Vertrauensmann ernannte Dollfuß einen kleinen Beamten, seinen Freund Dr. Karl Angerer, dessen Gehalt von 28 000 S Aufsehen erregte. Wie Berliner über Dollfuß dachte, zeigte sich nach dessen Tod, wo er sofort Angerer kaltstellte. Das war ein Fehler. Aus Rache legte Angerer in einer 80 Seiten starken Denkschrift die Geheimnisse des ›Phönix‹ nieder. Er war es auch, der den neuen Direktor Reininghaus aufklärte und damit die ›Phönix‹-Angelegenheit zur Untersuchung brachte.«[61]

Auf die Rolle dieses »kleinen Beamten« ist noch zurück zu kommen. Für den *Kampf* war der Phönix-Skandal das letzte große Thema; zum Julianfang schloss er es mit der zitierten Sonderfolge ab. Der *Österreichische Beobachter*, der dann den Stab als Parteizeitung Nr. 1 übernahm, ging auf den Sturz des Versicherers nur noch indirekt ein, etwa bei seiner Attacke auf den Finanzminister Draxler und dessen »dunkle Affären im Phönix-Skandal« oder anlässlich dieser späten Listen-Aufdeckung: »Einem Parteigenossen, dem es gelang, das Reservatbuch der Landesdirektion Linz des österreichischen Phönix einzusehen, u. eine Seite dieses ›Angabenbuch‹ benannten Schandverzeichnisses zu photographieren, verdanken wir nachfolgende Angaben: Die oberösterreichische Landesdirektion des Phönix bezahlte nach diesen ihren eigenen Angaben an die Fürstin Fanny Starhemberg Linz …«[62]

Welchen Weg nahm Dr. Schumetz? Er mag nach dem Juni 1936 einige schwierige Monate gehabt haben, fand aber mit dem »Anschluss« zurück ins österreichische Bankengeschäft. In der unverzüglich eingerichteten »Vermögensverkehrsstelle«, für die staatlich kontrollierte »Entjudung« der österreichischen Wirtschaft, wurde er stellvertretender Leiter, mit Verantwortung für den Bankensektor. Wenige Monate später wechselte er in den Vorstand der *Zentralsparkasse Wien.*[63]

Assekuranz als volkswirtschaftliches Risiko

Das Vorkapitel führte durch einen Abschnitt der österreichischen Innen- und Außenpolitik, in unruhiger Zeit. Es zeigte, wie die Phönix-Affäre zeitweilig politisches Geschehen bestimmte. Sie bot Anlass, die Rivalität zwischen Starhemberg und Schuschnigg zu verschärfen, und sie trug mittelbar zur Wiederannäherung der beiden Staaten bei. Zeitweilig konnte man auch eine umgekehrte Wirkung erwarten: der Phönix-Skandal als Stoff für die deutsche Wirtschaftspropaganda gegen Österreich. Aber darüber – und über die Pläne österreichischer Exilanten wie Schumetz – zog die Entwicklung im Sommer 1936 im Eiltempo hinweg.

Wie wirkte sich nun der Zusammenbruch des Konzerns auf dessen eigentliches Wirkungsfeld aus, auf die Wirtschaft? War er dort ein Schlüsselfaktor, war sein Sturz eine Bedrohung für das finanzwirtschaftliche Geschehen in Österreich, vergleichbar dem Zusammenbruch der *Creditanstalt?* Löste er auch in den Finanzsystemen anderer Länder Turbulenzen aus, etwa in der Tschechoslowakei, Ungarn oder gar Deutschland? War es für Staat und Unternehmen in diesen Ländern wirklich bedrohlich, wenn sie in Zukunft nicht mehr damit rechnen konnten, dass der Phönix einen ständig anschwellenden Strom seiner Prämieneinnahmen in den Kapitalmarkt lenkte? War diese Finanzquelle unverzichtbar, ließ sie sich – wenn auch zu hohen Kosten – ersetzen, oder war sie ohne zentrale Bedeutung?

Welches Gewicht hatte, auf der rechten Seite der Bilanz, die Schuldenlast, die sich der Phönix aufgeladen hatte? Würden die Gläubiger, falls ihnen diese Last zugeschoben würde, darunter zusammenbrechen, und könnte dies verhängnisvolle Kettenreaktionen in der Gesamtwirtschaft auslösen? Zudem: könnte die Lebensversicherungsbranche das Vertrauen des Publikums, über Jahrzehnte aufgebaut, wieder verlieren – mit der Folge, dass immer weniger Haushalte ihre Ersparnisse den Lebensversicherern anvertrauten? Und nicht zuletzt: welches Ausmaß von sozialer Härte, verbunden mit politischer Unruhe, war zu erwarten, wenn die Kunden des Phönix – und in der Folge auch anderer Lebensversicherer – Ansprüche aus ihren Policen verlören? Waren Auswirkungen des *Crash* in der geschilderten Breite und Tiefe durchaus wahrscheinlich, war ernsthaft damit zu rechnen, dass wesentliche volkwirtschaftliche Funktionen und Bereiche der sozialen Versorgung nachhaltig gestört würden?

Noch einmal zurück zu Schumetz: er hat auf einzelne dieser Fragen frühe Antworten gegeben, die sich später als weitgehend richtig erweisen sollten. Ausgehend davon, dass der Finanzminister Dr. Draxler das Defizit im Österreich-Geschäft des Phönix auf maximal 250 Millionen Schilling beziffert hatte, schrieb er: »In der Zwischenzeit sind Tatsachen ans Licht gekommen, die erkennen lassen, daß der Umfang der Katastrophe ein wesentlich größerer ist. Offiziell zugegeben wurden Verluste bei der tschechoslovakischen und der polnischen Filiale des Phönix [...]. Ebenfalls nicht unberührt erscheint die Bukarester Affiliation des Phönix, die *Steaua Romaniei,* rumänische Versicherungsgesellschaft. Weiters mußte zugegeben werden, daß auch die eng mit dem Phönix zusammenarbeitende Kompass, Allgemeine Kredit- und Garantiebank in Wien zahlungsunfähig ist. Da diese Verluste nebeneinander bestehen, ergibt sich vorläufig ein vorsichtig geschätzter Gesamtverlust von etwa 450 Millionen Schilling. [...] Nach einer privaten Äußerung des Bundeskanzlers betragen die zur Deckung der Abgänge notwendigen Mittel derzeit bereits etwa 800 Millionen Schillinge.«

Zu denkbaren Dominoeffekten schrieb er: »Es ist damit zu rechnen, daß auch bei einigen anderen, dem Phönixkonzern angehörigen Versicherungsgesellschaften Verluste aufgetreten sind, die möglicherweise bei einer fortschreitenden Vertrauenskrise ebenfalls bereinigt werden müßten. Es sind dies vor allem die »arische« Affiliation des Phönix, die Versicherungsgesellschaft Janus, weiters die Versicherungsgesellschaft der österreichischen Bundesländer, die beide erst in der letzten Zeit dem Phönix angegliedert wurden, weiters auch der Anker und die Allgemeine Versicherungsgesellschaft Phönix. Das gesamte Versicherungswesen in Österreich bildet nicht nur durch die Tatsache einer weitgehenden Anhängigkeit von der größten Versicherungsgesellschaft, der eben zusammengebrochenen Phönix, eine Schicksalsgemeinschaft, sondern auch durch die Gleichheit der Verlustquellen in der Depressionsperiode und durch die von der Regierung gewünschte Gleichheit der Anlagenpolitik.«[1]

Schumetz bezog sich damit auf die Binnenanleihen, die der österreichische Staat großenteils bei inländischen Versicherungen untergebracht hatte. An anderer Stelle ging er auf die staatlichen Auslandsanleihen ein, um damit die gesamtwirtschaftliche Größenordnung des Phönix-Defizits (von mindestens 600 Millionen Schilling) deutlich zu machen. »600 Millionen Schilling sind etwa die Hälfte der Völkerbundanleihe vom Jahre 1923, etwa 150 Prozent der Internationalen Bundesanleihe der Republik Österreich 1930 und etwa doppelt soviel wie die Lausanner Anleihe, die Österreich nach den schweren Schlägen des Creditanstalt-Zusammenbruchs gegeben wurde. Wenn man beobachtet, um wieviel die Bewertung der österreichischen [politischen, d. V.] ›Unabhängigkeit‹ in den letzten Jahren zurückgegangen ist, kann man nicht glauben, daß sie gerade jetzt wieder 600 Millionen Schilling wert sein soll.«[2]

Damit ist die Frage aufgeworfen, wie sich mögliche Dominoeffekte infolge des Phönix-Zusammenbruchs auf die österreichische Volkswirtschaft hätten auswirken können. Konnte das Phönix-Defizit nicht doch innerhalb des Wirtschaftszweigs bewältigt werden, ohne die Finanzen des Staates und seiner internationalen Kreditwürdigkeit zu gefährden? War die Lebensversicherung, gemessen in makroökonomischen Größen, eine bedeutende Branche? Wie intensiv war sie mit Unternehmen in anderen Branchen verflochten: nach »rückwärts« mit (Rück-)Versicherern und Kapitalgebern, nach »vorwärts« am Kapitalmarkt? War sie mit der längerfristigen Anlage von Prämieneinnahmen eine vorrangige Finanzierungsquelle, nicht zuletzt für den Staat, nahm sie andererseits auch selbst Fremdkapital herein? Agierte sie zudem auf anderen Finanzmärkten? Hatte sie ein Gewicht für Österreichs Außenwirtschaft, beeinflusste sie deutlich die Leistungsbilanz?

Zur letzten Frage zuerst: schaut man auf das Gesamtgeschäft der österreichischen Lebensversicherer, so erkennt man schnell die außenwirtschaftliche Bedeutung dieser Branche. Der Gesamtbestand aller österreichischen Gesellschaften lag Ende 1934 bei 4,5 Milliarden Schilling, wovon nur 1,7 Milliarden – also ein Drittel – auf das nationale Geschäft entfielen.[3] Als Prämieneinnahmen im Ausland wurden 1934 ca. 120 Millionen Schilling ausgewiesen. Diese waren nicht mit Exporterlösen gleichzusetzen; denn der größere Teil der Einnahmen verblieb naturgemäß im jeweiligen Lande. Österreichs Exporte in 1934 wurden auf 1,5 Milliarden Schilling beziffert, daran hatten die Dienstleistungen einen Anteil von fast einem Viertel. Dies war für die Zahlungsbilanz durchaus erheblich; denn anders als beim Warenhandel, wo die Importe deutlich die Exporte überstiegen, war der Saldo bei den Dienstleistungen positiv und verringerte das Defizit in der Leistungsbilanz um mehr als 100 Millionen Schilling. Die mit Abstand wichtigsten Erlöse aus Diensten ans Ausland erbrachte der österreichische Fremdenverkehr, mit ca. 140 Millionen Schilling.[4] Der Beitrag der Lebensversicherungen dürfte zwischen 30 und 50 Millionen Schilling gelegen haben.[5]

Zur Wertschöpfung leisteten die österreichischen Lebensversicherer 1934 einen Beitrag von ca. 90 Millionen Schilling.[6] Das Bruttonationalprodukt wird für dasselbe Jahr – nach einem fünfjährigen Schrumpfungsprozess – mit 8,98 Mrd. Schilling beziffert. Der Beitrag der Lebensversicherer lag damit bei 1 Prozent, und auch zum Volkseinkommen trugen sie nur mit einem Hundertstel bei.[7] Betrachtet man das Banken- und Versicherungswesen zusammen, so kommt man auf einen Anteil von 2,2 Prozent. Dies gibt eine erste Vorstellung der Größenverhältnisse, in Zahlen der volkswirtschaftlichen Gesamtrechnung. Daraus zu schließen, dass die österreichischen Lebensversicherungen nur eine marginale Bedeutung für die nationale Wirtschaft hatten, wäre selbstverständlich falsch. Versicherungen sind wichtige Finanziers für Realwirtschaft und Staat; für deren Zwecke stellen sie über ihre Kapitalanlagen einen Großteil der Ersparnisse ihrer Versicherten bereit. Setzt man für 1934 die Prämienreserven der Lebensversicherer – fast 500 Millionen – in Relation zu den gesamten Spareinlagen von ca. 2,5 Milliarden Schilling, so wird offensichtlich, dass sie als gesamtwirtschaftliche Finanzquelle von erheblichem Gewicht waren.[8]

Allen voran ging der Phönix, Marktführer mit Abstand. Am gesamten inländischen Lebensversicherungsbestand[9] von fast 2 Milliarden Schilling hielt er einen Anteil von 42 Prozent – und damit ebenso viel wie die weiteren acht österreichischen Anbieter zusammen. Der Rest entfiel auf ein Dutzend ausländischer Mitbewerber, angeführt von der deutschen *Victoria*. Ganz ähnlich teilten sich die gesamten Prämieneinnahmen auf, die sich 1934 auf gut 90 Millionen Schilling summierten.[10]

Dieser riesenhafte, ständig wachsende Bestand verlangte einen Deckungsstock in dreistelliger Millionenhöhe, um die fälligen Versicherungszahlungen fortwährend zu gewährleisten. Dass beim Phönix diese Reserve nicht wuchs sondern in Wirklichkeit dahin schmolz, konnte der Vorstand über fast zehn Jahre verschleiern – weil die staatliche Versicherungsaufsicht versagte. Zur Erklärung dieser Unterdeckung hatte Dr. Kienböck, Präsident der *Oesterreichischen Nationalbank*, schon im April 1936 eine aufschlussreiche Analyse vorgelegt. Er widersprach der weit verbreiteten Meinung zum österreichischen Defizit, dass diese 250 Millionen Schilling erst in den letzten Jahren »weggetragen oder verschwunden« seien. Seine These: »Der Großteil dieser Beträge an Deckungswerten war vielmehr niemals vorhanden.«[11] Die Betriebsverluste seit Ende 1927 waren in der Bestandsaufnahme, kurz nach dem Krach erstellt, mit 147 Millionen Schilling beziffert worden; etwa 100 Millionen davon wurden dem österreichischen Bestand zugerechnet. Aber, so Kienböck: auch in den Jahren davor waren massive Verluste aufgetreten; die fortschreitende Aushöhlung der Prämienreserve hatte schon kurz nach Kriegsende begonnen. Ausgelöst wurde dieser Prozess durch die Entwertung der Kriegsanleihen, in denen ein Großteil der Deckungsfonds angelegt war.

Die ersten 25 Millionen verlor der Phönix, als er die Kronenpolicen der österreichischen Versicherten aufwertete.[12] Als verlustreich erwies sich auch die

Entscheidung, die notleidenden Bestände von kleineren inländischen Versicherern zu übernehmen; dieser Schaden von etwa 30 Millionen Schilling entstand ebenso schon vor 1928. Hinzu kamen die Einbußen beim Einlösen von Policen, die vor 1918 auf Fremdwährung oder mit Goldklausel[13] ausgestellt worden waren: gut 40 Millionen. Allein in Österreich gingen aus diesen drei Gründen mehr als 95 Millionen Schilling verloren, zu denen sich dann die ab 1928 eintretenden Verluste von 100 Millionen addierten.

Zudem: zur Prämienreserve, dem versicherungsmathematisch bestimmten Sollbetrag, werden auch diejenigen Zinsen gerechnet, die dem Versicherer aus seiner Kapitalanlage entstehen.[14] Nur hatte Phönix immer weniger Kapital zur Verfügung, die erwarteten Zinsen blieben aus, sie hätten seit 1927 eine Höhe von etwa 35 Millionen erreichen sollen. Insgesamt war damit – so Kienböck – ein Verlust von gut 230 Millionen Schilling im Kernland des Konzerns erklärt. Immens waren die Verluste auch in Sukzessivstaaten, vor allem in der Tschechoslowakei. Die Zahlungsleistungen wurden dort vom Phönix in Landeswährung verlangt, während die Deckungsfonds zum großen Teil in Kriegsanleihen angelegt waren. Auch hier hatte der Versicherer den Ausweg in einer ständigen Erweiterung des Versicherungsbestands gesucht, mit unverhältnismäßigen Akquisitions- und Betriebskosten.

Was war mit den waghalsigen und versicherungsfremden Geschäften des Phönix, schlugen sie nicht zu Buche? Waren die »Zuwendungen« an Personen und Institutionen zu vernachlässigen? Es konnte kaum überraschen, dass der Nationalbankpräsident darauf nur am Rande einging,[15] wie er überhaupt die genannten, seit 1928 aufgetretenen Verluste von 100 Millionen nicht aufschlüsselte. Offensichtlich war auch er bemüht, die aktuelle politische Brisanz der Affäre einzudämmen – indem er sie großenteils mit frühem Verschulden erklärte und den Gerüchten entgegentrat, dass ein gigantisches Aussaugen des Phönix in den letzten Jahren seine Insolvenz herbeigeführt habe. Dafür war seine aufschlussreiche Analyse hilfreich. Sie wurde nicht obsolet, als sechs Monate später der detaillierte Liquidationsstatus auf weitgehend abgesicherter Datenbasis vorgelegt wurde. Danach stand dem Soll von 290 Millionen nur ein Ist von 37 Millionen gegenüber;[16] die erste Schätzung des Defizits von 250 Millionen war diesem Ergebnis recht nahe gekommen.

Das Auszahlen der Versicherungsleistungen war somit alles andere als gewährleistet, der dafür verlangte Fonds praktisch nicht vorhanden. Der gesamtwirtschaftliche Beitrag des Phönix war seit Jahren negativ. Die bedeutende finanzwirtschaftliche Rolle eines Lebensversicherers, Spareinlagen zu kumulieren und Kapital bereitzustellen, erfüllte er seit langem nicht mehr, im Gegenteil: er war unterm Strich zur Kapitalsenke geworden. Und seine gesellschaftliche Funktion, zur sozialen Sicherheit seiner Kunden beizutragen, hatte sich mit dem Zusammenbruch ins Gegenteil verkehrt. Allein in Österreich hielt der Phönix über 300 000 Verträge, mit steigender Tendenz. Nachdem das Riesendefizit aufgedeckt war, musste eine Drittelmillion österreichischer Familien mit einschneidenden Verlusten in ihren Ersparnissen rechnen. Dies war fast ein Siebtel der Bevölkerung.

Die Bewältigung der Krise: politisch galt der Versicherungsbestand als unbedingt zu erhalten; zu viele Menschen waren betroffen und zu groß war die Gefahr eines nachhaltigen Vertrauensschwunds in die Branche. Auch eine gravierende Störung des Kapitalmarkts war nicht auszuschließen. Angesichts dieser Lage entschloss sich die österreichische Regierung zur Rettung, um eine Katastrophe abzuwenden. Allerdings trat sie nur regulierend auf den Plan, mit den genannten Gesetzen und Verordnungen. Das finanzielle Opfer bürdete sie anderen Akteuren auf: der österreichischen Versicherungswirtschaft, den Versicherten und Angestellten des Phönix sowie weiteren Gläubigern.

Es waren schmerzhafte Opfer, aber nicht die im Szenario drohenden Verluste von katastrophalem Ausmaß. Gemäß ständestaatlichen Prinzipien sah die Regierung vor allem die Versicher aufgerufen, die Branche wieder in Ordnung zu bringen. Die Phönix-Nachfolgerin *ÖVAG* übernahm weitgehend die Verpflichtungen gegenüber den Versicherten und einen Teil der Angestellten. Zu ihrer Vermögensausstattung wurden ihr die Obligationen im Nominalwert von 250 Millionen Schilling überlassen, die der neu errichtete Versicherungsfonds mit dreißigjähriger Laufzeit ausgegeben hatte. Zur Erbringung des Kapitaldienstes für diese Anleihe wurden alle in Österreich ansässigen Lebens- und [!] Sachversicherer gemeinsam verpflichtet; sie mussten jährlich Beiträge zur Tilgung und Verzinsung leisten. Diese Last konnten sie zu zwei Dritteln auf ihre Versicherungsnehmer überwälzen, mittels Erhöhung der Prämien und Kürzung der Versicherungszahlungen. Das restliche Drittel trugen ihre Arbeitnehmer, über die Kürzung von Gehältern und Versorgungsbezügen. Zudem wurden Gratispolicen ungültig, auf Fremdwährungen lautende oder mit Goldklausel versehene Verträge umgestellt und die Versicherungszahlungen im Erlebensfall über den vertraglichen Fälligkeitstermin um zwei bis fünf Jahre hinausgeschoben.

Für diese Lasten wurden Versicherungs- wie Arbeitnehmer dadurch entschädigt, dass ein Verlust von Ersparnissen und Arbeitsplätzen in katastrophalem Ausmaß abgewendet wurde. Die Versicherer konnten auf der Gewinnseite verbuchen, dass eine verheerende Schädigung des öffentlichen Vertrauens in ihr Produktportfolio abgewendet war. Auch verbesserte sich aus ihrer Sicht die Wettbewerbsstruktur im Lande. Zwar verschoben sich die Marktanteile im Inland kaum, weil die *ÖVAG* weitestgehend den Platz ihres Vorgängers einnahm. Sie war aber (primär) ein inländischer Akteur, der in Image und Machtfülle keineswegs die frühere Größe des Phönix erreichte, und der für ein ähnlich aggressives Marketing weder die Stärke noch den faktischen Freiraum besaß. Die »bedeutende Stellung, die Österreich in der europäischen Versicherungswirtschaft mit dem Phönix behauptet hatte«[17], war dahin, das österreichische Lebensversicherungswesen war auf nationale Größe geschrumpft. Dies hatte Wilhelm Berliner seit Zerfall der Donau-Monarchie zu verhindern versucht, nahezu um jeden Preis.

Soweit die Wirkungen der Phönix-Liquidation auf die österreichische Wirtschaft. Sie blieben in Grenzen, vor allem deshalb, weil die österreichische Regierung sich von vornherein auf das »Territorialitätsprinzip« festlegte und damit eine »universale« Verpflichtung ablehnte. Aus ihrer Sicht lag die Verantwortung dafür, die europaweiten Folgen des Zusammenbruchs zu begrenzen, in den jeweiligen Ländern, bei Staat und Wirtschaft. Die Tatsache, dass der insolvente Konzern seine Zentrale in Wien hatte, änderte daran nichts. Die österreichische Regierung sah sich somit nur im eigenen Territorium in der Pflicht, keineswegs auch jenseits der nationalen Grenzen. Die Tatsache, dass der Schadensumfang im Ausland deutlich größer war als im Inland, blieb dabei ohne Bedeutung.

Wie groß war der Phönix im internationalen Maßstab? Dies ist exakt bekannt: die zwanzig größten privaten Lebensversicherer in Kontinentaleuropa hielten 1934 einen Bestand von umgerechnet 44 Milliarden Schilling.[18] Auf den fünf oberen Plätzen rangierten die *Allianz* (Bestand 7,3 Mrd.), die *Schweizerische Leben* (3,5 Mrd.), der Phönix (3,0 Mrd.), der *Gerling*-Konzern (2,8 Mrd.) und die italienische *Generali* (2,7 Mrd.). Unter den *Top 20* gab es neun deutsche, aber nur den einen österreichischen Namen; international bedeutend war allein der Phönix.[19] Er hatte Niederlassungen und Tochtergesellschaften in mehr als 20 Ländern, von Spanien bis Palästina und von Estland bis Ägypten (siehe Abb. 8.1). Zur außenwirtschaftlichen Bedeutung der österreichischen Lebensversicherer trug er somit maßgeblich bei, als Devisenbringer und vor allen anderen als Prestigeträger.

Als Lebensversicherer war er somit einer der Größten. Seine gesamten Prämieneinnahmen gab er für 1934 mit 10,8 Millionen Schilling an, die Prämienreserve mit 460 Millionen, den Gewährleistungsfonds mit knapp 700 Millionen und das Gesamtvermögen mit 720 Millionen Schilling. Hatte er damit auch am Kapitalmarkt Gewicht, zumindest in den kleineren Ländern? Die Antwort für das Ausland ist weitgehend dieselbe wie für das Kernland: nein, denn die Vermögensdaten waren gefälscht. Laut Liquidationsstatus standen den verbliebenen Forderungen von 484 Millionen nur Vermögensbestandteile im Wert von 6 Millionen Schilling gegenüber.[20] Die laufenden Prämieneinnahmen erhöhten nicht einen Berg von Ersparnissen sondern fielen in das tiefe Loch der Schulden – ohne es erheblich füllen zu können. Faktisch war der Phönix auch im Ausland längst zur Kapitalsenke geworden; nur konnte er dies verschleiern, indem er Bilanzen fälschte und europaweit ganze Stapel von Wertpapieren zwischen den Tresoren verschob, in denen die angegebenen Bestände hätten lagern sollen.

Abbildung 8.1 Geschäftsgebiet des Phönix (*Die Versicherung* 06.09.1934)

Sicherlich: auf der realen Seite hörte der Versicherer nicht auf zu wachsen, sein Bestand expandierte von Jahr zu Jahr. Denn er warb ständig neue Kunden, mit intensivem Einsatz seines Außendienstes und einer aggressiven Preispolitik. Zudem gewann er alte Kundenbestände hinzu, indem er sie von schwächelnden Versicherern kaufte oder diese gleich mit übernahm. Scheinbar ein Paradoxon: während die Zahl der Kunden und Verträge, wie auch deren Wert ständig stieg, verringerte sich unaufhaltsam die Substanz; der nominale Bestandswert nahm zu, der Unternehmenswert schwand.

Dies ist das Gesamtbild: in 17 Ländern des Geschäftsgebiets hätte es, um die Zahlungsverpflichtungen gegenüber den 900 000 Versicherten abzusichern, Wertbestände (Soll) von 905 Millionen Schilling geben müssen; tatsächlich waren nur 347 Millionen vorhanden. Die gesamte Deckungslücke lag folglich bei 62 Prozent des Soll – mit krassen Unterschieden zwischen den einzelnen Ländern. Das größte Loch war in Österreich entstanden, mit 253 Millionen Schilling oder 87 Prozent des Soll.[21] An zweiter Stelle stand die Tschechoslowakei, wo der Phönix seinen zweitgrößten Versicherungsbestand hatte. Das Defizit erreichte dort 117 Millionen Schilling, entsprechend 50 Prozent. Es folgten Jugoslawien (11 Mio. S/48 %), Ungarn (7 Mio. S/22 %), Italien (5 Mio. S/27 %) und Polen (4 Mio. S/12 %). Eine besondere Betrachtung verdient – weiter unten im Text – der Posten »Gibraltar & Sect.

Etrang.« (12 Mio. S/99 %). Alle sieben zusammen machten gut 70 Prozent des Solls und auch des Defizits aus.

Wie in Österreich, so hatte die Aushöhlung der Prämienreserven auch in den Nachfolgestaaten mit der Entwertung der Kriegsanleihen begonnen. Die Regierungen verlangten, dass die Auszahlungen an die Versicherten in der neuen Landeswährung erfolgten. So entstand ein Missverhältnis zwischen den Zahlungsverpflichtungen und der entwerteten Reserve, aus der die Abflüsse kommen sollten. Berliner hat diesen Prozess in dem oben zitierten Zeitschriftenartikel beschrieben.[22] Der Phönix versuchte, in langwierigen Verhandlungen die Regierungen zu überzeugen, dass sie, um die Zahlungsfähigkeit des Phönix zu sichern, einen Teil der Kriegsanleihen übernähmen. Deren Bereitschaft war – nachvollziehbar – recht begrenzt.

Dies veranlasste die Phönix-Leitung zu ihrem wagemutigen, aber letztendlich verhängnisvollen Strategiewechsel: »Sie verfolgte den Plan, durch fortwährende weitere Ausdehnung des Geschäftsbetriebes eine Verbesserung zu erlangen. Wenn sie imstande gewesen wäre, zu normalen Kosten normale Versicherungsverträge abzuschließen, so hätte dies zu einer gewissen Besserung führen können. Dies war aber offenbar nicht möglich. Die Leitung des Phönix verstieg sich nun dahin, die hinzukommenden Versicherungen mit unverhältnismäßigen Akquisitions- und Betriebskosten zu belasten und außerdem in zunehmendem Maße für die Anstalt äußerst belastende Verträge abzuschließen.«[23]

Entschieden war der Phönix dieser Strategie auch in der Tschechoslowakei gefolgt. In diesem Land mit einer Bevölkerung von 15 Millionen erreichte er 1932 einen Bestand von 2,3 Milliarden Tschechoslowakische Kronen (Kč). Sein Marktanteil war mit 15 Prozent deutlich geringer als in Österreich, allerdings kontrollierte er über Kapitalbeteiligungen eine Handvoll weiterer Gesellschaften.[24] Sein Geschäftsvolumen hatte er durch Übernahme fremder Bestände erheblich ausgeweitet. Über diese Politik schrieb schon 1927 das Prager Wochenblatt *Die Wirtschaft:* »Der ›Phönix‹ setzt rastlos den Weg fort, der ihn in die Gesellschaft der internationalen Mammutkonzerne führen soll, ohne in seiner Agilität vor Transaktionen mit spekulativem Einschlag Halt zu machen. Das Prinzip, das er in den letzten Jahren verfolgt hat, besteht darin, das Geschäft auszudehnen, soweit dies nur irgend möglich ist. Dazu gehört natürlich nicht nur die Neuproduktion allein, die sprunghaft gesteigert wurde, zu diesem Zwecke sind auch Konzentrationen vorgenommen worden, die für den ›Phönix‹ auf den ersten Blick vielleicht nicht allzu günstig erscheinen, weil die Beschaffung der Mittel für diese Transaktionen mitunter sehr bedeutende Anforderungen an die Gesellschaft gestellt hat.«[25]

Dass der Phönix die Prämienreserven in der Tschechoslowakei spätestens ab 1927 unzureichend pflegte, war weder in Prag noch in Wien ein Geheimnis. Schon 1930 war das zuständige Innenministerium an die österreichische Seite herangetreten und hatte deutlich gemacht, dass es die Unterdeckung der Prämienreserven »angesichts der großen allgemeinwirtschaftlichen Bedeutung [sic!]« des Phönix-Portefeuilles nicht hinnehmen wolle.[26] Zu einer Einigung kam es erst spät im Folgejahr, durch einen Erlass des tschechoslowakischen Innenministers. Er bewilligte eine Unterdeckung von maximal 332 Millionen Kč, mit der Maßgabe, dass dieses Defizit in 30 Jahren abzutragen sei.

Allerdings kam dieser Wiederaufbau des Deckungsstocks nicht in Schwung, wie eine Prüfung in 1935 ergab. *Die Wirtschaft* schrieb: »Bei dieser Revision kam man zum Ergebnis, daß das Manko in der Prämienreserve neben jener [...] bewilligten Unterdeckung [...] mit rund 110 Millionen einzuschätzen ist.«[27] Somit lag das tatsächliche Defizit nicht etwa unter der Höchstgrenze, sondern um ein Drittel darüber. Auch in München hatte man, wie erwähnt, die fortschreitende Unterdeckung beobachtet und schon früh Konsequenzen gezogen: »Die Münchener Rückversicherungsgesellschaft will schon im Jahre 1930 ihre aktienmäßige Beteiligung gelöst und soll ihre rückversicherungsmäßige Beteiligung zumindest gelockert haben.«[28] Ebenso defizitär war die gemeinsame Tochter von *Münchener Rück* und Phönix, die schon erwähnte *Slovanska.*

Wie sah die tschechoslowakische Lösung des Phönix-Problems aus? Es gab schon im April eine Regierungsverordnung über »gewisse Maßnahmen«, den Phönix betreffend. Sie bestimmte, dass – ähnlich wie in Österreich – die Versicherten bei einzelnen Versicherungsformen Abstriche hinnehmen mussten. Die wichtigere, institutionelle Lösung ließ jedoch lange auf sich warten. Die im inländischen Geschäft engagierten Versicherer waren nicht bereit, die Lasten eines Versicherungsfonds nach österreichischem Vorbild zu tragen. Einige erwogen die Nachfolge der Phönix-Niederlassung anzutreten, aber selbstredend ohne Übernahme des Defizits. Die Regierung versuchte, hierfür den österreichischen Staat heranzuziehen und blieb erfolglos – wie zu erwarten.

Erst im April 1937 regelte eine Verordnung, dass Staat und Versicherer gemeinsam das Defizit zu decken hatten.[29] Dafür gab die *Postsparkasse* Schuldverschreibungen in Höhe von 450 Millionen Kč mit 60 Jahren Laufzeit aus, die dem allgemeinen Publikum angeboten wurden, in geringem Maße aber auch von den Versicherungen in ihre Prämienreservefonds einzustellen waren. Die Einnahmen aus dieser Emission wie auch das inländische Vermögen des Phönix erhielt die Versicherungsanstalt *Star* (Prag), und trat damit in alle auf dieses Vermögen sich beziehenden Rechte und Verbindlichkeiten des Phönix ein. Den Kapitaldienst für die Schuldverschreibung leisteten der Staat und – mit Ausnahmen – die im Lande tätigen Versicherer; letztere konnten diese Lasten teilweise auf die Versicherten überwälzen.

In Jugoslawien – dort hatte der Phönix einen Marktanteil von fast einem Viertel – wurde die Niederlassung per Regierungsverordnung in eine selbständige Gesellschaft *Jugoslawischer Phönix* umgewandelt.[30] Sie übernahm den Bestand mit allen Rechten und Pflichten und damit auch einen Posten zweifelhafter Vermögenswerte. Der Phönix hatte 1931 zur Finanzierung eines jugoslawischen Bahnbauprojekts beigetragen und die im Gegenzug erhaltenen Staatswechsel in sein Sicherungsvermögen genommen. Die jugoslawische Regierung legte 1936 fest, dass die neue Gesellschaft sich von dieser Last befreite, indem sie die Wechsel gegen eigens dafür ausgegebene Staatsobligationen austauschte, im Nominalbetrag von 7,4 Millionen Dinar. Zudem wurde – zur Deckung des Phönix-Defizits – ein Versicherungsfonds von 25 Millionen Dinar gebildet, mit Beiträgen von allen im Lande konzessionierten Versicherungsgesellschaften.

Die Möglichkeit, dass eine private Gesellschaft in Zukunft den Stab vom *Jugoslawischen Phönix* übernähme, räumte die Verordnung ausdrücklich ein. Dieser Weg wurde in Ungarn von vornherein beschritten. An der neuen Gesellschaft *Unitas AG* waren in- wie ausländische Unternehmen beteiligt, zu letzteren gehörte die *Generali*. Offenbar fiel es nicht schwer, Interessenten für eine Beteiligung an der *Unitas* zu gewinnen, obwohl die Unterdeckung der Prämienreserve mit fast 50 Prozent höher war als ursprünglich angenommen. Diese Last sollten zu gut einem Drittel die Versicherten tragen, der Rest wurde allen inländisch tätigen Versicherern und – in geringerem Maße – auch den *Unitas*-Eignern auferlegt. In Palästina ordnete die Regierung an, dass die dortige Niederlassung zu liquidieren sei,[31] in Ägypten wurden die gesetzlichen Regelungen einschneidend verschärft,[32] in Italien ging der Phönix-Lebensversicherungsbestand an eine staatliche Gesellschaft und in Rumänien wurde eine bestehende, private Gesellschaft zur Nachfolgerin, die hierfür unter Beteiligung der *Generali* und der *Münchener Rück* ihr Kapital aufstockte. Letztere blieben von einer Sanierungslast verschont; diese wurde allein den Versicherten aufgebürdet. Bei der Aufteilung des Phönix-Bestands, wie auch beim Umbau seiner Tochterunternehmen, zählten diese beiden Gesellschaften zu den aktivsten Investoren und entwickelten eine Partnerschaft. Bei der folgenden Neuordnung im europäischen Versicherungsgeschäft, ausgelöst vom »Anschluss« Österreichs, sollten mächtige Konkurrenten aus Deutschland hinzu treten.

Die Phönix-Affäre in Deutschland ging recht geräuschlos zu Ende. Eine Unterdeckung der Prämienreserve gab es (offiziell) nicht; schon deshalb war eine Lösung schnell gefunden. Im Detail ist dies im Abschnitt über die *Isar Lebensversicherung AG* zu behandeln. An dieser Stelle soll ein anderer Fall in den Blick kommen, der im Liquidationsstatus einen recht rätselhaften Namen trug: »Gibraltar & Sect. Etrang.«. Die Zeitschrift *Die Bank* versuchte im März 1937, ihren Lesern mit der gebotenen Zurückhaltung zu erklären, was hinter diesem Postentitel stand: »Eine besondere Rolle in der Bilanz [gemeint ist: Liquidationsstatus] spielt die ›Section étrangère‹, deren Prämienreservesoll von 11,87 Mill. Schilling überhaupt keine Deckung gegenübersteht. Es handelt sich hier hauptsächlich um Versicherte gegen Einmalprämien aus den verschiedensten Ländern, deren Policen in Alexandrien oder Gibraltar ausgestellt sind, die aber weder in Aegypten noch in Gibraltar wohnen, noch dort ihre Prämien eingezahlt haben. Ihre einmaligen Einzahlungen, bestehend in Wertpapieren oder in irgendwo gelegenem Grundbesitz, sind von der Verwaltung des ›Phönix‹ keiner speziellen Prämienreserve, sondern willkürlich den verschiedensten Verwendungszwecken zugeführt worden. Das Schicksal dieser Versicherten ist meistens ungewiß, da in den einzelnen Ländern individuell darüber entschieden werden muss, ob und welche dieser Versicherungen zum nationalen Versicherungsbestand gehören; dabei ist ferner auch zu berücksichtigen, ob es sich wirklich um Versicherungen und nicht vielmehr um die Verwertung von Vermögenswerten in einem anderen Lande handelt, die unter den heutigen Verhältnissen sonst nicht transferierbar sind.«[33] Der Leser wird sich erinnern, was über das »Schicksal dieser Versicherten« weiter oben zu erfahren war, im Abschnitt über Lebensversicherung für jüdische Kunden.

Lehrstücke Favag und Phönix

Die makroökonomischen Auswirkungen eines mikroökonomischen Zusammenbruchs: sie wurden bislang mit einer Systembetrachtung untersucht. Zu zeigen war zunächst, dass die einzelwirtschaftlichen Verlustzahlen, in Dimensionen der volkswirtschaftlichen Gesamtrechnung betrachtet, kaum zu Buche schlagen konnten. Makroökonomisch bedeutsam war allenfalls ein mögliches Versiegen des Kapitalstroms, den die Lebensversicherer insgesamt in die nationale Wirtschaft einspeisten, insbesondere dann, wenn sie selbst zu Kapitalnehmern geworden waren. Schon der Zusammenbruch eines einzigen Unternehmens, mit kritischer Größe, konnte einen solchen Prozess auslösen – eine Kettenreaktion, die das Funktionieren der gesamten Branche und damit der Finanzwirtschaft nachhaltig stören würde. Im realen Fall des Phönix-Krachs war ein solcher Dominoeffekt, der *worst case*, nicht auszuschließen. So sah es die österreichische Regierung, die in dem Zusammenbruch dieses marktführenden Unternehmens eine Gefahr für das finanzwirtschaftliche, soziale und damit letztlich auch politische Geschehen im Lande erkannte. Die staatlichen Stellen weiterer Länder, in denen der Phönix tätig war, folgten dieser Einschätzung. Sie alle bestimmten die Regeln und den institutionellen Umbau, beließen die Übernahme von Kosten und Risiken aber weitestgehend den Versicherten und Versicherern. Unter letzteren gab es auch Gewinner, die beim anschließenden Wandel des Marktgefüges freigewordene Plätze einnehmen wollten und konnten.

Lässt sich diese Systembetrachtung sinnvoll durch Fallstudien ergänzen? Gab es in jenen Jahren ähnlich gelagerte Affären und Krisen, die zusätzliche Erkenntnisse bieten, oder ist der Phönix einzigartig, in jeder relevanten Hinsicht ein Einzelfall? Über kriselnde und krachende Banken der Zwischenkriegszeit ist viel bekannt und geschrieben worden, weit weniger dagegen über Versicherer – schon deshalb, weil es weit mehr Banken als Assekuranzgeber gab. Im Bankwesen der Zwanziger und Dreißiger existierte durchaus noch ein »Mittelstand«, eine Vielzahl von kleinen und mittleren Familienunternehmen.[1] In der Versicherungswirtschaft war dieser Typ schon damals kaum vertreten; im weiteren Sinne allerdings durch Agenten und Makler.

Der Fall Phönix war hochkomplex, was die Ursachen aber auch die Wirkungen anbetrifft. Dies gilt für die politische Ebene und nicht minder für die wirtschaftliche. Während es dort aber naheliegt – wegen der einmaligen politischen Konstellation – den Fall als einzigartig einzustufen, so ist es auf der wirtschaftlichen Ebene durchaus sinnvoll, nach Parallelen zu suchen. Denn Ressourcen und Produkte, Strategien und Arbeitsweisen sind in der Branche in erheblichem Maße standardisiert. Der Vorteil einer solchen vergleichenden Betrachtung liegt auf der Hand: sie erleichtert das Erklären ebenso wie das Lernen.

Die Versicherungsgeschichte der Zwischenkriegszeit: wird die Skandalsuche, was hier naheliegt, auf Deutschland und Österreich beschränkt, so führt sie schnell auf die *Frankfurter Allgemeine Versicherungs-AG* und den Phönix, danach aber ins Leere. Die empirische Grundlage fürs Erklären und Lernen ist damit denkbar schmal. Zur Erinnerung: der Journalist Fritz Kaufmann hatte 1930 über die Möglichkeit sinniert, »daß es auch in Wien einmal einen *Favag*-Skandal in zweiter Auflage gibt, und daß dann infolge der Ausdehnung der Versicherungsgeschäfte österreichischer Gesellschaften auf Deutschland der hiesige Versicherungsmarkt von einer neuen ›Affäre‹ beeinflußt wird.«[2] Der Wiener Skandal folgte schon bald, aber nicht als zweite Auflage sondern als ein zweiter Fall mit ausgeprägt eigenen Merkmalen. Dies hat Gerald D. Feldman in einer Gegenüberstellung dieser beiden »*Insurance Company Collapses*« aufgezeigt.[3] Sein kurzer Aufsatz lässt sich in einigen wichtigen Punkten ergänzen.

Feldman beginnt seine Darstellung des *Favag*-Skandals mit einer Episode im Dezember 1928: Dr. Solmssen, Direktor der *Disconto-Gesellschaft*, äußert sich in einem Gespräch mit Direktor Bonn, *Deutsche Bank*, zum Geschäftsgebaren der *Favag*; es habe sich zuletzt Jahren außerordentlich unerfreulich entwickelt. Bonn selbst teilte diese Bedenken, hatte den Eindruck, dass der Generaldirektor Paul Dumcke recht alt geworden war, und einer seiner Direktoren – »rücksichts- und verantwortungslos« – die Oberhand gewann. Bonn schrieb dies seinem Direktorenkollegen Rothschild, *Deutsche Bank* Frankfurt, der im Aufsichtsrat der *Favag* saß. Er empfahl ihm, in dieser Sache mit anderen Aufsichtsratsmitgliedern unauffällig Fühlung zu nehmen.

Dieser Ratschlag kam zu spät. In Feldmans Worten: »Unfortunately, the bell was already tolling for the *Favag*. It tolled first, however, for Dumcke, who died unexpectedly but perhaps fortunately from an operation in February 14, 1929 with his reputation still very much intact and widely praised in obituaries for his contributions to the development of large scale enterprise in the insurance field. While the hymn of praise was to have a rather ironic quality a few months later, it is important to recognize that Dumcke was indeed one of the great leaders in the field.«[4] Hätte nicht Feldman den Abschnitt über den Phönix mit denselben Worten einleiten können (was er nicht tat), dabei nur Namen, Tag und Jahr ersetzen? Denn auch Berliner starb an einer Operation, sieben Jahre später, aber fast am selben Kalendertag. Die Huldigungen im Februar wirkten zwei Monate später schon bizarr, was nichts daran änderte, dass Berliner – wie Dumcke – seinen Ruf behielt, als großer Wegbereiter im selben Geschäftsfeld gewirkt zu haben.

Ein führender Versicherer bricht zusammen, was selten geschieht. Dem Zerfall des Konzerns geht der Tod seines Gründers voraus, einer international bekannten und weithin geachteten Persönlichkeit. Der Sturz wird zum Skandal, er überrascht die Öffentlichkeit, aber auch etliche *Insider*. Dies sind auffällige Gemeinsamkeiten, die – auf den ersten Blick – dafür sprechen, *Favag* und Phönix als Fälle mit aufschlussreicher Ähnlichkeit zu vergleichen. Dem stehen allerdings auch klare Unterschiede entgegen: in der Struktur von Organisationen und Institutionen, in den Prozessen von Krisenverursachung, -ablauf, -lösung und nicht zuletzt in den Persönlichkeiten.

Die *Favag* begann ihr Leben 1866 als *Frankfurter Glasversicherungs-Gesellschaft*.[5] In demselben Jahre, der Leser mag sich erinnern, tat der Österreichische Phönix – bislang nur Schadensversicherer – den Schritt in die Lebensversicherung. Damit war er lange vor der *Favag* ein Mehrbranchen-Unternehmen. In den 1880er Jahren kehrte sich die Entwicklung um: die Frankfurter Gesellschaft expandierte in neue Sparten, während der Österreichische Phönix sich teilte – mit dem Ergebnis, dass die Lebensversicherung fortan von einer Einsparten-Gesellschaft betrieben wurde. Diese Spezialisierung behielt »der Phönix« bei; sein Bestand in den Zweigen Unfall und Haftpflicht blieb bis zum Schluss unbedeutend.

Dagegen entwickelte die Frankfurter sich zielstrebig zum Universalversicherer. Bis 1928 – dem Jahr des »Skandals« – hatte sie auch auf mehreren Auslandsmärkten Fuß gefasst, war in fast alle Versicherungszweige eingestiegen, betrieb intensiv auch versicherungsfremde Geschäfte und galt als weitläufig verschachtelter Mischkonzern. Ein Schaubild aus dem Jahre 1929 zeigt das Konglomerat im Detail: erfasst sind 58 Unternehmen mit beträchtlicher oder 100-prozentiger Beteiligung der *Favag*, darunter Sparten- und Universalversicherer, Banken und auch Industrieunternehmen.[6] Unter den deutschen Anbietern von Unfall-, Haftpflicht- und

Schadensversicherungen hatte die *Favag*, an Prämieneinnahmen gemessen, den dritten bis vierten Rang. Unter den Lebensversicherern war sie über ihre Tochter, die *Frankfurter Lebensversicherung AG*, aktiv. Zudem hatte sie sich an anderen Gesellschaften dieser Sparte beteiligt; genannt seien nur die *Karlsruher Leben*, die *Vereinigte Berlinische und Preußische Leben* sowie die *Nürnberger Leben*.

Favag und Phönix waren somit hinsichtlich Geschäftsfeldern und Konzernstruktur recht ungleiche Akteure; sie spielten keineswegs in derselben Liga. Die *Favag* hatte ein Aktienkapital von 25 Millionen RM, der Phönix von 4 Millionen Schilling. Lassen sich die Geschichten von *Favag* und Phönix dennoch sinnvoll miteinander vergleichen? Ja, aber nur auf der methodischen Stufe einer komparativen Fallstudie, die nicht auf Verallgemeinerung und Prüfung von Erklärungshypothesen abzielt. Die Fälle werden beschreibend nebeneinander gestellt; Ursachen-Wirkungs-Zusammenhänge werden jeweils für den einzelnen Fall, aber ohne Anspruch auf Generalisierung untersucht.

Einige unternehmensgeschichtliche und -strukturelle Merkmale wurden schon genannt. Zu diesen gehört auch, dass die Entwicklungen der beiden Unternehmen in den zwanziger Jahren gemeinsame Grundzüge hatten: schnelles Wachstum, mit zahlreichen Unternehmenskäufen und Beteiligungen, auf einer schwachen Eigenkapitalbasis, mit folglich hoher Abhängigkeit von Fremdkapital. Dies war nicht taktisches Reagieren sondern strategisches Agieren; beiden Unternehmen war das Risiko ihrer Kapitalschwäche bekannt, aber sie waren überzeugt, nur mit dieser Dynamik den Wiederaufstieg nach den historischen – politischen wie wirtschaftlichen – Einbrüchen schaffen zu können. Die Schwäche dieser Strategie war die latent drohende Zahlungsunfähigkeit. Daher versuchten beide Akteure ihre Liquidität durch unbedingtes Wachstum zu sichern. Die beiden Hauptfiguren – Dumcke und Berliner – waren in dieser Hinsicht vom selben Unternehmertypus: weitsichtig und in großen Dimensionen denkend, entscheidungsfreudig und risikobereit, autoritär im Führungsstil. Verschieden waren sie hinsichtlich geistiger Komplexität und politischem Einfluss: Berliner lag deutlich vorn.

Die *Favag* war mit großem Einsatz in der Transportrückversicherung engagiert, die – risikoentsprechend – hohe Prämien bescherte, aber in Schadensfällen auch stattliche Versicherungszahlungen verlangte.[7] Für sie war es ein Verlustgeschäft, aber sie stieg nicht aus, wohl auch deshalb, weil die hohen Prämieneinnahmen sich in Geschäftsberichten gut ausmachten und die Verluste verschleiern konnten. Die Liquidität versuchte sie zu sichern, indem sie mit ständiger Ausweitung des Versicherungsbestandes das Prämienaufkommen steigerte, somit fällige Versicherungsleistungen decken konnte, ohne allerdings die notwendigen Reserven aufzubauen.

Auch der Phönix setzte darauf, dass bei rasch expandierendem Versicherungsbestand der ständig steigende Prämienzufluss nicht nur die fälligen Versicherungszahlungen sicherte, sondern auch die wachsenden Kosten (vor allem der Werber) deckte und nicht zuletzt die Mittel bereitstellte, um den Prämienreservefonds angemessen zu erweitern. Diese Strategie konnte nur unter einer Reihe von Bedingungen glücken. Die Erweiterung des Versicherungsbestands aus eigener Kraft war bei scharfem Wettbewerb nur mit kostenintensiver Werbung und niedrigen Tarifen möglich – bis hin zum *Dumping.* Daher musste das Bestandswachstum nicht nur über Neueinwerbungen sondern auch über Zukäufe vorangetrieben werden, mit einem Doppelziel: indem der Phönix die Bestände kleinerer Konkurrenten oder diese gleich selbst kaufte, wollte er den Wettbewerb entschärfen und gleichzeitig die strategisch geforderte Wachstumsdynamik sichern. Aber wenn diese Altbestände stark risikobehaftet waren und mit löchriger Deckungsgrundlage übernommen wurden, dann verschärften sie nur die strukturelle Schwäche der latenten Zahlungsunfähigkeit. Aus der freien, strategischen Entscheidung für schnelles Wachstums wurde dann der Zwang zur taktierenden Verschleierung und Flucht nach vorn.

Als Universalversicherer hatte die *Favag* naturgemäß mehr strategische Optionen als der Phönix. So setzte sie nicht nur in der Transport- sondern auch in der Kreditversicherung auf schnelles, riskantes Wachstum. Auch hier stieg das Volumen stetig, es türmten sich Garantieverpflichtungen zur dreistelligen Millionenhöhe, aber die Gewinn- und Verlustrechnung schloss Jahr für Jahr mit roten Zahlen. Die *Favag*-Tochter, *Frankfurter Industrie-Kredit GmbH,* hatte als wichtige Zielgruppe den Kraftfahrzeughandel. Dieser konnte in den späten Zwanzigern auch deswegen ein rasantes Tempo fahren, weil er seinen Kunden mit Ratenzahlung entgegenkam, zudem die Finanzierung über Autobanken vermittelte. Ratenzahlungskredite waren gegen Ausfall zu sichern, dies war das Geschäftsfeld des Kreditversicherers. Die *Industrie-Kredit* beließ es nicht dabei, sondern stieg über Töchter auch in die Kfz-Finanzierung ein. Sie kaufte dem Händler die Ratenforderungen gegen Barzahlung ab und zog sie bei Fälligkeit bei den Käufern ein. Mit dieser Transaktion wurde sie Eigentümer der finanzierten Fahrzeuge und konnte damit den Kasko-Versicherer bestimmen. Dies wiederum kam dem einschlägigen Geschäftsbereich des *Favag*-Konzerns und den mit ihm kooperierenden Versicherungsagenten zugute. Allerdings waren diese Umsatzsteigerungen teuer erkauft: sie brachten dem Firmenverbund der *Frankfurter Industrie-Kredit* bis 1929 Verluste in zweistelliger Millionenhöhe.[8]

Wenn die *Favag*-Tochter hier die Rolle eines Finanziers einnahm, so tat sie dies immerhin im Zusammenhang mit dem Versicherungsgeschäft. Eine Vielzahl von

Aktivitäten, ja ganze Geschäftsfelder, waren dagegen versicherungsfremd. Einzelne Firmen, die in solchen Bereichen operierten, waren im persönlichen Eigentum von Konzerndirektoren, getarnt mit falschen Namen. In Wien [!] leitete Ernst Dumcke, Sohn des *Favag*-Generaldirektors, die *Deutsche Keramik-Gesellschaft mbH* mit grandiosem Misserfolg. Dafür erhielt er Kredite aus der konzerneigenen Bank, über die Feldman urteilte: »The credit granting of *Südwestdeutsche Bank*, which was run and supervised by *Favag* directors, was often simply criminal.«[9]

Auch der Phönix betrieb versicherungsfremde Geschäfte; Feldman sprach vergleichsweise die *Kompaß-Bank*, die Tourismusförderung und die »Zuwendungen« an.[10] Eine zentrale Rolle für diese Transaktionen hatte zweifellos die Bank. Über ihre Verbindungen mit dem Versicherer hatte der Journalist Kaufmann in seinem oben erwähnten Artikel geschrieben und damit die Münchener Phönix-Direktion zu einer Erklärung gegenüber dem Reichsaufsichtsamt provoziert. Deren Fazit, noch einmal zitiert: »Aus dem Vorstehenden wolle entnommen werden, dass irgendwelche Abhängigkeit oder Gebundenheit zwischen der Kompaß Bank und uns nicht besteht.«[11]

Diese Distanzierung war eine bewusste Irreführung – mit dem Motiv, die tatsächlich engen Bindungen zwischen Bank und Versicherer zu verdecken und damit denjenigen in die Parade zu fahren, die Parallelen zur *Favag* aufzeigen wollten. Tatsächlich war Berliner schon 1912 Mitbegründer der *Kompaß* gewesen und saß noch 1936 in deren Vorstand. »Dr. Berliner war [...] der erfolgreiche Vorbereiter und wertvollste Führer des Kompass« hieß es in einer Gedenknote für Berliner, die der *Kompaß*-Vorstand kundgab – einen Monat nach Berliners Tod und ein Quartal vor dem Ende des eigenen Unternehmens.[12] Die »Kompaß – Allgemeine Kredit- und Garantiebank« hatte als Kreditversicherer begonnen und in den Zwanzigern ihr Geschäftsfeld auf Bank und Börse erweitert. Gemeinsam mit dem Phönix hatte sie eine Reihe von Tochtergesellschaften gegründet, mit Schwerpunkten auf Immobilien und Bauen. Ob diese Firmen ausschließlich ihren deklarierten Geschäftszweck verfolgten, wurde nach 1936 nur teilweise geklärt. Einige waren offenbar klassische Mantelfirmen, doch gab es auch Mischformen. So war eine »Terra« in Budapest als Händlerin von Landwirtschaftsmaschinen registriert, handelte aber ebenso mit Grundstücken. Als der Phönix-Skandal losbrach, waren einige dieser Gesellschaften schon in Liquidation. Dasselbe Schicksal ereilte die Mutter. »Die Versicherung« meldete am 11. Juni 1936: die Überprüfung des »dem Phönix-Konzern angehörigen Kompass« habe ergeben, »daß das Institut nicht weitergeführt werden kann. Nach der von der Revisionsgesellschaft aufgestellten Bilanz müssen die Debitoren einen Abstrich von 7,8 Millionen S erfahren. Von den Forderungen des Kompass an den Phönix in der Höhe von rund 10 Millionen S sind über 51/2 Millionen ungedeckt.«[13] Den Schlusspunkt hinter die *Kompaß*-Geschichte setzte die Regierung schon in der Folgewoche, mit dem

»Bundesgesetz, betreffend die Auflösung und Liquidation der Kompaß – Allgemeine Kredit- und Garantiebank«.

Waren alle diese Geschäfte des Phönix – und der *Kompaß* – versicherungsfremd? Der Immobiliensektor, damit verbunden auch bauwirtschaftliche Aktivitäten, war es grundsätzlich nicht; denn die *Kompaß* betrieb seit jeher Hypothekarversicherung und der Phönix legte schon immer Teile des Prämienaufkommens in Immobilien und Hypothekendarlehen an. Allerdings dienten auch die Grundstücksgeschäfte nicht durchgängig versicherungstypischen Zwecken. Zu erinnern sind die oben beschriebenen Transaktionen mit Immobilien in NS-Deutschland, deren Eigner im Ausland lebten oder vor der Emigration standen, und die sich vor Enteignung schützen wollten.[14] Solche Aktivitäten waren einerseits durchaus versicherungstypisch, weil sie der vom RAA gewünschten hochwertigen Bedeckung der Prämienreserve dienten. Andererseits waren sie immer dann versicherungsfremd, wenn die Hergabe des Grundstücks als Einmalprämie allein dazu diente, das Grundeigentum in eine Vermögenspolice umzuwandeln, die der Versicherte alsbald im Ausland zur Auszahlung vorlegen würde.

Anders gelagert waren versicherungsfremde Geschäfte, die der Phönix ab Mitte der Zwanziger betrieb, als er im Kampf um die Bedeckung der Prämienreserven die Flucht nach vorn antrat. Hierzu zählten die erwähnte Finanzierung einer jugoslawischen Eisenbahnstrecke, zahlreiche über die *Kompaß* getätigte mittelfristige Investitionen, aber auch kurzfristige Finanzspekulationen. Solche Finanzanlagen waren nicht alle unsolide, aber alle waren versicherungsfremd. Dies galt auch dann, wenn der Phönix nicht höhere als banktypische Kreditrisiken einging. Für Transaktionen mit Wertpapieren hatte das Unternehmen sich den nötigen Spielraum geschaffen, indem es den Anteil der Effekten an den gesamten Vermögensanlagen auf nahezu 50 Prozent hielt, während Grundstücke und Hypotheken zusammen nur gut 20 Prozent ausmachten. Völlig anders war dies im deutschen Geschäft, weil dort die Versicherungsaufsicht nur festverzinsliche Wertpapiere zuließ, wodurch der Rahmen für gewinnbringende Übertragungen – auch mittels Spekulation und Arbitrage – wesentlich enger gesteckt war. Der Anteil der festverzinslichen Werte im Vermögen der deutschen Phönix-Niederlassung fiel 1930–1933 von 35 auf 22 Prozent, parallel zu einem Anteilsanstieg von 49 auf 63 Prozent bei Grundstücken und Hypotheken.[15]

Tatsächlich erreichten die versicherungsfremden Geschäfte beim Phönix nie dieselbe Dimension wie bei der *Favag*. Dort waren sie eine Triebfeder der Expansion und ein wichtiges Strategiefeld des Mischkonzerns, während sie dem Phönix vor allem als Reparaturhilfe dienen sollten – zur Restabilisierung des ins Schlingern geratenen Kerngeschäfts. Je kürzerfristig allerdings diese Geschäfte wurden, desto stärker dienten sie noch einem weiteren Zweck: der Bilanzverschleierung und Bilanzfälschung. Damit war die rote Linie erreicht, die Grenze zum kriminellen Handeln. Was über den Phönix und ihre Direktoren in diesem Kontext zu sagen ist, wird im nächsten Kapitel diskutiert und hier nicht vorweggenommen. Nur so viel: anders als die *Favag* hat der Phönix den Tugendpfad des Versicherers erst spät verlassen und ist eher notbedingt auf versicherungsfremde Abwege geraten. An wirtschaftskrimineller Raffinesse hat er seinem Mitbewerber aber kaum nachgestanden.

Die Bewältigung des Zusammenbruchs: welche Gemeinsamkeiten, welche Unterschiede gab es hier? Den Verlauf bei der *Favag* bestimmte in erster Linie ein Unternehmen, und erst an zweiter Stelle der Staat. Umgekehrt lief es beim Phönix, weil die Rahmenbedingungen anders gestellt waren. In Deutschland war es die *Allianz*, die sich kurz und fest entschlossen zeigte, die *Favag* zu übernehmen. Ihre Bedingung war: Ausschluss aller verlustreichen und versicherungsfremden Teile des Konzerns. Auf diesem Wege sicherte sie sich einen gesunden Versicherungsbestand und entledigte sich gleichzeitig eines mächtigen Konkurrenten. Das Reichsaufsichtsamt für Privatversicherungen, das seine Aufsichtspflichten vernachlässigt hatte, unterstützte die Übernahme unter anderem dadurch, dass es Gläubigeransprüche blockierte, bis die Bedeckung der Policen gesichert und der Übernahmepreis - von Kennern als niedrig eingeschätzt - vereinbart war.[16]

Im Fall Phönix war der österreichische Staat der klar bestimmende Akteur. Die Alternative einer weitgehend privatwirtschaftlichen Lösung stellte sich nicht, weil unter den gegebenen Bedingungen kein Versicherer ein vergleichbares Interesse an einer Übernahme zeigte. So gab die Schuschnigg-Regierung den Anstoß zur *ÖVAG*-Gründung, in der Hoffnung, dass ausländische Investoren sich - durch Garantien angelockt - zur Beteiligung entschließen könnten. Da dies nicht geschah, wurden nationale Unternehmen aufgerufen, die *ÖVAG* zu tragen, abgesichert durch die staatlich auferlegte Solidarpflicht aller Versicherer. Diese nahmen es zähneknirschend hin, war es letztlich doch in ihrem Eigeninteresse; denn nur so konnte das öffentliche Vertrauen in die Versicherungswirtschaft einigermaßen gewahrt und die Staatsintervention in Grenzen gehalten werden.

Auch für die österreichische Regierung war dies die beste Lösung. So entsprach es ständestaatlichen Prinzipien, dass die Versicherer sich auf ihre Pflichten als »Betriebsgemeinschaft« besannen und das gemeinsame Haus aus eigener Kraft wieder in Ordnung brachten. Die war der ideologische Grund; schwerer wog sicherlich ein politisch-praktischer. Den österreichischen Staat hätte es bis an seine Grenzen belastet, in dieser Krisenzeit mit eigener Finanzkraft gleich zwei Großunternehmen aufzufangen. Die *Creditanstalt*, größte Privatbank Österreichs, war fünf Jahre vorher insolvent geworden; eine Kettenreaktion hatte auch damals gedroht. Bedrängt von der Wirtschaft ließ die Regierung es Ende 1931 zu, dass der

Staat in dreistelliger Millionenhöhe belastet wurde – wesentlich stärker als die Eignerfamilie Rothschild. Die Bank war gerettet, und die Regierung zerbrach.

Hätte, nach dieser Erfahrung, die österreichische Regierung anders entscheiden können? Im April 1936 wohl kaum, aber wie stand es mit vorausschauender Vorbeugung? Berliner, der wusste, wie es dem Phönix ging, versuchte die Lawine zu stoppen, nur wuchs sie immer weiter an. Ahnten *Insider* in Staat, Medien und Wirtschaft davon nichts? Der Phönix war ein Teil der österreichischen Finanzwelt, gesellschaftlich prominent vertreten und mit dem Staat durchaus verflochten. Blieb die längst schwelende Unternehmenskrise das Geheimnis von Berliner und seinem engsten Führungszirkel, hatten somit Regierung und Administration keinerlei Anlass für Prävention?

Spitzenpersonen in Politik und Verwaltung wussten von der Krise; darüber kann es kaum Zweifel geben. Die Krankheit des Phönix war lange vor seinem Sturz bekannt, auf politischer Ebene spätestens 1932, in der Administration vermutlich früher. Dafür gab es mehrere Zeitzeugen, auch im Ministerrang.[17] Schon erwähnt wurde der Baron Alexander Spitzmüller: in der Monarchie Vorsitzender der *Creditanstalt,* Handels- und dann Finanzminister, 1919 Gouverneur der *Oesterreichisch-ungarischen Bank* in Liquidation[18] und 1931 noch einmal an die Spitze der illiquid gewordenen *Creditanstalt* berufen. Der Phönix war bei dieser Bank hoch verschuldet, und Spitzmüller wollte die Forderungen realisieren. Die Regierung hatte ihm als Grundsatz vorgegeben, die Schuldner hart zu fordern, und sie verlangte dies in einem Parallelfall ausdrücklich. Beim Phönix allerdings plädierten Kanzler Buresch und Vizekanzler Winkler auf Milde. Spitzmüller – so in seinen Memoiren – bestand auf Buchprüfung, wogegen Winkler Einspruch erhob. Als Innenminister zuständig, verhinderte dieser auch eine schriftliche Befragung der Phönix-Direktion; die Phönix-Kunden würden in Scharen davonlaufen, ihre Policen stornieren. Spitzmüller schloss daraufhin mit Berliner den Kompromiss, die Schuld in Raten zu begleichen. Vorbeugend versuchte er sich zu entlasten, indem er Winkler schriftlich für die Folgen verantwortlich machte, die sich aus dem Verzicht auf Bilanzprüfung ergeben könnten.[19]

»Tatsächlich ist der Phönix etwa viereinhalb Jahre nach diesem Vorfall zusammengebrochen, ein Beweis, daß unsere Forderung nach Erforschung der Bilanzlage vollkommen begründet war. Ich war aber in der Zeit, in welcher der Zusammenbruch des Phönix erfolgte, in keiner amtlichen Funktion und konnte [...] daher den hier dargestellten Zusammenhang nicht zur Kenntnis der Öffentlichkeit bringen. Die Aufklärung des sonderbaren Verhaltens der Regierung in der fraglichen Zeit wurde mir im Jahre 1933 durch einen Zufall verschafft. Es ergab sich, daß maßgebliche Regierungsmitglieder mit dem Phönix in einer nicht näher zu erörternden geschäftlichen Verbindung gestanden haben.«[20]

Zu demselben Schluss führen die Angaben eines zweiten Insiders: des Niederländers Meinoud Rost van Tonningen.[21] Er kannte das Finanzgeschehen in Österreich aus seiner Arbeit in der Wiener Vertretung des Völkerbunds. Im Zusammenhang mit der internationalen Finanzhilfe, die das Land in den Zwanzigern und nach dem Zusammenbruch der *Creditanstalt* erhielt, berichtete Rost über die österreichische Finanzpolitik. Er war mit Dollfuß befreundet; als er 1933 von Schwierigkeiten des Phönix erfuhr und erkannte, dass der Bundeskanzler dagegen nichts unternehmen wollte, blieb auch er, als Vertreter des Völkerbundes, inaktiv. Er kritisierte aber nach dem Phönix-Krach in drastischer, antisemitischer Weise deren verstorbenen Direktor – so in zwei Briefen an Sir Otto Niemeyer, Finanzexperte der *Bank of England* und Direktor in der *Bank für Internationalen Zahlungsausgleich*. »Had [Berliner] not died, his work of destruction would have continued and we would still be hearing, what a wonderful genius he was.«[22] Wenig später ging Rost von Wien nach Holland zurück, trat in die *Nationaal-Socialistische Beweging* ein und wurde Chefredakteur der Parteizeitung.

Ein dritter Zeitzeuge wurde schon an anderer Stelle zitiert: Minister Dr. Robert Kerber, der von Winkler die Verantwortung für die Versicherungsaufsicht übernommen hatte. Isabella Ackerl interviewte 1972 den damals Achtundachtzigjähren und kam zu erstaunlichen Ergebnissen. Nach Amtsantritt im September 1933 wurde er – nach seinen Worten – von Dr. Skrobanek, dem Stellvertreter des Sektionschefs Ochsner, über die Lage beim Phönix ins Bild gesetzt.[23] Kerber forderte eine Untersuchung, Ochsner war dagegen, Kerber insistierte und Ochsner intrigierte. Der Ball kam zurück an Kerber, zugespielt vom Bundeskanzler Dollfuß. »Du, ich hör', Du willst da eine amtliche Untersuchung beim Phönix machen. Bitte, laß das jetzt sein und warte bis zum Herbst. Denn Dr. Berliner ist gerade von uns in einer geheimen finanziellen Sache ins Ausland geschickt worden.«[24] Kerber nahm die Weisung an, nicht zuletzt, weil er Berliner schätzte.

Und zum Vierten: auch Eduard Baar-Baarenfels – er war Innenminister, als der Phönix krachte – erfuhr nach seiner Amtseinführung im Oktober 1935, dass beim Phönix einiges schief lag. Nach seiner Darstellung informierte er Schuschnigg im Februar 1936, dass ein Skandal gleich dem der *Creditanstalt* über das Land hereinbrechen könnte. Auch mit Kienböck habe er sich beraten. Aber keiner wurde tätig. »Vielleicht hätte man schon früher energisch eingreifen sollen, doch sei zu bedenken, daß der frühere Generaldirektor Berliner es verstanden habe, die Lage der ›Phönix‹ vor der Aufsichtsbehörde und auch vor den Angestellten zu verschleiern.«[25]

Wie ist dies zu erklären – vielleicht so? In heutiger Sprache war der Versicherer »systemrelevant«.[26] Diese Einordnung bedeutete zweierlei. Der Phönix diente dem Staat in unverzichtbarem Maße. Zudem drohte sein Zusammenbruch im Finanzsystem ein Erdbeben auszulösen, das Folgewirkungen in Gesamtwirtschaft und Staat zeitigen würde. Also war der Phönix vor dem Sturz zu bewahren. Dies machte in der Systemlogik aber nur dann Sinn, wenn die Kosten seiner Stützung geringer waren, als der Nutzen, den der Staat und weitere Begünstigte aus ihm ziehen konnten. Galt dies nicht - und die Erfahrungen mit der *Creditanstalt* verlangten nach Skepsis - so blieb nur, den Phönix in ein Auffangnetz fallen zu lassen, womit der Versicherungsbestand erhalten, auch weiterhin bedient und der Schaden der Gläubiger begrenzt würde. Der Staat würde dieses Netz planen, aber weder knüpfen noch auf Spannung halten; dies bliebe der Wirtschaft und Dritten überlassen.

Die dritte Option des Staates war, gar nichts zu tun. Dies konnte logisch aus seiner Einschätzung folgen, dass der Fall Phönix *unmanageable* sei - mit Blick auf gegebene Lösungskapazität und weitere politische Herausforderungen (an denen es nicht mangelte). Ein Nichtstun konnte aber auch schlicht opportunistisch sein: möge doch die Folgeregierung sich des Schlamassels annehmen. Dass diese Option ausschied, dürfte nicht zuletzt dem Druck von Betroffenen und Verantwortlichen zu verdanken sein: Vertreter der inländischen Wirtschaft, ausländischer Geschäftspartner des Phönix und der Zentralbank.

Die Ehrbarkeit in der Krise

Ein Großteil der Phönix-Geschichte ist erzählt, und vieles von dem, was der oft genannte Direktor dazu beigetragen hat, dem Leser bekannt. Nur: was weiß er über den Menschen Wilhelm Berliner, welche Vorstellung hat er von seiner Persönlichkeit, von seiner sozialen Rolle? Erschließt sich ihm, welches Bild Berliner selbst von sich hatte, von seinen Charakterzügen, seiner Individualität, seinen Aufgaben, seiner Gesamtidentität?

Diese Fragen sind bisher unberührt, bewusst ausgeklammert geblieben. Nun steht diese Bestimmung an, und – so viel sei schon gesagt – sie wird nur bruchstückhaft gelingen. Beginnen wird sie mit einer Darstellung der familiären Herkunft, des Bildungsgangs und der beruflichen Leistungen. Darauf folgt eine Ausleuchtung der kriminellen Seiten des Dr. Berliner. Was deckten die staatlichen Untersuchungen auf, die Verfahren vor dem Ehrenrat ab 1936 und die Strafprozesse nach dem Anschluss? Vor welchen Hintergründen geschah dies, und wie ausgeprägt war der »politische Charakter« dieser Untersuchungen und Urteile? Abschließen wird das Kapitel mit Berichten von Zeitzeugen, die Wilhelm Berliner persönlich erlebt und gekannt haben, die etwas über seine Persönlichkeit, sein privates Leben, sein Selbstbild erzählen konnten und wollten.

Identität und Idealisierung

Nachrufe in mehr als zwanzig Zeitschriften und Zeitungen, im In- wie Ausland, würdigten Berliners Persönlichkeit und Wirken.[1] Darin findet man viele der üblichen Formeln: liebevolles Eingehen auf die menschliche Schwäche, Wohltäter im edelsten Sinne, große Leistungen für sein Vaterland, nicht Machtwille sondern der Wille zum Guten, rastlos, bedürfnislos, bescheiden. Insbesondere diese letztgenannten Eigenschaften sprachen ihm alle zu, seine österreichischen Landsleute,

Abbildung 9.1 Wilhelm Berliner (*Die Versicherung* 20.02.1936)

seine Fachkollegen in der europäischen Versicherungswelt, die in- und ausländische Presse. Doch viele Beiträge gingen tiefer – vor allem in der Würdigung seiner Leistungen, weniger in der Bewertung seiner Persönlichkeit. Letzteres fiel sichtbar schwer, aus zwei Gründen. Berliner setzte sich nicht in Szene, trat in der Öffentlichkeit kaum hervor und kehrte offenbar auch in Fachkreisen sein Innerstes nicht nach außen. Zudem blieb sein Privatleben, sofern er eines hatte, verborgen; diese Seite der Persönlichkeitsbewertung blieb leer oder enthielt allenfalls Vermutungen. Auch Personen, die ihm fachlich, vielleicht sogar menschlich näherstanden, sprachen wolkig von seinem »Genius«, seinem »inneren Dämon«, sahen ihn als eine letztlich nicht kategorisch fassbare Persönlichkeit.

Die Suche in biographischen Lexika führt auf nur eine Stelle und schafft wenig Klarheit. Im Jahrbuch der Wiener Gesellschaft, Ausgabe 1929, ist zu lesen: »Wilhelm Berliner wurde am 1. Mai 1881 in Wien geboren. Nach Beendigung seiner Studien wandte er sich zunächst der kommerziellen Laufbahn zu. In der Versicherungsbranche fand er schließlich das eigentliche Feld seiner großzügigen und ideenreichen Betätigung. Er ist jetzt Direktor der ›Phoenix‹-Lebensversicherungs-A. G., Generalrat der Oesterr. Nationalbank, Vorstand der ›Kompaß‹ Allgem. Kredit- und Garantiebank und gehört verschiedenen anderen Gesellschaften als Verwaltungsrat an. Vor einigen Jahren wurde er auch in den Versicherungsbeirat im Bundeskanzleramt berufen. – W. B. machte den Weltkrieg als Frontoffizier mit. – Er ist unverheiratet und wohnt: I., Riemerg. 21 – Tel. R-29-5-65.«[2]

Vermutlich war in dieser Wiener Gesellschaft nicht mehr über ihn als Mensch bekannt; erst einige der Nachrufe dürften dieses Bild ergänzt haben. Demnach trat er im Februar 1900 als noch nicht Neunzehnjähriger in den Phönix ein; die Rechtswissenschaften studierte er nebenher. Und er zeigte Interesse für die soziale Frage. »So war der Student Berliner – jeder Mensch muss schließlich Jugendsünden begehen – am 1. Mai, der auch sein Geburtstag war, »mit den Arbeitermassen in den Prater gezogen. In dem berühmten Café Greinsteidl am Michaelerplatz hatte er dem Kreise sozialistischer Intellektueller angehört.«[3] Der Versicherungsangestellte Wilhelm Berliner zeigte Ambitionen auf einen schnellen Aufstieg. Schon bald berief Generaldirektor Klang ihn als seinen Sekretär, und 1907 wurde er für die Firma zeichnungsberechtigt. International machte er sich mit sprachgewandtem Auftreten auf Fachkongressen einen Namen, und auch in der angewandten Wissenschaft tat er sich früh hervor: als Mitbegründer (1910) und Mitherausgeber der *Österreichischen Zeitschrift für öffentliche und private Versicherung*. Eine Arbeit, die er als Mitautor über das »Österreichische Wuchergesetz« geschrieben hatte, wurde ausgezeichnet.[4] Sie erschien 1911, beide Autoren trugen den Doktortitel.[5]

Im November 1914 starb Klang, und Berliner wurde – wie erwähnt – Direktor, als Stellvertreter des Generaldirektors Fritz Bauer. Beide waren Eleven des Phönix-Vaters James Klang.[6] Er betraute Wilhelm Berliner schon früh mit zentralen organisatorischen Aufgaben und förderte vermutlich auch dessen Einstieg in den Phönix.[7] Was nicht in den Nachrufen zur Sprache kam, war das Genealogische. Die Familiengeschichte: war sie unbekannt? James Klang dürfte mit den Eltern Wilhelm Berliners bekannt gewesen sein; wie sie stammte er aus Galizien. Er wurde 1847 in Lemberg geboren, der Vater Adolf Berliner neun und seine Frau Sali fünf Jahre früher.[8] Sie war eine geborene Kalischer; diese zählten – wohl anders als die Berliner – zu den bekanntesten jüdischen Familien Lembergs. Salis Vater Josef Kalischer, ein Lemberger des Jahrgangs 1813, wird ein wohlhabender Kaufmann gewesen sein – zum Nutzen seiner Tochter und seines Schwiegersohns, des Fabrikanten Adolf Berliner. Nur am Rande: zum Netz der Wiener aus Lemberg gehörten auch zwei Größen in Versicherungspublizistik und -wissenschaft: James Klangs Schwester Caroline heiratete 1863 Adolf Ehrenzweig und wurde 1875 zur Mutter von Albert Ehrenzweig – beide schon erwähnt.

Wilhelm Berliners Eltern starben in Salzburg, sie 1909 und er kurz nach dem Kriege. Sucht man in genealogischen Datenbanken,[9] so entdeckt man vier Kinder. Demnach wurde Wilhelm 1881 als letzter geboren. Sophie kam 1875 in die Wiener Welt und starb im Jahr darauf. Die beiden Älteren, Clotilde und Jeanne, waren Lemberger Kinder. Nur über Jeanne, Jahrgang 1865, weiß man mehr. Sie nahm sich in Wien das Leben, wenige Tage nachdem der Fall Phönix zum Skandal geworden war. In seiner Trauerrede am Grab ihres Bruders hatte der Oberrabbiner Feuchtwang »in Namen auch seiner Geschwister und Verwandten« gesprochen.[10] Weiteres – über die Familie des Verstorbenen – ist in den Ansprachen und Nachrufen nicht zu finden.

Mehr war darin über seine Religion zu erfahren. Seine Wohnung, in der Riemergasse, lag in der Nähe des Stephansdoms und nicht weit vom Stadttempel. Er war, so hieß es in den Nachrufen, ein aktives Mitglied der Israelitischen Gemeinde.

In der *Jüdischen Presse*, dem Wiener *Organ für die Interessen des orthodoxen Judentums*, war zu lesen: »Mit Dr. Berliner schied nicht nur eines der hervorragendsten Finanzgenies aus dem Leben, sondern ein auch von seltener Nächstenliebe erfüllter Jude. [...] Dr. Berliner hat auch an jüdischen Dingen stets warmes Interesse bekundet.«[11] *Die Stimme* schrieb, dass das Judentum mit Berliner eine der immer seltener werdenden Personen verliere, die unter keinen Umständen ihr Judentum zurückstellten. So habe er sich vorbehaltlos für das zionistische Palästinawerk eingesetzt, ohne sich dabei einer besonderen Richtung im Zionismus anzuschließen. Sein gesellschaftliches Engagement würdigte auch die *Jüdische Wochenschrift*, mit diesen Worten: »Als nach dem Machtantritt Hitlers in Deutschland die Reinigung [sic!] der Betriebe von jüdischen Angestellten begonnen hatte, verstand es Dr. Berliner, durch Einsetzung seiner ganzen Persönlichkeit die deutsche ›Phönix‹-Abteilung gegenüber Versuchen allzu radikaler Eingriffe zu bewahren.«[12] Die jüdische Gemeinschaft gab ihm ein Ehrengrab, und eine Kompanie des Bundes jüdischer Frontsoldaten erwies ihm die letzte Ehre.

Soviel zum Privaten des Wilhelm Berliner, zu seiner Familie, seiner Religion, seinem Bildungsgang. Schon diese Darstellung zeigt, dass Privat- und Berufsleben sich nicht trennen lassen. Oder treffender: nach allem Anschein war das erste dem zweiten völlig untergeordnet, was seine Persönlichkeit bestimmend prägte. Wie verlief dieses Berufsleben, auf welchen Feldern arbeitete er, welche Stufen nahm er, und welche nachhaltigen Weichenstellungen gab es? Zu diesen, nicht-privaten Seiten seiner Biografie boten die Nachrufe, wie auch spätere Beiträge, ungleich mehr.

In die Versicherungsgeschichte ist er mit großen Leistungen auf drei Feldern eingegangen: Schaffung neuer Versicherungsformen, Stabilisierung des Versicherungswesens in den Nachfolgestaaten und Führung des Phönix an die europäische Spitze. Schon der Auf- und Ausbau der Kriegs- und Kriegsanleiheversicherung ab 1914 war im Wesentlichen sein Werk. Und mehr: »Alles das, was seit dem Jahre 1914, dem Todesjahre Doktor Klangs, von dem alten Hause in der Riemergasse ausging, entsprang Berliners Initiative, von der Einführung der Kriegsversicherung, Kriegsanleihe-, Fremdwährungs- und Wertpapierversicherung über die vielen Transaktionen, Gründungen, Treffer- und Arbeitsanleihen bis zur Fremdenverkehrspropaganda.«[13]

Kriegs- und Kriegsanleiheversicherung: Beide Versicherungsarten wurden ab 1914 schnell zu wichtigen Umsatzträgern des Unternehmens. Unsicherheit ist bekanntlich die Lebensgrundlage der Versicherungsbranche. Dafür muss sie berechenbar – oder genauer – abschätzbar sein: mittels Wahrscheinlichkeitsrechnung und Geschäftssinn. Die Versicherungsmathematik hatte in den Jahrzehnten vor dem Kriege große Fortschritte gemacht. Wilhelm Berliner war auch darin zu Hause, und für ihre Anwendung im Phönix besaß er, wie kein anderer, das unternehmerische Gespür. Wesentliche Anstöße hat er auch für die Entwicklung der Kreditversicherung gegeben, vor allem als Mitbegründer und in der Leitung der *Kompaß-Bank*. Er ging neue Wege in der Risikoaufteilung bei der Rückversicherung und hatte große Erfolge mit der Einmalprämienversicherung, die er allerdings auch spekulativ einsetzte. Als sich im Zuge der Wirtschaftskrise immer mehr Policen-Inhaber gezwungen sahen, ihre Lebensversicherung zu beleihen, bot er ihnen mit der 1932 eingeführten Darlehenstilgungsversicherung eine Alternative. Auch diese Neuerung wurde sehr rege angenommen.

Nach Kriegsende hatte er aktiv zu der Bewältigung der Kriegsfolgen beigetragen; nicht nur in der Leitung des »Phönix«, sondern auch als Vertreter des österreichischen Versicherungswesens. Er hatte einen erheblichen Anteil an der Rekonstruktion der Lebensversicherung in Österreich und der Aufrechterhaltung österreichischer Bestände in den Nachfolgestaaten. Er betrieb die Übernahme österreichischer und auch tschechischer Bestände ausländischer Gesellschaften, die sich nach Kriegsende zurückziehen wollten. In der Tschechoslowakei – dort gab es sehr hohe Bestände – wurde den Versicherten die Vertragsumstellung auf nationale Währung angeboten, zum Schutz vor weitgehender Entwertung. Zudem gab es bis 1932 eine ganze Reihe von Übernahmen kriselnder Versicherer im In- und Ausland. Dies alles führte zu der beispiellosen Expansion des Unternehmens, das 1936 in 23 Staaten vertreten war.

Bei diesen Aktionen verfolgte Berliner die Strategie, unternehmens- und staatspolitisches Handeln zu verbinden, durchaus zum Nutzen des Phönix. In einem Revisionsbericht, geschrieben nach dem Zusammenbruch, liest man, »dass die Tätigkeit des Direktors Berliner in erster und letzter Linie in eine ungeheure Werbung für das Institut gemündet hat.«[14] Diese Fähigkeit zeigte sich schon in der Kriegszeit, als er sein Unternehmen aktiv dafür einsetzte, die Unterbringung der staatlichen Kriegsanleihen zu fördern. Er setzte dies fort, als in den dreißiger Jahren die Treffer- und Arbeitsanleihe(n) zur Staatsfinanzierung und Arbeitsbeschaffung aufgelegt wurden. Nicht zuletzt damit öffnete Berliner sich einen Weg in die Politikberatung. »Es hat im Laufe der Zeit auf dem Gebiete des alten Österreich-Ungarn keine Staatsemission gegeben, an deren Konzept Dr. Berliner nicht in irgendeiner Form Anteil genommen hätte. Regierungen und Parlamentarier suchten in finanziellen und wirtschaftlichen Fragen seinen Rat.«[15] Dies sicherlich auch deshalb, weil Berliner im Zuge der Konzernexpansion einen unvergleichlichen internationalen Beobachtungsapparat aufbaute. Dieser sammelte Informationen in großem Stil, auf wirtschaftlichem wie politischem Gebiet, bis hinunter zu einzelnen Organisationen und Personen.

Dass er sich nicht scheute, aus öffentlichem und eigenem Interesse heraus völlig versicherungsfremde Unternehmensaktivitäten zu entfalten, zeigte sein Enga-

Abbildung 9.2 Anzeige zur Treffer-Anleihe (*Neue Freie Presse* 31.05.1934)

gement für die »Treffer-Anleihe«[16] (siehe Abb. 9.2) und stärker noch die Gründung einer Fremdenverkehrsabteilung im Phönix. Sie sollte Beratung und Werbung für Österreich-Reisen anbieten, unter Einschaltung ihrer in- wie ausländischen Filialen. Auch Werbebroschüren in hohen Auflagen wurden gedruckt. Berliner reagierte damit auf die 1933 von der NS-Regierung verfügte »Tausend-Mark-Sperre«,[17] die den österreichischen Tourismussektor in Bedrängnis brachte. Deshalb sollten verstärkt Reisende aus Westeuropa und Übersee geworben werden, was der Phönix engagiert unterstützte. Tourismus-Werbung übernahm er auch für die Tschechoslowakei.[18]

Die »Aktion Fremdenverkehr« kostete den Phönix eine hohe sechsstellige Summe, versprach aber positive Nebenwirkungen für das Image und den Außendienst des Unternehmens. Zudem bot sie die Kontaktpflege zur hohen Politik, wie ein Schreiben Berliners an Dollfuß zeigte: »Wenn Sie, sehr verehrter Herr Bundeskanzler, die Lebensversicherungs-Gesellschaft Phönix bei dieser Tätigkeit im Interesse des Fremdenverkehrs unterstützen oder diese Gesellschaft zu anderen propagandistischen oder sozialen Aufgaben heranziehen wollen, so wären wir Ihnen sehr dankbar und stehen Ihnen herzlich gerne zu Diensten.«[19]

Der Vorgänger von Papens in der Deutschen Gesandtschaft, Kurth Rieth, schrieb dazu im Mai 1934: »Die österreichische Versicherungsgesellschaft ›Phönix‹, deren in unerfreulicher Weise geschäftiger Leiter, Generaldirektor Berliner, […] in enger Zusammenarbeit mit den hiesigen Regierungsstellen steht, begnügt sich neuerdings nicht mehr mit der Fremdenverkehrspropaganda, sondern hat sich einem neuen, rein politischen Gebiet zugewandt. Seitdem die legitimistischen Bestrebungen auch von österreichischen Regierungskreisen gefördert werden, hat der ›Phönix‹ seine Organisation auch für diese Zwecke zur Verfügung gestellt, wobei er mit großem Geschick seine eigenen geschäftlichen Interessen verfolgt. Seit einiger Zeit wirbt der Phönix in legitimistischen Kreisen, insbesondere unter den Angehörigen der katholischen Edelleute in Österreich, für die Schaffung einer Spende, die eine Art Versicherung des jungen Erzherzogs Otto und seiner Familie ermöglichen soll.«[20]

Seine erste größere Aufgabe in der Politikberatung hatte Berliner im Jahr 1919, als er im Rahmen des Friedensvertrags von Saint-Germain an der Neuregelung der Versicherungswirtschaft mitwirkte. Er wurde hinzugezogen, weil er neben dem versicherungstechnischen Spezialwissen auch ökonomische, juristische und politikbezogene Kenntnisse einbringen konnte, zudem über ein Netz persönlicher Beziehungen verfügte und brilliant in mehreren Sprachen kommunizieren konnte. Zentraler Bezugspunkt im Vertrag war der Artikel 215; er betraf die zwischenstaatlichen Regelungen für Finanzinstitute und Versicherungen, nach Auflösung der Donau-Monarchie. Auch an den nachfolgenden zwischenstaatlichen Verhandlungen hat Berliner auf österreichischer Seite maßgeblich mitgewirkt. Er war Mitglied im Generalrat zweier Zentralbanken: der *Oesterreichisch-ungarischen Bank* und der ihr nachfolgenden *Oesterreichischen Nationalbank.*

Dr. Wilhelm Berliner – auch ein herausragender Wissenschaftler? Die von ihm mitbegründete Zeitschrift erschien nur bis 1920, seine Publikationsliste blieb kurz, und nur wenige seiner zahlreichen Vorträge sind in gedruckter Form erhalten. Dazu hat Albert Ehrenzweig, in seinem Nachruf, eine passende Erklärung gefunden. »Hundert bahnbrechende Bücher sind in diesem Haupt entstanden; die Hand hat sie nicht niedergeschrieben. [...] Aber auch der Wissenschaft bleibt der Trost, daß seine großen Gedanken immer Taten geworden sind und diese Taten zu lebendigen Werken.« Dies gilt für Berliners Entwicklungsarbeit im Versicherungswesen aber auch für seine fundierte Beratung in einem weiten Feld von Finanz- und Währungsfragen.

Die Nachrufe und Erinnerungen, gesprochen und geschrieben in Österreich, einigen Nachfolgestaaten und auch in Deutschland:[21] einige klärten, andere verklärten. Das Bild des Wilhelm Berliner, das in Ansprachen, Fachzeitschriften und Presse kurz nach seinem Tode gezeichnet wurde, wäre in die Geschichte eingegangen, wenn es nicht bald darauf den dramatischen Sturz gegeben hätte. Der Phönix brach zusammen, und im Bild des Dr. Berliner traten in aller Schärfe neue Züge hervor, die das frühere Image des bescheidenen Menschen mit unternehmerischer Genialität und beispielhafter Wohltätigkeit fast zur Karikatur werden ließen.

Wege in die Wirtschaftskriminalität

Bevor gezeigt wird, welches neue Bild des Dr. Berliner sich nach dem Zusammenbruch formte, aus den Perspektiven der Gesellschaft, der Politik und der Fachwelt, stellt sich die Frage nach einer objektiven Betrachtung. Gibt es ein Leitbild für eine verantwortungsvolle Teilnahme von Unternehmensleitern und Eignern am Wirtschaftsleben, taugt dafür die Vorstellung vom Ehrbaren Kaufmann oder das Normengerüst der *Compliance?* Die engste Definition dieser Standards ist die juristische: ehrbar ist ein Kaufmann dann, *compliant* ein Manager dann, wenn er gegenüber Eignern, Mitarbeitern, Kunden und Geschäftspartnern redlich und aufrichtig ist, indem er sich streng an die Gesetze hält. Verstößt er vorsätzlich gegen das Strafrecht, so ist er kriminell.

Welchen Aufschluss zur Unternehmenskriminalität, im und im Umfeld des Phönix, brachten die staatlichen Untersuchungen und die Gerichtsverfahren? Welche Regelverletzungen wurden aufgedeckt, welche Personen kamen ins Rampenlicht und welche Urteile wurden gesprochen? Zu unterscheiden sind hier die Komplexe Bestechung, Bilanzmanipulation und Untreue.

Für die Recherchen im ersten Verdachtsbereich – Bestechung – bildeten die »Listen« das Ausgangsmaterial. Schon kurz nach dem Sturz kamen mehrere solcher Aufstellungen in Umlauf. Inhaltlich deckten sie sich nicht, und jeweils wussten nur wenige Personen, wer sie mit welcher Absicht lanciert hatte. Dies machte es der Regierung leicht, mit ihrer amtlichen Mitteilung vom 28. April Standards zu setzen. Sie beanspruchte das Informationsmonopol (»Liste in Behördenhand«) und wählte die aus ihrer Sicht erwähnenswerten Listeneinträge aus. Diese klassifizierte sie, indem sie Namen für Namen die ausgewiesene Zuwendung nach Strafbarkeit, Beweisbarkeit und politischer Bedeutung einschätzte.

Für diese Interpretation konnte sie, mit gewissem Recht, einen weiten Spielraum beanspruchen. Der Listeneintrag war ein Indiz von geringer Beweiskraft, wenn er nicht durch weitere Belege, so durch Büchereinsicht und Befragungen, ergänzt werden konnte. Noch 1936 wurden im Fall Phönix gerichtliche Verfahren eingeleitet, gegen nicht weniger als 27 Personen.[1] Nur in einzelnen Fällen führten sie zu strafrechtlicher Verurteilung. Wegen der komplizierten Beweislage berief das Gericht zwei Gutachter, die ihren Abschlussbericht erst 1938 vorlegten. Verurteilungen gab es 1936 in zwei Fällen. Ein Amtssekretär des Finanzministeriums namens Schmid, der es hingenommen hatte, dass sich in seinem Dienstbereich Gebührenrückstände des Phönix in Millionenhöhe auftürmten, erhielt wegen des »Verbrechens der Geschenkannahme in Amtssachen« eine Haftstrafe von zwei Jahren. Sein Einwand, dass er auf ausdrückliche Weisung von oben gehandelt habe, half ihm nicht. Damit war – indirekt – auch Berliner eine Schuld zugewiesen. Auch dem ehemaligen Kanzler Buresch, der sich einen Tag vor Wiederaufnahme des Bestechungs-Prozesses das Leben nahm? Der Amtssekretär hatte die »Geschenke« in den Zeiträumen angenommen, in denen Buresch Finanzminister bzw. Kanzler gewesen war. Der Suizid von Buresch ist vollständig nie aufgeklärt worden.[2] Anders stellte sich die Schuldfrage im zweiten Falle, dem des Journalisten Rokitansky. Berliner hatte ihn für sein Nicht-Schreiben über den Phönix »belohnt«. Er wurde wegen Erpressung verurteilt, Berliner galt somit als »Opfer«.

Darüber hinaus befanden die zuständigen Behörden, dass nach dem erreichten Untersuchungsstand etliche Zuwendungen strafrechtlich gar nicht verfolgbar waren. In der Konsequenz richtete der Bundeskanzler einen Ehrenrat ein, der den nachhaltig beschuldigten Prominenten nahelegen sollte, ihre öffentlichen Ämter niederzulegen.[3] Dies traf den ehemaligen Vizepräsidenten des Phönix-Verwaltungsrats Carl Vaugoin, den Janus-Direktor Dr. Reininghaus und den Staatsrat Coreth. Belastet waren auch ein Landesleiter der Vaterländischen Front, ein früherer Heimatblock-Abgeordneter, ein Adjutant Starhembergs und nicht zuletzt der Bundesminister a. D. Schönburg-Hartenstein.

Einen wirklichen Konflikt löste nur der Fall Dr. Strafalla aus, er war u. a. Präsident des österreichischen Verkehrsbüros, mit dem der Phönix in dem Fremdenverkehrsprojekt kooperiert hatte. Ihm hatte der Direktor Berliner »Exotenaktien« zu weit überhöhten Kursen abgekauft. Was war das: eine Bestechung seitens Berliners oder ein Anlagebetrug seitens Strafallas? Offenbar sah letzterer sich als Opfer; denn anders als die Vorgenannten verzichtete er nicht auf seine öffentlichen Funktionen. Sie wurden ihm entzogen.[4]

In allen anderen Fällen wurde der Grundsatz des *in dubio pro reo* großzügig ausgelegt. Zu den Herren Vaugoin, Coreth und Reininghaus, alle Mitglieder des Verwaltungsrates, stellte der Ehrenrat fest, dass sie »von den Unregelmäßigkeiten der Geschäftsgebarung der Phönix und insbesondere bei der Erstellung der Bilanzen keinerlei Kenntnis hatten.« Insgesamt, also auch mit Blick auf die Zuwendungen, kam der Rat zu dem Ergebnis, dass »keinerlei ehrenrühriger Vorwurf gegen sie erhoben werden kann«.[5]

Es wird den Leser kaum überraschen, dass auch in der Sammlung Megerle Listen-Material zu finden ist. Genauer: erhalten ist eine Aufstellung, die fast achtzig Personen, Institutionen und Organisationen ausweist, mit – soweit bekannt – den gezahlten Beträgen.[6] In dieser Liste sind fast alle Einträge zu finden, die in der amtlichen Mitteilung genannt sind, wenn auch mehrfach mit weit höheren Summen. So soll der Heimatschutz 60 Millionen Schilling statt 95 000 erhalten haben, und den Ostmärkischen Sturmscharen waren 13,4 Millionen zugeschrieben, nicht 2 000. Zudem gab es Großempfänger, die in der amtlichen Liste überhaupt nicht auftauchten: Fürst Starhemberg mit 14 und seine Mutter mit 1,5 Millionen, die Vaterländische Front mit 15 und die Wiener Polizei mit 30 Millionen. Aufgeführt war auch ein gleichhoher Betrag, der einem »Prinz Hubert Löwenstein« zugeflossen sei, »zur Finanzierung des status quo im Saarland«.[7] Diese Information war der SS-Zeitung *Das Schwarze Korps* entnommen, wie auch eine Angabe zu Fürst Starhemberg. Den Hinweis auf die Vaterländische Front hatte *Der Angriff* gegeben. Die NSDAP ist in der Aufstellung erwartungsgemäß nicht zu finden. Die genannten Zuwendungen addieren sich auf die unfassbare Summe von 170 Millionen Schilling; dies war mehr als der Phönix jährlich an Prämien einnahm.[8] Keine Frage: diese Liste bot wenig Aufklärung und viel Propaganda, absolut wie im Vergleich, bei aller gebotenen Skepsis auch gegenüber den amtlichen Daten.

Es kam der Anschluss ans Reich im März 1938; Recherchen und Verfahren wurden weitergeführt bzw. wieder aufgenommen. Die politische Zuständigkeit lag fortan im Reichsjustizministerium (RJM): beim Minister Dr. Franz Gürtner und dem Staatssekretär Dr. Roland Freisler. Es hatte zunächst noch eine Außenstelle in Wien, das ehemalige Bundesjustizministerium mit seinen eigenen Beständen. Eine Gutachtergruppe nahm sich die »Listen« noch einmal vor. Geordnet und gruppiert, ließen diese nun viele Details erkennen, die in der regierungsseitigen Darstellung nicht zu finden waren. Die betreffende Archiv-Akte des RJM enthält zwei »Zuwendungslisten«, »A« und »B«, mit rund 45 bzw. 30 Seiten.[9]

Die Liste »B« dürfte sich weitgehend mit derjenigen decken, die in der »Amtlichen Darstellung« vom 29. April 1936 mit kurzen Auszügen zitiert worden war.[10] Sie birgt die Massendaten: 24 Teillisten, geführt von Januar 1931 bis Februar 1936. Erfasst, in einzeiligen Einträgen, sind etwa 550 Zahlungen, die sich zu rund 2,6 Millionen Schilling addieren. Genannt sind Beträge und Empfänger: Organisationen und Einzelpersonen. Unter letzteren finden sich auch »Phönix-Beamte«, häufig vermutlich als Zuträger. Zuwendungen in anderer Form, insbesondere Gratispolicen, sind dort nicht erfasst, ebenso wenig – soweit erkennbar – die gewährten Darlehen. Diese Begünstigungen finden sich dagegen in der Liste »A«; sie beschreibt in 145 mehrzeiligen, auch längeren Einträgen die Zuwendungen in Art und Umfang, nennt den Zweck und gibt Einzelheiten zu den Empfängern.

Sie beginnt mit dem Namen »Exkaiser Karl«; der 1922 gestorbene Monarch hatte demnach eine Alt-Police über 1 Million Kronen (entsprechend 100 Schilling [!]) besessen. Dafür wurden 1934 10 000 Schilling an die Gutsverwaltung Habsburgisch-Lothringischen Privatvermögens überwiesen, zudem erhielt des Kaisers Tochter, Erzherzogin Adelheid, eine Gratispolice über 25 000 Schilling. Auf den nächsten Plätzen folgen der frühere Verteidigungsminister Fürst Schönburg-Hartenstein, ein Baron Taxis (Sekretär des Generaldirektors Reininghaus), der Kaiserbruder Erzherzog Maximilian, der Präsident des Obersten Gerichtshofes Dr. Franz Dinghofer. Weiter unten sind Vaugoin, Reininghaus selbst und Dr. Anton Rintelen gelistet.[11]

Unter den institutionellen Empfängern sind in der Liste »A« die Israelitische Kulturgemeinde Wien und der *Jüdische Nationalfonds* genannt; erstere dafür, dass sie bezüglich des Vereins »*Familienschutz*« dem Phönix »ihre Unterstützung angedeihen lässt« und letztere wegen Provisionen für die Gruppenversicherung und Beiträgen zur Verwaltungskostendeckung.[12] Als politisch bedeutende Organisationen sind u. a. die Heimwehr (Zahlungen u. a. über Finanzminister Dr. Draxler), die Großdeutsche Volkspartei (über Langoth und Dr. Hampel), der großdeutsch ausgerichtete Landbund und der deutschnationale Heimatschutz eingetragen (u. a. über Minister Berger-Waldenegg). Bedacht wurde, ab ihrem Wahlerfolg im Mai 1935, auch die Sudetendeutsche »Henlein-Partei«, mit monatlich 7–10 000 Schilling über eine Anwaltskanzlei in Prag.

Zudem die NSDAP: »sie erhielt neben verschiedenen Spenden für Ihre Unterorganisationen (Hitler-Jugend usw.) in der ersten Hälfte 1933 ein Darlehen auf das Haus Linz, Weingartshofstraße Nr. 2., in der Höhe von 96 000 S.« Auch Willi Bachmann fehlt nicht: in der Liste »A« liest man, dass er für »Intervention in Deutschland« ab September 1934 rund 500 000 Schilling erhalten habe. Es folgt der Satz, unterstrichen: »Angeblich soll Bachmann von dem Gelde des Phönix der Frau des Reichsministers Göring Schuhe und Strümpfe gekauft haben.«[13] Wieviel und wann an diesen »sog. Hausnazi des Phönix« gezahlt wurde, zeigt die Liste »B«. Relativ schwach nimmt sich dagegen mit 6 000 Schilling die Unterstützung aus, die Erzherzog Joseph Ferdinand »für die Abwehr der Propaganda der NSDAP« seitens des Phönix erhalten hatte.

Zu den Großempfängern zählte die Presse mit etwa 1,1 Millionen Schilling; davon flossen fast 60 Prozent an den schon erwähnten Herausgeber Klebinder. Großzügige Geldleistungen erhielten auch *Der Morgen* – »Hans Bekessy« war dort Chefredakteur – und vier weitere Journalisten mit teils auffällig hohen Beträgen.[14] Bestbezahlter Auftragnehmer für »politische und wirtschaftliche Interventionen«, also Lobbyismus unterschiedlicher Art, war ein Rechtsanwalt Dr. Grimmeisen. Eine Gratispolice über 8 000 Dollar erhielt schon 1923 Albert Ehrenzweig, Leiter des Versicherungsamts und später Sektionschef im Finanzministerium. Selbstverständlich ist auch dessen Nachfolger Ochsner in den Listen zu finden, ebenso wie der Taxamts-Beamte Schmid, »der bei der Gebührenerstellung behilflich war«. Die Zuwendungen brachte ihm periodisch ein Bote, der Phönix-Beamte Dr. Fußgänger.

Vor dem Anschluss hatte sich der Ehrenrat mit mehreren Prominenten der Liste »A« befasst; dies blieb, wie gezeigt, ohne größere Konsequenzen. Gab es nach 1938 eine Wiederaufnahme von Bestechungsfällen, mit härteren Vorwürfen und Sanktionen? Nein, wie in einem »Vermerk für Herrn Staaatsekretär Dr. Freisler« vom Februar 1940 kurz erläutert wird. Geschrieben hatte ihn der Abteilungsleiter Dr. Crohne, »im Zusammenhang mit dem Wiener Phönix-Prozess«.[15]

Damit angesprochen war der Prozess zu den Bilanzfälschungen (s. u.), aber der eigentliche Gegenstand des Schreibens war Korruption. »Generaldirektor Dr. Berliner kaufte und verpflichtete sich durch Geldzuwendungen in der verschiedensten Form alle möglichen Beamten, Funktionäre, Journalisten, Redakteure und Organisationen. Bestechlichkeit oder andere strafbare Handlungen sind insoweit gerade nicht nachzuweisen, aber unsauber war die Haltung der Begünstigten recht häufig.«

Crohne ging kurz auch auf das »Braune Haus« in Linz ein, um dessen Finanzierung Alfred Proksch ersucht hatte, und etwas ausführlicher dann auf Bachmann. »Dr. Berliner hielt sich aber auch einen ›Hausnazi‹, den Versicherungsvertreter Willi Bachmann [...], der vom Reichsminister Dr. Hans Frank in die Akademie für Deutsches Recht berufen wurde und der sich rühmte, er habe für Frau Göring Schuhe und Strümpfe in Prag besorgt und sie ihr geschenkt.« Dieser Hinweis erschien Freisler interessant, er bat um Nachforschung. Crohne fragte in Wien, ebenso in der Akademie nach und schlug dann vor, die Sache nicht weiter zu verfolgen. Bachmann sei nicht Akademie-Mitglied, es möglicherweise aber gewesen, und bezüglich der Besorgungen für Frau Göring verbiete es sich wohl, ein Strafverfahren einzuleiten, u. a. mit Blick auf die »Amnestien«.[16] Zudem sei der Verbleib Bachmanns unbekannt.

Amnestien: sie waren 1936 im Juli-Abkommen vereinbart worden, für verhaftete österreichische Nationalsozialisten. Im Gegenzug hatte es die Zusicherung gegeben, dass die deutsche Seite sich nicht in innere österreichische Angelegenheiten einmische. Schloss dies ein, dass sie sich auch in Sachen Phönix zurückhalten werde? Hatte deshalb Schumetz kaum ein Echo auf sein Phönix-Papier erhalten, waren deswegen in den deutschen Presseartikeln so wenige skandalberührte Namen zu lesen gewesen? Sicherlich, als im März 1936 der Phönix krachte, war das Abkommen noch nicht geschlossen. Aber die Vorbereitungen liefen – wie Megerle klar verstanden hatte.

Zum zweiten Verdachtsbereich, der Bilanzmanipulation: Crohne schrieb seinen Vermerk für Freisler in der zweiten Februarhälfte 1940, als der Wiener Prozess gegen die Bilanzfälscher gerade zu Ende gegangen war. Diesen kommentierte er kurz darauf in einem zweiten Vermerk, diesmal gesandt an den Minister. »Die Dürftigkeit der Urteilsgründe [...]. Ob die Strafen angemessen sind, kann nach den Ausführungen des Urteils nicht beurteilt werden, da sich diese weit mehr mit dem verstorbenen Dr. Berliner befassen als mit den Angeklagten. Nach dem Inhalt der Akten erscheinen die Strafen allerdings sehr bescheiden, insbesondere bei einem Schaden von Hunderten von Millionen. Das Argument, daß die Strafe, die Dr. Berliner hätte treffen können, höchstens 10 Jahre gewesen wäre, und daß bei dem weit geringeren Verschulden der Angeklagten die Strafen weit geringer sein müssten, ist nicht stichhaltig. […]. Irgendwelche Maßnahmen können aber nicht getroffen werden.«[17]

»Dürftigkeit der Urteilsgründe«: wie passte diese Einschätzung zu der propagandistischen Aufmachung, mit der das führende Parteiblatt das Gerichtsverfahren begleitet hatte? Nun, jeder klarsichtige Beobachter musste erkennen, dass dies eine Schau war, ein »Monsterprozess«,[18] in dem es in Wirklichkeit wenig zu klären, zu verhandeln und zu verurteilen gab. Dies lag vor allem daran, dass nur noch zwei Phönix-Manager unter Anklage standen: der Direktor Max Bretschneider und der Oberbuchhalter Eduard Hanny. Denn der Verwaltungsrat Bauer und der Direktor Nußbrecher waren inzwischen gestorben, und der Direktor Grotter war geflohen.[19] Weiteren sieben Verdächtigen war die Mitwirkung an der Verschleierung nicht nachzuweisen. Emigriert waren auch zwei Direktoren der Kompaß-Bank, Prager und Saffir. Für eine Anklage, die das Fälschen als typisch jüdische Machenschaft herausstellen wollte, war dies misslich; denn dafür war nur der »Jude Bretschneider« übrig geblieben. Auch dies dürfte Justiz und Politik motiviert haben, Dr. Berliner zum eigentlich Hauptangeklagten zu stilisieren, als der »den Lebens-Phönix beherrschende allmächtige Jude«:[20] Jeder aufmerksame Zeitungsleser – nicht nur Crohne – war in der Lage dies zu durchschauen.

Die Anklageschrift, im Juli 1939 vorgelegt, ließ damals wohl noch ein Gerichtsverfahren mit mehr Substanz erwarten.[21] Wichtigste Grundlage war das Gutachten der Sachverständigen, die den Niedergang des Phönix hinsichtlich Ausmaß und Ursachen analysiert hatten. Nicht alles war neu, aber doch mit zusätzlichen Details fundiert: die Verschuldung hatte sich von 1929 bis 1936 auf mehr als 480 Millionen versechsfacht – verursacht durch die ständige Expansion, die Übernahme schwach besicherter Bestände, die hohen Verwaltungskosten, die versicherungsfremden Aktivitäten und das allumfassende System von Zuwendungen.

Ausgesprochen spannend waren die Ergebnisse der Untersuchung zum eigentlichen Anklagepunkt: Bilanzfälschung. Aufgezeigt wurde, mit welcher Raffinesse es der Phönix-Leitung gelungen war, die nicht mehr zu bändigende Überschuldung zu verschleiern.[22] Um Geschäftsberichte mit schwarzen Zahlen vorzulegen (der letzte erschien 1934) und Dividenden zahlen zu können, war ein komplexes Instrumentarium von Verschiebungen und Fälschungen entwickelt worden, mit wechselseitiger Eskalation von Risiko und krimineller Intelligenz – und mit einem unausweichlichen Ende aller Kräfte. Im Rückblick erkannten Experten: »In dem Augenblick, als die Rentabilität nicht mehr gegeben war, war die Gestion der ›Phönix‹ nur mehr ein Amoklauf.«[23]

Das erste Instrument war die Scheintransaktion von Wertpapieren (Effekten); diese waren werthaltig oder auch wertlos (sog. B-Effekten). Für die Verschiebungen war ein länderübergreifendes Netz von acht Depotstellen aufgebaut worden. Zu den wichtigsten wurden die schon genannten Gesellschaften *Vijgendam* in Amsterdam, die *Société de Gestion de Portefeuille* in Luxemburg und zeitweise auch die *Kompaß-Bank*. Mit den Transaktionen übertrug der Phönix zu den Bilanzterminen Wertpapiere auf die *Vijgendam* und die *Société*, um diese im nächsten Jahr zurück zu buchen. Entsprechende Vorgänge liefen auch in umgekehrter Richtung ab, indem der Phönix von dort Werte übernahm und später re-transferierte. Die Bilanzen wurden, mittels dieser Operationen, mit dreifacher Wirkung »frisiert«. Der Phönix konnte verschleiern, dass er in seinem Deckungsstock auch solche Wertpapiere hatte, die aus Sicht der Aufsichtsbehörde für eine sichere Kapitalanlage nicht geeignet waren. Er generierte zudem Scheingewinne, indem er die Papiere zu höheren als den Buchwerten verkaufte und zu niedrigeren als den Buchwerten ankaufte. Und er musste in der Vermögensbilanz die Lombarddarlehen, die er im Geschäftsjahr gegen die Verpfändung von Wertpapieren aufgenommen hatte, nicht in voller Höhe ausweisen.

Weitere Instrumente waren (u. a.): die künstliche Aufwertung von Immobilien und Hypothekendarlehen, das zu niedrige Ausweisen der Gebührenschuld, die Bilanzierung der wertlosen Aktienmäntel von *Vijgendam* und *Société* als bedeutende Aktiva (zusammen 84 Millionen Schilling), das Überbewerten weiterer Aktiva und die Unterlassung von Abschreibungen. Durch entsprechend kombinierten Einsatz dieser Fälscherwerkzeuge konnten die Posten in der Vermögensbilanz jeweils so justiert werden, dass nicht der – selbstverständlich bekannte – echte Verlust unterm Strich ausgewiesen wurde, sondern der gewünschte Überschuss. So erbrachte das Geschäftsjahr 1934 einen tatsächlichen Verlust von 53,3 Millionen Schilling, ausgewiesen wurde aber ein Gewinn von 0,6 Millionen. Es waren somit Aktiva in Höhe von 53,9 Millionen Schilling zu »erfälschen«.[24]

Die Revisoren wussten von diesen internationalen Scheintransaktionen nichts, weil die zugehörigen Belege ihnen vorenthalten blieben. Ihre Möglichkeiten waren ohnehin begrenzt, wie in einem Prüfungsbericht nach dem Zusammenbruch beschrieben: »Aus sonst einfachen Geschäften wurde mit Spitzfindigkeit, Kompliziertheit, besser gesagt, Verworrenheit erzeugt, die es kaum mehr möglich machte, den Faden zur Entwirrung zu finden. Die Revisoren erhielten daher vielfach die Antwort: ›Ich weiss nicht mehr, wie die Sache war‹ und dergleichen mehr.«[25] So beschränkten sie sich darauf, die Daten der Buchhaltung mit den Bilanzdaten zu vergleichen, weshalb der Revisionsausschuss auch für das Jahr 1934 konstatierte, er habe die einzelnen Posten von Bilanz und Gewinn- und Verlustrechnung »mit den Geschäftsbüchern vollkommen übereinstimmend gefunden.«[26] Die ausländischen Partner spielten perfekt mit, so zum Beispiel die *Vijgendam;* denn deren Leitung lag in Händen der Herren Max Bretschneider, Max Grotter (beide Wien) und Hugo Kaufmann (Amsterdam). Sie mussten dafür kaum einmal in der Firma erscheinen, nur Hanny kam ein-, zweimal im Jahr um die Zahlen in Einklang mit dem Wiener Geschäftsbericht zu bringen. Zur Erinnerung: der Phönix hatte die *Vijgendam*, auf Berliners Initiative, von der Hugo Kaufmann & Co. als Aktienmantel erworben.

Die Rolle der Presse in dem Gerichtsverfahren hat Isabella Ackerl eingehend untersucht und in politischen, rechtlichen und persönlichen Dimensionen überzeugend interpretiert.[27] Hier soll nur ein kurzer Blick auf den Part gerichtet werden, den der *Völkische Beobachter* in der Schau spielte. Über den Prozess, der am 5. Februar vor einem Wiener Strafsenat eröffnet wurde, schrieb er fast täglich. In den ersten Berichten wiederholte er die Skandaldarstellungen aus dem Jahre 1940 mit stark anti-semitischer Einfärbung und stellte vor allem die Bestechungen heraus – die nicht zur Anklage standen. Diesen Schwerpunkt setzte er anfänglich auch deshalb, weil die Kreuzverhöre von Bretschneider und Hanny wenig ergiebig waren. Sie ließen allerdings erkennen, dass im Prozessverlauf ersterer als verschlagen jüdischer Täter und letzterer als im Kern anständiges Opfer dargestellt werden sollte. Er sei von dem übermächtigen Berliner zu Fälschungen gezwungen worden und zeige sich seit seiner Festnahme ehrlich bemüht, zur Aufklärung beizutragen.

Reizvoller und bühnengerecht verliefen die Vernehmungen am vierten und sechsten Tag. Zunächst kam ein ehemaliger Prokurist des Phönix zur Sprache, Dr. Karl Angerer. Er erhielt faktisch die Rolle eines Zeugen der Anklage. Dies musste nicht unbedingt bedeuten, dass er sich danach drängte und opportunistisch funktionalisieren ließ. Willkommen war er dem Staatsanwalt schon deshalb, weil er ab 1936 eine ganze Reihe von politischen Schlüsselpersonen, bis hin zu Schuschnigg, auf die wahre Lage des Unternehmens hingewiesen hatte. Den Anstoß hatte ihm ein Mitglied des Verwaltungsrats gegeben: Dr. Guido Hösslinger, Präsident der Versicherungs-Anstalt der österreichischen Bundesländer. Ein aktives Interesse habe allerdings keiner der Angesprochenen gezeigt. Man habe entweder auf die bedeutende politische Rolle Berliners verwiesen, etwa seine Unverzichtbarkeit für die finanzpolitische Beziehungspflege zum Völkerbund, oder auf die Unmöglichkeit, nach dem Eklat der *Creditanstalt* noch einen zweiten Skandal zu bewältigen, eine zweite Finanzlücke mit staatlichen und staatlich garantierten Mitteln zu stopfen. Das sei erst in mittlerer Frist zu schultern.

Dies war Wasser auf die Mühlen der NS-Propaganda: Angerers Aussage gebe »ein erschöpfendes Bild der vielfachen Beziehungen, die zwischen der Leitung des Phönix und den maßgebenden Kreisen des verflossenen Systems Österreichs bestanden, wo sich Schwarze und Juden in gemeinsamer Abwehr gegen den Nationalsozialismus einträchtig zusammenfanden.«[28] In dieses Bild passte auch, dass Angerer sagte, Bretschneider und die »leitenden Juden« im Phönix seien sehr wohl über die Zuwendungen, Transaktionen und die finanzielle Situation des Phönix informiert gewesen. Dabei war dem Artikelautor sicherlich willkommen, dass der Zeuge seine Aussage dramatisierte, indem er eine Drohung Bretschneiders zitierte: er werde Angerer bei der Polizei anzeigen, falls er seine »Wühlarbeit« gegen den Phönix nicht einstelle.

Noch spektakulärer setzte das Blatt den Hauptzeugen des sechsten Tages in Szene: Dr. Rudolf Tanzner. Angerer kannte als ehemaliger Prokurist den Phönix vermutlich besser, aber Tanzner war Parteigenosse und wusste, wie er Stoff für Schlagzeilen liefern konnte – auf der Titelseite. Die Themen des NS-feindlichen, ständisch-klerikalen Österreich und des zerstörerischen Finanzjudentums waren weitgehend »durch«. Damit konnte man ideologisch nicht mehr viel bewegen. Aber seit vier Monaten war Krieg, und wenn man aufdeckte, dass *der* Berliner ein Kriegstreiber war – ganz anders natürlich als *die* Berliner – so hatte das eine wirklich propagandistische Dimension. »Der Wiener Phönix-Prozess enthüllt jüdische Kriegshetze«, überschrieb der Völkische Beobachter seinen Hauptartikel am 13. Februar. Und er zitierte den Zeugen Tanzner mit den Worten: »Gegen das nationalsozialistische Deutschland hat Berliner stets in allerschärfster Weise gearbeitet. In einem Telefongespräch Berliners mit Léon Blum in Paris machte er diesem schwere Vorwürfe, daß Frankreich die Nationalsozialisten in Deutschland so groß werden lasse. Er hat furchtbar zum Kriege gehetzt. Berliners einzige Hoffnung für eine Sanierung des ›Phönix‹ war der Krieg gegen Deutschland.«[29]

Am 11. Verhandlungstag sprach der Strafsenat das Urteil: beide Angeklagten wurden für schuldig im Sinne der Anklage befunden und zu schwerem Kerker verurteilt: drei Jahre für Bretschneider und zwölf Monate für Hanny. Diesem wurde insbesondere zugutegehalten, dass er den Direktoren monatlich (verschlüsselte) Berichte zum wirklichen Stand des Unternehmens zugesandt hatte. Bretschneider hatte dies im Prozess bestätigt. Der eigentliche Hauptangeklagte Dr. Berliner erhielt in der Begründung den angemessen zentralen Platz, wobei auch die Bestechungen eingeschoben wurden. In seinem Schlussplädoyer sagte der Staatsanwalt Dr. Siegfried Sturm: »Ich gebe zu, daß der Prozeß einen Schönheitsfehler hat: es fehlt der Hauptangeklagte Berliner.«[30] Der *Völkische Beobachter* zeigte am unspektakulären Finale dieses »Monsterprozesses« kaum noch Interesse. Er berichtete nüchtern auf Seite 10.

Nach Bestechung und Bilanzmanipulation nun zur Untreue: der Strafsenat hatte eingangs betont, dass noch weitere Verfahren im Zusammenhang mit dem Phönix anhängig seien, gegen Vaugoin, Reininghaus und Strafalla. Vor 1938 hatte es in drei Fällen rechtskräftige Urteile gegeben, und die Voruntersuchungen zur Bilanzfälschung waren aufgenommen worden. In allen weiteren Fällen hatten die Instanzen die Verfahren eingestellt, oder diese waren aus anderen Gründen (auch Flucht) ergebnislos geblieben. Dass es nach dem Anschluss keineswegs zu einer Aufarbeitung des Skandals, zu einer Serie von Prozessen und harten Urteilen kam, mag manchen überrascht haben. Zusätzliche Verfahren wurden nur in den drei oben genannten Fällen eingeleitet.

Vaugoin und Reininghaus wurden der Untreue beschuldigt, also des Missbrauchs der ihnen eingeräumten Verfügungsbefugnis über fremdes Vermögen. Der Hintergrund: Vaugoin hatte, als Befugter des Phönix, mit Reininghaus die Konditionen ausgehandelt, zu denen dieser die Unternehmensleitung übernehmen sollte. Dabei ergaben sich beträchtliche Zugeständnisse an den neuen Generaldirektor: das Jahresgehalt (mit Zuschlag) von 80 000 Schilling, die Übernahme monatlicher Zuwendungen an Familienmitglieder und nicht zuletzt das Streichen einer Schuld von 273 000 Schilling, die Reininghaus vor einigen Jahren gegenüber dem Phönix eingegangen war. Diese Zugeständnisse – so der Staatsanwalt – hätte Vaugoin angesichts der Überschuldung des Phönix nicht machen dürfen. Damit habe er seine Befugnis über das Phönix-Vermögen zu verfügen missbraucht und auf diese Weise Dritte geschädigt, die Ansprüche an den Versicherer hatten – nicht zuletzt die Versicherten. Reininghaus habe daran mitgewirkt und sich damit der Mithilfe an der Veruntreuung der Gelder schuldig gemacht.

Letztendlich kam es auch in diesem Prozess zu keinem Urteilsspruch. Auch er »verlief im Sande«? Dieses Bild, vom schnell erlahmenden und alsbald vergessenen Justizbemühen, ist in der Phönix-Geschichte ein durchaus gewöhnliches. Zum Fall Reininghaus und Vaugoin passt es nicht; dieses Verfahren wurde politisch gestoppt, auf Wunsch eines früheren und auf Drängen eines amtierenden Reichsministers. Der Vorstandsvorsitzende der Münchener Rück, Dr. Schmitt, schrieb Anfang März 1940 »persönlich« dem Justizminister in einem leicht ungeduldigen Ton: »Sehr geehrter Herr Gürtner! Nur, damit es nicht vergessen wird, darf ich Sie daran erinnern, dass Sie so freundlich waren, sich über den Fall betreffend des Verfahren gegen Dr. Eberhard von Reininghaus [...] zu informieren. Ich darf wohl annehmen, dass ich von Ihnen hierüber Nachricht erhalte. Mit den besten Grüssen von Haus zu Haus [...].«[31]

Der Minister antwortete mit der Anrede »Sehr geehrter Herr Kollege!«, erklärte im Einzelnen, was den beiden Beschuldigten zur Last gelegt wurde, und ließ keine Bereitschaft zum Eingreifen erkennen. »Die Strafverfolgungsbehörden erblicken in diesem für die Gesellschaft und ihre Gläubiger sehr schädlichen Vorgehen bei Vaugoin das Verbrechen der Untreue, evtl. der betrügerischen Krida [...], bei Dr. Reininghaus das Verbrechen der Mithilfe hieran. Über das voraussichtliche Ergebnis des Strafverfahrens läßt sich derzeit noch nichts sagen.«[32] Schmitt hakte im Juni noch einmal nach: Gürtner möge es ihm nicht übel nehmen, aber er wüsste doch gerne, ob der Minister inzwischen mit Fischböck gesprochen habe. Dann kam er zum entscheidenden Argument.

»Das Verfahren läuft nun schon über ein Jahr und ich bin der Meinung, dass dabei nichts herauskommen kann. Mein Interesse, weshalb ich mich heute an sie wende, ist folgendes: Auf der einen Seite sind durch den Krieg sehr viele unserer Herren eingezogen und müssen wir naturgemäss mit weiteren Einberufungen rechnen. Auf der anderen Seite stehen wichtige Geschäftsinteressen für unsere deutsche Aussenhandelsentwicklung auf dem Spiele. Die Besetzung Norwegens, Dänemarks, Hollands und Belgiens, sowie die Rückwirkungen auf Schweden und den Balkan machen dringende Reisen dorthin nötig. Herr von Reininghaus ist speziell dazu geeignet und liegt nun infolge des schwebenden Strafverfahrens vollkommen brach. Ich verstehe natürlich die in der Sache liegenden Schwierigkeiten. Mein Schreiben soll ja auch nur eine Anregung sein. Mit den besten Grüssen und Heil Hitler!« Im Postscriptum kündigte Schmitt einen Besuch in Berlin mit gelegentlichem Telefonanruf an.[33]

Gürtner fragte umgehend in Wien nach dem Sachstand; er lege großen Wert auf baldigen Abschluss des Verfahrens und bitte, es zu beschleunigen. Dem stand eine Verwicklung auf Wiener Seite entgegen. Der zuständige Oberstaatsanwalt hatte im Mai seinen Bericht zum Fall vorgelegt, mit dem Schluss, dass er zur weiteren gerichtlichen Verfolgung von Reininghaus und Vaugoin keinen Grund finde. Der Generalstaatsanwalt hatte sich aber geweigert, diesen Bericht ans RJM weiterzuleiten, weil darin ein wesentliches Beweismittel nicht berücksichtigt sei: in einem weiteren Strafverfahren habe der Zeuge Angerer ausgesagt, dass Reininghaus eigenmächtig die Abbuchung und damit Streichung der Schuld selbst vorgenommen habe. Auch Vaugoin habe dies so erinnert. Dem hatte der Oberstaatsanwalt in seinem Bericht – auch nach Hinweisen von Reininghaus – entgegengehalten, dass er auf die Aussagen von Angerer kein besonderes Gewicht legen konnte, da diese zu allgemein gehalten und zeitlich nicht genau einzuordnen seien.[34]

In Berlin legte man auf diesen Bericht des Oberstaatsanwalts Wert und erhielt ihn im Juli. Glaubte der Generalstaatsanwalt noch an die Unabhängigkeit der Justiz? Zwei Wochen später lenkte er ein und schrieb an das RJM, dass er »angesichts der zweifelhaften Zeugenqualität des Zeugen Karl Angerer« der Einstellung des Verfahrens zustimme.[35] Das RJM trat dem bei, der Untersuchungsrichter beschloss die Einstellung, und Gürtner schrieb Schmitt im November 1940, dass Reininghaus ein strafbares Verhalten nicht nachgewiesen werden konnte.

Ungeklärt blieb dieser Punkt: im Prozess gegen Bretschneider und Hanny hatte die Staatsanwaltschaft den Dr. Angerer zum Zeugen der Anklage gemacht; entsprechend hatte die Presse ihn herausgestellt. Dann war seine Glaubwürdigkeit innerhalb von drei Monaten auf null gesunken – warum? Angerer war offenbar ein Vertrauensmann von Dollfuß gewesen und auf dessen Wunsch, möglicherweise gleichzeitig mit Vaugoin, zum Phönix gekommen. Nach Dollfuß' Tod verlor er diese Position wieder – so ein mit Vorsicht zu nutzender Hinweis.[36] In seinen Aufgabenbereich war auch die Leitung der Schulungskurse für die 200 »Aspiranten« gefallen, die der Phönix, vereinbart mit Dollfuß, aufgenommen hatte. Dies war im Jahr 1933; somit war Angerer zu dieser Zeit bereits eingestellt. Dazu passt seine Aussage, dass er auch Dollfuß über die Missstände beim Phönix informiert hatte.[37]

Soweit der Rundblick auf die juristische Aufarbeitung des Phönix-Skandals; sie war weder vollständig noch widerspruchsfrei. In einem Punkt aber herrschte Übereinstimmung: durchweg galt Dr. Wilhelm Berliner als Hauptschuldiger, mit weitem Abstand zu den weiteren Straftätern und auf einer völlig anderen Stufe von Delinquenz als die anfangs beschuldigten Prominenten aus Politik, Wirtschaft und Gesellschaft. Dass dies berechtigt war, daran kann es – bezüglich der Bilanzfälschung und Untreue – keinen Zweifel geben. Seine Pflichten zur ordnungsgemäßen Rechnungslegung und Vermögensverwaltung hat der Phönix-Vorstand schwer verletzt, mit eindeutig unternehmenskriminellen Handlungen. Er hat seine Buchhaltung manipuliert, Bilanzen gefälscht, die Aushöhlung der Prämienreserve zugelassen oder sie mit waghalsigen Geschäften riskiert. Die Möglichkeiten der Einmalprämienversicherung hat er immer rückhaltloser missbraucht. Wilhelm Berliner war, ohne Zweifel, der wichtigste Initiator und Treiber.

Ebenso sicher erscheint, dass er bei weitem nicht der Alleinverantwortliche für beide Straftatbestände war. »Es gab Wissende und Nichtwissende, doch sicherlich auch Ahnende«.[38] Nach dem Betrachten aller Versuche, den Phönix-Skandal aufzuklären, kann es nur Einverständnis geben, dass ein vollständiges Bild von Zusammenhängen und Verantwortlichkeiten nicht vorliegt. Offen geblieben sind Kernfragen. Wer von den Unternehmensverantwortlichen – in Management und Verwaltungsrat – hat von den kriminellen Handlungen gewusst oder hätte davon wissen müssen? Welche Entscheidungsträger außerhalb des Phönix, in verbundenen Unternehmen, Behörden, Politik und Medien haben davon gewusst oder wissen können? Warum haben fast alle dieser Mitwisser nichts unternommen, um die Vorgänge aufzudecken oder mit eigener Handlungsmacht zu beenden?

Galten diese Gesetzesverstöße vielleicht als gar nicht ungewöhnlich, allenfalls in ihrem Ausmaß? Oder wurden sie zwar als außergewöhnlich, sogar einzigartig erkannt, das Problem Phönix aber als unlösbar eingestuft, weil es an Macht und Instrumenten zur Bewältigung fehlte? Vielleicht gab es hingegen dieses Lösungspotenzial sehr wohl, aber nicht den erforderlichen Konsens zwischen den maßgeblichen politischen Kräften? Wurde die Lösung sogar vorsätzlich hintertrieben? Oder war man sich darin einig, dass die Krise wohl zu überwinden war, allerdings erst in mittlerer Frist, nach Erfüllung bestimmter Schlüsselbedingungen?

Zu den Unternehmensverantwortlichen bedenke man: der Phönix-Direktor Dr. Berliner war nie allein zeichnungsberechtigt. Dies blieb in den Gutachten des Ehrenrats unerwähnt: war der Verwaltungsrat tatsächlich außerstande, die Bilanzmanipulationen als solche zu erkennen? Für die Fachleute unter ihnen, wie Reininghaus und die weiteren Präsidenten und Generaldirektoren von Bank- oder

Versicherungsgesellschaften,[39] war dies kaum anzunehmen. Die anderen Mitglieder, die eine solche Professionalität nicht hatten, mussten sich zumindest fragen lassen, ob dieser Mangel an Expertise mit den statuarischen Anforderungen an den Verwaltungsrat vereinbar war.[40] Die verschlüsselten Monatsberichte des Oberbuchhalters Hanny: sie waren an alle wichtigen Funktionsträger im Phönix gegangen. Ist es wirklich denkbar, dass kein Verwaltungsrat Zugang zu diesen Informationen hatte, wo doch laut Hannys Aussage sogar die *Münchener Rück* auf seiner Verteilerliste stand? Oder hatte – hier darf man spekulieren – Dr. Kißkalt die Berichte gar nicht von Hanny sondern über Dr. Reininghaus bekommen, weil dieser Zugang hatte, gute Beziehungen nach München pflegte und an beruflichem Aufstieg, auch Entlastung von finanziellem Druck interessiert war?

Zu den politisch Verantwortlichen: gibt es belastbare Hinweise, dass das Problem zwar erkannt war, man aber eine günstigere Zeit abwarten, die Lösung aufschieben wollte? Dies ging nur, wenn Berliner mitspielte; denn nur er kannte genau das Ausmaß und die Ursachen der Krise. Zudem war er im Krisenmanagement erfahren. So mag es diesen *Deal* gegeben haben: Versuchen Sie, bis auf weiteres das Schiff über Wasser und die Lecks bedeckt zu halten; im Gegenzug sagen wir eine nachhaltige Reparatur in mittlerer Frist zu.

Die Schuldzuweisungen wegen Bilanzmanipulation und Untreue sind somit zu relativieren; schuldig war Berliner ohne Frage, aber alleinschuldig durchaus nicht. Der Kreis der Täter in und außerhalb des Phönix reichte über das halbe Dutzend Verurteilter nach allem Anschein weit hinaus. Dies ist deutlicher noch im dritten Verdachtsbereich, der Bestechung zu erkennen. Wie dargestellt: in der Öffentlichkeit wurde der Firmenkrach als Finanzaffäre, mehr aber noch als Korruptionsskandal wahrgenommen. Dafür gab es zwei Gründe: die Listen und die Sphären. Eine Vielzahl bekannter Personen und Institutionen war ins Gerede gekommen, konfrontiert mit Vorwürfen, die als zwingend, plausibel, fragwürdig oder diffamierend galten – je nach Haltung und Kenntnisstand. Sie reichten weit über die Finanzwelt hinaus und trafen einflussreiche, ins politische Leben eingebundene Akteure. Wo immer öffentlich oder privat über den Phönix geredet wurde: das Hauptinteresse galt den Listen, mit Namen, Bestechungssummen und mutmaßlichen Motiven auf Geber- wie Nehmerseite.

Der ehrbare Kaufmann: er soll das Image des Unternehmens pflegen und sich auch dem Gemeinwohl verpflichtet zeigen, indem er nach Möglichkeit gesellschaftliche Leistungen erbringt, die über den mikroökonomischen Marktbeitrag hinaus gehen. Was hieß dies für den Phönix, ein Großunternehmen, das ein wichtiger Identitätsträger für viele Österreicher war? Wo endete in der Öffentlichkeitsarbeit die Kommunikation und wo begann die Korruption? Verschiedene seiner Leistungen gingen über die eigentliche Geschäftstätigkeit des Versicherers hinaus;

wie waren diese einzuordnen und zu bewerten? Was waren seriös unternehmerische Handlungen in »fremden« Geschäftsfeldern, was waren soziale und humanitäre Leistungen an gesellschaftliche Gruppen, und was war Korruption? Wer lenkte die Vorgänge: der Gebende, die Nehmenden oder auch Dritte?

Das Bild wird klarer, wenn die Zahlenangaben zu Gruppen geordnet werden. Folgt man hierfür der Gliederung in einer Untersuchung, die das Datendickicht bis ins Detail ausgeleuchtet hat,[41] so zeichnen sich deutliche Konturen ab. Die Bestechung des Beamtenapparats kostete etwa 100 000 Schilling und die Pflege einflussreicher Prominenter gut das Doppelte.[42] Auf die »Pressearbeit« entfielen ca. 1,1 Millionen Schilling, plaziert im breiten Spektrum zwischen branchenüblichem, vertretbarem Marketing und der Belohnung kritischer Nicht-Schreiber. In das weite Feld der Heimwehrbewegung flossen mehr als 100 000 Schilling. Die Großdeutsche Volkspartei und der verwandte Landbund erhielten zusammen eine Viertelmillion, ebenso viel wie die sozialdemokratische Technische Union. An den monarchistischen Reichsbund der Österreicher und an die Ostmärkischen Sturmscharen, von Schuschnigg mitbegründet, gingen jeweils nur Marginalbeträge.

Zusammen beliefen sich diese Zahlungen auf etwa 2 Millionen Schilling. Hinzu kamen die Leistungen an jüdische Organisationen und Gruppen: nach amtlicher Darstellung gut eine halbe Million, fast ausschließlich in der Form einer Überprovision. Hierzu können noch die Zahlungen addiert werden, die über die Konten von Willy Bachmann gelaufen sind. Denn nach allem, was bekannt und oben ausgeführt ist, wurde diese halbe Million aufgewandt, um deutsch-jüdischen Emigranten zu helfen, ihre Häuser zu annähernd fairen Preisen zu verkaufen.

In Umrissen zeichnet sich damit ein Gesamtbild ab, das sich in seinen Relationen interpretieren lässt. Als erstes fällt auf, dass die Bestechungen und Zuwendungen, als Ausgaben des Unternehmens betrachtet, dessen finanziellen Zusammenbruch allenfalls beschleunigt haben. Selbst wenn man die hier genannten Zahlen verdoppelt, auf eine Summe von ca. 7 Millionen Schilling,[43] so ist dies nur ein Bruchteil des insgesamt im Phönix-Skandal eingetretenen Schadens. Zweitens werden die Relationen deutlich. Bleibt man bei den amtlich genannten Beträgen, so entfällt davon ein Anteil von ca. 30 Prozent auf die Beeinflussung der Presse. Die Zuwendungen an Personen machten etwa 20 Prozent aus; davon war nur ein Fünftel (entsprechend 4 Prozent) zweifelsfrei Bestechung. An jüdische Organisationen, Gruppen und wohl auch Einzelpersonen gingen weitere 30 Prozent. Die restlichen 20 Prozent erhielten politische Parteien und Bewegungen.

Wilhelm Berliner als Haupttäter unverkennbarer Korruption? Zu dieser Frage passt eine Episode. Ein Zeitzeuge schilderte nach 1945 einen Bestechungsversuch, wie er direkter nicht hätte ausfallen können: Dr. Berliner habe ihm, Artur Lauinger, unmissverständlich Schweigegeld geboten. Dies ist in den Erinnerungen des

Journalisten an seine letzten Jahre in der *Frankfurter Zeitung* zu lesen. Veröffentlicht hat er sie 1958, damals stand er in seinem achtzigsten Lebensjahr.[44] Ausführlich ging er auf den Favag-Skandal ein, dessen Aufklärung fraglos sein Verdienst ist. Daran anknüpfend schrieb er über den Fall Phönix – und überraschte mit der Darstellung, dass er auch dort die Aufdeckung der Bilanzfälschungen ausgelöst habe.

Ihm sei aufgefallen, dass der Phönix-Direktor »sehr eigenartige Transaktionen u. a. mit dem Grundbesitz auswanderungslustiger, besonders Berliner Familien gemacht hatte.« Auffällig sei auch die Kreditaufnahme des Phönix bei einer österreichischen Bank gewesen, die zwar im Geschäftsbericht ausgewiesen, aber nicht gesondert erläutert worden sei. Daraufhin habe er dem Direktor Berliner geschrieben, dass er Aufklärung wünschte. »Natürlich lehnte Berliner das ab, worauf ich ihn brieflich zur Aufstellung einer revidierten ›echten‹ Bilanz aufforderte und ihm dafür eine Frist von 3 Wochen setzte, nach deren Ablauf ich die Bilanz in der Zeitung fordern und das Verhalten der Direktion tadeln würde. Zwei Tage danach war Herr Berliner in Frankfurt und ließ sich bei mir in der Zeitung melden. Ich öffnete die Tür zum Nebenzimmer, um meinem Nachbar-Kollegen die Möglichkeit zu geben, dem Gang der Unterredung zu folgen. Herr Berliner kam herein, setzte sich und eröffnete die Besprechung mit den Worten: ›Um welche Größenordnung handelt es sich bei Ihnen eigentlich, Herr Lauinger?‹ – mit einer unmißverständlichen Handbewegung. Darauf ließ ich einen Boten kommen und Herrn Berliner mit Mantel und Hut auf die Straße führen. Nach diesem glatten und unverschämten Bestechungsversuch unterrichtete ich die Aufsichtsbehörde von dem Vorgang und forderte [sic!] eine sofortige Untersuchung der Gesellschaft. Diese ergab sehr rasch, daß die Gesellschaft durch schwere und verbrecherische Börsenspekulationen des Dr. Berliner völlig ausgehöhlt und konkursreif war. Das Amt schloß die deutschen Geschäfte des Herrn Berliner.«

Herr Berliner habe den Zusammenbruch nicht mehr erlebt und in Deutschland sei unter dankenswerter Mithilfe von deutschen und schweizerischen Versicheren eine Auffanggesellschaft gegründet worden. Erstaunlich, so Lauinger, sei nach wie vor, dass Berliner nicht nur die Aufsichtsbehörden habe täuschen können, »sondern auch recht weite und bedeutsame Kreise der deutschen Versicherung, die mit ihm in Geschäftsverbindung getreten waren. Sie mußten von mir gerade noch einigermaßen rechtzeitig gewarnt werden [sic!].«[45] War dies eine selbstgefällige, altersgefärbte Ausschmückung der eigenen Rolle? Oder hat es sich tatsächlich so zugetragen – obwohl die Akten der Aufsichtsbehörde ein anderes Bild zeigen? Wie frei war ein »jüdischer« Redakteur der noch geduldeten *Frankfurter Zeitung*, der um 1935 die Bilanzpraktiken eines »jüdischen« Wiener Versicherer ausleuchten wollte – oder sollte? Wie frei waren die »auswanderungslustigen« Landsleute gewesen, die Berlin mit Hilfe des Phönix verlassen hatten?

Zurück zu den weniger direkten Formen von Korruption. Wie gezeigt: die Kosten seiner vielfältigen Kontaktpflege hielten sich für den Phönix in Grenzen. Galt dasselbe für den Rufschaden und die Rechtsfolgen, ebenso für die Wahrscheinlichkeit, dass die Zuwendungspraxis aufgedeckt wurde; waren somit Schadensmaß und Schadensrisiko eher gering? Im Sinne einer Kosten-Nutzen-Abwägung bietet sich die Korruption als Instrument umso mehr an, je weniger sie gesellschaftlich verdammt und strafrechtlich verfolgt wird, je geringer das Risiko einer gesellschaftlichen Ächtung ist und einer juristischen Bestrafung. Wie üblich, wie normal ist Korruption in einer gegebenen Wirtschaft und Gesellschaft?

In der neueren Geschichte Österreichs erscheint die Zwischenkriegszeit als eine durchaus korruptionsintensive Phase.[46] Schaut man weiter zurück, in die letzten beiden Jahrhunderte,[47] so findet sich als klassische Korruptionsform die Beschenkung wichtiger Handlungsträger in der Bürokratie. Hinzu kam, ab Mitte des 19. Jahrhunderts, die »Presskorruption«, in dem Maße wie sich die Pressefreiheit und damit ein neues Verhältnis von Presse und Politik entwickelte. Analog: dadurch, dass die Macht des Parlaments wuchs, sah sich die Exekutive motiviert, auf seine Mitglieder Einfluss zu nehmen, indem sie großzügig Titel und Orden verlieh.

Der Erste Weltkrieg und der anschließende Monarchie-Zerfall führten zu »Hunger, Not und Korruption«.[48] Und in der Ersten Republik brachte es die Konzentration knapper wirtschaftlicher Ressourcen in Staatshänden mit sich, dass Unternehmen versuchten, staatliche Aufträge und Konzessionen, aber auch steuerliche und wirtschaftspolitische Entscheidungen zu beeinflussen – korrekt, kriminell oder in Grauzonen. Der frühere Finanzminister Spitzmüller erinnerte sich an ein Gespräch mit dem Bundeskanzler Seipels im Dezember 1924: »Der Kanzler meinte, daß die Korruption eine Frage von größter Bedeutung geworden sei und daß es in Österreich bald niemanden mehr geben werde, der in dieser Beziehung das Erlaubte vom Unerlaubten unterscheiden könne.«[49]

Dass der Krieg ein Vater der Korruption war, dass die Wirtschaft in den Folgejahren Sumpfblüten trieb, dass »Neureiche« auf- und »Altreiche« abstiegen, dass etliche zur Macht Gelangte versuchten, diese bürokratisch zu missbrauchen – all dies ist auch in deutsche Geschichtsbücher eingegangen. Eine weitere Parallele zwischen Erster und Weimarer Republik ist wohl die, dass es neben den wirklich spektakulären Korruptionsaffären unüberschaubar viele alltägliche Erscheinungen von Gefälligkeit bis Bestechung gab, die kaum in die Presse und noch weniger vor die Gerichte kamen. Stichwort Presse: hier allerdings gab es Besonderheiten, österreichische Skandale, zu denen deutsche Zeitungen nichts Vergleichbares aufboten. Die größten wurden von Sieghart und Békessy entfacht: im ersten Falle hatte die Presse die Rolle des Korrumpierten, im zweiten war sie selbst der Korrumpeur.[50]

Rudolf Sieghart, in den Zwanzigern rasch im Ministerratspräsidium aufgestiegen, beschenkte Parlamentarier aus einem »Dispositionsfonds« und betrieb einen kreativen »Ordenshandel« zur Beeinflussung der Presse. In seiner zweiten Rolle, als Großunternehmer, ging er weit darüber hinaus, indem er die Kontrolle über einen Papier- und Medienkonzern erlangte und damit auch das *Neue Wiener Tageblatt* beherrschte. So erklärt es sich, dass die Zeitung beschwichtigende Artikel über eine bedrohlich schlingernde *Boden-Credit-Anstalt* schrieb. Ihr stand Sieghart als mächtiger Gouverneur vor – bis zu ihrem Zusammenbruch im Jahre 1929. Sie wurde auf Druck der Regierung von der *Creditanstalt* übernommen, deren Niedergang sich damit beschleunigte.

Imre Békessy kam 1919 von Budapest nach Wien und wurde zum Pressegründer. Am erfolgreichsten war sein Wirtschaftsblatt *Die Börse,* gemessen an den Verkaufszahlen, aber auch an den Einnahmen fürs Nicht-Schreiben. Personen und Firmen, zu denen die Redaktion Belastendes gesammelt und Kompromittierendes erfunden hatte, wurden unter Vorlage der druckfertigen Artikel erpresst, ein »Schweigegeld« zu zahlen. Aktive Korruption gehörte dazu: Informationslieferanten wurden geschmiert und Polizei wie Justiz bestochen; dafür sollten sie Herausgeber und Redakteure vor Strafverfolgung zu schützen. Einen Prozess überstand Békessy ohne größeren Schaden. Erst als er die Unterstützung seines Finanziers Castiglioni verlor und ihm massive Pfändungsklagen drohten, verkaufte er und verließ Wien für immer.[51]

Es gab drei weitere, Aufsehen erregende Fälle von »Presskorruption«.[52] Alle drei waren sie – wie schon der Fall Sieghart – mit einer der großen Finanzaffären in der österreichischen Zwischenkriegszeit verknüpft. Die *Wiener Neueste Nachrichten,* das Blatt der Großdeutschen Partei, hielt sich 1926 auffällig zurück, als die Riesenverluste der *Österreichischen Postsparkasse* aufgedeckt wurden; denn für diese *PSK* war das Handelsministerium zuständig, das von einem Mitglied jener Partei geleitet wurde. Die *Creditanstalt,* größte österreichische Bank, brachte noch im Mai 1931 – dies war kurz vor ihrem legendären Sturz – 300 000 Schilling in einen Fonds zur Beeinflussung der Medien ein. Etwa ein Drittel erhielt der Bundespressedienst, der damit über ausländische Blätter Artikel zur »Aufklärung« über die CA-Krise verbreitete. Und nicht zuletzt: der Herausgeber der *Wiener Sonn- und Montagszeitung* erhielt bis 1936 mehr als 600 000 Schilling, für Propaganda und weiteres. Dieses Geld kam vom Phönix-Direktor Dr. Berliner – wie man weiß. Fiel dieser Fall von Zuwendung aus dem Rahmen?

Treiber und Getriebener in der Politik

Welches Bild des Wilhelm Berliner formte sich nach dem Krach – nach Aufdeckung der abenteuerlichen Konzernführung, der Bestechungen und Begünstigungen, der Verstrickung in die Politik? Wie wurde er Jahrzehnte später gesehen? Galt Berliner rundweg als Krimineller? Wurde er als solcher verdammt, oder wurde seine kriminelle Intelligenz und Raffinesse klammheimlich bewundert, wenn auch nicht von den betrogenen »Versicherten«? Gab es eine ähnliche Bewunderung für seine vielfältigen Verbindungen, seine Beziehungen bis in höchste Kreise, seine Kunst der Interessen-Verknüpfung, des Gebens und Nehmens?

Max Leimdörfer, einer der besten Kenner der österreichischen Versicherungswirtschaft, sprach über ihn vor großem Publikum im Jahre 1963: »Fast 30 Jahre sind seit seinem Tode vergangen, ein Zeitraum, der genügt, um leidenschaftslos diesem Mann, welcher so viele Widersprüche in sich vereinigte, gerecht zu werden.«[1] Er hatte Berliner schon 1909 kennengelernt, war ihm in der Folgezeit in der Fachwelt vielfach begegnet, hatte mit ihm ein Gutachten zur Überleitung der Privatversicherung von Kriegs- auf Friedensrecht erarbeitet und ihn bei den Verhandlungen in St. Germain gesehen. Er würdigte seine herausragenden Kenntnisse auf juristischem wie ökonomischem Gebiete und seine an höchsten Stellen anerkannten Fähigkeiten in der fachlichen Politikberatung.

»Sein ganzer Ehrgeiz galt ausschließlich seiner Gesellschaft, dem Lebens-Phönix, den er buchstäblich um jeden Preis und auch mit allen Mitteln eines typischen Spielers aus einer Gesellschaft mittleren Ranges zur größten Gesellschaft nicht bloß Österreichs, sondern des gesamten Kontinents machen wollte. Diesem Phänomen jagte er Tag und Nacht mit eiserner Energie nach, bis ihm schließlich seine eigene Schöpfung über den Kopf wuchs. Dem Lebens-Phönix opferte er Gesundheit, Leben und seinen guten Namen und löschte damit die großen Verdienste aus, welche er sich in den Jahren nach Beendigung des Krieges zweifellos um die Versicherungswirtschaft erworben hatte.«[2] Die Persönlichkeit Wilhelm Berliners beschrieb somit auch Leimdörfer ausschließlich in der professionellen Dimension. Ob es weitere, insbesondere eine private gab, ließ er offen.

War es allein Berliners Unternehmergeist, seine Vision vom rasanten Wachstum auf einer dünnen, erst allmählich erstarkenden Kapitalbasis, die ihn zur beispiellosen Expansion des Phönix trieb? Oder war damit auch ein politisches Streben verbunden? Wollte er aktiv dazu beitragen, dem dramatischen politischen Bedeutungsverlust seines Landes einen Gewinn an wirtschaftlicher Macht gegenüber zu stellen? Indem er den Phönix zu einem internationalen Konzern aufbaute, der den europäischen Versicherungsmarkt beherrschen konnte? Zu dieser Frage, nach den politischen Ambitionen, hat sich kurz nach dem Phönix-Krach auch ein Insider geäußert, der ehemalige Bundesminister Robert Kerber.[3]

In einem wissenschaftlichen Beitrag schrieb er: »Die Gesellschaft hatte an eine Reihe von Männern, die für den leitenden Kopf der Gesellschaft politisch bedeutsam waren, darunter die Leiter der Aufsichtsämter mehrerer für sie besonders wichtiger Nachfolgestaaten, Gratispolicen oder sonstige Begünstigungen gewährt, die sie in ein Abhängigkeitsverhältnis zu einem der größten politischen Drahtzieher hinter den Kulissen brachten. Auch sonst hatte Dr. Berliner unter großen finanziellen Opfern sich ein umfangreiches Netz politischer Beziehungen, Verbindungen und Nachrichten geschaffen, das er in einer noch nicht klar festgelegten und auch wohl nicht mehr restlos feststellbaren Weise nutzte.

Die Bilanzen wurden in der schamlosesten Weise frisiert, insbesondere auch die Verwaltungs- und Anwerbekosten viel niedriger ausgewiesen, als der tatsächlichen Lage entsprach. Die Einbeziehung nicht berufsmäßiger Werber in den Werbeapparat, von denen schon die erwähnte amtliche Mitteilung sprach, betraf hauptsächlich Personen, die unmittelbar oder mittelbar Beziehungen zu politischen Persönlichkeiten hatten.

Betrachtet man nun *diese* Ergebnisse, so wirft sich sofort die Frage nach dem ›Warum?‹ auf. Daß Dr. Berliner, der 1919 ein wertvoller Sachberater der österreichischen Friedensdelegation war und das Labyrinth der verschiedenartigen Effektenvorschriften, mit denen sich die Nachfolgestaaten […] gegen die Verpflichtung zur Zinszahlung und Einlösung der alten Schulden wehrten, virtuos kannte, der in den europäischen Devisenvorschriften ebenso zu Hause war wie in den Vorschriften über das Versicherungswesen, diese seine Kenntnisse nach Möglichkeit nützte, um seine Gesellschaft groß zu machen, ist verständlich. Daß er in Tätigung des von ihm angeregten Expansionsdranges der Gesellschaft notleidende Portefeuilles und ganze Gesellschaften übernahm, ist noch begreiflich. […] Was aber bewog ihn, mit großen finanziellen Opfern der Gesellschaft die persönliche Bekanntschaft mit den bedeutendsten Politikern von fast ganz Europa zu suchen? […] Welcher politische Dämon trieb ihn restlos hin und her, welcher politischen Kraft diente er bei seinem Bestreben, sich überall politisch, aber für die Öffentlichkeit unsichtbar, einzuschalten? War es die Sucht, selbst hinter den Kulissen die Fäden politischer Macht zu spinnen oder war er das Werkzeug einer noch tiefer verborgenen Kraft, in deren Diensten er stand, und der er rücksichtlos die ihm zur Verwaltung anvertrauten Mittel opferte? Auch die laufenden Untersuchungen werden kaum eine befriedigende Antwort auf diese Frage geben.«[4]

War also Berliner in den Grauzonen der Phönix-Entwicklung ein Treiber oder ein Getriebener? Wie viel Nutzen, wie viel Unternehmenssubstanz hat er als Treiber geschaffen, die er dann in wachsender Abhängigkeit gefährdete und schließlich als Getriebener wieder zerstörte? An strategischer Weitsicht und unternehmerischem Mut fehlte es ihm nicht, auch nicht an taktischem Gespür und Handlungsgeschick. Der Ruf des »Genies« war in dieser Hinsicht fassbar. Berliner stieg auf und erweiterte immens seine Bestände und seinen unternehmerischen Handlungsspielraum. Damit näherte er sich unweigerlich dem Zenith: das Mengenwachstum hielt an, aber das Geflecht der Nebenbedingungen, der Abhängigkeiten wurde immer enger. Am Ende war ihm jegliches strategische Handeln unmöglich, und verfügbare Mittel konnte er nurmehr dafür einsetzen, die immer häufiger auftretenden Löcher immer kurzzeitiger zu schließen.

Noch einmal zu Imre Békessy; auch dieser Zeitungsmann war mit Wilhelm Berliner verbunden. Seinen langen Nachruf auf ihn, in der Budapester Tageszeitung *Ujsag*, hatte er mit einem Zitat aus »Wilhelm Meisters Wanderjahre« eingeleitet: »Es sind Menschen von göttlicher Natur, die gegen Schuldige gelind, gegen Verbrecher schonend, gegen Unmenschliche menschlich sein können. Es gibt ihrer leider nur wenige.« Ein Idealbild zeichnete Békessy auch in seinen eigenen Worten: »In Wien starb ein Mensch, den nicht Menschen und Länder, sondern die ganze Menschheit betrauern sollte. Jeder Versuch, diesen Toten in das Prokrustes-Bett eines Nekrologs hineinzuzwängen, wäre zum Scheitern verurteilt.« Berliner sei ein Besessener der Arbeit gewesen, habe die Versicherung als eine Mission betrachtet, nicht als ein Geschäft, sondern als ein wirksames Mittel der Nächstenhilfe.[5]

Gemischt fielen die Kommentare aus, die im April 1936 in Békessys Budapester *Ost-Kurier* erschienen. Einerseits las man, mit Bezug auf die Tschechoslowakei, dass das Geschäft des Phönix lange Jahre gesund gewesen sei. Dann aber habe man auch dort zu »operieren« begonnen, mit der Folge einer »gefahrdrohenden Verschlechterung, die nur die überragende Genialität des leicht verführbaren Dr. Berliner überwinden konnte.« Andererseits stand geschrieben: »Sicher ist jedenfalls […], dass irgendein Grund zur Annahme, der Phönix werde in den unmittelbar kommenden Jahren seine Verpflichtungen weniger pünktlich erfüllen, als bisher, keineswegs bestand. Trifft dies zu, dann ist der Zusammenbruch des Phönix wohl weniger dem Fehlen der vorschriftsmässigen Prämienreserven zuzuschreiben, als dem Umstand, dass jene Tatsache in schonungsloser Weise der Öffentlichkeit bekanntgegeben worden ist.«[6]

Imre Békessys Sohn János (alias Hans Habe) schrieb 1954 in seine Memoiren, wie 1934 auch er zu einem Knoten in Berliners Netzwerk wurde. János hatte gerade seine journalistische Etappe bei Zeitungen der Heimwehr beendet und rätselte, wie er von dort wieder in den »Wiener Journalismus« zurückkehren könnte. »Ich fuhr nach Budapest, um mich zu sammeln und über die Zukunft in Ruhe nachzudenken. Mein Vater, der inzwischen zu einem der angesehensten Publizisten Ungarns geworden war und auf dem Donaukai eine fürstliche Wohnung besaß, empfing mich mit offenen Armen. Er brachte mich in dem eleganten Sanatorium auf dem Schwabenberg unter und behandelte mich wie eine verwöhnte Geliebte, die krank zu ihrem Geliebten zurückkehrt. Die glücklichsten Stunden seines

Lebens waren die meiner größten Niederlagen. […] Außerdem bot sich ihm jetzt eine neue Gelegenheit, die Brücken zwischen dem geliebten Sohn und Wien, der verhaßten Stadt, zu verbrennen. Die Gelegenheit präsentierte sich in der Person Dr. Wilhelm Berliners, des Präsidenten der Versicherungsgesellschaft ›Phönix‹. Dr. Berliner war einer der interessantesten Menschen, die ich je kennengelernt habe.«

Habe fährt fort mit seiner biografischen Skizze, die schon oft zitierte wurde – wohl auch deshalb, weil es keine vergleichbare gibt. Er zählt Berliner zu den zweifelhaften ›chevaliers d'industrie‹ der Zwischenkriegszeit. In seinem Erinnerungsbild erscheint »ein großer, massiver Mann, mit einem kahlen Schädel, einem Gesicht von durchdringender Intelligenz, ein Riese von orangutanartiger Männlichkeit.« Ein Gelehrter mit einem mathematischen Genie, über das selbst Einstein staunte; ein Asket; einer der mächtigsten Männer Europas; ein Vielreisender, in dessen Arbeitszimmer die Reisetaschen mit Schildern wie »Paris«, »London«, »Prag« stets mit aktuellem Inhalt bereit standen.

Wenigen war dies bekannt, und keiner ahnte, dass dieser Mann »die Hauptfigur eines gewaltigen Kriminalromans war. Als mehrere Jahre später der ›Phönix-Skandal‹ ausbrach, erfuhr man, daß Dr. Berliners häufige Reisen gute Gründe hatten: Er verschob das in jedem Land gesetzlich vorgeschriebene Reservekapital seiner Versicherungsgesellschaft von einem Land ins andere, so daß die Gesellschaft, die überall Filialen besaß, in Wirklichkeit mit einer einzigen flüssigen Reserve auskam, die immer dort auftauchte, wo eine staatliche Kontrolle drohte. Wie sich dieser späte Held Balzacs vorstellte, sein Spiel ewig fortsetzen zu können, weiß ich nicht; doch breitete Dr. Berliner seine Macht über ganz Europa aus, ohne sich selbst zu bereichern. Als er an einer vernachlässigten Mittelohrentzündung starb, wußten die Eingeweihten, daß er der Krankheit absichtlich keinen Einhalt geboten hatte – ein Selbstmörder im Bunde mit dem Schicksal.«

Ein Schwindler, ein Krimineller? Aus Habes Sicht greift diese Frage zu kurz. »Das Geheimnis Dr. Berliners beruhte auf zwei Tatsachen, die zu der Naturgeschichte der meisten großen Finanziers gehören, der ehrlichen und noch mehr der unehrlichen: Er war ein Genie des Bestechens und ein Spionagechef von erheblichen Dimensionen. […] In den dreißiger Jahren gab es kaum einen staatlichen Abwehrapparat, der so informiert gewesen wäre wie dieser Generaldirektor einer privaten Versicherungsgesellschaft. Es war nicht so, als ob Dr. Berliner nur wissen wollte, was die Finanzämter Europas planten; er wollte alles wissen, alles und über jedermann. Wie sich dies Geheimagenten geziemt, kannten sich die Agenten Dr. Berliners weder gegenseitig, noch ahnten sie, was der Chef mit ihren Informationen vorhatte.

Ich wurde nun einer dieser Agenten. Eines Tages kam mein Vater mit Dr. Berliner in das Erholungsheim auf dem Schwabenberg, und im Verlaufe des Mittagessens schlug mir der Generaldirektor vor, als ›Korrespondent‹ der ›Phönix‹ nach Genf zu gehen. [...] Erst viele Monate später wurde es mir klar, warum mich Dr. Berliner bezahlte. Meine Berichte, die aus unerfindlichen Gründen auf gelbem Papier geschrieben sein mußten und an eine Deckadresse gingen, enthielten im wesentlichen nichts als eine Schweizer Presseschau, Reportagen über Völkerbundsitzungen und gelegentliche Interviews mit internationalen Staatsmännern. Erst durch einen Zufall erfuhr ich, daß meine Berichte von Dr. Berliners Schreibtisch direkt in das Wiener Bundeskanzleramt wanderten. Der Trick war genial wie alles, was der geheimnisvolle Mann tat: er bezahlte aus den Kassen der Versicherungsgesellschaft einen guten Teil des Spionagedienstes des zahlungsunfähigen Österreich, verschaffte sich so ein ungeheures Wissen und hielt gleichzeitig die Regierung in der Hand, während die Agenten nicht einmal wußten, für wen sie eigentlich arbeiteten.«[7]

Dies war das Bild, das Hans Habe 1954 von dem »großen Finanzier«, dem ehrlichen und unehrlichen malte. Er erfasste die Dimensionen der vielschichtigen Persönlichkeit wohl richtig, überzeichnete aber, in journalistischer Überspitzung, einzelne Ausprägungen. Dass in den Beziehungen, die Berliner zu politischen Kreisen unterhielt, grundsätzlich er es war, der die Bedingungen des Gebens und Nehmens bestimmte, ist wenig wahrscheinlich. Wie hilfreich aber seine Unterstützung für die Regierung war, dies zeigt auch die Erinnerung des schon erwähnten Journalisten Fritz Kaufmann an seine Zeit in der Tourismusabteilung des Phönix.

»Auf Veranlassung ihres Generaldirektors, Dr. Wilhelm Berliner, trat der eben aus Berlin zurückgekehrte Verfasser dieses Buches zur Verwertung seiner internationalen Beziehungen und seiner Sprachkenntnisse in deren neugegründete Fremdenverkehrsabteilung ein. Besonderes Augenmerk wurde der Heranziehung von Gästen aus Westeuropa und den Vereinigten Staaten zu den Salzburger Festspielen zugewendet, wozu der Gewinn Toscaninis zu ihrer musikalischen Leitung und die Tätigkeit Max Reinhardts auf dem Gebiete des Schauspiels nicht wenig beitrug.«[8] Kaufmann war im Juni 1933 in seine Geburtsstadt Wien zurück gekommen, um einem Prozess wegen aufrührerischen Verhaltens vor dem Schöffengericht Berlin-Mitte zu entfliehen. Bis 1936 war er dann, im Auftrag Berliners, in verschiedenen Funktionen für den Phönix tätig.[9]

Genial und leicht verführbar; ein großer, fast ein Übermensch; moralisch nicht schnellfertig zu verurteilen; gelenkt von einem unsichtbaren Dritten? Man erinnere sich an Kerbers »Werkzeug einer noch verborgeneren Kraft«. Aber auch an Habes »Er hielt die Regierung in der Hand.« Und noch eine dritte Deutung: »Offensichtlich stellte er den Aufstieg seines Unternehmens und die Gunst der Mächtigen über alles. [...] Und die politische Kaste in Österreich dürfte ihn und die Phönix als eine Art Goldesel betrachtet haben.«[10] Erpresste Berliner die Regierung, so dass sie sich nicht traute, Hand an den Phönix zu legen? Oder war er für sie einfach zu wertvoll, seine Dienste unverzichtbar, schützte man deshalb den Phönix und ihn vor dem Sturz? Welche Einschätzung lag näher an der Wirklichkeit? Oder überwog, je nach Konstellation, mal das eine, mal das andere?

Die Nachwirkungen

Isar Lebensversicherung: Nachfolgerin im Altreich

Die Dreißiger Jahre brachten den Lebensversichern in Deutschland ein außerordentliches Wachstum. Allein der Bestand der Privatgesellschaften stieg zwischen 1932 und 1940 von 18 auf 30 Milliarden RM. Bis 1943 sollte sich dieser Aufschwung noch fortsetzen, allerdings einhergehend mit einem raschen Anstieg von »Kriegsrisiko« und »Sterblichkeit«. Nicht alle Lebensversicherer hatten daran teil; der Wettbewerb blieb hart, und die Konzentration schritt voran. Die Zahl nichtöffentlicher Anbieter schrumpfte; kleinere Gesellschaften schieden aus, fusionierten oder wurden übernommen. Und die ausländischen Mitbewerber: wurden sie im Zuge dieser Entwicklung nicht »überflüssig«?[1] Zumal die Bestände von *Basler Leben* und *Schweizerischer Leben* schrumpften, und der Marktanteil aller nichtdeutschen Anbieter mit Ausscheiden des Phönix unter 4 Prozent gesunken war.

Die Regierung in Wien hatte nach dem Zusammenbruch erklärt, dass sie bereit sei, die österreichischen Versicherer schützen, es aber ablehne, für die Verpflichtungen des Phönix in anderen Staaten einzustehen. Von dem Handlungszwang, der damit auf den nationalen Regierungen lastete, war die deutsche Seite nur gering betroffen. Denn nach den ersten Einschätzungen gab es dort keine gravierende Unterdeckung der Prämienreserve, zumal das RAA den Phönix ab 1931 nachhaltig gedrängt hatte, den Deckungsstock anzupassen.

Dennoch: es lag im gemeinsamen Interesse der Politik, der Behörden und der Versicherungswirtschaft, eine Unsicherheit unter den Versicherten und eine Rufschädigung nicht aufkommen zu lassen. Im Mai 1936 erschien eine Streitschrift im Selbstverlag, die einiges befürchten ließ. Sie fand Aufmerksamkeit; ein Exemplar gelangte ins Haupt-Archiv der NSDAP. »Ich klage unser ganzes Versicherungswesen an. Der Phönix ist nur ein Symptom.«[2] So leitete Dr. Hubert Korkisch, Assekuranz-Wissenschaftler und Phönix-Kunde, seine Kritik ein. Er fällte ein vernichtendes Urteil über die Versicherer in der Nachkriegszeit, er war aufgebracht über den Umgang mit der aktuellen Krise, und er schrieb nachfolgende Zeilen mit Blick auf die Zukunft.

»Daraus ergibt sich die Hauptforderung der Phönix-Versicherten: der Staat, der nicht nur eine Mitverantwortung für den Zusammenbruch des Phönix zugeben muß, sondern auch den Ruin unseres ganzen Versicherungswesens verhüten muß, stellt die zur vollen Befriedigung der Versicherten nötigen Mittel bereit. [...] Alle Verdiener aber sollen ihre Hände von der Phönix-Masse lassen; diese gehört niemanden als den Versicherten. Sollte sich aber doch eine bestehende Gesellschaft durchsetzen und den Phönix übernehmen oder eine neue Aktiengesellschaft gebildet werden, so kann sie sich mit Akquisitionsabsichten in das deutsche Gebiet nur dann zu kommen trauen, wenn sie den Phönix-Versicherten volle Befriedigung bringt. Neun Wochen Phönix-Krise haben das Vertrauen der Bevölkerung in die Versicherung als solche, ohne Rücksicht auf die Versicherungsgesellschaft, erschüttert.«[3]

Um dies vorwegzunehmen: der deutsche Bestand des Phönix konnte gesichert und die Rechtsansprüche der deutschen Policeneigner erfüllt werden. Dies gelang mit Einsatz des Staates *und* der Privatwirtschaft. In wenigen Wochen war die Zahlungsfähigkeit zur Bedienung des Bestands gefestigt und eine Nachfolgerin aufgebaut, die das Geschäft ohne größere Einbrüche aufnahm. Dabei waren durchaus nicht alle Verantwortlichen und Betroffenen überzeugt, dass es eine (konzernfremde) Nachfolgerin geben sollte. So zeigten sich anfangs die Leiter der deutschen Phönix-Zentrale keineswegs bereit, das Ruder für das Geschäft im Reich aus der Hand zu geben; das *Schwarze Korps* gab dazu seinen ätzenden Kommentar.[4]

Wie erwähnt: bereits am 27. März – an dem die *Frankfurter Zeitung* erstmals über den Fall berichtete – sprachen Erhard, von Kardorff und Bachmann im RAA vor. Sie präsentierten ein detailliertes Zahlenwerk; es belege, dass der Phönix-Bestand im Deutschen Reich gesichert sei. Sie planten, ihn auf eine neue, deutsche Gesellschaft zu übertragen. Hierfür sollte die *Zukunft* mit der *Gisela* fusionieren, wo der Phönix (direkt plus indirekt, wie erwähnt) die Majorität hatte.

Dem stand eine andere Idee, vermutlich im RMWi geboren, entgegen. Sie lief darauf hinaus, eine deutsch-österreichische Auffanggesellschaft zu gründen, unter maßgeblicher Beteiligung von *Münchener Rück, Allianz* und *Elementar-Phönix.*[5] Allerdings teilten nicht alle genannten Gesellschaften diesen Vorschlag; die *Münchener Rück* jedenfalls sprach sich dagegen aus. Kißkalt schrieb am 8. April an Reichsbankpräsident Schacht, dass er von österreichischer Seite, insbesondere von der *Creditanstalt,* »aufs heftigste bedrängt werde«, sich an der österreichischen Auffanggesellschaft *ÖVAG* zu beteiligen. Er wolle aber vorschützen, dass die reichsdeutsche Devisenstelle dies ablehne und daher eine beträchtliche Beteiligung nicht in Frage komme.

An *ÖVAG*-Aktien hatte Kißkalt demnach kein Interesse. Und ebenso wenig war er bereit, Kapital in eine Gesellschaft zur Rettung des deutschen Phönix-Bestandes einzubringen – wie sich bald zeigen sollte. Im Brief an Schacht ging er noch kurz auf den *Elementar-Phönix* ein und erwähnte, dass der »mit Hilgard besprochene« Erwerb der Aktienmehrheit (zusammen mit der *Allianz*) nicht möglich sei, weil die *Generali* sich dagegen sperre. Sybillinisch schloss er: »Mein Eindruck aus Österreich ist übrigens der, dass dortselbst ein Umschwung in nicht allzu ferner Zeit unaufhaltbar ist, so dass uns dann vermutlich die Gesellschaft als reife Frucht in den Schoss fallen wird.«[6]

Zehn Tage später teilte die *Münchener Rück* dem RAA mit, dass sie einen Pfändungsbeschluss bezüglich jener *Gisela*-Aktien erwirkte habe, die dem Phönix gehörten; er wollte damit im Insolvenzverfahren eigene Forderungen durchsetzen.[7] Damit war der Weg, den Erhard und Kardorff im Auge hatten, blockiert; eine Verschmelzung von *Zukunft* und *Gisela* kam nicht mehr in Frage. Auch weitere Bemühungen, eine Auffanggesellschaft zu gründen oder den Bestand auf bestehende Versicherer zu übertragen, waren erfolglos geblieben; ein erkennbares Interesse auf Seiten deutscher Unternehmen gab es nicht. Das RAA hatte die Finanzlage geprüft: der vorhandene Deckungsstock reiche aus, aber eine Gegenüberstellung von Aktiva und Passiva für den deutschen Geschäftsbereich habe eine Lücke von 6,5 Millionen RM ergeben, entsprechend 15 Prozent des Betriebsvermögens. Nun bleibe die Wahl zwischen Reduktion der Versicherungsleistungen, Konkurs und Abwicklung.

Das RAA entschied sich für die dritte Option, forderte die Versicherungswirtschaft auf, eine Garantie in Höhe von mindestens 2 Millionen RM zu übernehmen und bestellte einen Sonderbeauftragten für die Abwicklung. Die Wahl fiel, nach Anregung der *Allianz,* auf den Rechtsanwalt Sebastian Kratzer; er übernahm die Aufgabe am 9. Mai 1936. Der Name ist bekannt; Kratzer hatte 1933 für die Deutsche Arbeitsfront den Machtkampf um die *Volksfürsorge* gewonnen und war dort zum Direktor aufgestiegen. Seinen ersten Auftritt in der neuen Rolle hatte er am 12. Mai: auf Einladung des RAA versammelten sich 25 der größeren deutschen Lebensversicherer, um den vorgeschlagenen Garantiefonds zu diskutieren.

Bei dieser Aussprache kamen die entscheidenden Beiträge nicht von Seiten der Lebensversicherer, sondern vom RAA-Präsidenten (Widmann), vom Direktor der Reichsgruppe Versicherung (Hilgard) und nicht zuletzt von Kißkalt. Alle drei sprachen sich strikt gegen einen Konkurs und entschieden für eine garantiegedeckte Auflösung des Versicherungsbestandes aus. Die Versicherten sollten keine Verluste erleiden, allenfalls auf Gewinnanteile verzichten. Am Ende stimmten – mit Abstufungen – fast alle Gesellschaften dafür. Kißkalt hatte dies erleichtert, mit der Zusicherung, dass die *Münchener Rück* alle unerfüllten Ansprüche oberhalb der Grenze von 6,5 Millionen abdecken würde – offenbar darauf vertrauend, dass das RAA die Lücke zwischen Aktiva und Passiva richtig eingeschätzt hatte.

Nur die *Alte Leipziger* hielt sich zurück und sagte vier Tage später ab. Es würde dem Versicherungsgedanken widersprechen, wenn sie Geld ihrer Versicherten zur Abdeckung von Ansprüchen herausgäbe, die aus höchst leichtsinnigen Geschäften mit gefährlich spekulativem Moment herrührten.[8] Ihrem Protest fehlte allerdings der Gegenstand; denn das Übereinkommen 12. Mai war schon zwei Tage nach dem Treffen hinfällig geworden. Die *Bayerische Rückversicherungsbank* und fünf Versicherer aus ihrem Umkreis zeigten sich gegenüber dem RAA nunmehr lebhaft daran interessiert, den deutschen Phönix-Bestand zu übernehmen und eigens hierfür eine neue Gesellschaft ins Leben zu finanzieren. Alle sechs zählten zu einem Verbund, der im Branchenjargon »Schweizer Club« hieß; hinter ihm stand die *Schweizerische Rückversicherungsgesellschaft (Schweizer Rück),* als eigentliche Bannerträgerin.[9]

Die *Bayerische Rückversicherungsbank* war ursprünglich eine Tochter der *Bayerischen Hypotheken- und Wechselbank.* Als diese sich 1923 entschied, aus dem Versicherungsgeschäft auszusteigen, verkaufte sie ihre eine Tochter, die *Bayerische Versicherungsbank,* vergaß aber bei dieser Transaktion ihre Rückversicherungstochter. Hofrat Ernst Drumm, deren Alleinvorstand, ließ sich deren Aktien überschreiben und verkaufte das Paket 1924 an die *Schweizer Rück.* Diese übertrug der Adoptierten ihr deutsches Rückversicherungsgeschäft und machte sie zur Zentralfigur beim Aufbau des »Schweizer Clubs«.[10] Die Position der *Schweizer Rück* am deutschen Markt war stark und ihr Interesse nachhaltig; etwa ein Viertel ihrer Prämieneinnahmen kam aus Deutschland. Am Aktienkapital der *Bayerischen Rück* hielt sie nahezu 70 Prozent und an den weiteren Club-Mitgliedern Mehrheiten oder zumindest Sperrminoritäten. Zum Bild der *Schweizer Rück* gehört auch, dass der Wiener *Anker,* die Nummer zwei unter den österreichischen Lebensversicherern, fast vollständig in ihrer Hand war, und dass sie mit der *Münchener Rück* um internationale Spitzenpositionen konkurrierte.[11]

Was aber gab ihr den Anstoß, um den deutschen Nachlass des Phönix zu übernehmen? Ludwig Arps fand 1977, bei seinem Rückblick auf »Unruhige Zeiten«, diese Erklärung: der Schweizer Rückversicherer hatte 8 Millionen RM auf einem Sperrmark-Konto in Deutschland liegen, die aktuell nur 80 000 RM wert waren. An Stelle eines äußerst verlustreichen Transfers lag es nahe, Investitionsoptionen im Reiche zu suchen. So kam es zu einer Vereinbarung mit dem Finanzministerium: das Sperrmark-Guthaben wurde auf 100 Prozent aufgewertet, und die *Schweizer Rück* brachte dieses Guthaben – ganz oder anteilig – in die Nachfolgegründung ein.[12] Das Ministerium machte noch ein zweites Zugeständnis, das – anders als das erste – aktenkundig ist: es sicherte zu, die bei Gründung und Vermögensübertragung fälligen Gebühren der neuen Gesellschaft zu erlassen. Dies galt für das Immobilienvermögen des Phönix; für dessen Transfer wären ca. 0,8 Millionen RM fällig geworden. Es galt nicht für die Übertragung des nicht unerheblichen Wertpapierbesitzes.[13]

Mit der Avance des Clubs war ein zweiter Vorgang zumindest zeitlich verknüpft: der NS-Betriebszellenobmann beim Phönix in München versandte am 5. Mai ein Telegramm in Sachen Abwicklung. Gerichtet war es an den Chef der Reichskanzlei, den Preußischen Ministerpräsidenten sowie an die Reichministerien für Inneres, Finanzen und Wirtschaft. Der Wortlaut: »Dringend! Persönliche Vorlage! Reichsaufsichtsamt erklärt laut Pressenotiz vom 27. März 1936, daß deutsches Geschäft Phönixversicherung in Ordnung. Trotzdem soll Phönix Deutschland nach 34jährigem Bestehen als Konkurrenz beseitigt werden. Erblicken darin eine Aktion, die sich vor allem gegen 500 angestellte schaffende deutsche Volksgenossen mit Familien richtet. Erbitten dringend Hilfe in letzter Stunde.«

Der Hilferuf fand Beachtung. Staatsekretär Lammers, Chef der Reichskanzlei, rief in der Sache eigens den zuständigen Ministerialrat Warncke im Wirtschaftsministerium an. Einschlägige Hinweise kamen auch aus dem Reichsinnen- und Finanzministerium, jeweils von höherer Stelle. Nicht zuletzt erhielt Warncke ein Schreiben aus dem Hause des Preußischen Ministerpräsidenten Göring, das er eingehend beantwortete: »Zu dem an verschiedene Stellen gerichtete Telegramm der deutschen Niederlassung der Lebensversicherungs-Gesellschaft in Wien darf ich auf den im Abdruck beigefügten Entwurf eines Gesetzes zum Schutze des deutschen Geschäfts der Lebensversicherungs-Gesellschaft Phönix in Wien verweisen, und dazu vertraulich bemerken, daß mit einer unter Führung der Bayerischen Rückversicherungsbank AG. in München stehenden Gruppe aussichtsreiche Verhandlungen wegen Übernahme des Geschäfts schweben. Die auf Grund des Gesetzes zu treffenden Maßnahmen sind, gleich ob eine solche Übernahme erfolgt oder nicht, notwendig, um eine ruhige Abwicklung des deutschen Geschäfts zu sichern und werden damit auch im Interesse der Belegschaft getroffen.«[14]

Das Gesetz, eine *lex Phoenix* mit nur zwei Paragraphen, erschien drei Wochen später und ermächtigte den Reichswirtschaftsminister zu Eingriffen, die für die Sicherung und Abwicklung des deutschen Phönix-Geschäfts erforderlich schienen. Die zugehörige Durchführungsverordnung ging in die Details: das inländische Phönix-Vermögen durfte ausschließlich für deutsche Ansprüche verwandt werden; Zwangsvollstreckungen in das inländische Vermögen und Ausübungen von Pfandrechten konnte das RAA untersagen; der Sonderbeauftragte konnte Dienstverträge kündigen, Gehälter herabsetzen und Versorgungsbezüge einschränken; eine eventuelle Übernahmegesellschaft wurde berechtigt, bestehende Versicherungsverträge aufzuheben, sofern sie nicht dem – vom RAA genehmigten – Geschäftsplan entsprachen, und sie konnte Gläubiger abweisen, sofern deren Befriedigung nach dem Übernahmevertrag nicht verbindlich war.[15] Diese Verordnung erweiterte und spezifizierte die Vorschriften, die schon kurz nach dem Zusammenbruch vom Reichswirtschaftsminister erlassen worden waren – als allgemeingültige Verordnung zum Versicherungsaufsichtsgesetz von 1931, wofür der Phönix-Krach nur den äußeren Anlass gegeben hatte.[16]

Wünsche der *Bayerischen Rück* dürften in die Entwürfe für Gesetz und Verordnung eingeflossen sein, schon ab Mitte Mai. Ein erster Besuch der Interessenten im RAA hatte bereits am 9. Mai, also drei Tage vor der großen Runde stattgefunden. Am 16. Mai, als die *Alte Leipziger* ihren Protest schrieb, sandten sie einen Brief ans RAA, der recht konkrete Vorstellungen zu Preis und Bedingungen enthielt.[17] Sie bezogen sich dabei auf die Bilanz, die das Aufsichtsamt kurz zuvor für das deutsche Geschäft des Phönix per Jahresende 1935 erstellt hatte; darin war ein Fehlbetrag von 6,7 Millionen RM ausgewiesen.[18] Dieses Defizit wollten die Übernehmer verständlicherweise nur zum Teil decken; sie schlugen vor, Prämienreserve und Versicherungsbestand in der Bilanz höher zu bewerten, Pensionsreserven zu streichen und die sogenannten Rabatt- und Gratispolicen als wertlos zu erklären. Diese Veränderungen würden das Bilanzdefizit auf knapp 2 Millionen RM verringern. Die neuen Aktionäre boten an, diese Lücke zu schließen, indem sie einen Organisationsfonds von 2,5 Millionen aufbauten, aus dem auch Abfindungen bei Kündigung von Mitarbeitern und andere mögliche Zahlungen zu leisten wären. Zusätzlich würden sie mit 500 000 RM ein Viertel des Aktienkapitals einzahlen.

Kündigung von Mitarbeitern: dies war ein zentraler Punkt; denn der Druck der D. A. F. war auch dort erheblich. Allerdings engagierte sie sich mehr für die Münchener denn für die Berliner Gefolgschaftsmitglieder. So erklärten die Interessenten in ihrem Brief, dass eine größere Zahl von Entlassungen nicht zu vermeiden sei; denn die beiden Direktionen würde man in München zusammenlegen und damit einen erheblichen Teil der insgesamt 230 Arbeitsplätze einsparen – »selbstverständlich in Übereinstimmung mit der Arbeitsfront.«[19] Diese sehe sich angeblich in der Lage, einen größeren Teil der Berliner Belegschaft unterzubringen. Der Brief schloss mit einer Liste von neun Bedingungen, die vor der Übernahme erfüllt werden müssten. Im Kern ging es dabei um die oben genannten Eingriffe in bestehende Rechtsverhältnisse, die zwei Wochen später durch die Verordnung zum Phönix-Gesetz wunschgemäß legitimiert wurden. Dabei blieb selbstverständlich die letzte Forderung der Interessenten ausgeklammert und wurde offenbar in stillschweigendem Einverständnis geregelt: »Für den Fall, dass sich die Schweizerische Rückversicherungs-Gesellschaft zu beteiligen wünscht, müsste sichergestellt werden, dass ein erheblicher Teil der Zahlungen in Sperrmark geleistet werden kann.«[20]

Die weiteren Schritte waren damit vorgezeichnet. Das Wirtschafts- empfahl dem Finanzministerium, die Interessenten ggfls. von den Lasten der Übertragung zu befreien. Denn die Übernahme sei nicht gewinnbringend; man erinnere, dass deshalb die Verhandlungen mit anderen Interessenten, insbesondere der *Allianz,*[21] ins Leere gelaufenen seien. Kratzer schrieb an Warncke, dass er beabsichtige, dem Berliner Personal ausnahmslos zu kündigen; der Leiter der Reichsbetriebsgemeinschaft Banken und Versicherungen (also Lencer) habe zugestimmt. Andere Versicherungsgesellschaften sollten sich bemühen, die »auszustellenden« Gefolgschaftsmitglieder einzustellen; denn schließlich bleibe ihnen durch die Neugründung erspart, die Garantien zu leisten, die in der großen Runde vom 12. Mai prinzipiell beschlossen worden waren. Weitergehenden Forderungen zugunsten von Beschäftigten und Pensionären sollte man sich aber verschließen.

Phönix-Angestellte jüdischer Herkunft blieben aus diesen Überlegungen zu Personalerhalt und Neueinstellung ausgegrenzt. Hier galt schon das, was Lencer im Folgejahr – hier noch einmal zitiert – verkünden sollte. »Wir werden nicht eher ruhen, bis der letzte Jude aus unseren Betrieben verschwunden ist [...]. Einige Banken sind vollkommen judenrein. In den Versicherungen sieht es noch nicht so aus. Auch hier muß der Bestand von jüdischen Vertretern allmählich ausgemerzt werden.«[22] Von den mehr als 1 000 jüdischen Mitarbeitern zur Zeit der Machtergreifung war sechs Jahre später fast niemand mehr in Stellung. Ähnlich erging es – wie schon angesprochen – den mehr als 500 selbständigen Versicherungsagenten jüdischer Herkunft, die 1937 durch staatliche Anordnung ihre Erwerbsgrundlage verloren.[23]

Die Personalfrage war somit geklärt. Es blieb noch, sich mit dem Nachfolger des Phönix im Stammland auseinander zu setzen. Dies erwies sich als unproblematisch: die Münchener Phönix-Prokuristen Schorss und von Pastor sprachen in Wien beim neuen *ÖVAG*-Direktor Fischböck vor und hörten keine Einwände gegen die geplante deutsche Lösung. Dass es eine solche geben musste, galt dort als selbstverständlich. So sah es auch Kratzer; da andere Länder ihre Phönix-Aufgaben bereits erledigt hätten, dürfe das »von parlamentarischen Notwendigkeiten nicht beschwerte Deutschland« keinesfalls zurückstecken.[24]

Die Gründung der *Isar Lebensversicherungs-A.-G.* folgte am 14. Juni, und die Zulassung für den Geschäftsbetrieb erhielt sie tags darauf vom RAA. Dasselbe Datum trägt der Bestandsübertragungsvertrag, geschlossen zwischen dem Sonderbeauftragten Kratzer und dem RAA: der gesamte Versicherungsbestand des Phönix, soweit er von dessen deutscher Direktion verwaltet wurde, ging mit Wirkung vom 1. Januar 1936 auf die *Isar* über. Gleichzeitig wurden die Vermögenswerte im Gesamtwert von 42 Millionen RM übertragen.[25] Für die Grundstücke galt ein förmliches Verfahren als Voraussetzung, das mit dem Überlassungsvertrag vom 31. Dezember 1936 abgeschlossen war. Fortan gehörten alle Anwesen (mit vier Ausnahmen) der *Isar;* die Grunderwerbsteuer wurde erlassen. Da die Immobilien zum Deckungsstock gehörten, wurde zugunsten des RAA ein Sperrvermerk in die

Grundbücher eingetragen, der im Juni des Folgejahrs gelöscht wurde. Dienstverträge und Versorgungsverpflichtungen übernahm die *Isar* nicht, und auch an die Rückversicherungsverträge war sie nicht gebunden.

Welchen Preis hatte sie zu zahlen? »Der am Stichtag vorhandene Fehlbetrag müsste an sich von der Lebensversicherungs-Gesellschaft Phönix in Wien durch Nachzahlung gedeckt werden. Als Kaufpreis für die Übertragung des Versicherungsbestandes und der Organisation übernimmt die Isar die Deckung des Fehlbetrages, jedoch mit den Einschränkungen, die sich aus dem gegenwärtigen Vertrag, den Auflagen und Bedingungen des Reichsaufsichtsamtes für Privatversicherungen, den noch ergehenden Gesetzen und Verordnungen ergeben.«[26]

Zur personellen Besetzung berichtete *Die Versicherung:* »Zum Vorstand der Gesellschaft ist Herr Albert Schorß, königl. norwegischer Konsul in München, ernannt worden. Der ersten Aufsichtsrat bilden die Herren Hofrat Ernst Drumm (Bayerische Rückversicherungsbank, München) als Vorsitzender, Direktor Dr. Otto Hafner (Allgemeine Rentenanstalt, Stuttgart) als stellvertretender Vorsitzender [...].«[27] Es folgten die Namen dreier weiterer Direktoren; sie vertraten die Gründergesellschaften *Eos und Excelsior, Württembergische Feuer, Magdeburger Rück* und *Magdeburger Leben.* Nicht direkt vertreten war die siebte Gründerin, die *Schweizer Rück.*[28] Auch *Die Bank* berichtete, mit Anspielung: »[...] dass der Sitz des neuen Unternehmens zwar, wie vorgesehen war, München ist, als Kapitalgeber aber nicht die anfänglich genannten Versicherungsgesellschaften auftreten, sondern gemeinsam mit der Bayerischen Rückversicherungsbank (die dem Interessenkreis der Schweizerischen Rückversicherungsgesellschaft angehört) eine Reihe anderer führender Unternehmen.«[29]

Zur Leitungsebene der *Isar* gehörte auch der Versicherungswissenschaftler Dr. Eckart Weinreich. Er war, bald nach seiner Promotion über »Die Nation als Lebensgemeinschaft«,[30] in die Versicherungswirtschaft gegangen und kurz nach deren Gründung zur *Isar.* Er verließ das Unternehmen 1938, war im Kriege Technischer Kriegsverwaltungsrat, und hielt – bereits habilitiert – Vorlesungen an der Universität über spezielle Versicherungswissenschaft. Nach dem Krieg trat er in den Vorstand der *Isar* ein, leitete ein Seminar für Versicherungsbetriebslehre und befasste sich in seinen Schriften vor allem mit dem Versicherungswesen in der Wirtschaftsverfassung.[31]

Der Gesellschaftsvertrag der *Isar* trägt das Datum des 14. Juni 1936 und enthält wenig Auffälliges. Das Aktienkapital blieb auf 2 Millionen Reichsmark begrenzt, wohl deshalb, weil das Geschäft bereits aufgebaut und die unternehmerischen Risiken überschaubar waren. Der Vorstand war mit mindestens einer und der Aufsichtsrat mit mindestens drei Personen zu besetzen. Einer etwaigen Übertragung von Aktien musste der Aufsichtsrat zustimmen. Ein Blick auf die ursprünglichen Kapitalanteile zeigt die Dominanz der *Bayerischen Rück:* sie erwarb ein Viertel der insgesamt 2 000 Aktien. Jeweils 300 gingen an die *Magdeburger Rück* und die *Allgemeine Rentenanstalt,* während die vier weiteren sich mit jeweils 200 beschieden.[32] Die Beteiligung der *Schweizerischen Rück* hatten sie an die Bedingung geknüpft, dass »die devisenrechtlichen Fragen zufriedenstellend gelöst werden.«[33] Ihren Kunden teilte die Direktion nach Gründung mit, dass die *Isar* »ein Deutsches Unternehmen« sei, und dass sie ihnen jede Gewähr für die Sicherheit und den Bestand ihrer Policen biete.[34]

Die weitere Geschichte der *Isar* im Reich: sie ist bald erzählt. Dass Rechte der deutschen Phönix-Gläubiger beschnitten wurden, blieb nicht ohne Widerspruch; der heftigste kam im Herbst 1936 von der *Dresdner Bank.* Sie sperrte ein Guthaben von 600 000 RM, eingerichtet für den Phönix. Dieser hatte bei ihr 1930 einen Lombardkredit von drei Millionen RM aufgenommen, damit Wertpapiere gekauft und diese als Pfand bei ihr hinterlegt. Die Effekten verloren 1931 drastisch an Wert, die Bank verkaufte sie zwangsweise, machte eine halbe Million Verlust und sperrte das Guthabenkonto des Phönix, um eine vollständige Kredittilgung zu erreichen. Der Sonderbeauftragte Kratzer verlangte nun, der *Isar* das Sperrkonto freizugeben, zumindest aber den Zinsertrag auszuzahlen. Darin wurde er von Wirtschafts- und Justizministerium unterstützt: die von der Bank finanzierten Transaktionen des Phönix seien ausgesprochen versicherungsfremde Geschäfte gewesen, ähnlich denen, die kurz zuvor den Zusammenbruch der *Favag* ausgelöst hätten. Die *Dresdner Bank* hätte sich auf eine solche Finanzierung nicht einlassen sollen. Zudem: die Forderung der Bank sei bei der Abfassung der Durchführungsverordnung bekannt gewesen und habe die diesbezügliche Entscheidung der Ministerien noch erleichtert.[35]

In diesem Falle wurde die *Isar* vom RAA gestützt; in einem anderen geriet sie mit ihm in Streit. In guter Phönix-Tradition plante sie eine Internationalisierung ihres Geschäfts, und nahm als Auftakt das Kleine Walsertal in den Blick. Das RAA war dagegen; zwar gehöre das Tal zum deutschen Wirtschaftszollgebiet, der österreichische Staat habe dort aber weiterhin Hoheitsrechte. Und auch nach dem »Anschluss« wurde der *Isar* verwehrt, Geschäftsstellen im Stammland des Phönix zu eröffnen. Sie stellte ihren Antrag im März 1938, kurz nach dem deutschen Einmarsch. Das Wirtschaftsministerium war dagegen: »Die Aufnahme des Geschäftsbetriebs von bisher reichsdeutschen Versicherungsunternehmungen im Lande Österreich kommt zur Zeit nicht in Betracht.«[36] Warum auch sollte man die Ausnahmeklausel im Gesetz ausgerechnet für ein Unternehmen freigeben, das schweizerisch dominiert war?

Zugestanden wurde 1939 die Geschäftstätigkeit im »Sudetenland«. Dagegen blieben die Anträge für Elsaß-Lothringen und Luxemburg abgelehnt, »aus grundsätzlichen Erwägungen«.[37] Der Hintergrund war vermutlich der Streit, zwischen öffentlich-rechtlichem und privatwirtschaftlichem Lager, um die Präsenz schweizerischer Versicherer in Elsaß und Lothringen,[38] wovon auch die *Schweizer Rück* betroffen war. Sogar ihre Präsenz im »Altreich« war gefährdet: sie war 1940 in das Fadenkreuz der deutschen Militärführung geraten, weil sie angeblich zugelassen hatte, dass vertrauliche Informationen aus der deutschen Industrie über feindliche Grenzen gelangten.[39] Bemerkenswert ist in diesem Zusammenhang, dass der Präsident des RAA, Rudolf Widmann, im Herbst 1939 durch den schon erwähnten Nationalsozialisten Georg Amend ersetzt worden war, der eine feindliche Haltung gegenüber der *Schweizer Rück* einnahm.[40]

Noch kurz: was wurde aus der *Zukunft* – deutsche Tochter des Phönix? Dass es nicht gelang, sie zur Erbin zu machen, kam schon zur Sprache. Ihr Bestand und Vermögen wurden ein halbes Jahr nach dem Phönix-Krach auf die *Terra Spar- und Lebensversicherungsbank* übertragen, 1924 im Saarland gegründet. Damit dehnte sie ihre Tätigkeit reichsweit aus und verdoppelte ihre Versicherungssumme auf 35 Millionen RM.[41] Sie führte das Geschäft der *Zukunft* – diese Firma erlosch – unter eigenem Namen fort. Dass die *Saarland,* zweite Tochter des Phönix, 1935 ihre Tore schloss, wurde schon erwähnt. Ihr Bestand, zunächst vom Phönix übernommen, ging an eine der *Isar*-Gründerinnen, die *Eos und Excelsior.*

Wie entwickelte sich das Geschäft der *Isar* – beschied sie sich mit der Verwaltung des Phönix-Bestandes oder wuchs ihr schon bald ein zweites Bein? Was sagen die Zahlen der Jahresberichte (bis 1943 auffindbar)?[42] Der »Altbestand« bildete noch über Jahre die Kernsubstanz. Am Ende des ersten Geschäftsjahres 1936 hatte die Gesellschaft Policen über 255 Millionen RM in ihren Büchern; davon waren nur knapp 4 Millionen RM selbst eingeworben. Die Gesamtzahl der Verträge lag bei 285 000, die durchschnittliche Versicherungssumme bei knapp 900 RM.

Im Folgejahr gab es einen tiefen Einschnitt: etwa 100 000 Phönix-Verträge wurden beendet. Der Jahresbericht für 1937 gibt die Erklärung: »[...] so liegt das daran, dass der von Phönix übernommene Bestand einer Säuberung unterzogen wurde und eine Reihe großer Risiko-Gruppen-Versicherungsverträge gekündigt werden mußten, weil sie nach den geltenden Vorschriften nicht verlängert werden durften.«[43] Der Phönix-Bestand sank damit auf 230 Millionen Reichsmark, mit einer durchschnittlichen Versicherungssumme von 1 250 RM. Der Zugang – *Isar* schloss 16 000 neue Verträge – konnte den Verlust nicht ausgleichen. Allerdings sank der gesamte Versicherungsbestand nur um zwei Prozent; denn die 100 000 weggefallenen Policen lauteten sämtlich auf Kleinbeträge, von durchschnittlich 220 RM. Zudem: die Umstellung von Fremdwährungs- auf Reichsmark-Versicherungen – 850 Fälle, Ende 1937 abgeschlossen – dürfte etliche Rückkäufe ausgelöst haben.[44]

Der Rückgang im Altbestand setzte sich – langsamer – auch im dritten Jahr fort. Im November 1938 – eine Woche nach der Pogromnacht – fragte die *Isar*-Leitung beim RAA um Genehmigung an, die Welle der Rückkaufgesuche zu blockieren, indem sie die Auszahlung verweigerte und statt dessen die Policen beitragsfrei stellte. Dies hätte bedeutet, die Verträge einzufrieren und den Versicherten – darunter viele zur Emigration gedrängte Juden – das dringend benötigte Barvermögen vorzuenthalten. Zudem beantragten die *Isar*-Direktoren, besondere Bedingungen bei der Festsetzung der Policenwerte zugrundelegen zu können. Wieder begründeten sie ihre Wünsche mit dem Opfer, das ihre Gründer bei der Rettung des Phönix-Bestands erbracht hätten.[45]

Der Vorstand setzte vermutlich darauf, dass ohnehin ein fundamentaler Wechsel in der Kündigung »jüdischer« Verträge bevorstand. Bislang waren es vor allem die Policen-Eigner, die – gezwungen oder halbwegs freiwillig – eine Änderung im Vertragsverhältnis auslösten: Einfrieren, Beleihen, Rückkauf oder Zession. Wie lange würde es dauern, bis der Staat diese Initiative übernähme? Mit dem Ausbürgerungs-Gesetz vom Juli 1933 hatte er einen ersten Schritt in diese Richtung getan; vielen Juden, die im Ausland lebten, waren Staatsbürgerschaft und Vermögen entzogen worden. War mit der Pogromnacht nicht ein Zeichen gesetzt, diese Rechtsanmaßung zu beschleunigen und auf alle jüdischen Staatsbürger zu erweitern? War mit dem Zwang zur Anmeldung jüdischen Vermögens im April nicht bereits die Enteignung vorbereitet worden, und stand nicht jetzt, nach dem 9. November, die schrittweise Ausführung bevor?

Konnte man somit das RAA bewegen, der *Isar* eine weitere Ausnahme einzuräumen, mit Blick darauf, dass ohnehin eine generelle Regelung bevorstand, die allen Juden den Zugriff auf ihr Vermögen versperren werde? Nein, das RAA ließ sich nicht bewegen. Es verweigerte entschieden die Zustimmung; denn dafür gebe es keine allgemein bindende rechtliche Grundlage. Diese kam bekanntlich erst zwei Jahre später, mit der 11. Verordnung zum Reichsbürgergesetz, was nicht ausschloss, dass in »unsystematischem Vorgehen« schon zuvor eine Vielzahl von Juden enteignet und ausgebürgert wurde.[46]

Allgemein nahmen 1938 die Rückkäufe von Policen deutlich zu.[47] Bei der *Isar* hingegen waren sie mit 30 000 um zwei Drittel geringer als im Vorjahr, nur stieg die durchschnittliche Versicherungssumme dieser Policen auf das Vierfache (880 RM). Dem RAA wurde dies damit erklärt, dass ein großer Teil der rückgekauften Policen dem Gruppenversicherungsvertrag mit dem Verein *Jüdischer Familienschutz* zuzurechnen sei (mit niedrigen Versicherungssummen). Andererseits seien aber auch zahlreiche Einmalprämienversicherungen gekündigt worden (mit hohen Versicherungssummen). Was blieb vom Phönix-Bestand in den Folgejahren? In 1939 und 1940 lag der Rückkauf unter 10 000 Policen, mit relativ hoher durchschnittlicher Versicherungssumme, während sich 1941 wieder das gegenteilige Bild zeigte: 25 000 Policen mit weniger als 300 RM im Durchschnitt. Dies entsprach dem Trendwechsel: bis 1939 wurden die Änderungen in den Vertragsverhältnissen jüdischer Versicherter fast ausschließlich von diesen beschlossen, während die Kündigungen nach 1940 annähernd zur Hälfte auf staatliche Anweisung erfolgten.[48]

Die jährlichen Geschäftsberichte der *Isar* waren in anderer Sprache verfasst als die drängenden Ausnahmegesuche an das RAA. Sie schilderten in abgewogenen Worten ein systemkonformes Verhalten. Die Rede war von einer »Bereinigung des übernommenen Phönix-Bestandes«, wo eine »Fortsetzung nicht wünschenswert erschien« (Jahresbericht 1936), von einer »Säuberung« des Phönix-Bestandes (1937), von der Nichtverlängerung »bestimmter Risikogruppenverträge« (1938) und von der »Vollendung der Bereinigung des nichtarischen Bestandes« (1939). Im dritten Kriegsjahr hieß es dann, dass »selbstverständlich [...] in Kriegszeiten die Lebensversicherung besonders in Anspruch genommen wird, und so ist es ohne weiteres verständlich, daß die Versicherungsleistungen stark gestiegen sind« (1941). Judenverfolgung und Krieg bestimmten somit weitgehend die Entwicklung des Bestandes, und beide Faktoren überlagerten sich in den Jahren 1939–42.[49]

Die *Isar* betonte mehrfach, dass sie sehr viel getan habe, um die sozialen Ziele der Übernahme zu erreichen: Erfüllung der Versichertenansprüche und weitgehender Erhalt der Arbeitsplätze.[50] Wie sah, auf der anderen Seite, ihre Ertragsentwicklung aus? Zunächst die Prämien: sie lagen 1936 bei 11 Millionen RM, sanken in 1937 – wegen Schließung des Einmalprämiengeschäfts – auf 8,5 Millionen, stagnierten bis 1939 und zogen in den Kriegsjahren an, bis auf 13,9 Millionen in 1942.[51] Dies war einem Anstieg bei den »neuen« Verträgen seit Kriegsbeginn zu verdanken; denn während der Phönix-Bestand weiter schrumpfte, wuchs die selbst aufgebaute Substanz allein 1940–42 um siebzig Prozent. Damit machte sie knapp die Hälfte des Gesamtbestandes aus. Zum Wachstum trugen auch die Erfolge bei den Gruppenversicherungen bei, obwohl diese Formen weiterhin politisch umstritten waren.[52] Entsprechend scharf war der Wettbewerb, in dessem Zuge die Isar 1936 ihren Gruppenversicherungsvertrag mit der *Caritas Vorsorge* an den *Deutschen Herold* verlor.[53]

Weniger erfreulich, für die sieben Hauptaktionäre der *Isar*, war die Gewinnentwicklung. Dividenden wurden erst ab 1939 ausgeschüttet, begrenzt auf 20 000 RM pro Jahr, entsprechend vier Prozent des einbezahlten Aktienkapitals.[54] Die Überschüsse waren gering und flossen weitestgehend in die Gewinnrücklage der Versicherten. Etwas besser gestellt waren nur die beteiligten Gesellschaften, die am Rückversicherungsgeschäft mit der *Isar* partizipierten.[55] Das Fazit zur Gewinnentwicklung lässt sich auch in diese Worte fassen: *Allianz* und *Münchner Rück* konnten sich beglückwünschen, dass sie bezüglich des deutschen Phönix-Bestands »risikoscheu« geblieben waren und eine Übernahme abgelehnt hatten.

Die Auseinandersetzung um das Einfrieren »jüdischer« Verträge hatte 1938 das Klima zwischen *Isar* und Aufsichtsamt bedenklich gestört. In den Folgejahren verschlechterte es sich weiter. Mit Hinweis auf den schwachen Geschäftsverlauf riskierte die Direktion einen offenen Streit um die vom RAA geforderten »Gebühren für die Aufsichtstätigkeit«: Im Juni 1939 erhob sie gegen die Veranlagung für 1938 Einspruch: »Dieser Beitrag entspricht in keiner Weise mehr den tatsächlichen Bedingungen, da die Prämieneinnahmen im vergangenen Jahr durch den überaus großen Abgang von jüdischen Versicherungen auf ca. 6 Millionen herabgesunken ist. Darüber hinaus ist aber noch zu sagen, dass billigkeitshalber die Prämieneinnahme aus dem an sich notleidenden Phönix-Bestand überhaupt nicht für die Berechnung irgendwelcher Abgaben heran gezogen werden darf.«[56]

Ein zweiter Konflikt entzündete sich, als das Aufsichtsamt nach Kriegsausbruch anordnete, »daß bei Tod des Versicherten in unmittelbarem oder mittelbarem Zusammenhange mit Kampfhandlungen oder anderen kriegerischen Ereignissen die volle Versicherungsleistung gewährt werde«;[57] dies für alte ebenso wie für neue, ab Kriegsbeginn abgeschlossene Verträge. Die *Isar* wünschte, Prämienzuschläge für die Kriegsgefahr bezüglich des Phönix-Bestandes in spezieller Weise zu berechnen, da in diesen Versicherungsverträgen das Kriegsrisiko bereits abgedeckt sei.[58] Das RAA lehnte ab.

Zudem drückten die »Rückstellungen für die Kriegsgefahr«,[59] die alle Versicherer in ihren Bilanzen vorzunehmen hatten, die ohnehin geringe Gewinnmarge der *Isar*. Aber auch die Versicherten gingen, was ihre Gewinnbeteiligung betraf, weitgehend leer aus. Die *Isar*-Direktion teilte 1940 dem RAA mit, dass der Verband der »eigentlichen« (also der neuen) *Isar*-Versicherten bisher nur Verluste zu verzeichnen hatte. Eine Gewinnbeteiligung dieser Kunden sei daher ausgeschlossen. Vielmehr habe man die Defizite nur ausgleichen können, indem ein entsprechender Betrag aus der Gewinn-Reserve des Phönix-Bestandes »leihweise« entnommen wurde, mit der Folge, dass die Gewinnbeteiligung der Phönix-Versicherten gekürzt wurde.[60]

Das RAA hatte verlangt, dass alle betroffenen Versicherungsnehmer darüber zu informieren seien. Die Direktion wollte dies nicht hinnehmen, mit dem Argument, dass es um sehr viele Versicherungen mit allgemein sehr geringen Vertragssummen ginge. »Der größte Teil des Bestandes sind die durch den Jüdischen ›Familienschutz‹ versicherten Mitglieder dieses Vereins.«[61] Dies dürfte eine bewusste Falschdarstellung gewesen sein.

ÖVAG und Deutscher Ring in der Ostmark

Die *Österreichische Versicherungs-Aktiengesellschaft* wurde zum Aprilende 1936 aus der Taufe gehoben. In Berlin und München hatte es ein starkes Interesse gegeben, sie unter deutschen Einfluss zu stellen. In einem Aktenvermerk des RMWi ist zu lesen: »Der Reichsminister [Hjalmar Schacht] hat mir folgendes mitgeteilt: Herr Schmitt (der frühere Reichswirtschaftsminister und jetzige Vorsitzende des Aufsichtsrats der Allianz) habe ihm über die Verhandlungen wegen der Neuordnung des Österreichischen ›Phönix‹ folgendes gesagt. Zuerst habe die Allianz selbst wegen einer Beteiligung bei der Neuordnung des Phönix verhandelt. Die Allianz habe die Bedingung gestellt, daß sie bei einer Neuordnung die Majorität im Phönix bekommt. Gegen eine solche Majorität habe aber die österreichische Regierung Einspruch erhoben. Die Allianz habe sich daher von den Verhandlungen zurückgezogen. Daraufhin habe sich die Münchener Rückversicherung an den Verhandlungen beteiligt. Die Münchener Rückversicherung habe sich jetzt mit einer italienischen Versicherungsgruppe dahingehend geeinigt, daß die beiden Gruppen die Neuordnung des Phönix unter Beteiligung Deutschlands und Italiens durchführen.«[1]

Wie der Leser weiß: auch dieser zweite Weg zu einer starken deutschen Beteiligung erwies sich nicht als gangbar. Zweifelhaft ist, ob die *Münchener Rück* ihn wirklich gehen wollten; man erinnere sich an den Brief, den Kißkalt am 8. April an Schacht gesandt hatte. Die Verhandlungen in Wien delegierte er offenbar an einen Vertreter.[2] Er war in diesen Wochen in einer misslichen Lage. Von der deutschen Regierung wurde er gedrängt, auf die Neuordnung in Sachen Phönix (Leben, aber auch Elementar) Einfluss zu nehmen. Schmitt von der *Allianz* zeigte ein Interesse an einer Mehrheit beim Lebens-Phönix und wollte ihn wohl dafür gewinnen. Allerdings wusste Kißkalt um die politische Bedeutung der Phönix-Frage in Österreich. Ihm war klar, dass eine deutsche Majorität für die Wiener Regierung inakzeptabel war; und an einer Konfrontation konnte er kein Interesse haben. Deshalb kam für ihn auch nicht in Frage, die »Neuordnung des Phönix unter Beteiligung Deutschlands und Italiens« voranzubringen. Er sah, dass es auf eine österreichische Lösung hinauslief und dass er eingeladen war, einen gewissen, aber keinen zu großen Beitrag zu leisten. Diese Einladung erreichte ihn über Adrianus van Hengel, Generaldirektor der *Creditanstalt.* Mit ihr saß die *Münchner Rück* beim *Elementar-Phönix* in einem Boot, zusammen mit der *Generali.* Die Aufforderung war unattraktiv, aber Kißkalt konnte sie nicht brüsk zurückweisen – »angesichts unserer nicht unerheblichen Kapitals- und Rückversicherungsbeteiligungen in Österreich«, wie er im Brief an Schacht geschrieben hatte.

Auch in Personalfragen war er unter Druck. Erwähnt wurde schon, dass er vom AA vergeblich gedrängt wurde, sich gegen die Berufung von Reininghaus an die Spitze des *Elementar-Phönix* einzusetzen. Dahinter stand eindeutig der Gesandte von Papen, der umgehend nach der Entscheidung der Zentrale mitteilte, dass die Berufung »hiesige nationale Kreise und die Gesandtschaft« überrascht habe, umso mehr, als sie nach seiner Kenntnis auf Vorschlag Kißkalts erfolgt sei. Reininghaus sei als Heimwehrmann bekannt und zur »Vertretung deutscher Interessen« ungeeignet. »Sollte die Münchener Rückversicherungs-Gesellschaft in dieser Hinsicht anderer Ansicht sein, so würde es mich interessieren, ihre Beweggründe hierfür kennen zu lernen.«[3] Kißkalt stellte daraufhin gegenüber Clodius klar, dass nicht er, sondern die beiden anderen Hauptaktionäre sich für von Reininghaus ausgesprochen hätten. Er habe sich dem nicht widersetzen können, kenne allerdings aus seiner dreißigjährigen Erfahrung mit dem österreichischen Versicherungswesen auch »keinen einzigen arischen Versicherungsmann«, der für den Posten geeignet sei.[4]

Damit wollte sich die Gesandtschaft nicht zufrieden geben. Von Papen antwortete, dass an dieser Bestellung »zurzeit, auch nach Ansicht hiesiger nationaler Kreise« nichts zu ändern sei. Allerdings sei es notwendig, Reininghaus in seiner neuen Funktion von deutscher Seite aufmerksam zu beobachten. Es müsse verhindert werden, dass aus dem *Elementar-Phönix* die »national eingestellten Beamten« verdrängt und gleichzeitig derartige Beamte im Phönix-Leben vom Nachfolgeunternehmen abgelehnt würden. »Ich begrüße es deshalb, daß Geheimrat Dr. Kisskalt vom Auswärtigen Amt gebeten werden wird, auf die Personalpolitik des Herrn von Reininghaus ein wachsames Auge zu richten. Von den Vorfahren des Herrn von Reininghaus war eine Großmutter Jüdin. Die Äusserung ›er sei stolz von einer Jüdin abzustammen‹ hat von Reininghaus [...] vor Direktoren der ›Janus‹-Versicherungsgesellschaft gemacht.«[5]

Tags zuvor hatte die Gesandtschaft dem AA ausführlich über die Gründung der *ÖVAG* berichtet und betont, dass sie noch einen zweiten personalpolitischen Einsatz von Kißkalt erwünsche.[6] Man würde es sehr begrüßen, wenn er die anstehende Entscheidung unterstützen würde, die Leitung der *ÖVAG* einem Mann mit nationaler Einstellung anvertrauen: dem Bankdirektor Dr. Hans Fischböck, dessen Berufung »hiesige nationale Kreise [...] für sehr wünschenswert und wichtig« hielten. Zudem sollte Kißkalt gebeten werden, »erforderlichenfalls in unauffälliger Weise« Einfluss zu nehmen, damit drei Angestellte des Phönix – darunter ein Dr. Tanzner – in gehobene Stellungen bei der *ÖVAG* gelangten, möglichst als Prokuristen. »Alle drei sind durchaus national eingestellt und für uns sehr erwünscht.« Es sei allerdings, insbesondere bei Dr. Fischböck, »größte Eile geboten, da hiesige jüdische und klerikale Kreise« sich für Direktor Samsinger (»antideutsch eingestellt«) von der *Wiener Städtischen* stark machten.[7]

Kißkalt nahm noch einmal – nun recht deutlich – zu den personalpolitischen Ansinnen Stellung. Nach den Nürnberger Gesetzen könne eine jüdische Großmutter kein Hindernis für eine Berufung auf den Vorstandssitz sein, und in der Münchener Rück hätte man Reininghaus gern berufen gesehen, zumal er »unter allen in Betracht kommenden Kandidaten der einzige Arier [sic!] war.« Noch schwieriger sei die Frage, wie den drei genannten Herren ein Einstieg in die *ÖVAG* erleichtert werden könne. »Bei dieser Gesellschaft besitzen wir von einem eingezahlten Kapital von 13 Millionen bis heute nicht einmal eine ganze Million. Wir haben daher auf die Besetzung überhaupt keinen Einfluss.«[8]

Weniger zurückhaltend – in einem anderen Fall – war ein Wiener Rechtsanwalt und späterer Reichsstatthalter: Dr. Arthur Seyss-Inquart. Er sprach sich für einen Versicherungsfachmann aus, den die *ÖVAG*-Leitung vom Phönix übernommen, aber nicht für höhere Aufgaben ausgewählt hatte. Nun strebe er »wieder einen mehr leitenden Posten an. Sollte bei der Victoria diesbezüglich ein Bedarf bestehen, so ist er sicherlich von jedem Gesichtspunkt aus wärmstens zu empfehlen.«[9] Noch eine weitere Empfehlung ging bei der Botschaft ein, ebenfalls mit Blick auf die *Victoria,* kurz nachdem deren »jüdischer« Leiter der Wiener Niederlassung gestorben war. Man könnte Josef Mayrhofer, den Leiter der *Nordstern*-Landesstelle von Ober-Österreich an dessen Stelle bringen. »Mayrhofer stammt aus Leonding, sein Vater ist Vormund des Führers und Reichskanzlers gewesen.«[10]

Ob mit oder ohne Einflussnahme: Fischböck wurde »Leitender Direktor« und Samsinger »Direktor«, im nur zweiköpfigen Vorstand der *ÖVAG.*[11] Ungleich mehr Mitglieder hatte der Verwaltungsrat: drei Präsidenten (gestellt von Stadt Wien, *Creditanstalt, Generali*) und elf Verwaltungsräte. Unter letzteren war auch Wilhelm Kißkalt, als einziger Deutscher in dem Gremium. Als »vornehmliche Aufgabe« war ihnen qua Gesetz gestellt, die Übernahme des inländischen Phönix-Bestands überwachend zu begleiten. Dieser umfasste 245 000 Policen mit einer Versicherungssumme von insgesamt 870 Millionen Schilling. Der größte Wertanteil entfiel mit gut 50 Prozent auf ›normale‹ und knapp 30 Prozent auf ›kleine‹ Kapitalversicherungen. Auffallend groß war der Bestand an Versicherungen gegen Einmalprämie, mit einem Wertanteil von fast 20 Prozent und einer durchschnittlichen Vertragssumme von 14 000 Schilling.[12] Damit war die *ÖVAG* 1936 in Österreich der mit Abstand größte und in Kontinentaleuropa ein mittelgroßer Lebensversicherer, vergleichbar etwa dem *Deutschen Ring.* Vom europäischen Spitzentrio, dem der Phönix angehört hatte, war sie weit entfernt.[13]

Das Jahr 1937 verlief in Stagnation, und das Folgejahr stand im Zeichen des »Anschlusses«. Für die *ÖVAG* hatte er vier unmittelbare Auswirkungen. Zum einen sanken die Einnahmen in den ersten acht Monaten um ein Viertel; viele jüdische Kunden kauften die Policen zurück oder stellten ihre Zahlungen ein. Zweitens wurde Fischböck zum Handels- und Verkehrsminister ernannt und verließ die *ÖVAG.*[14] Drittens war die Finanzlast, die die österreichische Versicherungswirtschaft seit Einrichtung des Phönix-Rettungsfonds zu tragen hatte, nun von allen »großdeutschen« Versicherern (einschließlich der österreichischen) zu schultern, und auch die bisherige Abwälzung von Kosten auf die österreichischen Versicherungsnehmer fand damit ein Ende.[15] Ein reichsdeutscher Versicherungsfonds entstand 1939 in Berlin, in den der österreichische Rettungspool hineinfloss; dabei wurden *Isar* und *ÖVAG* beitragsfrei gestellt. Auch die Versicherungsaufsicht wurde in Berlin konzentriert.[16]

Dieses dritte Signal bedeutete zweierlei: das Versicherungsgeschäft in der Ostmark wird sich beleben und das Interesse deutscher Versicherer daran steigen. Bis dahin gab es neben *Victoria* und *Nordstern* kaum eine deutsche Präsenz.[17] Das österreichische Fachblatt *Die Versicherung* schrieb zu der neuen Lage: Die wirtschaftliche Eingliederung Österreichs bedarf einer Vorbereitung [...]. Die Einführung des österreichischen Versicherungswesen in das gesamtdeutsche ist dabei sicherlich eine der heikelsten Aufgaben.«[18] Anfangs legte das RMWi noch Zügel an: die österreichischen Lebensversicherer erhielten eine Schonfrist um sich an die neuen Wettbewerbsbedingungen anzupassen. Im Jahresbericht der Fachgruppe Lebensversicherungen las sich das so: »Bei der Vereinigung Österreichs mit dem Reiche war es ohne weiteres klar, daß die österreichischen Lebensversicherungsgesellschaften infolge ihrer außerordentlichen Belastung für den Versicherungsfonds, bei ihrem ohnehin höheren allgemeinen Unkostensatz, im Wettbewerb mit den deutschen Lebensversicherungsunternehmungen nicht würden bestehen können und daß den deutschen Lebensversicherungsgesellschaften deshalb nicht sofort die Ausdehnung ihres Geschäftsbetriebs in die Ostmark gestattet werden konnte.«[19]

Eine solche Anpassungshilfe hatte die gesamte österreichische Wirtschaft erhalten, allerdings nur für wenige Wochen. Für die Versicherungsbranche dagegen empfahl eine Kommission – die Vorschläge zur Eingliederung der österreichischen Versicher entwickeln sollte – deren Schonung bis zum Jahresende 1939.[20] Dies entfachte auf deutscher Seite einen Streit; das RMWi und das RAA waren für eine Frist, während deutsche Versicherer sie ablehnten. Insbesondere der Chef der *Allianz Leben,* der auch Fachgruppenleiter war, exponierte sich im Oktober 1938 mit dem Argument, dass ein solcher Schutzschirm nicht mehr vonnöten sei. Denn die öffentlich-rechtlichen Gesellschaften stärkten sich bereits im Verbund, ausländisch beherrschte Versicherer wie *Der Anker* sollten keinen Schutz beanspruchen, und für die unter dem Dach der DAF versammelten österreichischen Unternehmen sei das Anpassungsproblem schon gelöst.[21]

Im Oktober 1938 bereits unter dem Dach der DAF? Wie konnte dies innerhalb der Schonfrist geschehen? Die Antwort ist, dass eine solche weder dem Cousin noch der Nachfolgerin des Phönix zugestanden wurde. Sowohl der *Elementar*-Versicherer als auch die *ÖVAG* wurden kurzerhand übernommen. Dies war die vierte Auswirkung, die der »Anschluss« auf die *ÖVAG* hatte: sie kam unter das Dach der Deutschen Arbeitsfront. Während die (»ausländisch beherrschte«) *Isar* mit dem Grenzübertritt noch bis 1940 warten musste und eine Geschäftsstelle ihr erst 1942 zugebilligt wurde,[22] erlangte die DAF schon im Frühjahr 1939 die Verfügungsgewalt über die *ÖVAG*. Eingeleitet wurde dieser Übernahmeprozess, indem der Nationalsozialist Hermann Neubacher, als Bürgermeister Wiens eingesetzt, die Vertreter des Hauptaktionärs aus dem Verwaltungsrat der *ÖVAG* zurückzog und massiven Einfluss auf die Umbesetzung nahm; neuer Präsident wurde das Parteimitglied Josef Mayrhofer.[23] Er war zum »Beauftragten für das Versicherungswesen« ernannt worden, um »den Einbau des Versicherungswesens der Ostmark in die Gesamtwirtschaft des Deutschen Reiches« voranzubringen.[24]

Kißkalt schied aus und Mattfeld, Direktor der *Münchener Rück* für Lebensversicherungen, trat ein. Der Gauleiter Schwede-Coburg, politische Leitfigur der öffentlich-rechtlichen Versicherung, wurde ins Exekutivkomitee berufen, ebenso wie Andreas Braß, Leiter der Wirtschaftsgruppe Privatversicherung und Vorstandsvorsitzender der Deutschen Lebensversicherungs-AG (DAF).[25] Als das neu besetzte Gremium sich im Juli einer außerordentlichen Generalversammlung vorstellte, lag die Mehrheit der Aktien bereits in den Händen der DAF. Im Anschluss an das Treffen fand ein »Betriebsappell« statt; Ley war angekündigt, sagte aber ab. *Die Versicherung* titelte: »Die Övag – Ein Unternehmen der DAF.«[26]

Unter Druck hatten alle österreichischen Unternehmen, die an der *ÖVAG* beteiligt waren, ihre Anteile an die DAF verkauft. Eine zweite Neuwahl des Verwaltungsrats führte zu einer starken Dominanz von DAF-Vertretern; zudem wurde Dr. Georg Meindl, nunmehr Generaldirektor der *Steyr-Daimler Puch AG* (und Parteimitglied), in Verwaltungsrat und Exekutivkomitee berufen. Josef Mayrhofer übernahm den Vorsitz des Vorstands, Mattfeld schied aus.[27] Die restlichen Kapitalanteile wurden bis Ende 1939 übertragen. Damit besaß die DAF-Holding nicht weniger als 89 Prozent der Aktien, der Rest lag beim *Deutschen Ring*. Die *Volksfürsorge* war auf deutscher Seite der Treiber im Übernahmeprozess gewesen; schon vor dem Anschluss hatte sie an österreichische Türen geklopft.[28] Sie musste aber auf Druck der DAF-Zentrale noch im Sommer 1938 die Führungsrolle und ihre Anteile an den *Deutschen Ring* abgeben.[29]

Ihre neue Basis für Eroberungen im österreichischen Markt wurde die *Allgis*, die bis 1936 mehrheitlich dem Phönix gehört hatte und später fast vollständig in den Besitz der *Generali* und des *Star* (Prag) gelangt war.[30] Die *Volksfürsorge* übernahm Ende 1938 deren Anteile und damit die *Allgis*, umfirmierte und »germanisierte« sie. Das Unternehmen hieß fortan *Ostmärkische Volksfürsorge* und war von Deutschen geführt, mit einer bemerkenswerten Ausnahme: das Vorstands- (und Partei-)Mitglied Dr. Rudolf Tanzner war »Ostmärker« und, wie erwähnt, für den *ÖVAG*-Vorstand empfohlen worden. Aber offenbar war es opportun, ihn nicht dort, sondern bei der früheren *Allgis* einzusetzen. Er kam aus der Bankbranche, hatte für den Phönix ab 1928 als Sachverständiger und Revisor gearbeitet und war in die *ÖVAG* übernommen worden – unterhalb der Leitungsebene.[31]

Ein Zeitzeuge, damals Vorstandsvorsitzender der *Allgis*, hat über Tanzners ersten Auftritt geschrieben: »Die Allianz & Giselaverein war eines der österreichischen Unternehmen, das den brutalen Griff der Nazis unmittelbar nach dem Einmarsch in Österreich am 12. März spürte. Als Jude wurde ich am nächsten Tag [...] aus meiner Position entlassen. [...] Am 16. März erschien Dr. Rudolf Tanner [sic], der mir bis dahin unbekannt war. Auf Grund einer Parteiermächtigung stellte er sich als Unternehmensverwalter vor. Am 21. März forderte er mich unter Druck auf, zurückzutreten.«[32] Das »germanisierte« Unternehmen war zunächst sehr erfolgreich; es verdoppelte bis 1943 seine Bestandssumme. Dies gelang ihm vor allem deshalb, weil es von der *Donau/Concordia* und vom *Anker* die Kleinlebensversicherungen übernahm. Der Unternehmensgewinn hielt allerdings nicht Schritt, im Gegenteil: wegen der hohen Kriegsverluste stand die *Volksfürsorge* wie auch die *Ostmärkische* schon 1943 am Abgrund.[33]

Auch beim *Elementar-Phönix* vollzog sich der Umbruch sehr rasch, noch im Jahr des »Anschlusses«. Der wichtigste Initiator war der ehemalige Reichswirtschaftsminister Schmitt, der inzwischen Kißkalt in der Münchener Rück abgelöst hatte.[34] Im Mai trat er in den Verwaltungsrat des *Elementar-Phönix* ein, der sich nun *Allgemeine Versicherungs-Gesellschaft Phönix* nannte.[35] Noch im selben Monat unterbreitete Schmitt seine Vorschläge dem Präsidenten der *Generali*, Edgardo Morpurgo: die *Allianz* solle die Führungsrolle übernehmen und die *Creditanstalt* ausscheiden. Hierzu wurde der *Generali* nahegelegt, ihr Aktienpaket an die *Allianz* zu geben, zumindest aber deren Führungsrolle anzuerkennen. Morpurgo, dessen Handlungsspielraum ohnehin wegen seiner jüdischen Herkunft eingeschränkt war,[36] willigte ein, und die *Generali* schied aus. Ebenso die *Creditanstalt*, mit dem Unterschied, dass sie ungefragt blieb und ihre Anteile unter hartem politischem Druck verkaufte. Von Reininghaus musste gehen und erhielt, wie bekannt, bei der *Münchener Rück* eine Rolle als Repräsentant für besondere Aufgaben. Sein Nachfolger kam aus dem *Allianz*-Konzern, und aus dem »Allgemeinen« Phönix wurde die *Wiener Allianz*.[37]

Die Versicherung schrieb dazu, dass nun der führende Sachversicherer der Ostmark ein Teil des Allianz-Konzerns geworden sei. Damit sei die zweite große Maßnahme zur Neuformung des Versicherungswesens in der Ostmark vollzogen. »Als nach dem Anschluss Österreichs an das Altreich die private und öffentlichrechtliche Versicherung Deutschlands sich zur kameradschaftlichen Hilfe für das österreichische Versicherungswesen vereinigten, war die Aufteilung der Lasten aus dem Versicherungsfonds ihre erste gemeinsame Tat. Eine große Frucht ihrer einvernehmlichen Zusammenarbeit ist die Eingliederung der Bestände der Phönix-Gesellschaften in den Gesamtbau der großdeutschen Vertragsversicherung. Sie wird die weiteren Einzellösungen durch ihr großzügiges Vorbild wesentlich erleichtern.«[38]

Wie entwickelte die *ÖVAG* sich in den Folgejahren? Zunächst die Geschäftsdaten: sie umrahmen ein eher nüchternes Bild. Die neu gegründete Gesellschaft hatte 1936 vom Phönix einen Bestand von 870 Millionen Schilling übernommen, aus dem ihr 24 Millionen an Einnahmen zuflossen.[39] Er verkleinerte sich zunächst deutlich, weil der Altbestand bis Ende 1937 auf 690 Millionen fiel und im Folgejahr noch einmal drastisch reduziert wurde. Die Neuzugänge waren dagegen gering; 1938 lagen sie bei 20 Milllionen RM (entspr. 30 Millionen S). In 1939 waren mit einer Versicherungssumme von 380 Millionen Reichsmark (entsp. 600 Millionen S) erst etwa zwei Drittel des Ausgangsniveaus erreicht. An dem nachfolgenden Kriegsboom der Lebensversicherer im Reich hatte dann auch die *ÖVAG* ihren Anteil. Von 1939 bis 1942 wuchs ihr Bestand mit durchschnittlich 7,4 Prozent pro Jahr auf 470 Millionen RM. Hiervon gehörten noch fast 290 Millionen, somit 60 Prozent, zu dem vom Phönix übernommenen Kern, der bis 1945 auf 215 Millionen RM (wie Schilling) schrumpfte.[40]

Die *ÖVAG* änderte 1939 ihren Namen in *Deutscher Ring, Österreichische Lebensversicherungs-AG* und stellte sich damit unverkennbar als ostmärkische Tochter des rasch aufgestiegenen DAF-Unternehmens dar. Zu dieser schrittweisen »Germanisierung« kam die »Arisierung«. Darin unterschied die Gesellschaft sich nicht wesentlich von den anderen Versicherern auf österreichischem Boden. In der »Ostmark« setzten Partei und große Teile der Wirtschaft alle Kräfte daran, in der Judenverdrängung den Rückstand gegenüber dem Altreich aufzuholen. Die Versicherungsbranche stand nicht hintenan: »Durch eine Verfügung der Partei wurden sämtliche Versicherungsgesellschaften angewiesen, ihre nicht-arischen Angestellten [...] zum 30. Juni 1938 fristlos zu entlassen.«[41] Uneingeschränkt galt dies auch für die zwei Phönix-Nachfolgerinnen: *Wiener Allianz* und *ÖVAG*. *Die Versicherung* berichtete und nannte etliche Namen.[42]

Das gegebene Datum markierte auch den zweiten Schritt zur Entrechtung der österreichischen Juden (drei Prozent der Gesamtbevölkerung). Bis Ende Juni hatten sie ihr Vermögen der »Vermögensverkehrsstelle« anzugeben – als Auftakt zu ihrer Enteignung und damit, wie im Altreich, zur Konfiszierung ihrer Lebensversicherungen. Die Stelle, in der auch Georg Schumetz zeitweilig mitwirkte, erfasste etwa 20 000 Policen aller Versicherer, von denen – 60 Jahre danach – fast 17 000 für eine historische Untersuchung zur Verfügung standen. Sie ergab u. a., dass fast 60 Prozent dieser Verträge aus dem Bestand der *ÖVAG* kamen, somit weitgehend Alt-Phönix-Verträge waren. Diese 9 300 Policen hatten insgesamt einen Rückkaufwert von 25,8 Millionen RM.[43]

Jüdische Vertragsinhaber waren um 1938 doppelt benachteiligt: sie mussten ihre Verträge unter Druck lösen, waren aber nur bedingt zu Rückkauf oder Beleihung berechtigt. Dies war schon 1936 bei der Übertragung aller Phönix-Policen festgelegt worden; man wollte damit die *ÖVAG* vor einem *Run* zu schützen. Den Eignern blieb die Zession, also der Policenverkauf an Dritte. Zumindest ein Fall ist bekannt, bei dem die individuelle Zwangslage durch eine Gruppe von Privatbanken ausgenutzt wurde: sie schoben einen Strohmann vor, der den Ankaufpreis unter den Rückkaufwert drückte.[44] Erschwerend kam Anfang 1939 hinzu, dass die Versicherer dem zuständigen Finanzamt alle Fälle melden mussten, in denen jüdische Versicherte ihre Policen mit einem Wert von 500 RM zurückgeben oder beleihen wollten.

Der weitere Ablauf war dem im Altreich ähnlich: zu Beginn die Rechtsanmaßung des Staates in einer Vielzahl von Einzelfällen und am Ende die systematische Entrechtung – durch die 11. Verordnung zum Reichsbürgergesetz. Damit waren die Versicherer verpflichtet, sämtliche »jüdischen« Policen in ihrem Bestand ausfindig zu machen und den jeweiligen Rückkaufwert an die staatlichen Stellen zu überweisen. Dies bedeutete insbesondere für die *Deutscher Ring (ÖVAG)* einen erheblichen administrativen Aufwand, hielt sie doch in ihrem Altbestand etwa die Hälfte aller jüdischen Policen. Seit der Vermögensanmeldung im Juni 1938 war bekannt, dass damals der Rückkaufwert aller jüdischen Versicherungen in Österreich 50 Millionen RM betragen hatte. Der Oberfinanzpräsident Berlin-Brandenburg schätzte den Rückkaufwert der Phönix-Policen nach der 11. Verordnung auf insgesamt 20 Millionen RM und mahnte die Zahlung an. Der *Deutsche Ring (ÖVAG)* dagegen zögerte die Überweisung hinaus, setzte auf eine Ausnahmeregelung zu seinen Gunsten und versuchte sogar, die Policen unter seiner Kontrolle zu halten. Schließlich zahlte er eine Abschlagsumme von 6 Millionen RM, die ihn an die Grenze der Zahlungsfähigkeit brachte.[45]

Am Kriegsende stand die Phönix-Nachfolgerin – wie ihr Vorgänger – mit einer Riesenlücke im Vermögen da. Einmal mehr lag das Sicherungsvermögen tief unter dem Soll, und die Ansprüche der Versicherten waren weitgehend unbedeckt. Das Aktienkapital gehörte bei Kriegsende zu 100 Prozent der DAF; deren gesamtes österreichisches Vermögen fiel an die Republik. Die Versicherungsgesellschaft hieß nun wieder *ÖVAG* und wurde unter öffentliche Verwaltung gestellt. Dem österreichischen Staat gehörten somit alle Aktien; allerdings stand diesem Kapital nur ein stark geschrumpftes Vermögen gegenüber.

Damit hatte sich die Lage ähnlich bedrohlich entwickelt wie neun Jahre zuvor beim Phönix, nur war die Ursache eine völlig andere. Die Vermögenswerte waren nicht dadurch verloren gegangen, dass die Geschäftsführung sie in leichtfertigem, auch kriminellem Umgang verspielt hatte. Schuld war vielmehr eine verantwortungslose, kriminelle Staatsführung, die mit einem blind folgsamen Apparat große Teile der europäischen Wirtschaft und Gesellschaft ins Chaos gestürzt hatte. So war auch der wichtigste Aktivposten der *ÖVAG* verschwunden: die Schuldverschreibungen des Phönix-Rettungsfonds. Ebenso hatten die Reichsanleihen und Rüstungsdarlehen, das zweite große Aktivum, ihren Wert verloren. Die vom Phönix übernommenen Alt-Policen waren damit fast ohne Deckung. Die Versicherten wurden aus dem Neubestand bedient, und für Kriegstodesfälle mit einem Gesamtvertragswert von fast 5 Millionen Schilling gab es keine Reserven.[46]

Wiedergutmachung und Spuren im Nachkriegsdeutschland

Sehr viele der Versicherten und auch etliche Mitarbeiter des »deutschen Phönix« waren Juden. Wie verhielt sich die *Isar* ihnen gegenüber? Sehr viele werden sie als Phönix-Nachfolgerin gesehen haben – obwohl sie eine Rechtssukzession entschieden und mit Erfolg ausschloss. Welchen Ansprüchen Betroffener sah sich die *Isar* gegenüber – bis zum Kriegsende, aber vor allem danach? Wie reagierte sie auf die Forderung nach Rückerstattung von Vermögen und Entschädigung für Rechtsentzug, verloren und erlitten in den Jahren der Judenverfolgung?

Im Zentrum standen Ansprüche jüdischer Kunden aus nicht ausgezahlten Kapital- und Rentenversicherungen. Auf staatliche Anweisung wurden diese zum Jahresende 1941 gekündigt, und die Versicherer hatten den Anspruchswert dem Reich zu übertragen. Sehr viele Versicherungen waren aber schon nach dem Novemberpogrom 1938 zurückgekauft worden, von den jüdischen Versicherten selbst, mit der üblichen Wertminderung. Mehrere Gesellschaften – wie erwähnt auch die *Isar* – verweigerten angesichts dieser Kündigungswelle die Auszahlung des Rückkaufwerts und boten nur die Umwandlung in eine beitragsfreie Versicherung, mit Auszahlung nach Vertragsfrist. In diese Form waren schon vorher zahlreiche Verträge zurückgestuft worden, weil die Versicherten die Prämien nicht mehr zahlten. Ihr geschrumpftes Einkommen und Vermögen gaben dies nicht her, ebenso wie sie Steuern schuldig blieben, woraufhin auch der Fiskus ihre Rechte aus dem Versicherungsvertrag beschnitt.

Eine Gesamtschau mit Blick auf die *Isar* ist hier nicht möglich, wohl aber eine Betrachtung von Einzelfällen, die das Spektrum von Betroffenheit auf der einen und die Herangehensweise auf der anderen Seite erkennen lassen.[1] Was tat die Leitung der *Isar*, um unerfüllten Ansprüchen aus Lebensversicherungen gerecht zu werden? Hatte sie von Immobilienverkäufen unter Zwang profitiert, zeigte sie sich offen für faire Regelungen? Und wie stellte sie sich dem Vorwurf, jüdische – vor allem leitende – Mitarbeiter des Phönix bei der Übernahme systematisch benachteiligt zu haben? Dies sind die Leitfragen für die folgenden Abschnitte. Und die

Quelle? Sie ist keineswegs allumfassend, aber unmittelbar sachgerecht. Durchforscht wurden fünfzehn Akten der Wiedergutmachungsbehörde I Oberbayern; sie war örtlich und sachlich für Anträge zuständig, mit denen jüdische Kunden der *Isar* ihre Ansprüche auf »Wiedergutmachung« an diese Gesellschaft (mit Sitz in München) richteten.[2]

In den meisten Verfahren ging es naturgemäß um die Erfüllung der Lebensversicherungsverträge, die der Kläger oder die Klägerin mit dem Phönix geschlossen hatte. Es gab die schon skizzierten Verläufe: Versicherungsnehmer konnten umwandeln, beleihen, auf Prämienfreiheit umstellen, zedieren oder zurückkaufen. Der Staat konnte pfänden und unrechtmäßig enteignen, letzteres in sich häufenden Einzelfällen und ab November 1941 total. Die Versicherer mussten auf Veränderungswünsche der Kunden, sofern vertragsgerecht, eingehen und sich den Forderungen des Unrechtsstaats beugen, hatten aber faktisch, schon wegen begrenzter Information über die »jüdischen Bestände«, einen Spielraum: zwischen vorbeugendem Gehorsam gegenüber dem Staat und einem möglichst vertrauensgerechten Verhalten gegenüber ihren Kunden.

Anna Auerbach hatte zwei Verträge à 15 000 Goldmark mit dem Phönix geschlossen, beide Policen mäßig beliehen, dann prämienfrei stellen lassen (die zweite nach dem Novemberpogrom) und im Frühjahr 1939 gekündigt. Mit dem Erlös leistete sie vermutlich die Zwangsabgaben, bevor sie noch im selben Jahr emigrierte. Der Fall lag klar: beide Verträge waren erloschen, Ansprüche gegenüber der *Isar* hatte sie nicht.[3] Erfolglos blieb auch der Antrag, den Anna Sternglanz an die *Isar* richtete; einen auf sie bezogenen Vertrag hatte der Versicherer nicht in seinem Bestand. Sie war 1936 nach Palästina emigriert; vermutlich nannte sie eine Versicherung, die ihr Vater abgeschlossen hatte. Moriz Pistiner war 1944 in Buchenwald oder Bergen-Belsen ums Leben gekommen.[4]

Ansprüche gegenüber der *Isar* gab es ohne Zweifel, wenn die Verträge noch in Kraft waren. Israel Gorzelanczyk hatte mit seiner Rentenversicherung ein Recht auf jährlich 6 000 RM erworben. Ab November 1939 lag eine Pfändungsverfügung auf seinem Konto, zum Erzwingen der Zwangsabgaben. Er zahlte und war erneut zugangsberechtigt. In der Folgezeit blieb die Police bei der *Isar* offenbar unentdeckt, Einzug und Rückkauf gab es nicht, nur die Abwertung (10 RM = 1 DM) war unumgänglich.[5] Wie auch bei Salomon Dershowitz, dessen Versicherung ab 1934 auf prämienfrei umgestellt worden war, mit »eingefrorenem« Wert von 3 720 RM. Seiner Witwe Molly, inzwischen US-amerikanische Staatsbürgerin, sprach die Wiedergutmachungsbehörde das Anrecht auf (abgewertet) 372 DM zu, einzuzahlen auf ein Konto in Westdeutschland.[6] Auf dem Erbwege war auch der Sohn eines Simon Reich zu seiner Police gekommen; dieser hatte bis zur Prämienfreistellung 1937 einen Rückkaufwert von 42 400 RM angespart. Der Erbe stellte seinen Antrag aus den USA und erhielt das Recht auf Auszahlung, zu denselben Konditionen wie Molly Dershowitz.[7]

Der Vertrag von Dr. Erich Cerf lautete auf britische Pfund, bis 1937 das RAA die Umwandlung in eine Reichsmarkpolice anordnete. Prämien wurden nicht mehr gezahlt, aber der Vertrag blieb gültig. Der Rechtsanwalt war 1934 nach Palästina ausgewandert. Nach dem Krieg engagierte er sich für eine israelische Organisation in einer Reihe von Wiedergutmachungsfällen.[8] Und schließlich: Gabriele Rosenthal (geb. Landauer), Witwe des Kommerzienrats Martin Rosenthal, hatte nach Verkauf ihres Hauses in der Münchener Leopoldstraße zwei Rentenversicherungen abgeschlossen. Die eine spürte die Finanzbehörde auf, als bereits ein Drittel des Vermögens in Rentenform an die Versicherte zurückgeflossen war. Die zweite blieb unentdeckt und die *Isar* bot 1949 an: »Da die Versicherte tot ist, was erst jetzt uns bekannt ist, kann die Auszahlung an die Berechtigten erfolgen.« Dies verzögerte sich: die Erstellung des Erbscheins bereitete Schwierigkeiten, weil niemand das Todesdatum kannte. Festgelegt wurde es schließlich durch Amtsgerichtsbeschluss: auf den 30. September 1942.[9]

Auffällig ist, dass es (im eingesehenen Bestand) fast ebenso viele unentdeckte wie beschlagnahmte »jüdische« Policen gibt. In letzteren Fällen war grundsätzlich nicht die *Isar* der Antragsgegner – sofern sie belegen konnte, dass sie nur unter Zwang den Einzug ermöglicht und die Rückkaufsumme an die Finanzbehörde gezahlt hatte. Problematisch war dabei anfangs, dass die enteigneten Versicherungsnehmer ihre Ansprüche nicht ersatzweise an den Staat richten konnten, da hierfür die Rechtsgrundlage fehlte. Das 1947 erlassene Militärregierungsgesetz Nr. 59 für die amerikanische (später auch britische) Besatzungszone regelte die Rückerstattung von Vermögensgegenständen in Form von Sachen und Rechten, schloss bei letzteren aber die Rechte aus Versicherungsverhältnissen ausdrücklich aus (Artikel 89). Auch das Landesentschädigungsgesetz für Bayern vom August 1949 klärte diese Frage nicht abschließend; zudem stufte es die wirtschaftlichen Verluste gegenüber Schäden an Leib, Leben und Freiheit als zeitlich nachrangig ein.[10] Erst das Bundesentschädigungsgesetz von 1953 schloss diese Lücke und begründete den Anspruch auf die Kapitalleistung bzw. Rente (im Falle der Rentenversicherung), die dem Versicherungsnehmer ohne Schädigung zugefallen wäre.[11] Nunmehr hatte die zuständige Staatsbehörde die entsprechende Summe zu zahlen – auf 10 Prozent abgewertet, in Deutscher Mark.

Bei der Durchforschung des Bestands fanden sich vier Fälle von staatlicher Enteignung, und alle hatten ihre Besonderheit. Beim Schuhfabrikanten Siegfried Levi lag sie darin, dass er Versicherter, aber nicht Versicherungsnehmer war.[12] Als der Oberfinanzpräsident den Vertrag einzog, traf dies aus rechtlicher Sicht nicht ihn; denn er war nicht Vertragspartner sondern nur bezugsberechtigt. Einen Anspruch auf Entschädigung konnte er nicht anmelden; somit ging er leer aus.

Komplexer ist die Geschichte der beiden Verträge, die ein Versicherungsnehmer mit Blick auf seine Emigration abschloss: erst 1936 mit dem Phönix und dann 1939 mit der *Isar.* Sie erinnert an das, was oben zum Haavara-Abkommen und über Einmalprämien zu lesen war. Eduard Schnitzler wollte unter den Bedingungen des Abkommens nach Palästina auswandern und verkaufte sein Haus. Offenbar waren die Transfermöglichkeiten für ihn jedoch erschöpft, und er legte einen Teil des Geldes in einer Lebensversicherung an. Um Zwangsabgaben zahlen zu können, beantragte er bei der *Isar* 1939 einen teilweisen Rückkauf; sie überwies die gewünschte Summe an das zuständige Finanzamt [!] und brachte das Restkapital in eine neue Versicherung ein. Diese bestand fort, bis nach 1945. Schnitzler erweiterte seinen Anspruch auch auf die Rückkaufsumme der ersten Versicherung, genauer: auf den Anteil, der für die Zwangsabgaben an das Finanzamt geflossen war. Dieser Verlust komme der Enteignung durch den Einzug einer Versicherung gleich.

Die Wiedergutmachungsbehörde wies 1951 den Antrag mit ausführlicher Begründung zurück: die rechtliche Grundlage für eine Rückerstattung sei das MRG 59, das die Regelung von Ansprüchen wegen erloschener Versicherungsrechte offen lasse. Schnitzler wandte sich daraufhin an das *JRSO Legal Aid Department,*[13] das seine Sicht bestätigte: es liege hier ein Restitutions- nicht ein Entschädigungsfall vor. Die Wiedergutmachungskammer, als nächste Instanz, war nur kurzzeitig mit dem Verfahren befasst; denn Schnitzler zog seinen Anspruch zurück, um ihn bei der Entschädigungsbehörde anzumelden.[14] Forderungen an die *Isar* gab es demnach nicht mehr.[15]

Mit einer ähnlichen Entscheidung des Antragstellers endete das Verfahren Friedrich Wassermann. Der Münchener Professor für Anatomie und Histologie hatte nach seiner Emigration (1937) die Prämien an die *Isar* per Dauerauftrag gezahlt, bis Anfang 1941. Dann erklärte sich die Finanzbehörde München als ermächtigt, die Versicherung zu kündigen und prämienfrei stellen zu lassen. Der zweite staatliche Eingriff folgte zwei Jahre später: die *Isar* erhielt eine Einzugsverfügung und musste den Rückkaufwert von 2 000 RM an die Oberfinanzkasse München geben. Nach dem Krieg forderte Wassermann, den Vertrag wieder aufleben zu lassen. Die *Isar* erklärte sich dazu bereit, sofern dafür die Rechtsgrundlage geschaffen werde; das MRG 59 tauge dafür nicht. Die Wiedergutmachungskammer verwies Wassermann 1950 auf die nunmehr gegebene Alternative: die Entschädigung. Abgeschlossen wurde das Verfahren erst 1957, auf Grundlage des Bundesentschädigungsgesetzes; zu zahlen waren 200 DM. Friedrich Wassermann lebte bis zu seinem Tode 1969 als Wissenschaftler in Illinois; nach Deutschland kam er zu einigen Gastvorlesungen.[16]

Walter Meyer war 1933 ins Exil nach Frankreich gegangen.[17] Vorher hatte er seine Versicherung beitragsfrei stellen lassen; der Rückkaufwert lag bei 3 200 RM. In Paris wurde nach seiner Darstellung sein Banksafe von der deutschen Besatzungsbehörde aufgebrochen und die Police beschlagnahmt. Die Einzugsverfügung erhielt die *Isar* somit aus Paris, vom »Verwalter des dem Reiche verfallenen Vermögens im besetzten Frankreich«. Sie überwies dorthin einen Rückkaufwert von 1900 RM, noch im Jahr 1944. Dadurch sei das Versicherungsverhältnis erloschen, erklärte sie 1950; Ansprüche gegen sie könne es nicht mehr geben. Es folgte ein Streit zwischen Bund und Land: Bayern argumentierte 1950, dass der Vermögensgegenstand bei Entziehung sich nicht im Bereich der jetzigen amerikanischen Besatzungszone befunden habe. Daher sei die bayerische Entschädigungsbehörde nicht zuständig, und das MRG 59 sei ohnehin nicht anwendbar. Das angerufene *JRSO Legal Aid Department* sah das Reich (somit die Bundesbehörde) in der Pflicht, also weder Bayern noch die *Isar*. Das Verfahren vor der Wiedergutmachungskammer endete 1953 mit einem Vergleich: die Bundesbehörde zahlte 190 DM für die Entziehung des Rückkaufwerts, zu verzinsen mit 4 Prozent ab dem Zeitpunkt der Entziehung.[18]

Hat die *Isar* von Immobilienverkäufen unter Zwang profitiert? Die Frage führt zurück auf Martin und Gabriele Rosenthal, oben genannt. Die Witwe besaß zwei Häuser: in der Kaufinger- und in der Leopoldstraße. Letzteres verkaufte sie Ende 1935 an den Phönix, die Auflassung erfolgte kurz vor dessen Zusammenbruch. Im Krieg wurde es vollständig zerstört. Die Erben brachten vor, dass der Kaufpreis mit 150 000 RM bei weniger als einem Drittel des tatsächlichen Werts gelegen habe. Dem hielt die *Isar* im März 1949 entgegen: »Bemerkenswert ist, dass die Verkaufsverhandlungen nur zwischen jüdischen Personen geführt wurden, nämlich der damals noch jüdischen Direktion des Phönix und [...] Franz Landauer. Auch die Schätzungsunterlagen wurden von 2 jüdischen Architekten erstellt.« Das Grundstück habe sie 1938 für 173 000 RM an die Vereinigte Krankenversicherung-AG Berlin verkauft; diese habe darin ihren Münchener Geschäftssitz eingerichtet. Die Erben schlossen 1950 vor der Wiedergutmachungsbehörde einen Vergleich. Die *Isar* zahlte ihnen 51 000 DM. Im Gegenzug verzichteten sie auf Rückerstattung des Grundstücks und traten etwaige Ansprüche aus der von der Oberfinanzkasse eingezogenen Rentenversicherung an den Versicherer ab.

Noch einmal zu erwähnen ist, dass zum Vermögen von Gabriele Rosenthal zwei Rentenversicherungspolicen gehörten, von denen die eine unentdeckt bei der *Isar* verblieb, während die andere von der Oberfinanzkasse beschlagnahmt wurde. Sie realisierte damit – im Juli 1943 – einen Rückkaufwert von nicht weniger als 95 000 RM. Diesen Betrag forderte die *Isar*, nach Abtretung dieser Ansprüche, vom Reich zurück. Erst 1956 kam sie zum Erfolg, mit einem Vergleich, der ihr die volle Rückzahlung mit Verzinsung sicherte.[19]

Die »unentdeckte« Rentenversicherung hatte die Isar zur Auszahlung freigegeben, nachdem das Todesdatum der Erblasserin auf den 30. September 1942 festgesetzt worden war. Gabriele Rosenthal, geborene Landauer, war im April 1942 ins Ghetto von Piaski gezwungen worden, einem Ort zwischen Lublin und Bełżec. Zuletzt hatte sie in einem Altenheim als Küchenhelferin gearbeitet. Eine Auswanderung hatte sie erwogen, aber keine Möglichkeit gesehen, im Ausland einen angemessenen Platz für ihren geisteskranken Sohn zu finden. Er wurde im Juni 1942 aus einer jüdischen Pflegeanstalt abgeholt und in Sobibor getötet.[20] Schon 1938, kurz nach dem Novemberpogrom, hatte die Gestapo die wertvolle Bibliothek beschlagnahmt, die Gabriele Rosenthal zusammen mit ihrem bibliophilen Ehemann aufgebaut hatte. Mehr als einhundert Bücher kamen so in den Besitz der Bayerischen Landesbibliothek, die den Bestand 1953 an die Schwester der Eignerin in Haifa zurückgab.[21]

Der Bruder Franz Landauer, der – wie erwähnt – den Hausverkauf verhandelt hatte, war nach dem Novemberpogrom in Dachau interniert worden, in die Niederlande geflohen und 1943 in Westerbork ums Leben gekommen. Opfer des Holocaust wurden auch die beiden älteren Brüder Leo und Paul.[22] Der Jüngste, Kurt Landauer, wurde ebenfalls nach Dachau verbracht, konnte sich aber 1939 in die Schweiz retten. Sein lange vergessener Name ist eng mit dem Münchener Fußball verbunden. Von 1919 bis 1933 hatte er, mit kurzer Unterbrechung, dem FC Bayern als Präsident vorgestanden. 1947 kam er nach München zurück, wurde erneut in das Amt gewählt und trug maßgeblich zum Wiederaufbau des Traditionsclubs bei.[23]

Hat die *Isar* jüdische Mitarbeiter des Phönix bei der Übernahme systematisch benachteiligt? Hierzu fanden sich im Bestand der Wiedergutmachungsbehörde drei Akten, die ein Licht auf den Umgang mit Leitungskräften werfen. Meschulim Scharfstein baute ab 1928 für den Phönix die Leipziger Filiale auf. Dies tat er offenbar zur Zufriedenheit der Direktion; denn er bekam ein Monatsgehalt von 1 500 RM und darüber hinaus Gratisprämien für vier Lebensversicherungsverträge, über insgesamt 105 000 Goldmark. Zudem hatte er einen weitreichenden Kündigungsschutz. Mit der *lex Phoenix* verlor er schlagartig alle Rechte. Ihm wurde sofort mit gesetzlicher Frist gekündigt und der Zugang zu seinem Arbeitsplatz gesperrt. Die *Isar* war nicht bereit, ihn zu übernehmen, und ebensowenig sah sie sich verpflichtet, die vier Versicherungsprämien zu zahlen; denn eine Gesamtrechtsnachfolge sei ihr nicht auferlegt.

Scharfstein emigrierte 1936 mit seiner Familie nach London und starb dort 1944. Seine Erben verlangten nach dem Kriege die Auszahlung der Vertragssummen. *Isar* weigerte sich und schrieb dies 1950 der Wiedergutmachungshörde; mangels Prämienzahlungen seien die Verträge erloschen. Zudem seien sie beliehen, und schon deshalb gebe es keinen Rückkaufwert mehr. Dem hielten die Kläger entgegen, dass Beleihung und Stornierung nicht automatisch zum Erlöschen eines Versicherungsvertrages führten. Und eine Kündigung sei nicht ausgesprochen worden. Der Fall ging an die Wiedergutmachungskammer, und diese wies 1953 beide Ansprüche als unzulässig zurück: zu einer Entschädigung für die Kündigung des Arbeitsvertrages sei die *Isar* nicht verpflichtet, und für erloschene Versicherungsverträge sei das Bundesentschädigungsgesetz abzuwarten. Die Kosten des Verfahrens hatten die Kläger zu tragen.

Über den Fall hinaus war die eidesstattliche Erklärung aufschlussreich, die ein ehemaliger Mitarbeiter der Leipziger Filiale, nunmehr in London, zu den Kündigungen abgab, die der Sonderbeauftragte Kratzer ausgesprochen hatte. »Soweit sie Nichtjuden gegenüber erfolgten, handelte es sich dagegen nur um formelle Massnahmen, die – von Einzelfällen abgesehen – das Angestelltenverhältnis tatsächlich nicht berührten, sondern nur Änderungen der Beschäftigungsart und der Gehaltshöhe bei bestimmten Angestellten mit sich brachten. Es wurden dann auch – von Einzelfällen abgesehen – die nichtjüdischen Angestellten von der *Isar* übernommen, sie verblieben nach der Kündigung bis zur Übernahme auf ihren gewohnten oder anderen Arbeitsplätzen. Kein jüdischer Angestellter verblieb dagegen bei der ›*Isar*‹. Ebenso erging es – soweit mir bekannt – sämtlichen jüdischen Angestellten der anderen Filialen in Deutschland. Ich erhielt keine Abfindung und – mir bekannt – ist auch Herrn Scharfstein keine Abfindung gezahlt worden.«[24]

Ernst Polifka war nach seinen Angaben 1918 in die Münchener Direktion des Phönix eingetreten, hatte 1928 Prokura erhalten und 1936 zusammen mit den Sonderbeauftragten die Auflösung der deutschen Niederlassung durchgeführt, nachdem die Übertragung des deutschen Bestandes auf eine Tochtergesellschaft gescheitert war. Die jüdischen Angestellten seien – so Polifka – ausnahmslos kurzfristig entlassen, die arischen mit wenigen Ausnahmen weiter beschäftigt worden. Auch er war übernommen worden, wie ein Zeugnis belegte, das die *Isar* ihm Anfang 1939 ausstellte. Demnach war er nach Übernahme des Phönix-Bestandes zum Leiter der »Spezialabteilung« der *Isar* in der Berliner Taubenstraße geworden und habe dort einen größeren Bestand »zu größter Zufriedenheit« verwaltet.

Worauf richtete sich der Antrag, den Ernest C. Polifka 1949 aus New York stellte? Er forderte, dass ihm das Restgehalt für das Kündigungsjahr gezahlt, vor allem aber der Pensionsanspruch laut Pensionsvertrag in Höhe von umgerechnet 61 000 $ bestätigt werde. Letzteres widersprach der *lex Phoenix*, denn in der zugehörigen Verordnung hieß es: »Versorgungsanwartschaften eines Dienstverpflichteten der inländischen Niederlassung auf Grund eines Dienst- oder Pensionsvertrages erlöschen.« Es war somit konsequent, dass Polifka die Gültigkeit des Gesetzes in Frage stellte und seinen Anspruch damit begründete. »Das Phönix-Gesetz […] wurde vom NS-Staat ergriffen, um die deutsche Phönix, die wie ihr Stammhaus jüdisch orientiert und geleitet war, zu beseitigen!«

Die *Isar* protestierte vor der Wiedergutmachungsbehörde schärfstens dagegen, als nazistisches Unternehmen dargestellt zu werden. In der Leitung und auch unter den Aktionären habe es keine parteilich beeinflussten Persönlichkeiten gegeben. Zudem verwies sie auf den Bestandsübertragungsvertrag, geschlossen zwischen RAA und Sonderbeauftragtem, mit dem Zitat: »In Verpflichtungen, die nicht unmittelbar zum übertragenen Versicherungsbestand gehören […], tritt die *Isar* nicht ein, insbesondere werden Dienstverträge und Versorgungsverpflichtungen nicht übernommen.«

Der Fall ging zur Wiedergutmachungskammer, die 1954 den Antrag endgültig zurückwies und Polifka verpflichtete, die Rechtsstreitkosten von 15 000 DM zu tragen. Die Kernaussage der ausführlichen Begründung war: er habe keine Rechtsgrundlage für seinen Anspruch, denn Verfolgungsgründe schieden aus. Es sei nicht erwiesen, dass die Phönix-Gesetze helfen sollten, jüdischen Einfluss auszuschalten und jüdisches Vermögen einzuziehen. Dieselbe Position hatte vorher schon die Berufungsinstanz, der *US Court of Restitution Appeals of the Allied High Commission for Germany* vertreten, womit er das frühere Urteil der Wiedergutmachungskammer bestätigte. Der Antragsteller stütze seinen Anspruch auf die Behauptung, dass der Phönix in Wien auf Befehl Hitlers liquidiert worden sei. Dieser Darstellung, dass politische Bedingungen den Zusammenbruch verursacht und diese nicht ausreichend geprüft worden seien, schließe sich der *Court* nicht an.

Aufschlussreich war, warum – aus Sicht des *Court* – die *Isar* den Prokuristen vom Phönix übernommen hatte. Der Sonderbeauftragte Kratzer hatte im Mai 1936 sämtlichen Angestellten das Beschäftigungsverhältnis mit gesetzlicher Frist gekündigt. Einige der früheren Angestellten, darunter Polifka, seien zu weniger vorteilhaften Beschäftigungsbedingungen übernommen worden. Er leitete fortan eine »Spezialabteilung« der *Isar* in Berlin, die sich in der Hauptsache mit der jüdischen Kundschaft befasste. Diese Leitungsaufgabe wurde 1938 gegenstandslos, wie auch die *Isar* schon erklärt hatte: es sei ein Bestand mit einer großen Zahl von Versicherten gewesen, aber die »Gesellschaft« habe sich zum Oktober 1938 aufgelöst. Damit war der *Familienschutz e. V.* gemeint. Dieser blieb noch bis 1938 im Berliner Adressbuch verzeichnet, ebenso wie die »Isar Lebensversicherungs-AG. Spez. Abteilung« – gemeinsam unter der Adresse Taubenstraße 35.

Die dritte Akte trug den Namen Edgar von Bleichröder. Er zählte vielleicht nicht zu den erfolgreichsten, aber ohne Frage zu den prominentesten Führungskräften des Phönix. Keine der Persönlichkeiten in Vorständen, Verwaltungsrat und Direktorien kam aus einer Familie, die so tief in der europäischen Finanzgeschichte verwurzelt war wie die Bleichröders. Der Ur-Ur-Großvater des Edgar von Bleichröder war Fabrikant, dessen Sohn Samuel gründete 1803 das Bankhaus in Berlin, der Großvater Gerson machte es groß, und der Vater James trug ebenso zur Vermehrung der Erben wie zur Verkleinerung des Erbes bei.

Edgar von Bleichröder wurde 1897 geboren, als fünftes Kind in erster Ehe.[25] Er gehörte – das ist schon bekannt – zu den Gründern der *Phönix Versicherungsvermittlungsgesellschaft.* Mit 5 000 RM hatte er ein Viertel des Stammkapitals eingebracht, war aber nicht in den Vorstand gegangen und um 1931 aus der GmbH wieder ausgeschieden. Im deutschen Phönix nannte er sich Organisationsleiter, womit er sich auf seinen wichtigsten Verantwortungsbereich bezog: das Geschäft mit dem Deutschen Roten Kreuz. Dieses beschränkte sich nicht auf Einzel- und Gruppenversicherungen in der Sparte Leben sondern erstreckte sich auch auf Sachversicherungen bei Gesellschaften, die dem Phönix angeschlossen waren. Die Prämieneinnahmen summierten sich auf eine halbe Million RM jährlich.

Als der deutsche Phönix unter Anpassungszwang geriet, war Bleichröder schon nicht mehr dabei. »Ich schied aus politischen Gründen anfangs 1933 aus der Berl. Direktion aus und erhielt in Ablösung meines recht hohen Gehalts und in Anerkennung meiner Arbeitsleistung einen Pensionsvertrag in Höhe von Rm. 450,– monatlich und lebenslänglich mit einer Goldmarkklausel.« Dies erklärte er 1948 in einem Schreiben an das Amtsgericht München. Welcher Art diese politischen Gründe waren und wer sie geltend gemacht hatte, erläuterte er nicht. Dass er schon nach dem Reichstagsbrand unmittelbar bedroht oder gar zur Flucht gezwungen war, ist auszuschließen. Deutschland sollte er erst 1942 verlassen.

Als Sohn der Familie Bleichröder galt er als Jude. Aber wer wollte ihn deswegen aus dem Amt drängen? Wohl kaum die Phönix-Leitung, in der eine Reihe von Juden deutlich wichtigere Positionen hielten, wie etwa Dr. Erhard in Berlin und Dr. Berliner in Wien. Auch war es noch nicht die Zeit für Bauernopfer – hätte er dafür getaugt? Und die neuen Machthaber: warum sollten sie ihn vom Stuhl stoßen, wo er dort doch nützlich war, um die »Verjudung des Versicherungswesens« erstrangig zu demonstrieren. Gab er sich vielleicht den Anstoß selbst, aus eigenen Motiven? Nach seiner Darstellung war er nicht jüdischer Herkunft, was er ab 1936 mehrfach vorbringen sollte.[26] Wäre der Verbleib bei dem »jüdischen« Versicherer, unter den neuen Vorzeichen, nicht ein Indiz des Gegenteils gewesen?

Oder wollte er sagen, dass es der Phönix-Vorstand war, der ihn aus »politischen Gründen« hinausgedrängt hatte, weil er Befürworter des Nationalsozialismus nicht in seiner Führungsriege dulden wollte? Als Deutscher solchen Zuschnitts hatte Bleichröder sich 1935 der Reichskanzlei vorgestellt, genauer: dem Persönlichen Referenten des Führers und Reichskanzlers, Dr. Willy Meerwald.[27] Er sprach ihn telefonisch auf eine Rundfunkrede Alfred Rosenbergs an, mit der dieser das Dritte Reich vom vorangegangenen abgegrenzt hatte: das Kaiserreich sei nicht nur der Staat Bismarcks sondern auch Bleichröders und Rathenaus gewesen, ein Gebilde, in dem die »jüdische Finanz zusammen mit einer fremden internationalen Weltpresse das deutsche Leben zu vergiften begann.«[28] Meerwald gab in seinem Vermerk wieder, wie Bleichröder diese Rede kommentiert hatte. Nach der Rede, so habe er ihm am Telefon gesagt, kämen jetzt viele Bekannte zu ihm und wiesen auf diesen Angriff hin, unter Bezugnahme auf »seine gute Gesinnung, die er [E. v. B.] selbst der Partei seit Jahren entgegengebracht habe. [...] Er selbst habe gedient, sei im Besitz des Eisernen Kreuzes und des Silbernen Verwundetenabzeichens. Seit etwa 5 Jahren stehe er, ohne Mitglied der Partei zu sein, der NSDAP sympathisch gegenüber und habe die Partei auch geldlich unterstützt.«[29]

Eine Woche später erschien Bleichröder persönlich in der Reichskanzlei, legte dar, warum er sich trotz seiner nichtarischen Abkunft als »Alter Kämpfer« fühle und nannte Einzelheiten seiner Parteispenden.[30] Er übergab Meerwald zwei Aufsätze, die er über Wirtschaftsgrundsätze und über Kunst und Kultur im heutigen Deutschland geschrieben habe; es liege ihm sehr viel daran, dass der Führer diese Schriften lese. Zwei weitere Denkschriften folgten auf dem Postwege, die zweite im Juli 1935. Sein Begleitschreiben trug den Briefkopf »Edgar von Bleichröder. Büro: Hermann-Göring-Str. 2/3«. Sechs Monate später räumte er dieses Büro – in der Berliner Phönix-Zentrale.

Den Phönix-Zusammenbruch sah er somit von außen, aber er ließ ihn nicht unberührt. War er doch mit seiner lebenslang zugesicherten Pension in gewisser finanzieller Abhängigkeit von der Gesellschaft. Nun drohte diese Quelle zu versiegen. Mit der *lex Phoenix* waren solche Zahlungen nicht vereinbar; die gesetzliche Grenze lag bei 300 RM pro Monat. Hinzu kam, dass die *Isar* sich sträubte, in den Pensionsvertrag anstelle des Phönix einzutreten; stattdessen bot sie Bleichröder Inkassoprovisionen an. Dieser wandte sich daraufhin ans RAA, die letzte Instanz laut Phönix-Gesetz. Er hatte Erfolg: die *Isar* lenkte ein und musste ihm fortan 3 600 RM pro Jahr überweisen.[31]

Bei genauerer Betrachtung stellt sich heraus, dass in der Sache Bleichröder nicht nur »die *Isar*« mit dem RAA stritt, sondern dass es auch erheblichen Konflikt innerhalb der Gesellschaft gab. Albert Schorss verließ 1938 den Vorstand, und Paul Riebesell trat ein.[32] Dies ist bekannt; unklar aber sind die Gründe. Anzunehmen ist, dass es der Aufsichtsrat war, der den Wechsel im Vorstand betrieb. Dass dabei Meinungsunterschiede in der Angelegenheit Bleichröder bestimmend waren, lässt sich kaum ausschließen. Schorss war, anders als Riebesell, kein Mann der Partei und als Konsul in der großbürgerlichen Münchener Gesellschaft zu Hause.

Es gibt einen Brief von Bleichröder an Schorss, aus dem Juli 1947, der wohl auf eine gewisse Nähe zwischen Schorss und Bleichröder, sicherlich aber nicht auf eine Feindschaft schließen lässt: »[...] von Herrn Sedlmayer zu hören, dass Sie alles gut überstanden haben […]. Ich bitte Sie daher als ehemaligen Isardirektor meinem Anwalt oder mir bestätigen zu wollen, dass bei Übernahme des Phönix-Bestandes durch die *Isar* Dr. Eckart und Sie meinen Vertrag übernahmen, nach Maßgabe des sog. Phönix-Gesetzes und nach Verhandlungen bei meinem Berliner Rechtsanwalt in Berlin.«[33] Demnach hatte neben Schorss, allein im Vorstand, noch ein zweiter Mann in der Sache entschieden. Dr. Max Wolf Eckert stieg rechtlich erst 1938, als Riebesell eintrat, zum Stellvertreter auf.[34] Der Brief lässt darauf schließen, dass er schon 1936 dem Vorsitzenden Schorss beigegeben wurde, mit entsprechender Absicht und Rückendeckung aus dem Aufsichtsrat.

Albert Schorss stand nach außen für die Kontinuität und Sicherheit des deutschen Phönix-Bestandes, während Max Eckert ein Mann der neuen Zeit war.[35] Er hatte in München Jura und Staatswissenschaften studiert, 1921 seine Dissertation geschrieben und seine erste Anstellung bei der *Disconto-Gesellschaft* in München gefunden. Bekannt wurde er nicht als Finanzmann sondern in der Welt des Sports, mit Führungsaufgaben. Ab 1923 hatte er den Vorsitz in der Turngemeinde München, ab 1924 im Bayerischen und ab 1930 im Deutschen-Kanu-Verband. 1934 folgte seine Wahl zum Präsidenten des Internationalen Kanu-Verbandes.[36] In dieser Rolle dürfte er maßgeblich dazu beigetragen haben, dass das *IOC* seine ablehnende Entscheidung von 1933 revidierte und die Sportart erstmals ins olympische Programm aufnahm. Die deutschen Kanuten zeigten, dass sie Weltrang hatten; mit sieben Medaillen kamen sie fast gleichauf mit den führenden Österreichern ins Ziel. Ein wenig von diesem Schwung und Glanz wird Eckert als neuer Mann in die *Isar* eingebracht haben. Sollte Karl Ritter von Halt, Münchener Sportfunktionär und »Deutschbanker« wie er, eine hilfreiche Hand im Spiel gehabt haben, um die Brücke vom Phönix zur *Isar* zeitgerecht zu bauen?

Im selben Zuge scheint noch ein zweiter Amtsträger eine Zurücksetzung erfahren zu haben. Das RAA schrieb Ende 1936 dem Aufsichtsratsvorsitzenden der *Isar*, Hofrat Ernst Drumm, man habe den Eindruck, »daß die Tätigkeit der Leitung der *Isar* nicht immer den zu stellenden Anforderungen entspricht.«[37] In dem Brief wird auch der Fall Bleichröder angesprochen. Drumm war, als Riebesell in den Vorstand kam, im Aufsichtsrat auf die Stellvertreterposition gerückt und sollte im Folgejahr auch diesen Rang verlieren. Dies, obwohl er seit den Zwanzigern ein Statthalter der *Schweizer Rück* in allen Mitgliedsfirmen des »Schweizer Clubs« war. Oder, nicht zuletzt, deswegen?[38]

Edgar von Bleichröder: er hatte seinen Pensionsvertrag behalten, wenn auch mit Monatszahlungen von nurmehr 300 RM. Dies war, unter den neuen Vorzeichen, keine belanglose Summe. So war es für ihn nicht nur Ehrverlust, als die *Isar* im November 1938 erstmals die Zahlungen einstellte. Die Begründung: wegen der kürzlich erlassenen Juden-Gesetze sei sie nicht länger zahlungspflichtig – solange Bleichröder seine arische Abstammung nicht nachweisen könne.[39] Damit bezog sie sich vermutlich auf seinen Ausschluss aus der Reichskammer der Bildenden Künste (er schrieb und malte), vor allem aber auf seine Anfrage an die Reichsstelle für Sippenforschung, seine Abstammung väterlicherseits zu untersuchen.[40] Das RAA widersprach der *Isar:* es gebe kein Gesetz, nach dem an Juden keine Versorgungsbezüge mehr zu zahlen seien.

Ob Edgar von Bleichröder nach dem Reichsbürgergesetz Jude war, blieb lange Zeit offen. Zu den ehelichen und außerehelichen Beziehungen des James Bleichröder gab es in der Familie – nach seiner Darstellung – gezielte Mutmaßungen und eidesstattliche Erklärungen. Demnach hätte er der Sohn seines rechtlichen Vaters James, seines Onkels Hanns, eines Herrn von Ende oder weiterer Liebhaber seiner Mutter sein können. In seiner Einschätzung, die er der Reichsstelle für Sippenforschung darlegte, schloss er die ersten beiden Möglichkeiten aus; die vierte hielt er für die wahrscheinlichste.[41]

Bei der Volkszählung 1939, einschließlich Erfassung der Abstammung, wurde er als »Volljude« registriert. In einer Erbschaftsangelegenheit benannte ein Amtsgerichtsrat ihn mit dem Zweitnamen Israel, woraufhin er ein Disziplinarverfahren forderte. Beim zuständigen Wehrbezirkskommando beantragte er – vier Tage vor Kriegsbeginn – »die Ausstellung eines Wehrpasses bezw. notwendigenfalls die Verwendung nach Fähigkeit(en)«. Alle Schreiben schloss er mit »Heil Hitler!«[42] Auf den Abstammungsbescheid der Reichsstelle für Sippenforschung, der ihm im Oktober 1940 schließlich zuging,[43] antwortete er mit einem Beschwerdebrief. Darin führte er aus, dass er schon 1923 Geld an die SA gegeben und auch in der Folgezeit für »die Sache« geworben habe, allerdings nur sporadisch. »Erst im Jahre 1929, als ich in der Freimaurerzentrale Phönix tätig wurde, begann mein Kampf [...] vaterseelenallein gegen diese Juden. Ich habe mich damals nicht von dem von mir als richtig erkanntem Wege trotz verlockender Angebote abbringen lassen, und die Folge war Verfolgung.«[44] Dies also war (Ende 1940) seine Sicht zu den »politischen Gründen« seines Ausscheidens beim Phönix.

Ein Erbe seitens der Eltern erhielt Edgar von Bleichröder nicht. Sein rechtlicher Vater James – er starb 1937 – bedachte als Alleinberechtigte seine dritte Frau Maria und den gemeinsamen Sohn Wolfgang. Edgar verlangte eine Beteiligung am Nachlass und erzielte 1940 in einem Vergleich mit seiner Stiefmutter den Anspruch auf 30 000 RM.[45] Im Februar 1942 erhielt er das endgültige Prüfungsergebnis vom Direktor des Reichssippenamts: James Bleichröder sei sein leiblicher Vater und mütterlicherseits gebe es mindestens ein »volljüdisches Großelternteil.«[46] Damit war er als Jude eingeordnet und der bislang ausgesetzte Zahlungszwang zur Reichsfluchtsteuer und Judenvermögensabgabe wieder wirksam.

Einen letzten Versuch unternahm der Verfolgte im Januar 1942 mit einem Brief an den Adjutanten des Reichsinnenministers Frick. Beigelegt waren seine Beschwerde gegen den Abstammungsbescheid und die eidesstattliche Versicherung eines Parteigenossen zu seinen Gunsten. Das Schreiben ging eine Woche später ans Reichsicherheitshauptamt, zu Händen von Eichmann, mit der Ergänzung, dass »die Geschwister von Bleichröder Juden mit 3 voll jüdischen Großelternteilen« seien. Seine Antwort gab Eichmann erst Anfang Mai, mit dem Betreff: »Eingaben der jüdischen Brüder Edgar Israel und Curt Israel von Bleichröder um Befreiung vom Kennzeichnungszwang und der Evakuierung.« Die Entscheidung: der Judenstern und der Zweitname Israel seien ohne Ausnahmebehandlung zu tragen, von einer »Evakuierung nach dem Osten« werde jedoch aufgrund der Kriegsverwundung abgesehen. Stattdessen sei beabsichtigt, die Brüder »im Zuge der endgültigen Bereinigung der Judenfrage im Reichsgebiet in einem im Reichsgebiet befindlichen Altersghetto unterzubringen.« Der Brief war unterzeichnet von Eichmanns Vorgesetztem, dem Chef der Gestapo Heinrich Müller.

Noch im Mai floh Edgar von Bleichröder in die Schweiz und lebte fortan in Genf.[47] Das Reich beschlagnahmte sein Vermögen, und die *Isar* stellte ein zweites Mal die Zahlungen ein.[48] Maria von Bleichröder ließ ihm mitteilen, dass sie den Vergleich nunmehr anfechte, und der Nachlassverwalter hinterlegte die 30 000 RM beim Amtsgericht Berlin, zugunsten von gleich vier potenziell Berechtigten. Dies, weil es ungewiss sei, an wen die Zahlung zu erfolgen habe.[49]

Ab 1946 versuchte Bleichröder, beide Ansprüche zu Geld zu machen. Bei der Wiedergutmachungsbehörde hatte er Erfolg, nicht zuletzt dank der Intervention des Versicherungsaufsichtsamts: die *Isar* sah sich im April 1948 verpflichtet, ihm 22 000 RM nachzubezahlen und die monatlichen Überweisungen wieder aufzunehmen. Die Währungsreform stellte diese Verpflichtung – hinsichtlich der Höhe – erneut in Frage, und die *Isar* stoppte die Zahlungen ein drittes Mal. Bleichröder forderte vor der Wiedergutmachungsbehörde und anschließend vor der Wiedergutmachungskammer eine günstigere Abwertung als 10:1; die Kammer lehnte dies 1950 ab.[50] Im zweiten Verfahren bekam er Recht, allerdings kein Geld. Seine Stiefmutter Maria, wiederum klug beraten von ihrem Anwalt, gab 1947 den hinterlegten Betrag frei – nachdem sie erfahren hatte, dass das Guthaben im Berliner Ostsektor deponiert war, unter sowjetischer Kontrolle.[51]

Welche Spuren hinterließ die *Isar* in der deutschen Versicherungslandschaft, nach 1945? Ihre ersten fünfundzwanzig Jahre vollendete sie 1961. Die schmale Jubiläumsschrift schildert anschaulich die Härten der Nachkriegsjahre und zeichnet den Aufstieg im Wirtschaftswunder in umso freundlicheren Farben. Aufschlussreich sind die Zahlen. Der Versicherungsbestand war bis zur Währungsreform 1948 um ein Fünftel geschrumpft, auf 273 Millionen Reichsmark, umgewandelt in 163 Millionen Deutsche Mark. Dies entsprach 1,1 Prozent des Gesamtbestandes in Westdeutschland und -berlin. Auch im Folgejahr hielt der Abwärtstrend an, doch Mitte der Fünfziger war das Vorkriegsniveau wieder erreicht.

Abbildung 10.1 Isar-Direktionsgebäude nach Wiederaufbau (Bayerisches Wirtschaftsarchiv)

Ein steiler Aufstieg schloss sich an, im Zuge des beispiellosen Wachstums der Lebensversicherung in der jungen BRD: knapp 600 Millionen (0,9 Prozent des Gesamtbestands) am Ende der sechsten Dekade, gut 1,5 Milliarden (0,6 Prozent) am Ende der siebten und 2,7 Milliarden DM (0,3 Prozent) am Ende der achten Dekade. Die Prämieneinnahmen stiegen in dieser Zeit auf 120 Millionen DM, und die Vermögensanlagen akkumulierten sich zu knapp 700 Millionen DM (jew. 0,4 Prozent). Sie hatten 1955 noch bei 40 Millionen gelegen, wovon fast ein Drittel auf sogenannte Ausgleichsforderungen entfiel: Ansprüche gegen die öffentliche Hand, die ihnen zur Sicherung eines ausreichenden Vermögens gesetzlich zugesichert waren.[52]

Innen- wie Außendienst waren nach 1945 weitgehend neu aufzubauen, und in Vorstand wie Aufsichtsrat gab es Wechsel. Dies lag auch an den »Beschränkungen bei der Weiterbeschäftigung und Anstellung der Angestellten durch die Vorschriften der alliierten Militärregierung« – wie es in der Jubiläumsschrift heißt. Diese Vorschriften trafen den Vorstand: Dr. Paul Riebesell und Dr. Max Eckert, beide Parteimitglieder, schieden aus. Ersterer ging zurück in die Hamburger Feuerkasse und starb 1950, während Eckert als Manager in der chemischen Industrie aufstieg. Sein Präsidentenamt im internationalen Kanuverband hatte er 1945 verloren, aber

Abbildung 10.2 Isar-Jahreskalender 1949

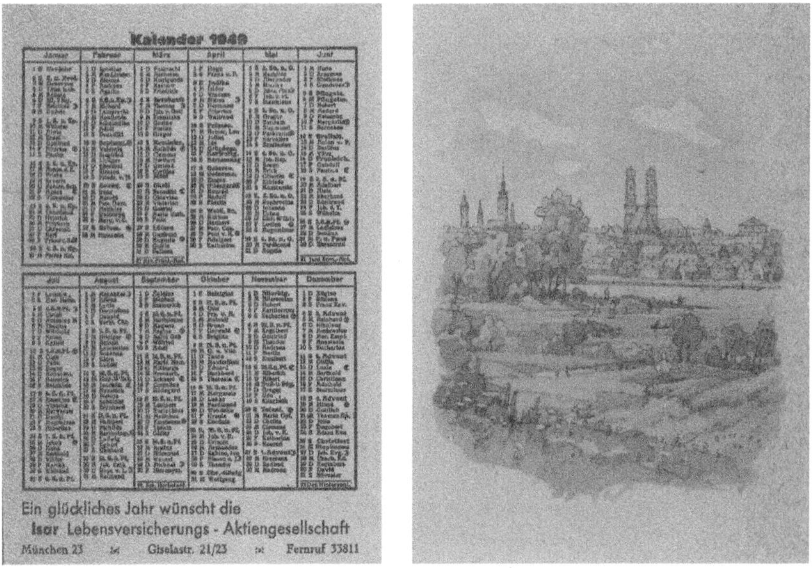

als Gründer des Deutschen Camping-Clubs (1948) – und dessen langjähriger Präsident – erwarb er sich neue Verdienste in der Organisation sportlicher Freizeitgestaltung.

Das Direktionsgebäude in der Münchener Giselastraße, das die *Isar* vom Phönix übernommen hatte, war schwer beschädigt und wurde recht schlicht – laut Jubiläumsschrift »in neuem Gewande« – wieder aufgebaut. Den dort aufgestellten Chefsessel nahm provisorisch Dr. Erich Prölss ein, Vorstandvorsitzender der *Bayerischen Rück*. Ein Jahr später fand sich eine dauerhafte Lösung: Dr. Eckart Weinreich kehrte in die *Isar* zurück, die er 1938 verlassen hatte. Nach seiner Zeit als Kriegsverwaltungsrat erschien er im Februar 1946 wieder in München,[53] und schon vier Monate später übernahm er die Unternehmensleitung. Von den genannten »Beschränkungen« war er offensichtlich nicht betroffen.[54] Er trug maßgeblich zum Wiederaufstieg der *Isar* bei und setzte in der beruflichen Fortbildung Zeichen.

Auch an der Spitze des Aufsichtsrats gab es einen Wechsel; der Vorsitzende Ernst Drumm nahm sich im August 1945 das Leben.[55] Dagegen hielten Dr. Eugen Mittermüller wie auch Dr. Otto Hafner noch 1961 ihren Platz, und Dr. Rolf Raiser nahm den Sitz seines Vaters Carl ein. Ihre Namen standen für die Magdeburger bzw. die Württemberger Gruppe. Die *Schweizer Rück* war durch Dr. G. Münch und die *Bayerische Rück* durch Dr. Erich Prölss vertreten; er hielt den Vorsitz. Am dominierenden schweizerischen Einfluss hatte sich nichts geändert.

Wiederaufbau und »Wirtschaftswunder« brachten der Versicherungswirtschaft ein enormes Wachstum, das ab den neunziger Jahren mit zunehmender Konzentration einherging. Die Marktstruktur wurde damit allerdings nicht oligopolistisch und unterscheidet sich kaum von dem Bild, in dem die *Isar* erstmals erschien. Der Marktführer ist die *Allianz,* mit einem Anteil in 2013 von knapp 20 Prozent; 1936 galt dasselbe. Die *Top 10* hielten 56 bzw. 54 Prozent, und die *Top 30* in beiden Vergleichsjahren 89 Prozent.[56] Freilich: viele bekannte Namen verschwanden.[57] Auch die *Isar* konnte nicht mithalten: ihr Anteil, 1936 noch bei 1,3 Prozent, war bereits 1960 unter 1 Prozent gesunken.

Die Konzentrationswelle erreichte sie schon zu Beginn der Achtziger, als es noch mehr als 100 Anbieter in der Bundesrepublik gab.[58] Bis dahin hatten die *Isar*-Gründer zwar ihre Interessen wahrgenommen, dabei aber die Selbständigkeit des Unternehmens nicht in Frage gestellt. Bestimmend für die nun folgenden Veränderungen war wiederum die *Schweizer Rück.* Sie wollte sich in Deutschland strategisch neu aufstellen, vor allem im Erstversicherungsgeschäft. 1980 machte sie sich, mit Ausscheiden der *Württemberger,*[59] zur Alleineigentümerin der *Isar,* um diese im Folgejahr mit der *Eos-Leben* zu verschmelzen und damit die *Vereinigte Eos-Isar Lebensversicherungs-AG* ins Spiel zu bringen.

Deren weiterer Weg war vorgezeichnet: sie trat in die *Vereinigte Versicherungsgruppe* ein, der die *Eos-Leben* schon angehört hatte. Diesen Zusammenschluss hatte die *Schweizer Rück* schon 1974 angeschoben: sie gründete in München die *SR Beteiligungen AG* und brachte unter deren Dach ihre Mehrheitsanteile an der Gruppe der *Magdeburger* und der *Vereinigten Versicherungsgruppe* zusammen. Zu dieser gehörten die *Berlinische Feuer,* die *Aachen-Leipziger,* die *Vereinigte Krankenversicherung* und eben die *Eos-Leben.* 1980, in einem Zuge mit der *Eos-Isar*-Fusion, verschmolz sie die *Berlinische Feuer* mit der *Aachen-Leipziger* – innerhalb der *Vereinigten Versicherungsgruppe.* Diese wurde 1988 umfirmiert in *Vereinte Versicherungsgruppe.*

Nach diesem mehrjährigen Kraftakt kam es innerhalb weniger Monate zu einer radikalen Kehrtwende. Unter ihrem neuen Chef entschied die *Schweizer Rück* im Herbst 1994 nur mehr das Kerngeschäft zu betreiben. Sämtliche Erstversicherer wurden aus dem Konzern ausgegliedert und verkauft. Die *Vereinte* und die *Magdeburger Gruppe,*[60] kurz zuvor integriert, gingen 1995 komplett an die *Allianz.* Daraufhin verschwanden die Namen *Vereinte* und *Magdeburger* – wie vorher schon *Eos* und *Isar* in der Marke *Vereinte Lebensversicherungen* aufgegangen waren. Und auch der größte Rückversicherer im ehemaligen Schweizer Club verlor seinen Namen: aus der *Bayerischen Rück* wurde 2001 die *Swiss Re Germany.*

Wie entwickelten sich die Stuttgarter Mitglieder des Clubs, die *Württembergische Feuer* und die *Allgemeinen Rentenanstalt?* In aller Kürze: Die *Württemberger* erreichten ihre Entwicklung zu einem bedeutenden Finanzkonzern weitgehend unabhängig von der *Swiss Re.* Die wichtigsten Weichen auf diesem Wege wurden beim Zusammenschluss mit der *Wüstenrot-Gruppe* (1999) und der Integration der *Karlsruher Versicherungsgruppe* gestellt (ab 2007). Die beiden ehemaligen Stuttgarter Club-Mitglieder wurden 1991 umfirmiert und gingen in der Sach- bzw. der Lebensversicherungstochter auf.

Zeitweilig gehörte zum Konzern noch ein weiterer Traditionsversicherer der Region: die *Württembergische und Badische Versicherungs-AG.* Sie wurde 2005 an eine US-amerikanische Beteiligungsgesellschaft und von dort an einen Versicherer der Weltspitzengruppe verkauft: die *American International Group.* Das *Versicherungsmagazin* kommentierte dies mit der Titelzeile: »Bei AIG Deutschland geht es weiter aufwärts«. Und es zitierte den *AIG*-Mann für Deutschland mit den Worten: »Wir schreiben auch jetzt die gleichen Risiken wie in den Vorjahren.«[61]

Die Systemrelevanz des Phönix und der AIG

Die Erschütterung, die der Sturz des Phönix 1936 auslöste, blieb für Jahrzehnte einzigartig. Die Versicherungswirtschaft ist seitdem enorm gewachsen, auf eine Prämiensumme von mehr als 4 Billionen Dollar weltweit.[1] Sie hat längst die globale Dimension erreicht und in unaufhaltsamer Konzentration eine knapp zweistellige Zahl von Giganten entstehen lassen. Die Finanzkrise, 2008/09 kulminiert, hat auch sie getroffen, der Fall der *American International Group* ist das deutlichste Beispiel. »Insurers may be at the centre of the next big crisis« titelte die *Financial Times* zum Jahresende 2013. Der Artikel kam aus der Feder des führenden Finanzredakteurs.[2] Als Aufhänger nahm er die hohen Verluste der britischen *RSA Insurance* in ihrem Irland-Geschäft. Dabei sah er das Geschehen um diesen traditionsreichen Versicherer, mit Erbmasse aus dem frühen *Phoenix,* nicht als Einzelfall sondern als Ausdruck eines Trends: große Banken ziehen sich in den Krisenjahren aus der Schattenwirtschaft zurück, in der sie über Jahre, mittels Nicht-Banken, riskante Finanzgeschäfte getätigt haben; in diese Lücke drängen Versicherer.

Liegt es nahe, ist es sinnvoll und aufschlussreich, die Fälle Phönix und *AIG* zu vergleichen? Oder fehlen geeignete Maßstäbe, sind die beiden ganz unterschiedlichen Klassen und Typen zuzuordnen, war der Sturz eines führenden europäischen Versicheres in der Mitte der 1930er etwas vollkommen anderes als das *out of control* eines Top-Konzerns in der globalisierten Versicherungswirtschaft – siebzig Jahre danach. An Giganten im Finanzbereich wird in Krisensituationen der Maßstab »Systemrelevanz« angelegt. Die gesamtwirtschaftliche Bedeutung großer Finanzinstitute hat immer zwei Ausprägungen: konstruktiv und destruktiv. Finanzielles Vermögen wird in großem Maße akkumuliert oder es wird verbrannt. Entwickelt sich das zweite Gefahrenpotenzial zu einer Bedrohung, die über die Unternehmensgrenzen weit hinausreicht, so kann es »Systemrelevanz« erreichen: »Systemrelevante Institute sind Institute, deren Bestandsgefährdung aufgrund ihrer Größe, der Intensität ihrer Interbankenbeziehungen und ihrer engen Verflechtung mit dem Ausland erhebliche negative Folgeeffekte bei anderen Kreditinstituten auslösen und zu einer Instabilität des Finanzsystems führen könnte.«[3]

Dies ist die juristische Definition, die seit 2013 für Deutschland gilt. Der Begriff *too big to fail* reicht darüber hinaus. In den USA ist er 2012 mit dem *Dodd-Frank-Act* operationalisiert worden: die Finanzaufsichtsbehörden können solche Institute, deren finanzielle Schwierigkeiten die Stabilität des gesamten US-Finanzmarkts bedrohen, in Zwangsverwaltung nehmen und auch abwickeln. Sie treten dann als quasi-ultimative Rückversicherer auf. Zu solchen Fällen von *TBTF* wurden in der Finanzkrise ab 2007 die (Einlage-)Banken *Citigroup* und *Washington Mutual*, die staatlich geförderten Immobilienfinanzierer *Fannie Mae* und *Freddie Mac*, die Versicherungsgesellschaft *AIG* und die Investmentbanken *Bear Stearns* und *Lehman Brothers*.[4]

Listen systemrelevanter Finanzinstitute auf der globalen Ebene hat der Finanzstabilitätsrat *(Financial Stability Board)* seit 2009 aufgestellt; sie werden periodisch aktualisiert. Am Jahresende 2014 gab es dreißig *Global Systemically Important Banks*, zudem neun *Global Systemically Important Insurers (GSII)*.[5] Auf dieser Liste stehen – nota bene – vier Institute, die schon in der Phönix-Geschichte eine Rolle spielten: *Allianz, Assicurazioni Generali, MetLife* und die britische *Prudential*. Auch die *American International Group* zählt, obwohl inzwischen stark gestutzt, zu den *GSII*.

Hätte sich 1936 eine solche Liste aufstellen lassen und der Phönix darauf seinen Platz bekommen? Eine globale Dimension hatten 1936 auch international bedeutende Konzerne nicht, erst ab den 1980ern erreichten mehrere diese Größenordnung.[6] In den dreißiger Jahren agierten die Branchenführer in ihren Stammräumen: USA, Kontinentaleuropa und Britisches Weltreich. Auf dem europäischen Festland zählte der Phönix unter den Lebensversicherern zur Spitze; 1932 hielt er den zweiten und 1934 den dritten Rang. Gemessen an der Bestandssumme der größten Zwanzig kam die führende *Allianz* auf einen Anteil von 17 Prozent, der Phönix auf 7 Prozent und die ersten Fünf zusammen auf ein gutes Drittel.[7] In diesem Gesamtbild hätte ein Stabilitätsrat dem Phönix durchaus eine Systemrelevanz für Kontinentaleuropa zuschreiben können. Seinen Versicherungsbestand hielt er in mehr als zwanzig Ländern, mit allerdings unterschiedlichen Marktanteilen. Ein Drittel der Versicherungssumme von drei Milliarden Schilling entfiel auf Österreich, ein weiteres Drittel auf die Tschechoslowakei und Deutschland zusammen. In den beiden erstgenannten Ländern zählte der Phönix zu den Größten, stark war er auch in Jugoslawien, Polen, Ungarn – und zweitrangig in Deutschland.[8]

Rettungsentscheidungen werden dann erwogen, wenn Systemrelevanz und akute Gefährdung zusammen kommen. War die Phönix-Krise ein solcher *worst case?* Mit Blick auf Österreich zweifellos: der Konzern hielt dort zwei Fünftel des gesamten Lebensversicherungsbestandes, versicherte ein Siebtel der Bevölkerung und lag damit weit vor allen anderen in- wie ausländischen Anbietern. Die finanziellen Schwierigkeiten, in die er geriet – und sich mit waghalsigen Transaktionen tiefer verstrickte – waren enorm: das Sicherungsvermögen war weitgehend verloren, das Ist von 37 Millionen Schilling lag um 250 Millionen unter dem Soll.

Welche Komplikationen ergaben sich im internationalen Verbund? Sie betrafen etwa 600 000 Verträge mit einem Deckungsdefizit von insgesamt ca. 320 Millionen Schilling. Es ging somit um unerfüllte Auslandsverbindlichkeiten des Versicherers in auch außenpolitisch relevanter Höhe. Der österreichische Staat trat dafür nicht ein, womit sich die jeweiligen Regierungen gefordert sahen. Wie die Folgen des Phönix-Krachs aufgefangen wurden, wurde für die meistbetroffenen Länder schon beleuchtet. Die System-Frage war mehrfach gestellt, aber sie war lösbar, auch dank der erzwungenen Lastenteilung zwischen den betroffenen Staaten, die jeweils Unternehmen, Versicherte und Steuerzahler einbezogen.

Der Zusammenbruch des Phönix drohte 1936 das Finanzsystem zu erschüttern – in Kontinentaleuropa. Heute wird Systemrelevanz global definiert. Der gesamte Lebensversicherungsbestand in Kontinentaleuropa (nur privatgesellschaftliche Versicherer) lag 1934 bei umgerechnet 10 Milliarden und in den USA bei fast 100 Milliarden Dollar.[9] Seither ist er auf beiden Subkontinenten immens gewachsen. So summierte er sich allein in Deutschland am Ende von 2012 auf 2,7 Billionen Euro (1934: 16 Milliarden Reichsmark), während er in den USA den Wert von 19 Billionen Dollar erreichte.[10] Wäre der Phönix, wenn er bei diesem Wachstum mitgezogen hätte, heute einer der weltweit Größten? Welchen Rang nahm 2007, bevor die *AIG* ins Rettungsnetz taumelte, der *Gruppo Generali* ein, dessen Ursprungsgesellschaft 1936 in Kontinentaleuropa knapp hinter dem Phönix lag? Wo stand die *Allianz?* Wie war die *MetLife* positioniert, die dem Phönix Ende der Zwanziger half, sich als Gruppenversicherer aufzubauen, und welchen Marktanteil hatte die Londoner *Prudential,* die beim Phönix als Rückversicherer einstieg, weil die *Münchener Rück* ausstieg?

Auf dem US-Markt von 2007 zählten fast alle Genannten zu den 25 größten Lebensversicherern, nach unterschiedlichen *Ranking*-Kriterien. Einzige Ausnahme war die *Prudential;* sie hatte 2001 den großen Sprung verpasst, als sie den Kampf um die *American General* verlor; Gewinnerin war die *American International Group.* Diese stand 2007 in den USA an der Spitze, zusammen mit *MetLife,* während *Allianz* und *Generali* im unteren Drittel der 25er-Listen rangierten.

Welche Positionen hielten die Gesellschaften auf dem Weltmarkt? *Fortune Global,* die Liste der 500 weltgrößten Unternehmen aller Branchen (nicht nur Versicherer), vermittelt einen ersten Eindruck. Nach dem Jahresumsatz 2007 ergab sich diese Reihenfolge: *Allianz* (Rang 16), *AIG* (20), *Generali* (21), *Prudential* und *MetLife.*[11] Will man also einen fiktiven Rang des Phönix unter den heute weltgrößten Versicherern bestimmen, so spricht vieles dafür, sich an dem *Gruppo Generali* zu orientieren. Dessen Bilanzsumme lag 2007 bei umgerechnet 560 Milliarden Dollar, während die *AIG* 1,05 Billionen Dollar auswies. Ähnlich war 1936 das Größenverhältnis zwischen dem Phönix und der *Allianz* gewesen, der Marktführerin in Kontinentaleuropa.

Die *American International Group* war 1970 im Weltmaßstab nur ein mittelgroßes Unternehmen.[12] Ihre Spitzenposition erreichte sie in den folgenden drei Jahrzehnten vor allem durch Übernahme von Konkurrenten. Auf erste Ankäufe folgten ab 1998 zwei *Mega Acquisitions,* beide im Geschäftsfeld Lebensversicherung und Vermögensanlage. *Sun America* wurde für 20 Milliarden Dollar übernommen und *American General* für 25 Milliarden.[13] Die Kaufsumme zahlte die *AIG* in beiden Fällen in eigenen Aktien; deren Kurs war seit 1968 fast stetig gestiegen. In diesem Jahr hatte ein Mann namens Maurice Greenberg die Leitung der Unternehmensgruppe übernommen und seinen Aufstieg zu einem der weltweit erfolgreichsten Versicherungs-Manager begonnen.

Wachstum durch Übernahme: dies war auch Wilhelm Berliners Strategie gewesen, in Krisen- wie Aufstiegsjahren. Dabei ging es ihm zunächst um den Erwerb von Beständen, weniger von Unternehmen. Man erinnert sich: ausländische Lebensversicherer zogen sich nach dem Zerfall der Habsburgermonarchie aus dem Großraum zurück, und der Phönix übernahm große Teile ihrer Versicherungsportefeuilles. Zudem gingen ihm Bestände in Mittelmeerländern zu, womit er sein Geschäftsgebiet auf Maschrek, Türkei, Griechenland und Spanien ausweitete. Im Zuge des Aufstiegs vom mittelgroßen zum führenden Versicherer erwarb er dann zahlreiche Unternehmensanteile und auch ganze Unternehmen. Wilhelm Berliners Vision: die Spitzenposition in Kontinentaleuropa, mit bedeutender Präsenz auch auf weiteren, versicherungsnahen Finanzfeldern. Diesem Leitbild war er, als er mit 54 Jahren starb, recht nahe gekommen, nach 22 Jahren an der Spitze des Phönix. Maurice Greenbergs Ambitionen reichten fraglos weiter; er wollte die *AIG* zum weltgrößten Mehrspartenversicherer machen. Seine Vision erfüllte sich für kurze Zeit, bevor er 2005 seine Position verlor. Er war damals 80 Jahre alt und hatte über 37 Jahre den Konzern regiert. Dessen Abstieg begann 2006, siebzig Jahre nach dem Zusammenbruch des Phönix.

Gab es weitere Gemeinsamkeiten? Auch Greenberg kam aus einer jüdischen Familie, die in seiner Großelterngeneration osteuropäische Wurzeln hatte. Geboren wurde er 1925; Berliner war damals 44 Jahre alt. Beide absolvierten sie ein Jurastudium und fanden ihren ersten Arbeitsplatz in der Versicherungswirtschaft: Berliner im Jahre 1900 und Greenberg gut 40 Jahre später, nach seiner Rückkehr aus dem Korea-Krieg. Er begann in New York als *underwriter trainee,* mit schnellem Aufstieg. Ähnlich wie Berliner fiel er schon bald dem Unternehmensleiter auf, der ihn förderte und einem renommierten Versicherungspionier empfahl: Cornelius (»Neil«) Vander Starr. Dieser ist in die Unternehmergeschichte eingegangen, weil er einen multinationalen Konzern gründete, der von der dritten in die erste Welt expandierte (nicht umgekehrt): »*the first U. S. reverse multinational*«.[14] Die Grundsteine seiner Firmengruppe hatte er ab 1919 in China, später in Lateinamerika, Südasien, Arabien und Westeuropa gelegt. Die »Umpolung« folgte erst im dritten Jahrzehnt, als er den Hauptsitz von Shanghai nach Manhattan verlegte.

Starr machte Greenberg ein Angebot, »at a time when Jews rarely got top insurance company jobs.«[15] Er erhielt, mit 35 Jahren, den Auftrag, ein weltweites Unternehmen für Unfall- und Krankenversicherung aufzubauen – unter der Holding *C. V. Starr & Company,* in der er gleichzeitig Vize-Präsident wurde. Wilhelm Berliner hatte den entsprechenden Schritt zum Stellvertreter des Generaldirektors mit 33 Jahren getan. Allerdings wurde von ihm nicht die Erschließung eines neuen Geschäftsfeldes sondern der Ausbau des bestehenden erwartet. Die Starr-Gruppe war schon früh in eine Reihe von Sparten eingestiegen, während der Phönix ein Lebensversicherer blieb, mit wenig spektakulären Abstechern ins Sachversicherungsgeschäft.

Greenberg hatte einen schweren Start in Japan, setzte den Aufbau in Hongkong fort und kam dann nach Westeuropa. Angesichts starker Konkurrenz musste er auf Nischensuche gehen. In Deutschland fand er beim US-Militär Akzeptanz, wie Berliner – 45 Jahre früher – bei der k. u. k. Armee. Kurz vor seinem Tode (1968) berief »Neil« Starr seinen Vize-Präsidenten »Hank« Greenberg in die Chefposition. Der neue *President* und *CEO* der *C. V. Starr & Co.* war damals 43 Jahre alt. Er begann sofort mit dem Umbau der Gruppe zu einem eng gefügten Konzern mit US-amerikanischer Identität, der ab 1970 den Namen *AIG* trug.[16] Nur ein Unternehmen behielt eine gewisse Eigenständigkeit – und den Namen des Gründers: *Starr International Company (SICO).* War die *C. V. Starr & Co.* aus China in die USA hineingewachsen, so erweiterte jetzt die *AIG* ihre Präsenz in Asien. Schon 1980 bildete sie ein *Joint Venture* mit der *People's Insurance Company of China,* und nach Öffnung des Eisernen Vorhangs lotete sie die Chancen für US-Finanzdienstleister in Russland aus. Für Lebensversicherungen im Ausland war *AIGs* wichtigste Säule die *ALICO,* seit den 1950ern in Lateinamerika, dann zunehmend in Mittelost und auch in Japan aktiv. Dort stieg die *AIG* kurz nach der Jahrtausendwende in die *Top Ten* auf, über den Kauf zweier Konkurrenten.[17] Unter dem Dach der Holding gruppierte sie weltweit eine dreistellige Zahl von Tochtergesellschaften.[18]

Wie Berliner, so war auch Greenberg der einzige Herrscher im Konzern: »Greenberg of A. I. G. personified the Imperial Chief Executive.«[19] Und wie Berliner strebte er nach Einfluss auch außerhalb seines Imperiums. Er sah sich als Sprecher der Versicherungswirtschaft, als politischer Ratgeber und auch als Kritiker von Regierungen. An ihm zeigte sich: »Exklusiver Reichtum ist mit wirtschaftlicher Macht verbunden, der sich in politische Macht verwandelt und staatliche Entscheidungsträger vor sich her treibt.«[20]

In der internationalen Ruhmeshalle, der *Insurance Hall of Fame,* hatte er schon 1989 seinen Platz erhalten, mit beeindruckender Laudatio: »As Chairman and Chief Executive of American International Group, Maurice ›Hank‹ Greenberg has played a dominant role in establishing recognition for insurance in the international arena. [...] He has long promoted greater interest within the United States government in advancing the well being of the United States' insurance sector overseas and has been advisor to all U.S. presidents and policy leaders on the subject of insurance. [...] He has been the industry's leading voice to strengthen the financial structure of the insurance business at home and abroad. [...] Through his many affiliations, board memberships, speeches and writing, Mr. Greenberg has been the most visible insurance leader of the second half of the 20th Century.«[21]

Angesprochen sind damit auch Taten und Eigenschaften, die der Autor »Hank« Greenberg, egozentrisch und detailreich, in seiner *»AIG Story«* hervorhebt: seine Kontakte und Beziehungen zu höchstrangigen Personen in internationaler Politik und Wirtschaft, seine Einsätze als außenpolitischer Vermittler und Informationsbeschaffer, die Mitgliedschaft im *Council on Foreign Relations,* seine Gründung eines *AIG International Advisory Board* mit Kissinger als Vorsitzendem und, nicht zuletzt, sein Mäzenatentum. Greenberg zählte zu den bekannteren Philanthropen in den USA, als Spender aus Privatmitteln und als Vorsitzender der *Starr Foundation,* die 2005 über ein Stiftungsvermögen von mehr als 3 Milliarden Dollar verfügte.[22]

All dies mag an die Nachrufe und Grabreden anlässlich des Todes von Wilhelm Berliner erinnern, siebzig Jahre zuvor. Seine Würdigung als herausragendes Finanzgenie, als Retter der Rechte unzähliger Versicherter, als Politikberater mit brillanter Fachkenntnis und strategischer Weitsicht, als diplomatischer Missionsträger, als Initiator von Prominentenzirkeln und Nachrichtendiensten, zudem als beispielhafter Stifter und Wohltäter. Wie Greenberg, so wurde auch er von Regierenden für vertraulich-politische Dienste und geheime Missionen gewonnen, was ihn im Gegenzug bewegt haben mochte, besondere Freiräume für sich zu sehen, auch jenseits gesetzlicher Grenzen. Ein historisches Vorbild könnte ihm Gerson von Bleichröder gewesen sein – »Bismarcks Bankier«.

Wäre Wilhelm Berliner ein Laureat der *Insurance Hall of Fame* geworden – wenn der Phönix geräuschlos aufgefangen und ihr »jüdischer« Direktor nicht an den Pranger gestellt worden wäre? Die *Hall* wurde 1957 eröffnet und steht auch

Laureates aus früheren Jahrhunderten offen. So kam, im Gründungsjahr, Benjamin Franklin in die *Gallery,* als ein Initiator der Feuerversicherung in den USA. Entsprechend fand auch das Porträt des Nicholas Barbon, oben erwähnt als Gründer des Londoner *Phenix,* seinen Platz. Als Wegbereiter oder Schrittmacher wurden sechs Deutsche geehrt, darunter Otto von Bismarck, Alfred Manes und Alex Möller. Die Aufnahmebedingung für die *Hall* hätte auch Berliner erfüllen können: »einen umfassenden, grenzüberschreitenden und nachhaltigen Beitrag für die Entwicklung der Versicherungswirtschaft zu erbringen, und damit deren Fähigkeit zu festigen, ihren Dienst an der Gesellschaft zu leisten.«[23]

Können Laureaten aus der *Insurance Hall of Fame* ausgestoßen werden? Wenn sie den Ruf der Versicherungswirtschaft dermaßen schädigen, dass deren gesellschaftlicher Beitrag nachhaltig in Frage gestellt wird? Ein solcher Fall ist nicht bekannt, und auch Greenberg muss eine solche Demütigung nicht erwarten. Sein Bild in Öffentlichkeit und Fachwelt erscheint weitgehend restauriert; ohnehin glaubten viele Beobachter, man habe ihn zu Unrecht beschuldigt. Ein Strafverfahren gegen ihn wurde nie eröffnet, und zivilrechtliche Forderungen hat er weitgehend abwehren können. Dies ist, vorweggenommen, das Ergebnis eines längeren Geschehens – das gleichwohl beträchtliche Wirkungen ausgelöst hat, über die Person Greenberg und den Konzern *AIG* hinaus.

Wann, wie und durch wen wurden Schattenseiten dieser lange glanzvollen Unternehmen aufgedeckt? Beim Phönix gab es den Verdacht auf Unregelmäßigkeiten und Kriminalität schon lange vor dem Sturz. Sogar mehr: selbst auf der politischen Ebene waren diese Verstöße nicht unbekannt, und politischer Natur war die Entscheidung, vorläufig nichts zu unternehmen. Die zitierten Erinnerungen von Spitzmüller und Kerber an die Jahre 1931 und 1933 belegen dies. Beide hatten sie an höchster Stelle angeregt, beim Phönix in die Bücher zu schauen, konnten aber nicht durchdringen; offenbar war dies politisch nicht opportun. Zu erinnern ist an dieser Stelle auch an den Völkerbundsvertreter in Wien, Rost van Tonningen.

Eine solche Vorgeschichte hatte die *AIG*-Affäre nicht. Aber gemeinsam ist beiden Fällen, dass der Anstoß zur Aufdeckung fragwürdiger und krimineller Geschäftspraktiken erst von den nachfolgenden Spitzenfiguren kam, nicht von Berliner und nicht von Greenberg. Auch letzterer hatte Zugang zu Spitzenpolitikern, aber für ihn war es völlig abwegig, irgendeinem den Blick auf Schieflagen in seinem Reich zu erlauben. Vermutungen und Verdächtigungen begegnete er hart, mit Fragestellern und Prüfern sprang er ruppig um, und er mauerte unnachgiebig. In der genannten Darstellung von Eichenwald/Anderson heißt es: »That technique – stonewalling and pushing people around – worked for him for 40 years.« […] »It was an imperial sort of company. It was bigger than regulators, and tougher. He was always good at hitting that knuckleball. Then he missed one.«

Sie zitierten mit diesen Sätzen David Schiff, einen der *investigative journalists*, die maßgeblich zur Ausleuchtung der zwielichtigen Rayons im Imperium beigetragen haben. Unter dem Titel »The dirt below« hat der Autor Roddy Boyd diese Recherchen in seinem Buch nachgezeichnet.[24] Auch Schiff traf die Faust der *AIG*-Vorwärtsverteidigung, und sogar der *Economist* bekam sie zu spüren. Dies, weil er Schiff zitiert hatte, in dessen *Newsletter* 2004 gezeigt wurde, wie beliebig die *AIG* seinerzeit die Maßstäbe gewählt hatte, um ihre Quartalsergebnisse zu schönen.[25] Darauf antwortete der Kommunikationschef von *AIG* in einem Leserbrief an die Londoner Zeitschrift: »Once again, *The Economist* is full of Schiff.«[26]

David Schiff hatte in seinem eigenen *Newsletter* mehrmals über *AIG* berichtet: 1993 nannte er die *AIG*-Aktie überbewertet, weil das Risiko des beträchtlichen versicherungsfremden Geschäfts nicht einbezogen sei;[27] 1996 schrieb er über die von *AIG* angeschobene Gründung eines Rückversicherers, *Coral Re* in Barbados, auf den in den Folgejahren ein milliardenschweres Risiko übertragen wurde;[28] 2003 beleuchtete er eine Zuwendung der *Starr Foundation* an ein Museum, dessen Präsident gerade als »unabhängiger« Direktor in den Verwaltungsrat der *AIG (Board of Directors)* eingetreten war;[29] und im Folgejahr brachte er eine ausführliche Analyse der Geschäftsberichtspraxis, mit der Titelfrage »AIG: The Art of Manipulation?«[30] David Schiff: hatte er in der *AIG*-Geschichte eine ähnliche Rolle, wie sie (anfangs) der Journalist Fritz Kaufmann beim Phönix gespielt hatte?

Anfang 2001 gab es erstmals auch staatliche Bedenken. Die *AIG*, unter spürbarem Börsendruck, hatte mit dem Rückversicherer *Gen Re* eine ungewöhnliche Transaktion zur Erhöhung ihrer Reserven vereinbart. Zudem wurde die U.S. Securities and Exchange Commission, die bundesstaatliche Aufsichtsbehörde SEC, auf die *loss mitigation unit* der *AIG* aufmerksam. Diese bot ihren Kunden innovative Versicherungskonstruktionen, mit denen sie ihre Jahresergebnisse aufbessern, »schönen« konnten. Zwei Fälle *(Brightpoint, PNC)* brachten die *AIG* 2003 in leichte Bedrängnis. Dieser erste Schatten auf ihrem Glanzbild verdunkelte sich, als der New Yorker Generalstaatsanwalt erhellendes Interesse an einzelnen Geschäftspraktiken fand.

Attorney General Eliot Spitzer (mit österreichischen Wurzeln) beschuldigte eine Firma, geleitet von einem Sohn Greenbergs, der verbotenen Angebotsabsprache; auch die *AIG* habe sich daran beteiligt. Kurz darauf bekam der *Brightpoint*-Fall neben der zivil- auch eine strafrechtliche Dimension. Der *AIG*-Verwaltungsrat wurde unruhig. Greenbergs früher unbestrittenes, von ihm kunstvoll gepflegtes Ansehen hatte erste Kratzer erhalten, nach einigen Umbesetzungen im *Board*, die Greenberg nicht, wie gewohnt, hatte steuern können. Auf Druck des Gremiums erklärte die *AIG* sich im November 2004 bereit, 126 Millionen Dollar zu zahlen, um die zivil- und strafrechtlichen Ansprüche in beiden Verfahren *(Brightpoint, PNC)* beizulegen.

Nun wuchs auch das Medien-Interesse am Imperium und seinem Zaren. »Reporters at the New York Times, Wall Street Journal, New York Post and Bloomberg News decided that they had ignored AIG for too long. Its complexity, the earnings and a fear for Hank all conspired for AIG to be granted a multiyear pass that no one else had.«[31] Erst damit erhielten die Spitzen des Staatsanwalts ihre bedrohliche Wirkung. In der *New York Times* tauchte »A. I. G.« in den Jahren 2001 bis 2003 in 34 Artikeltiteln auf; in den drei folgenden Jahren stieg dann die Zahl auf 116, davon allein 84 in 2005.[32]

In diesem Jahr verdichteten sich die Verwunderungen, Vermutungen und Verdächtigungen, mit der *AIG* im Fokus. Dabei begann es gut: die Wirtschaftsprüfer von *PricewaterhouseCoopers* betonten im Januar, dass die Finanzabteilung der *Group* die regulativen Anforderungen des *Sarbanes-Oxley*-Gesetzes voll erfülle; das interne Kontrollsystem der *AIG* funktioniere.[33] Anfang Februar sagte Greenberg auf einer Telefonkonferenz, mit Hinweis auf den Jahresgewinn von 11 Milliarden Dollar: »Overall we had a pretty good year in 2004«.[34] Angesprochen auf das genannte Gesetz meinte er, dass eine solch exzessive Regulierung sich als Wachstumsbremse für die US-Wirtschaft erweisen könnte. Zudem kritisierte er »übereifrige« Strafverfolger – indirekt Spitzer – mit einer Herausforderung, die schon bald weite Kreise ziehen sollte: man dürfe nicht aus Fußfehlern (Tennis-Sprache) eine Anklage wegen Mordes konstruieren. Spitzer reagierte sofort, wies seine Mitarbeiter an, noch am selben Tag Vorladungen an die *AIG* und Greenberg zu faxen und sagte abends bei einer Rede im Zentrum von *Goldman Sachs:* »Hank Greenberg should be very, very careful talking about foot faults. Too many foot faults and you lose the match.«[35]

Gegenstand der Vorladungen war nicht die Manipulation der Geschäftsergebnisse Dritter; vielmehr ging es nun um die Erfolgszahlen der *AIG* selbst. Im Zentrum des Interesses standen die seinerzeit kaum beachteten Transaktionen mit der *Gen Re.* Der Verdacht: die *AIG* habe mit einer ausländischen Tochter der *Gen Re* zwei vorgetäuschte Rückversicherungsgeschäfte unternommen, damit den Rückgang der eigenen Reserven »korrigiert« und die für diesen Transfer gezahlte Vergütung in den Büchern »versteckt«.[36] Die Fahnder prüften Unterlagen der *Gen Re* und fanden den Verdacht bestätigt, dass Greenberg sich aktiv an den Geschäften beteiligt hatte.[37] Der Wirtschaftsprüfer *PwC* sagte kurz darauf, dass er zum Jahresabschlussbericht 2004 – der in Kürze vorzulegen war – kein uneingeschränktes Prüftestat abgeben könne. Daraufhin beschlossen die *Board*-Mitglieder einstimmig – Greenberg war abwesend – dass dieser als *CEO* zurücktrete, seinen Posten als *Board Chairman* aber vorläufig behalten könne. Greenberg akzeptierte das Erste und lehnte das Zweite ab. In seinen Erinnerungen heißt es: »It was clear to Greenberg that AIG's governance was firmly, fully and candidly in lockstep [Gleichschritt] with Spitzer, whom Greenberg came to regard as a preening scion [aufgeputzter Spross] of outsized ambition.«[38]

In der Einschätzung vom »Gleichschritt« sah sich Greenberg bestätigt, als die neue Leitung unter dem *CEO* Sullivan kurz vor Juni 2005 korrigierte Jahresabschlusszahlen vorlegte: danach hatte die *AIG* ihre Jahresüberschüsse (nach Steuern) von 2000 bis 2004 um durchschnittlich 10 Prozent, entsprechend 3,9 Milliarden Dollar, zu hoch bewertet. Auch war der Unternehmenswert in den Bilanzen nicht korrekt belegt worden. Aus Sicht der Aufsichtsbehörde SEC waren damit Maurice Greenberg und der *CFO* Howard Smith belastet. Man erinnere sich an den Phönix: dieser war erstmals 1930, sechs Jahre vor seinem Sturz, beim deutschen Reichsaufsichtsamt in ein schiefes Licht geraten; er hatte sein Finanzvermögen in der Bilanz weit überhöht ausgewiesen.

Die *AIG* geriet ins Rutschen, der Börsenkurs fiel von Mitte Februar bis Ende Mai 2005 um 23 Prozent, auf 56 Dollar. Damit hatte sich ein Prozess dramatisch beschleunigt, der 2002 mit einem langsamen Abgleiten unter 80 Dollar begonnen hatte.[39] Das Unternehmen verlor das *AAA-Rating*, was Forderungen nach zusätzlichen Kreditsicherheiten auslöste. Aufsichts- und Justizbehörden ließen erkennen, dass sie keine Strafverfolgung beabsichtigten, sondern nur eine zivilrechtliche Regelung: Maurice Greenberg und Howard Smith sollten wegen des verursachten Finanzschadens belangt werden.[40]

Aus Greenbergs Sicht betrachtet begann jetzt ein Bürgerkrieg: »A civil war had thus begun, with AIG first freezing out Greenberg and his staff and then gradually escalating into outright hostility. Battles would be fought on a dozen fronts, span five years and consume billions of dollars.«[41] Nach Ablauf dieser fünf Jahre sah Greenberg sich weitgehend rehabilitiert, und er erhielt einen Teil der tatsächlich enormen Rechtsstreitkosten erstattet. Eine (keineswegs klammheimliche) Freude bereitete ihm der Fall des Intimfeindes Eliot Spitzer und das Ende seiner »crusading speeches about virtue and morality.«[42] Der (gewählte) Generalstaatsanwalt von New York machte Ende 2005 einen letztlich erfolglosen Versuch, Greenberg ein strafrechtliches Vergehen nachzuweisen, bewarb sich 2006 erfolgreich um das Amt des Gouverneurs von New York und stürzte 2007 über eine Prostituierten-Affäre.

Um die zivilrechtlichen Ansprüche an das Unternehmen abzugelten, zahlte die *AIG* im Februar 2006 nicht weniger als 1,6 Milliarden Dollar; sechzig Prozent gingen an geschädigte Investoren und Policenbesitzer, der Rest an staatliche Institutionen.[43] Es folgten weitere Absenkungen des *credit rating*, die der *AIG* besonders auf zwei kritischen Geschäftsfeldern zusetzten: Kreditderivate *(Credit Default Swaps)* und Wertpapierleihe.[44] Die *AIG*-Tochter für Finanzprodukte *(AIGFP)* hatte ihr Geschäft stark auf die Absicherung von – meist immobilien-bezogenen –

Wertpapieren mit handelbaren Ausfallrisiken *(CDS)* konzentriert. Ende 2007 hielt *AIGFP* einen *CDS*-Bestand von 450–500 Milliarden Dollar. Als sich die Ausfälle in der Immobilienfinanzierung häuften, waren Ausgleichszahlungen zu leisten, oder auch stetig steigende Pfandzahlungen an Kreditgläubiger. Verstärkt wurde dieser Druck wegen des sinkenden *credit rating,* aufgrund abnehmender Bonität. Allein an *Goldman Sachs* zahlte *AIG* im August 2007 eine halbe Milliarde Dollar, und weitere Zahlungen in Milliardenhöhe folgten.[45]

Die zweite Riesenlücke ergab sich bei der Wertpapierleihe, die vor allem im Lebensversicherungsgeschäft des Konzerns getätigt wurde: befristete Geschäfte, bei denen der Entleiher der *AIG* ein Pfand zahlte, das diese dann für kurzfristige Anlagen nutzte. Diese waren bei Fälligkeit der Wertpapierrückgabe zu liquidieren, um das Pfand dem Entleiher zurückzuzahlen. Bis Mitte 2008 war die Pfandsumme auf 75 Milliarden Dollar gestiegen; der Wert der korrespondierenden Anlagen (meist in *CDS*) aber lag bei nur 60 Milliarden.[46] Der neue *AIG-CEO* verhandelte ab Juni 2008 um Unterstützung mit nicht-staatlichen und dann staatlichen Finanzgebern, bis die *Federal Reserve Bank of New York* im September 2008 den ersten Hilfskredit von 85 Milliarden Dollar gewährte – zu einem Zins von 8,5 Prozent über *LIBOR.* Weitere staatliche Finanzhilfen folgten, bis zu einer Gesamtsumme von 182 Milliarden Dollar. Der Staat wurde zum Mehrheitsaktionär, die *AIG* war notverstaatlicht.

Der Konzern trennte sich von etlichen Töchtern und zog sich aus mehreren Versicherungssparten zurück. Von 2007 bis 2010 summierten sich die Abschreibungen auf fast 100 Milliarden Dollar, während *MetLife, Prudential Financial* und *Allianz* in der Finanzkrise mit jeweils 7 Milliarden davon kamen.[47] Der Bilanzwert der *AIG* von ursprünglich 1,2 Billionen Dollar schrumpfte auf die Hälfte (unter den Wert des *Gruppo Generali*) – und der Konzern kam wieder in die Gewinnzone. Die US-Regierung zog sich zurück und konnte ihre Stützungszahlungen als gewinnbringende Finanzinvestition verbuchen.

Der Sturz des Phönix war in Wien ohne staatliche Finanzhilfe aufgefangen worden; denn die Regierung Schuschnigg stand noch unter dem Eindruck der Verpflichtungen, die der österreichische Staat für die *Creditanstalt* übernommen hatte. Wilhelm Berliner konnte die politischen Entscheidungen zur Abwicklung »seines« Unternehmens nicht mehr kommentieren, und schon gar nicht konnte er von der Regierung eine private Entschädigung verlangen. Maurice Greenberg tat beides, mit aller Entschlossenheit. Noch im Herbst 2013 kritisierte er, dass die US-Regierung 2008 den Liquiditätsdruck auf *AIG* nicht präventiv gemindert habe, mit einer staatlichen Garantie, wie eine Reihe von Großunternehmen sie erhalten habe. Tatsächlich sei die Regierung »außer Kontrolle« gewesen; sie habe die AIG benutzen wollen, »um andere durch die Hintertür zu retten.« Der Konzern habe 85 Milliarden Dollar erhalten, »doch das Geld verließ AIG sofort wieder durch die

Hintertür an Goldman Sachs und viele andere, darunter die Arab Bank of Libya.«[48] Diese Sicht zum »*backdoor-bailout*« teilten viele, auch solche, die Greenberg und die *AIG* deutlich kritisierten.[49]

Greenberg verklagte 2011 die US-Regierung auf 40 Milliarden Schadensersatz, weil er seinen Großbesitz an *AIG*-Aktien bei der Notverstaatlichung verloren hatte. Nach Eröffnung des Prozesses, im Herbst 2014, sah sich auch Ben Bernanke aufgefordert, vor Gericht zur Rettungsaktion auszusagen – auf Fragen von Greenbergs Anwalt. Seine Antwort: Staatliches Handeln sei unabdingbar gewesen; »AIG's collapse would have imperiled the world economy.«[50]

»Das Versicherungswesen ist in seiner Natur langweilig«, schrieb der Autor von *Fatal Risk,* einem der drei Bücher zur *AIG*-Geschichte. »Allerdings nicht die Versicherung, die *AIG* betrieben hat.« Sollten nicht auch Wilhelm Berliner und der Phönix in diese Ausnahme eingeschlossen werden? Und: wer wundert sich nach Lektüre der *AIG Story,* wenn das Versicherungswesen nach solchen Eskapaden wieder zur Ruhe kommen möchte? »Die Versicherungswirtschaft strebt nach mehr Langeweile« schrieb die *Frankfurter Allgemeine Zeitung* im Oktober 2014.[51]

Die Mitgliederversammlung des Gesamtverbandes der Deutschen Versicherungswirtschaft hat 2012 einen Verhaltenskodex für den Vertrieb von Versicherungsprodukten beschlossen. Der Verband hält zudem das Versicherungsgeschäft nicht für »systemrelevant«. Die *FAZ* hält dagegen: »Das Beispiel des amerikanischen Versicherers AIG lehrt aber das Gegenteil.«[52] Auch das deutsche Finanzministerium und das Aufsichtsamt BaFin zeigten sich nach den Stürmen der Finanz- und Wirtschaftskrise bemüht, vor allem das Produkt Lebensversicherung wieder wetterfest zu machen. Mit dem »Gesetz zur Absicherung stabiler und fairer Leistungen für Lebensversicherte« (2014) wurden die Gesellschaften – deren Finanzanlagen immer weniger Zinsen brachten – bei der Weitergabe von Überschüssen an ihre Kunden entlastet. Diesen wurden andererseits mehr Kostentransparenz und eine Kostensenkung in Aussicht gestellt. Zudem erhielt BaFin einen noch stärkeren Einfluss auf die Versicherer. Auf der EU-Ebene wurde die Versicherungsaufsicht mit verschärften Eigenkapitalregeln ausgerüstet (Solvency II, ab 2016) – die kaum alle erfüllen werden.

Langeweile wird in der Versicherungswirtschaft mit hoher Sicherheit nicht aufkommen, schon wegen ambitionierter Regulierung. Weit wichtiger aber ist, dass ein wachsender Innovationsdruck die Produkte, Teilnehmer und Vertriebskanäle auf den Märkten verändern wird, insbesondere bei Lebensversicherungen.[53] »Lebensversicherung adieu – Wohin jetzt noch mit unserem Geld?« Dies wurde 2014 in der »*phoenix* Runde« zum Thema eines TV-Polit-Talks. Das Standardprodukt der auf Dekaden abgeschlossenen Kapitalversicherung verliert in dem Maße an Bedeutung, wie eine langfristige Lebensplanung obsolet wird. Es büßt deutlich an Attraktivität ein; dies zeigen die Abschlusszahlen für Neuverträge ebenso wie die Zuwächse der Policenverkäufe am Zweitmarkt. Im Zuge der wachsenden Einkommens- und Vermögenskonzentration (Piketty) gehen Kunden in der Oberschicht verloren. Als Folge haben Versicherungskonzerne ihre Töchter für Vermögensverwaltung geschaffen (so wie die *Allianz* die kalifornische *Pimco* – die 2015 eine Klage gegen die *AIG* wegen Verschleierung der Gefahren im oben beschriebenen *CDS*-Geschäft eingereicht hat). Zudem erhält die Innovationswelle starke Impulse aus der digitalen Revolution. Diese ermöglicht die Abschätzung bislang nicht kalkulierbarer Risiken und schafft die technische Basis für individualisiertes Marketing.

Berliner und Greenberg hatten ein klares Verständnis von Information und Macht, einem Zusammenhang, der heute unter dem Thema *Big Data* diskutiert wird. Es verbreitet sich die Wahrnehmung, dass durch massenweise Erfassung von Personendaten die Gesellschaft zu einer Gesamtheit von gläsernen Kunden wird, denen mit individueller Ansprache maßgeschneiderte Produkte angeboten werden – zu individuellen Preisen. In der Versicherung, die eigentlich das Schadensrisiko des Einzelnen mit dem vieler Anderer mischen soll, werden »individualisierte Tarife« zum Trend, technisch ermöglicht durch Messungen in einer *black box* im Auto-Computer oder einen *fitness tracker* am Körper. Dies führt zu Telematik-Tarifen, die vorsichtiges Fahrverhalten und gesunde Lebensführung »belohnen«, aber auch den Grundgedanken der Solidargemeinschaft in Frage stellen, und zudem riesige Datenmengen erzeugen, deren Verwendung und »gerechter« Preis verschleiert bleiben.

Die Auto-, Kranken- und Lebensversicherer werden so zu Vorreitern einer Bewegung, die alles andere als langweilig ist. Wird damit auch der Versicherer transparent und nicht nur der Kunde, geht der Trend in Richtung Symmetrie statt Asymmetrie? Wird der Versicherte per *App* nicht nur den Bearbeitungsstand seines Erstattungsantrags einsehen können sondern auch erfahren, was mit seinen Daten geschieht? Wird gar der Lebensversicherte über den (wahren) Stand des Prämienreservefonds auf dem Laufenden gehalten? Oder muss er auch in Zukunft mit bestürzenden Überraschungen rechnen, wie sie im Februar 1936 in dem Brief von Hanny an Reininghaus oder im Mai 2005 in dem Prüfungsbericht der *PwC* an die Direktoren der *AIG* zu lesen waren?

Anmerkungen

Versicherungswirtschaft und Wirtschaftskriminalität

1 Clive Trebilcock: Phoenix Assurance and the Development of British Insurance, Bd. 1, 1782–1870, Cambridge 1985, S. 4. Anmerkung zu Firmennamen: sie werden kursiv geschrieben. Eine Ausnahme gilt, zugunsten des Textbildes, für den Phönix.

2 Siehe Peter Koch: Unternehmen seit 200 Jahren, in: Versicherungswirtschaft 2012, S. 1757–1764, hier S. 1758 und Peter Borscheid, Niels V. Haueter (Hg.): World Insurance. The Evolution of a Global Risk Network, Oxford 2012, S. 99.

3 Einblick in die Adressbücher von 1936.

4 Siehe Paul Johnson: Making the Market. Victorian Origins of Corporate Capitalism, Cambridge 2010, S. 118 f. und George Robb: White-collar Crime in Modern England. Financial Fraud and Business Morality 1845–1929, Cambridge 1992, S. 16.

5 The Tablet, 20. 02. 1841, S. 12, auf: http://archive.thetablet.co.uk/ (15. 09. 2014).

6 Siehe Mark Duckenfield et al.: History of Financial Disasters 1763–1995, Bd. 2, London 2006, S. 1 f.

7 Die Presse, 05. 04. 1867, Nr. 93, S. 5.

8 Charles Dickens: Martin Chuzzlewit, Düsseldorf 1997, S. 522.

9 Philipp Krohn: Wie Literaten Versicherungen sehen. Kafka und die Assekuranz, in: Frankfurter Allgemeine Zeitung, 14. 05. 2011.

10 Arno Surminski: Das Image der Versicherung, in: Zeitschrift für die gesamte Versicherungswissenschaft, 75 (1986) 3, S. 425–445, hier: S. 430.

11 Ders.: Das Jahrhundert der Assekuranz. Serie, Teil 4: Krisen, Schäden, Katastrophen, in: Zeitschrift für Versicherungswesen, 51 (2000) 7, S. 225–229, hier: S. 227. Tatsächlich starb Dr. Berliner 1936.

12 Peter Koch: Krisen in der deutschen Versicherungswirtschaft. Eine historische Betrachtung, in: Versicherungswirtschaft 58 (2003) 16, S. 1228–1235, hier: S. 1233. Koch bezieht sich hier auf die Einschätzung des österreichischen Versicherungs-

juristen und -historikers Max Leimdörfer. In seiner neueren, umfassenden Arbeit über die »Geschichte der Versicherungswirtschaft in Deutschland« (Karlsruhe 2012, S. 278) hat Koch seine Darstellung erkennbar relativiert.

13 Zit. n. A. Surminski: Das Image ..., S. 432.

14 Siehe Alex Möller: Ein Arbeitsleben für die Assekuranz, Karlsruhe 1973, S. 10.

15 »Die Möglichkeit, daß Versicherungsunternehmen als Täter krimineller Handlungen gegenüber Versicherungsnehmern erscheinen können, bleibt in der Literatur weitgehend unberücksichtigt.« Der Autor selbst sieht solche Möglichkeiten in drei Bereichen: Verweigerung von Versicherungsverträgen, Missbrauch in der Schadensregulierung und unzulässiger Umgang mit Kundendaten. Rolf Arnold: Kriminalität und Versicherung, Berlin 1992, S. 121 f.

16 Wilhelm Korff (Hg.), Handbuch der Wirtschaftsethik. Band 4: Ausgewählte Handlungsfelder. Versicherungen, Gütersloh 1999, S. 633–647, hier: S. 638 f. Die Möglichkeiten für Missbrauch und Kriminalität ergeben sich vor allem aus asymmetrischer Informationsverteilung zwischen den Versicherungsbeteiligten. Daraus können Versicherte (bei Versicherungsbetrug), vor allem aber andere Beteiligte Nutzen ziehen: Versicherer, Makler und Schadensbeseitiger (wie Werkstätten, Rechtsanwälte, Ärzte). Deutschsprachige Lexika und Handbücher zum Versicherungswesen berühren das Thema Kriminalität kaum oder gar nicht.

17 Siehe PricewaterhouseCoopers und Martin-Luther-Universität Halle: Wirtschaftskriminalität bei Banken und Versicherungen. Tatort Deutschland, 2006, S. 32.

18 Eine Befragung von Unternehmen [nicht Personen!] zu den Motiven interner Delikte ergab, dass individuelle [persönliche] Gründe vorherrschten, auch bei ranghohen Führungskräften. Die einfachste Erklärung für diese Antworten, aus Sicht des Autors: »Weil auf diese Weise die eigene Verantwortung des Unternehmens nicht erkennbar wird.« Kai-D. Bussmann, Wirtschaftskriminalität und Unternehmenskultur, aus: Britta Bannenberg, Jörg-Martin Jehle (Hg.): Wirtschaftskriminalität, Mönchengladbach 2010, S. 57–82, hier: S. 66.

19 Stefanie Werner: Unternehmenskriminalität in der Bundesrepublik Deutschland. Umfang, Merkmale und warum es sich lohnt (Diss.), Ostfildern 2014, S. 14 f.

20 Siehe A. Möller, S. 73 f.

21 Siehe St. Werner, S. 20 f.

22 Siehe Karlhans Liebl: Developing Trends in Economic Crime in the Federal Republic of Germany, in: Police Studies, 8 (1985) 3, S. 149–162, hier: S. 156 f. Dort genutzte Datenquelle: Bundesweite Erfassung von Wirtschaftsstraftaten nach einheitlichen Gesichtspunkten (BWE), 1974–1983. Bis heute gibt es keine amtliche Statistik, die alle Formen von Wirtschaftskriminalität erfasst und dabei insbesondere unterscheidet, ob die beteiligten Unternehmen Opfer oder Täter waren. Siehe St. Werner, S. 30 f.

23 Alfred Manes: Insurance Crime, in: Journal of Criminal Law and Criminology, 35 (1944) 1, S. 34–42, hier S. 35–39. Manes starb 1963 in den USA.
24 Ebd., S. 40.
25 Ebd., S. 42.
26 Siehe Ronald L. Soble, Robert E. Dallos: The impossible dream: the equity funding story. The fraud of the century, New York 1975 und Emile Woolf: The Equity Funding Story, auf: http://www.emilewoolfwrites.co.uk/wp-content/uploads/2012/11/The-Equity-Funding-Story.pdf (20.10.2014). Zum deutschen Presseecho siehe u.a. Der Spiegel 21/1973.
27 Im März 1973, Siehe R. Soble, S. 291.
28 Siehe Michael John Jones: Creative Accounting. Fraud and International Accounting Scandals, Chichester 2011, S. 508–517. Praktiken des »creative accounting« können die standardisierten Regeln des Rechnungswesens formal erfüllen, widersprechen aber diesen Festlegungen dem Sinne nach.
29 The Economist, 21.10.2004.
30 Einen Rundumblick vermittelt der österreichische Journalist und Publizist Armin Thurnher in seiner Philippika: Republik ohne Würde, Wien 2013. Das einschlägige Kapitel heißt: Korruption, Skandale, Österreich. Eine Wirtshaustirade. Siehe auch seine Darstellungen zu den Affären um Telekom, BUWOG (Immobilien), Novomatic (Gücksspiele). Engagiert in der Aufdeckung politischer Skandale (Telekom, Hypo Alpe Adria u.a.) war auch der österreichische investigative Journalist und Buchautor Kurt Kuch (1972–2015).
31 So sieht es Norbert Mappes-Niediek – und weiß aus eigenem Erleben zu helfen. Mit seinem Ratgeber: Österreich für Deutsche. Einblicke in ein fremdes Land, Berlin 2012. Man lese etwa seine Deutungen auf den Seiten 56 f. und 139 f.
32 Süddeutsche Zeitung 09.04.2015, Nr. 81.
33 Siehe A. Thurnher, S. 116 f.
34 Ebd., S. 110 f.
35 Man denke an die Figur des Eric Friedland in Daniel Kehlmanns »F«. »Eric is a formerly successful financial manager who has now become a Bernie Madoff-type schemer, avoiding disgrace and bankruptcy on an hourly basis.« Rezension in Library Journal, 07.01.2014.
36 Jock Young: Bernie Madoff, Finance Capital, and the Anomic Society, aus: Susan Will et al.: How They Got Away with It. White Color Criminals and the Financial Meltdown, New York 2013, S. 68–82, hier S. 68.
37 In der Versicherungsbranche erregte der ungeklärte Tod des CFO der Zurich Insurance Aufsehen; Josef Ackermann, vorher CEO der Deutschen Bank, legte daraufhin den Vorsitz im Verwaltungsrat des Versicherers nieder. Siehe Neue Züricher Zeitung, 02.09.2013, Nr. 202.

38 Für die USA siehe die Statistik der Insurance Company Failures ab 2008, auf: http://www.weissratings.com/ratings/track-record/insurer-failures.aspx (03.11.2014).
39 Siehe OECD: The Impact of the Financial Crisis on the Insurance Sector and Policy Responses No. 13, Paris 2011, S. 11–13.
40 Gretchen Morgenson and Louise Story: In Financial Crisis, No Prosecutions of Top Figures, in: The New York Times, 14.04.2011, S. A1. Countrywide Financial war die größte Immobilienbank der USA; sie wurde 2008 an die Bank of America verkauft.
41 Kumulrisiko: die sehr unwahrscheinliche Entdeckung des Betrugs tritt gleichzeitig bei vielen Kunden ein; dies obwohl auch eine solche Häufung sehr unwahrscheinlich ist.
42 Siehe http://news.bbc.co.uk/hi/english/static/in-depth/business/2002/enron/timeline/default.stm (28.12.2014).
43 Siehe Ingo Köhler, Roman Rossfeld (Hg.): Pleitiers und Bankrotteure. Geschichte des ökonomischen Scheiterns vom 18. bis 20. Jahrhundert, Frankfurt/M. 2012, S. 14 f. u. S. 43 f.
44 David O. Friedrichs: Wall Street: Crime Never Sleeps, aus: Susan Will et al., S. 3–25, hier S. 4 f.
45 Siehe Laureen Snider: The Technological Advances of Stock Market Traders, in: Susan Will et al., S. 151–170, hier S. 155 f. u. 161 f.
46 Emanuel Derman: Models Behaving Badly, New York 2011, S. 191 f. und S. 198 f.
47 Sajjan Singh Banwait: Insurance and Crime. A Consideration of Effects upon Society, New Delhi 2009.

Entfaltung in den Glanzjahren der Monarchie

1 Im Folgenden auch Phönix oder Lebens-Phönix genannt; zu unterscheiden von dem Ursprungsunternehmen Oesterreichischer Phönix und vom Schwester-Unternehmen Elementar-Phönix (s. u.).
2 The New York Times, 26.03.1936.
3 Frankfurter Zeitung, 27.03.1936, Nr. 160–161.
4 Wiener Zeitung, 26.03.1936, Nr. 85.
5 Chicago Daily Tribune, 27.03.1936.
6 Frankfurter Zeitung, 29.03.1936, Nr. 164–165.
7 Ebd.
8 Völkischer Beobachter, 27.03.1936, Nr. 87.
9 Der Angriff, 28.03.1936, Nr. 75.
10 In kaum einem Lande ist die Historie des Versicherungswesens so umfassend erforscht und dokumentiert wie in Österreich. Die neunbändige »Versicherungs-

geschichte Österreichs« ist das Hauptwerk, zu dem mehr als 200 Autoren in zwei Jahrzehnten beigetragen haben: Wolfgang Rohrbach (Red.): Versicherungsgeschichte Österreichs. Band 1–9, Wien 1988–2008. Wenn also hier der Fall Phönix in seinen historischen Zusammenhängen betrachtet wird, so muss der versicherungsgeschichtliche Hintergrund nicht noch einmal gezeichnet werden. Ausreichend ist der folgende kurze Überblick, mit Einengung auf die Sparte der Lebensversicherungen.

11 Siehe Gerhard Schreiber: Die Interunfall Versicherung und die Riunione Adriatica di Sicurtà in Wien (1890–2004), Wien 2007 (Diss.), S. 41 f.

12 Mit 9 Niederlassungen, im Vergleich zu USA (4), England (2) u. a. (jew. 1). Auch in der Gesamtzahl – über alle Sparten – hielt Deutschland die Spitzenstellung, mit 26 von 44 Niederlassungen und einem Marktanteil von 7 %. Siehe Peter Ulrich Lehner: Am Rande berührt. Auswirkungen großraumwirtschaftlicher und weltpolitischer Vorgänge auf das österreichische Versicherungswesen, aus: W. Rohrbach (Red.), Band 5: Assekuranzmosaik des ausgehenden 20. Jahrhunderts, Wien 1997, S. 93–244, hier S. 131 f.

13 Siehe Marita Roloff: Die Entwicklung der Lebensversicherung in Österreich zwischen 1873 und 1936, aus: W. Rohrbach (Red.), Band 2: Die Ära des klassischen Versicherungswesens, Wien 1988, S. 283–608, hier S. 316 f., 514 und 520.

14 Unter »Prämie« (heute Versicherungsbeitrag) ist die Geldsumme zu verstehen, die der Versicherte an den Versicherer zahlt. Dafür hat er den Anspruch auf die vereinbarte Gegenleistung, sobald der »Versicherungsfall« eintritt.

15 Siehe M. Roloff: Die Entwicklung …, S. 516 und 535.

16 Ebd., S. 352 f.

17 Aufzeichnungen der Sitzung vom 5. Dezember 1892, wiedergegeben in: Deutsche Wacht (Celje, Slowenien), 17 (1892) 98, 08. 12. 1892. Mit dem »Aufsichtscommissär« war Dr. Julius Kaan gemeint, der für die Versicherungsaufsicht zuständige Ministerialrat im k. k. Ministerium des Innern.

18 Österreichische Versicherungs-Zeitung, 2/1904, zit. n. M. Roloff, S. 362.

19 Wilhelm Berliner, Richard Engländer: Das Österreichische Wuchergesetz. Historische und systematische Darstellung mit einem Anhange über die Reformfrage, Wien 1911, S. 2. Die Autoren beziehen sich auf den § 138 BGB (Sittenwidriges Rechtsgeschäft), nicht aber auf das deutsche Versicherungsvertragsgesetz von 1908 (seit 1910 in Kraft).

20 Siehe M. Roloff, S. 532 f.

21 Österreichische Zeitung für öffentliche und private Versicherung: Notiz auf S. 403 im Bd. 1 (1910); Zitat Albert Ehrenzweig auf S. 526 in Bd. 2 (1911); Zitat Max Leimdörfer auf S. 234 in Bd. 3 (1912); Hinweis auf kommentierte Ausgabe von Albert Ehrenzweig auf Seite 498 in Bd. 9 (1918). Leimdörfer (1883–1972) und Ehrenzweig (1875–1955) waren bekannte Versicherungsjuristen. Letzterer lehrte an der Uni-

versität Wien, war später im Innen- und Finanzministerium mit Versicherungsfragen befasst, wurde 1938 wegen jüdischer Herkunft entlassen und emigrierte in die USA. Einen ähnlichen Weg nahm sein Sohn Albert Arnim Ehrenzweig (1906–1974); er hatte, bevor er 1929 in den Staatsdienst eintrat, den Phönix als Praktikant kennen gelernt. Einen Namen im Versicherungswesen hatte auch sein Großvater Adolf Ehrenzweig, als Begründer und Herausgeber des Assekuranz-Jahrbuchs (Wien).

22 Siehe Wilhelm Hemerka und Kurt Winsauer: Rechtshistorischer Abriß der österreichischen Versicherungswirtschaft zwischen 1918 und 1938, aus: W. Rohrbach (Red.), Band 3: Das Zeitalter des modernen Versicherungswesens, Wien 1988, S. 51–132, hier S. 66 f.

23 Assekuranz-Jahrbuch, 38 (1917), S. 3.

24 Assekuranz-Jahrbuch, 39/40 (1919/20), S. 3.

25 Assekuranz-Jahrbuch, 38 (1917), S. 5.

26 Ebd., S. 10.

27 Ebd.

28 4,57 Mrd. Kronen in 1918 im Vergleich zu 2,39 Mrd. in 1916. Siehe M. Roloff, S. 522 (Daten aus dem Assekuranz-Jahrbuch, 41 (1921)). Erfasst ist der Bestand aller am Ende 1918 in der Republik Österreich verbliebenen Gesellschaften.

29 Bezeichnung im Folgenden: Lebens-Phönix oder Phönix.

30 Gemessen am Lebensversicherungsbestand. Der Anteil des Phönix hatte zwischen 1913 und 1916 bei 5 % gelegen; 1917 stieg er auf 23 %. (Betrachtet wurden nur die österreichisch-ungarischen Lebensversicherungs-Aktiengesellschaften. Hinzu kamen inländische Lebensversicherer mit anderen Rechtsformen sowie die ausländischen Aktiengesellschaften. Diese erreichten 1916 etwa ein Drittel des Versicherungsbestands der inländischen AG.) Berechnung aus Daten des Assekuranz-Jahrbuchs. Siehe auch P. Lehner: Am Rande …, S. 156 f.

31 Im Folgenden: Ursprungs-Phönix, zu unterscheiden von Lebens-Phönix und Elementar-Phönix.

32 Siehe P. Koch: Geschichte der Versicherungswirtschaft…, S. 94.

33 Siehe W. Hemerka, S. 108.

34 Die Presse, 05. 04. 1867, Nr. 93, S. 5.

35 Zum »Vienna Crash« siehe M. Duckenfield, Bd. 2, S. 147 f.

36 Société Anonyme d'Assurances Franco-Hongroise, mit Feuer-, Transport- und Lebensversicherungen, Sitz in Budapest.

37 Siehe Johann Hanslik: Genealogie der Versicherungsunternehmen Österreichs, aus: W. Rohrbach (Red.), Band 2, S. 1159–1208, hier S. 1164, 1171.

38 Im folgenden Elementar-Phönix genannt, zur Unterscheidung vom Ursprungs-Phönix und der Lebens-Phönix.

39 Patria Versicherung Aktiengesellschaft.

40 Siehe BA R 3101/17322 (Aktenbestand Reichs- und Preußisches Wirtschaftsministerium, Sachen des Reichsaufsichtsamts für Privatversicherung (1902–1918), nicht nummeriert). Die Beteiligung von 50 % seitens der Münchener Rückversicherung entstand 1898, als der Lebens-Phönix sein Grundkapital auf 2,4 Millionen Kronen erhöhte. Eine zweite Kapitalerhöhung, auf 6 Millionen Kronen, folgte 1912. An dieser war die Münchener Rück nicht beteiligt, erhöhte jedoch ihren Anteil wieder, auf 43 % von insgesamt 30 000 Aktien in 1919. Siehe Johannes Bähr, Christopher Kopper: Munich Re. Die Geschichte der Münchener Rück 1880–1980, München 2015, S. 196 f. Bähr nennt als Quelle für diese und weitere Angaben zum Verhältnis von Phönix und Münchener Rück ein unternehmensinternes Exposé: Martin Herzog: Was Dokumente erzählen können – Zur Geschichte der Münchener Rück.
41 Siehe Assekuranz-Jahrbuch, 36 (1915), S. 50.
42 Assekuranz-Jahrbuch, 41 (1921), S. 4.
43 Siehe Die Versicherungswirtschaft, 2 (1927) 19, S. 297, wiedergegeben in M. Roloff, S. 523, sowie Rechenschaftsberichte des Phönix.

Skandalgewitter vor Kriegsende

1 Fremden-Blatt, 23. 05. 1915, Nr. 54, S. 12.
2 Grazer Mittags-Zeitung, 11. 06. 1915, Nr. 138, S. 2.
3 Österreichische Land-Zeitung, 22. 11. 1915, Nr. 47b, S. 2.
4 In der Familiengeschichte von Edmund de Waal: Der Hase mit den Bernsteinaugen, Wien 2011, S. 196 u. 213 f.
5 Neue Freie Presse, 27. 05. 17, Nr. 18952, S. 19
6 Zit. n. Baldur Graf: Werbung damals, aus: W. Rohrbach (Red.), Band 2: Die Ära des klassischen Versicherungswesens, Wien 1988, S. 203–242, hier S. 240.
7 Ebd., S. 242.
8 Reichspost, 15. 05. 1918, Nr. 219, S. 7.
9 Die Neue Zeitung, 17. 05. 1918, Nr. 132, S. 1.
10 Arbeiter-Zeitung, 18. 05. 1918, Nr. 133, S. 6.
11 Die Neue Zeitung, 23. 05. 1918, Nr. 137, S. 6.
12 Reichspost, 30. 05. 1918, Nr. 243, S. 8.
13 Police: Versicherungsschein, in Österreich Polizze.
14 Reichspost, 28. 05. 1918, Nr. 239, S. 6.
15 Reichspost, 30. 05. 1918, Nr. 243, S. 8.
16 Ebd., S. 10.
17 Zu diesem Komplex von gesamtwirtschaftlichem Ungleichgewicht, Krisen in Finanzhäusern, Wirtschaftskriminalität und marktpsychologisch deutbaren Störun-

gen siehe Eduard März: Österreichische Bankpolitik in der Zeit der großen Wende 1913–1923, München 1981, S. 211 f.
18 Alexander Spitzmüller: »... und hat auch Ursach, es zu lieben«, Wien 1955, S. 229 f.
19 Karl Kraus: Weltgericht. München, Wien o. J., S. 135 (Mai 1917).
20 Siehe Neue Zeitung, Reichspost, Arbeiter-Zeitung der Tage 29. 03. bis 05. 04. 1917.
21 Der Anwalt von Felix erreichte, dass auch der Kriegs-, der Finanz- und der kurz zuvor zurückgetretene Justizminister als Zeugen geladen wurden. Siehe Ilse Reiter: Gustav Harpner (1864–1924). Vom Anarchistenverteidiger zum Anwalt der Republik, Wien 2008, S. 490 f. Hintergrund war der Versuch des Kriegsministers, auf den Prozessverlauf zugunsten von Kranz Einfluss zu nehmen. Dadurch wurde auch Spitzmüller – auf Bitten des Justizministers – in das Geschehen involviert und sprach zusammen mit ihm beim Kaiser vor. »Der Kaiser erklärte uns mit großer Bestimmtheit, er wünsche diese Sache so geordnet zu sehen, daß jede Kompromittierung des Kriegsministers unbedingt vermieden werde.« A. Spitzmüller, S. 232.
22 Siehe Prager Tagblatt vom 18. 10. 1917.
23 Siehe E. März, S. 465 f.
24 In der Ausgabe vom 31. 05. 1934, Nr. 25040, S. 19.

Verluste, Risiken und Aufstieg nach dem Zerfall

1 Assekuranz-Jahrbuch, 41 (1921), S. 3.
2 Siehe P. Lehner: Am Rande ..., S. 140 f.
3 Ebd., S. 146.
4 Siehe Max Leimdörfer: Aus meinem Leben, Wien 1963, S. 20 (Veröffentlichung eines Vortrags).
5 Siehe M. Roloff, S. 418; Ludwig Arps: Durch unruhige Zeiten. Deutsche Versicherungswirtschaft seit 1904, 2. Teil: Von den zwanziger Jahren zum Zweiten Weltkrieg, Karlsruhe 1976, S. 64.
6 Wilhelm Berliner: Die österreichische Lebensversicherung, in: Der oesterreichische Volkswirt, 23/1927, S. 613–617, hier S. 613 f.
7 Assekuranz-Jahrbuch, 42 (1923), S. 3 f.
8 Dieser lag bei 250 Millionen Kronen, nach Abzug der ab 1918 ausländischen Gesellschaften.
9 Assekuranz-Jahrbuch, 46 (1927), S. 400.
10 Siehe P. Lehner: Am Rande ..., S. 153 f.
11 Ebd., S. 172.

12 Wiener Lebens- und Rentenversicherungsanstalt und Atlas Lebens- und Rentenversicherungs-AG. Siehe Michael Pewny: Der Phönix-Krach von 1936, Diplomarbeit Univ. Wien 1987, S. 27; Assekuranz-Jahrbuch, 46 (1927) S. 417.

13 Siehe M. Roloff, Tab. 53. (Anteil in 1934: 67 %.)

14 Siehe P. Koch: Geschichte der Versicherungswirtschaft ..., S. 237 f. und Richard Stellwag: Gisela. Ursprung und Wandlungen eines Versicherungsunternehmens, 1. Teil, München 1966 (Typoskript), S. 113 f. Die Namenspatronin Gisela, älteste Tochter der Kaiserin Sissi, hatte sich für die Gründung einer Aussteuerversicherung eingesetzt.

15 Siehe J. Bähr, Chr. Kopper, S. 204. In Prag, bei der Gründung der Slovanska, war dies verdeckt geschehen.

16 Siehe Isabella Ackerl: Der Phönix-Skandal, aus: Ludwig Jedlicka, Rudolf Neck: Das Juliabkommen von 1936. Vorgeschichte, Hintergründe und Folgen, München 1977, S. 241–279, hier S. 250.

17 Siehe Rechenschaftsbericht für 1927 und Die Wirtschaft: Wochenschrift für Industrie, Handel und Landwirtschaft (Prag) 1928, Heft 31, S. 925.

18 Siehe Die Versicherung, 10 (1935) 26, S. 486 f. (Anteile am gesamten Versicherungsbestand des Phönix.)

19 Siehe Rechenschaftsberichte für 1928 bis 1932.

20 Siehe Emmerich Back: Die Aktien der Wiener Börse. Ein Handbuch für Bankiers und Aktionäre, Wien 1931, S. 144.

21 Durchsicht der Wiener Zeitung, Ausgaben von 1913 bis 1936. Nominalwert vor der Umstellung: 200 Kronen.

22 Siehe Die Versicherung, 10 (1935) 33, S. 486.

23 Carl Vaugoin war bis 1933 auch Bundesobmann der Christlichsozialen Partei gewesen, wurde dann aber auf ein leitendes Verwaltungsamt der Bundesbahnen abgeschoben. Im selben Jahr erhielt er auch das Angebot beim Phönix – vermutlich auf Wunsch der Regierung und als »Sinecure«, d.h. mit Bezahlung, aber ohne eigentliche Macht und Verantwortung. Zu letzterem siehe: BA R 3001/166981, Bl. 243.

24 Die Aussteuerversicherung betrieb er über die 1921 erworbene Allianz und Giselaverein (Wien) und deren deutsche Tochtergesellschaft (dies gemeinsam mit der Münchener Rück). Das Unfall- und Haftpflichtgeschäft hatte er zu 100 % an den Elementar-Phönix zediert.

25 Gerling hielt Rang 4, Victoria (Berlin) Rang 6. Siehe Die Versicherung, 7 (1932) 48, S. 765.

Marktschranken in Kaiserzeit und Krieg

1 Zur Entstehungsgeschichte der deutschen Lebensversicherung siehe P. Koch: Geschichte ..., S. 68 f.
2 Siehe Heinrich Braun: Geschichte der Lebensversicherung und der Lebensversicherungstechnik, Berlin 1963, S. 213 f.
3 Siehe Alfred Manes (Hg.): Versicherungslexikon, Berlin 1930, S. 1002 f.
4 In Bremen, Hamburg und Lübeck war, anders als im Großherzogtum Baden, keine Konzession verlangt. Siehe Peter Koch: Gemeinsame Grundlagen der österreichischen und deutschen Versicherungsgeschichte, aus: W. Rohrbach (Red.), Band 6: An der Schwelle zum 3. Jahrtausend – Retrospektiven und Perspektiven, Wien 2000, S. 963–980, hier S. 969.
5 Bayerisches Hauptstaatsarchiv, Bestand Außenministerium, MA 62219.
6 Siehe Arno Surminski: Das Jahrhundert der Assekuranz, in: Zeitschrift für Versicherungswesen, 51 (2000) 4, S. 111–115, hier S. 114.
7 BA R 3101/17322 (Aktenbestand Reichs- und Preußisches Wirtschaftsministerium, Sachen des Reichsaufsichtsamts für Privatversicherung (1902–1918), Blätter nicht nummeriert).
8 Siehe die Darstellung des parallel laufenden Zulassungsantrags, den die Interunfall, eine Tochter der Riunione aus Wien, im selben Jahr gestellt hatte. »Das Kaiserliche Aufsichtsamt für Privatversicherungen in Berlin setzte nun alle Mittel der bürokratischen Schikane ein, um die Konzessionserteilung zu verhindern oder zumindest zu verzögern; letzteres gelang fünf Jahre lang.« G. Schreiber, S. 138.
9 BA R 3101/17322.
10 James Klang, geb. 1847, starb im November 1914. Er war in den letzten Jahrzehnten eine der großen Persönlichkeiten der österreichischen Assekuranz. Aus Lemberg kam er nach Wien, studierte dort Rechtswissenschaften und war mit 35 Jahren schon Direktor der Azienda. Mit zwanzigjähriger Branchenerfahrung stieg er 1889 zum Generaldirektor des Lebens-Phönix auf, der unter seiner Regie den ersten großen Aufschwung nahm.
11 BA R 3101/17322.
12 Der Reichsanzeiger, 15.12.1915, Nr. 295.
13 BA R 3101/17322.
14 Ebd.
15 Erlass vom 08.10.1917.
16 BA R 3101/17322 Schreiben des Reichskanzlers (Reichsamt des Innern) vom 6. Juli 1917 an das Aufsichtsamt; dieselbe Erlaubnis erhielten noch fünf weitere österreichische Gesellschaften, darunter Allianz, Der Anker in Wien sowie Generali in Triest.

17 BA R 3101/17322.
18 Dies war der Untertitel, zu dem Titel: »Mit Pallasch und Lanze«.
19 »Welch grosse Bedeutung die Kriegsanleiheversicherung hat, beweist die Tatsache, daß der ›Österr. Phönix‹ zur VII. Kriegsanleihe in Österreich eine halbe Milliarde beizutragen vermochte.« Ebd.
20 R 3101/17323.

Expansion und Staatsaufsicht in den zwanziger Jahren

1 Siehe A. Surminski: Das Jahrhundert ..., in: Zeitschrift für Versicherungswesen, 51 (2000) 6, S. 251 f.
2 Der wirtschaftliche Wert eines Versicherungsvertrages errechnet sich als Differenz zwischen den (abgezinst summierten) zukünftigen Ausgaben des Versicherers und den (abgezinst summierten) zukünftigen Beiträgen des Versicherten.
3 Assekuranz-Jahrbuch, 45 (1926), S. 247 (Zitat); dass., 46 (1927), S. 253.
4 Siehe Wilhelm Kisch: Fünfzig Jahre Allianz. Ein Beitrag zur Geschichte der deutschen Privatversicherung, München 1940, S. 28 f. Dass nicht die Mutter selbst dieses Geschäft aufbauen konnte, ergab sich aus dem Prinzip der Spartentrennung, 1903 von der Aufsichtsbehörde eingeführt.
5 Gerald D. Feldman: Die Allianz und die deutsche Versicherungswirtschaft 1933–1945, München 2001, S. 33 f.
6 Assekuranz-Jahrbuch, 46 (1927), S. 253.
7 Assekuranz-Jahrbuch, 48 (1929), S. 318. (Bestand Ende 1927 einschl. Rückversicherung.)
8 Siehe Robert Eric Wright, George David Smith: Mutually Beneficial: The Guardian and Life Insurance in America, New York 2004, S. 65 f.
9 Siehe R. Stellwag, S. 171.
10 BA R 3101/17323 (Schreiben vom 03. 03. 1924).
11 Siehe Peter Braumüller: Versicherungsaufsichtsrecht: internationale Standards, europäische Richtlinien und österreichisches Recht, Wien 1999, S. 6 f.
12 Siehe Werner Ogris: Zur Entwicklung des Versicherungsaufsichtsrechts und des Versicherungsvertragsrechts in Österreich von der Mitte des 19. Jahrhunderts bis zum Ende der Monarchie, aus: W. Rohrbach (Red.), Band 2, S. 1–152, hier S. 48 f.
13 BA R 3101/17323 (S. 4 des Gesprächsprotokolls).
14 Das RAA hat diesen 1901 festgelegten Grundsatz noch erweitert: ausländische Versicherer, die im eigenen Lande zur Spartentrennung gezwungen waren, sollten in Deutschland überhaupt keine Zulassung erhalten.
15 BA R 3101/17323 (Schreiben vom 06. 04. 1923).

16 Siehe ebd. (S. 5 des Gesprächsprotokolls).
17 Dieses Risiko ist, falls überhaupt an die Münchener Rück zediert, später auf den Elementar-Phönix übergegangen, wie sich 1936 bei der Auflösung des Lebens-Phönix zeigte.
18 Die Prämienreserve ist in der Bilanz ein Passivposten, ihr muss ein entsprechendes Aktivum, also ein Vermögen gegenüber stehen (Bezeichnungen: Sicherungsvermögen, Prämienreservefonds, Deckungsstock). Dass dieses nicht vollständig »im Hause« des Versicherers (treuhänderisch überwacht) verbleiben kann, sondern zu einem Teil als Kaution bei der Aufsichtsbehörde zu hinterlegen ist, stellt eine deutliche Verschärfung der Auflagen dar.
19 Die Auseinandersetzung ist in einem längeren Brief des Phönix an das RAA vom 24.09.1934 detailliert beschrieben. Siehe BA B 280/22305, Bl. 90–96.
20 BA R 3101/17511 (Beirat beim Reichsaufsichtsamt, 1924–26, o. Num.).
21 BA R 3101/17323 (Brief im Mai 1930).
22 BA R 907/414 (Geschäftsberichte Münchner Rück 1929/30 bzw. 1931/32).
23 Siehe Bericht Skrobanek über die amtliche Untersuchung bei der Lebensversicherungsgesellschaft »Phönix« (08.10.1936). ÖStA, AdR 06, Versicherungsaufsicht Gruppe 10, Karton 370, zl. 186.048–12/36, S. 13.
24 Rechenschaftsberichte Phönix 1930, S. 9 bzw. 1931, S. 8.
25 Siehe J. Bähr, Chr. Kopper, S. 197.
26 Dazu Kißkalt in einem Schreiben an die Phönix-Direktion im Juli 1930: Die Münchener Rück habe auf Verlangen der Direktion des Phönix im Jahre 1927 ihren Besitz an Aktien des Lebens-Phönix abgegeben. Ebd., S. 198.
27 Ebd., S. 199.
28 Bericht Skrobanek ..., S. 19 f.
29 Siehe Assekuranz-Jahrbuch, 49 (1930), S. 370 bzw. ebd., 51 (1932), S. 474.
30 Siehe Rechenschaftsberichte Phönix 1929–1933.
31 Siehe Handbuch der deutschen Aktiengesellschaften, 41 (1936).
32 Otto Herz, Walter Erhard und Edgar von Bleichröder; sie werden unten noch in weiteren Zusammenhängen erwähnt. Siehe LAB A Rep. 342–02 Nr. 3760 (Handelsregisterakte).
33 Ebd. (Brief vom 15.01.1931).
34 Ein Vermerk des Ministerialrats findet sich in der Akte R 3101/17323 als Anlage zum Bericht.
35 Der Montag-Morgen 16.06.1930, Nr. 34. Favag-Skandal: spektakulärer Zusammenbruch der Frankfurter Allgemeine Versicherungs-AG im August 1929.
36 BA R 3101/17323 (Stellungnahme vom 20.08.1930).
37 Neben Julius Singer (Vors.), Dr. Arthur Prager und Dr. Fritz Saffir. Zum Verwaltungsrat gehörten die Bankdirektoren Kißkalt (Münchener Rückversicherung) und August von Finck (Merck, Finck & Co. München).

38 Hans Habe: Ich stelle mich. Meine Lebensgeschichte, München 1954, S. 147. Habe (1911–1977) war im Nachkriegsdeutschland einer der bekanntesten Zeitungsmacher und Journalisten.
39 BA R 3101/17323 (Brief vom 15. Januar 1931).
40 BA R 3101/17324, Bl. 10.
41 Siehe I. Ackerl, Der Phönix-Skandal ..., S. 267. Dort angegebene Quelle: Archivbestand Bundeskanzleramt.

Versicherungswirtschaft unter Staat und Partei

1 Arno Surminski: Das Image ..., S. 430.
2 Siehe Rüdiger Hachtmann: Das Wirtschaftsimperium der Deutschen Arbeitsfront 1933–1945, Göttingen 2012, S. 630.
3 A. Möller, S. 11.
4 Siehe Volker Kratzenberg: Arbeiter auf dem Weg zu Hitler? Die Nationalsozialistische Betriebszellen-Organisation 1927–1934, Frankfurt/M. 1987, S. 232 f., und Günther Mai: Die Nationalsozialistische Betriebszellen-Organisation. Zum Verhältnis von Arbeiterschaft und Nationalsozialismus, in: Vierteljahrshefte für Zeitgeschichte, 31 (1983) 4, S. 573–613, hier S. 594 f. und 603 f.
5 Siehe G. Feldman: Die Allianz ..., S. 89 f.
6 Siehe Ingo Böhle: Die Volksfürsorge Lebensversicherungs AG – ein Unternehmen der Deutschen Arbeitsfront (DAF) im »Dritten Reich«, in: Zeitschrift für Unternehmensgeschichte, 45 (2000) 1, S. 49–78, hier S. 52. Kratzer war von 1933–35 im Vorstand der Volksfürsorge.
7 Siehe R. Hachtmann, S. 639.
8 Ersterer war NSDAP-Gauleiter und Verwaltungsratsvorsitzender der Bayerischen Lebensversicherungsanstalt, während letzterer – ein Bruder des Propagandaministers – die (rangerste) Rheinische Provinzial-Feuerversicherungsanstalt führte. Siehe André Botur: Privatversicherung im Dritten Reich, Berlin 1995, S. 51.
9 Walter Rohrbeck: Die Versicherungswirtschaft im nationalsozialistischen Staat, in: Der Versicherungs-Kaufmann, 1 (1933) 5, S. 49–55. Rohrbeck (1885–1956), zunächst leitend in der Versicherungswirtschaft, übernahm 1939 den Lehrstuhl für Versicherungswissenschaft an der Universität Köln und war auch nach 1945 eine geschätzte Stimme in der Politikberatung.
10 Siehe G. Feldman: DieAllianz ..., S. 55 sowie Barbara Eggenkämper, Gerd Modert, Stefan Pretzlik: Die Allianz. Geschichte des Unternehmens 1890–2015, München 2015, S. 150 f.
11 Oertel war auch, als Nachfolger Hilgards, Präsident im (zunächst fortbestehenden) Reichsverband der Privatversicherung.

12 Siehe hierzu A. Botur, S. 42 f.

13 Siehe G. Feldman: Die Allianz …, S. 306 f.

14 Sie boten den Versicherten daraufhin die Umstellung der Verträge auf Reichsmark an. Siehe Stefan Karlen et al.: Schweizerische Versicherungsgesellschaften im Machtbereich des »Dritten Reichs«, Teil 1, Zürich 2002, S. 368 f.

15 Es sah Lebensversicherungen, abgeschlossen bei ausländischen Versicherern, als – nach dem Volksverratsgesetz – meldepflichtig an. Siehe Der Versicherungs-Kaufmann: Zeitschrift der Reichsfachgruppe Versicherungen im Deutschen Handlungsgehilfen-Verband, 1 (1933) 2, S. 20.

16 Ebd., S. 87 f. Zur Einstellung eines jüdischen Bezirksdirektors 1934 hat sich dagegen das RAA ausdrücklich der Sicht des Ministeriums angeschlossen: Der »Arierparagraph« gelte nicht für die freie Wirtschaft. Siehe RAA-Geschäftsbericht 1934, S. 76.

17 BA R 3101/17515 (Beirat beim Reichsaufsichtsamt, Mai bis Dezember 1933, o. Num.)

18 Ebd., Schreiben vom 23. bzw. 24.06.1933.

19 Siehe Peter Mantel: Betriebswirtschaftslehre und Nationalsozialismus, Wiesbaden 2009, S. 350.

20 Siehe Neumanns Zeitschrift für Versicherungswesen, 58 (1935) 32, S. 765.

21 Siehe I. Böhle, S. 66.

22 Bank und Versicherung. Mitteilungsblatt der Reichsarbeitsgemeinschaft Banken und Versicherungen, 2 (1935) 9, S. 1.

23 Ebd., 2 (1935) 10, S. 1.

24 Siehe Thomas Weihe: Die Personalpolitik der Filialgroßbanken 1919–1945: Interventionen, Anpassung, Ausweichbewegungen, Stuttgart 2006, S. 60 f.

25 Rudolf Lencer: Verantwortungsbewußte Sozialgestaltung in der deutschen Bank- und Versicherungswirtschaft, aus: Reichsbetriebsgemeinschaft …, S. 53–64, hier S. 63 f.

26 Siehe A. Botur, S. 96 f.

Wachstum, Wettbewerb und Machtkampf in der Fachgruppe

1 Quellen für die hier genannten Bestandsdaten: Assekuranz-Jahrbuch, 52 (1933) S. 348 f., 54 (1935) S. 320 f., 57 (1938) S. 241 f., 62 (1943) S. 68 f. Prozentangaben beziehen sich auf die Versicherungssumme.

2 Die Versicherungssumme stieg beim Phönix von 57 (1927) auf 201 Mio. RM (1933), während die Schweizerische ihren Bestand von 105 auf 224 Mio. RM erhöhen konnte und die Basler von 201 auf 282 Mio. RM. Die letzteren waren – anders als der Phönix – auf Großleben spezialisiert; die durchschnittliche Vertragssumme betrug 1933 bei der Schweizerischen 11,1 TRM, bei der Basler 6,9 TRM und beim

Phönix 1,5 TRM. Siehe Kurt Rentner: Lebensversicherung in fremder Währung, Hamburg 1936, S. 114.

3 Siehe R. Hachtmann, S. 630. Ihre Hauptkunden waren Industriearbeiter (Ende 1936: 71 %); ebd., S. 213.

4 Anteile gemessen am Versicherungswert ohne öffentlich-rechtliche Versicherer.

5 Zitate nach A. Surminski, S. 41 f.

6 Siehe Fachgruppe Lebensversicherungen, Pensionskassen, Sterbekassen der Wirtschaftsgruppe Privatversicherung. Geschäftsbericht, erstellt zur Mitgliederversammlung 18.11.1938 in Berlin, S. 93

7 Siehe A. Surminski, S. 44 f. (auch Zitat).

8 Siehe Fachgruppe Lebensversicherungen ..., S. 102 f.

9 Hans Ullrich: Kapitalanlage- und Tarifpolitik der deutschen Versicherungswirtschaft im Dienste der Gemeinschaft, aus: Reichsbetriebsgemeinschaft Banken und Versicherungen in der DAF (Hg.): Die Jahresarbeitstagung 1937, S. 156–168, hier S. 161.

10 Siehe R. Hachtmann, S. 223.

11 H. Ullrich, S. 162.

12 In einem Schreiben an Feder, nunmehr Staatssekretär im Reichswirtschaftsministerium, beklagte sich Braß im Dezember 1933, dass er bislang nicht berufen worden sei. BA R 3101/17515 (Beirat beim Reichsaufsichtsamt, Mai bis Dezember 1933, o. Num.)

13 A. Botur, S. 52.

14 Zit. n. A. Surminski, S. 77.

15 Andreas Braß: Neue Wege durch persönliche Initiative in der Versicherung, aus: Reichsbetriebsgemeinschaft ..., S. 129–142, hier S. 140.

16 Rede des Reichsorganisationsleiters Dr. Robert Ley auf der Großkundgebung am 15. Oktober, aus: ebd., S. 203–209, hier S. 205 f.

17 Siehe G. Feldman: Die Allianz ..., S. 346 f.

18 Ebd., S. 97 f. und 160 f.

19 Siehe G. Feldman: Die Allianz ..., S. 165 f. und B. Eggenkämper et al.: Die Frankfurter ..., S. 94 f.

20 In: Das Schwarze Korps, 19.11.1936, Nr. 47, S. 14.

21 Siehe G. Feldman: Die Allianz ..., S. 166.

22 Siehe B. Eggenkämper et al.: Die Frankfurter ..., S. 98.

Pressebild, neue Produkte, Werbung

1 Die Daten sind nicht vollkommen vergleichbar, da 1933 in Österreich allen Versicherern eine Umbewertung der Fremdwährungsversicherungen vorgegeben wurde. Siehe K. Rentner, S. 87.
2 Der Deutsche Volkswirt, 8 (1933/34) 7, S. 311 f.
3 Ebd.
4 Siehe RAA-Geschäftsbericht 1934, S. 60.
5 Phönix-Rechenschaftsbericht 1932.
6 Der Deutsche Volkswirt, 9 (1934/35) 52, S. 2429 f.
7 Ebd., Sonderbeilage 10. Folge, S. 30–32.
8 Siehe Neumanns Zeitschrift für Versicherungswesen, 58 (1935) 29, S. 796 und Handbuch der deutschen Aktiengesellschaften, 40 (1935), S. 5503 f.
9 Siehe Die Bank, 28 (1935) 36, S. 1235 (04.09.1935)
10 Frankfurter Zeitung, 06.08.1935.
11 BA R 3101/17511 (Beirat beim Reichsaufsichtsamt, 1924–26, o. Num.). In dieser Sitzung der Gruppe I im Oktober 1925 gab es entschiedenen Widerspruch nur von Seiten der Versicherungsmakler, die Marktverluste befürchteten. Im September 1925 hatte das Aufsichtsamt – nach heftigen Auseinandersetzungen in der Branche – erstmals angeordnet, dass unter bestimmten Bedingungen ein Gruppen- (synonym: Kollektiv-) versicherungsvertrag nicht als unzulässige Begünstigung gelten und daher verboten werden kann. Einen entscheidenden Durchbruch brachten die auf Verbandsebene 1927 vorgelegten »Heidelberger Richtlinien«, vom RAA weitgehend übernommen. Das Geschäft weitete sich schnell aus, vor allem bezogen auf Vereine, Berufsverbände u. ä. Organisationen. Die Machtergreifung, Gleichschaltung und damit Umstrukturierung bei diesen Zusammenschlüssen brachten erhebliche Probleme, selbst Verbote wurde wieder erwogen. Stürmisch entwickelte sich dagegen die »Gefolgschaftsversicherung« (Firmen-Gruppenversicherung). Siehe Fachgruppe Lebensversicherungen …, S. 49 f.
12 Phönix-Rechenschaftsbericht 1929, S. 8.
13 BA R 3101/17323.
14 Siehe die abgebildete Anzeige aus der Jüdischen Rundschau.
15 Siehe G. Feldman: Die Allianz …, S. 154 f.
16 Siehe Der Deutsche Volkswirt, 8 (1933/34) 52, S. 13.
17 1927 hatte sie noch bei 2 850 RM gelegen. Groß- und Kleinlebensversicherungen sind zusammengerechnet. Zum Vergleich: der Bestand aller deutschen Versicherer im Reich stieg in derselben Zeit von 16,7 auf 23,4 Millionen Policen (+40 %).
18 Alex Möller schrieb in seine Erinnerungen, dass der Phönix »in größerem Umfang Kollektivversicherungen, insbesondere Vereinssterbegeldversicherungen, abschloss.« A. Möller, S. 10.

19 Quelle für Bestandsdaten: Assekuranz-Jahrbuch, 53 (1934), S. 348 und 55 (1936), S. 404.
20 Mit einer Auflage von 35 000 (Sommer 1935) die viertgrößte deutsch-jüdische Zeitung.
21 Jüdische Rundschau, 10. 02. 1933, Nr. 12.
22 Zu Inseraten »jüdischer« Firmen in NS-Zeitungen siehe Christoph Kreutzmüller: Unter Druck Gedruckt. Zeitungsannoncen jüdischer Unternehmen in Deutschland 1933–1942, Manuskript 2014, S. 18.
23 Neumanns Zeitschrift für Versicherungswesen, 57 (1934) 26, S. 551.
24 Der Deutsche Volkswirt, 8 (1933/34) 52, S. 13.
25 Anzeigen in Der Angriff am: 24. 05., 03. 06., 05. 08., 03. 11. 1933; 18. 08. 1934 und 08. 12. 1935.

Streit mit Aufsichtsamt und Partei

1 BA R 3101/17324, Bl. 15 f. (Brief vom 31. 01. 1933).
2 Ebd., Bl. 18 f. (Brief RMWi an AA vom 09. 02. 1933). Die Zuständigkeit für die Versicherungsaufsicht lag damals noch im Bundeskanzleramt (Ministerialrat Ochsner).
3 Ebd., Bl. 25 f. (17. 03. 1933).
4 Zit. n. I. Ackerl, Der Phönix-Skandal …, S. 268. Quelle: Aktenbestand des Bundeskanzleramts.
5 BA B 280/22306, Bl. 50. Der Phönix wurde von Berliner, Berger, Tramer (Chefmathematiker) und von Kardorff vertreten.
6 Siehe I. Ackerl, Der Phönix-Skandal …, S. 268. Zugrunde liegt eine subjektive Darstellung – eine Aktennotiz Berliners, im Bestand des Bundeskanzleramts (15. 06. 1933).
7 BA R 3101/17324, Bl. 39 (16. 10. 1933).
8 Ebd., Bl. 52.
9 Als Memo: Das Ministerium wurde damals, kurz bevor Hjalmar Schacht es übernahm, von Kurt Schmitt geleitet. Dieser war Vorstandsvorsitzender der Allianz bis 1933 und der Münchener Rückversicherungs-Gesellschaft ab 1937.
10 Ebd., Bl. 60 f. (02. 06. 1934).
11 Siehe BA R 3001/17338 (RAA-Akte Schweizer. Lebensversicherungs- und Rentenanstalt).
12 Anfang 1933 betrug die hinterlegte Kaution 600 TRM, im Juni 1934 dann 1,8 Mio. RM und zur Zeit der Wirtschaftsprüfung 2,1 Mio. RM. Ebd., Bl. 13 f., Bl. 60 f., Bl. 98 f.
13 Ebd., Bl. 75 f. (26. 06. 1934).

14 Völkischer Beobachter 08./09.07.1934, Nr. 189/190.
15 Berliner Börsen-Zeitung, 21.07.1934, Nr. 337 und gleichlautend in Neumanns Zeitschrift, 57 (1934) 30, S. 753. Der Phönix widersprach darin einer ganzen Reihe von Anschuldigungen, bzgl. Deckung der Prämienreserve, Zeichnung von öffentlichen Anleihen und Grundstückserwerb auf dem Wege der Zwangsversteigerung.
16 Fränkisches Volk, 24.07.1934, Nr. 169.
17 Siehe BA R 3101/17324, Bl. 84.
18 Siehe K. Bauer, S. 214 f.
19 BA R 3101/17324, Bl. 80 (26.07.1934).
20 Ebd., Bl. 84.
21 Ebd., Bl. 93 (01.08.1934)
22 Ebd., Bl. 94 f. (Brief an das RMWi 15.08.1934). In (der dem Autor zugänglichen Ausgabe) der Zeitschrift war ein solcher Beitrag nicht zu finden, ebenso wenig ein entsprechender Eintrag im Quartalsverzeichnis.
23 Elke Fröhlich (Hg.): Die Tagebücher von Joseph Goebbels, Teil 1, Bd. 3.1, München 2005, S. 85.
24 Siehe G. Feldman: Die Allianz …, S. 89 f. »Aktionistische Phase«: zwischen Machtergreifung und DAF-Gründung.
25 BA R 3101/17325, Bl. 127 (05.05.1936). Siehe auch im Kapitel Nachwirkungen.
26 BA B 280/22305, Bl. 94.
27 Ebd., Bl. 97.
28 »Das Reichsaufsichtsamt mußte bei verschiedenen Gesellschaften nach deren eingehender Prüfung Maßnahmen zur Besserung der Geschäftsführung treffen.« RAA, Geschäftsbericht für 1934, S. 73.
29 BA R 3101/17324, Bl. 119.
30 Ebd., Bl. 97 und BA B 280/22305, Bl. 103 f.
31 Seitens des Phönix erschienen Berliner, Bachmann, Steininger, Erhard, Schorss, von Kardorff und der Chefmathematiker Tramer. Siehe BA B 280/22305, Bl. 103.
32 Ebd., Bl. 109. Die Aufteilung der Leitungsaufgaben zwischen München und Berlin erschien den Prüfern als »zum Teil undurchschaubar«.

Wandel in Direktionsrat und Vorstand

1 Theologe und Direktor des Diözesan-Caritasverbands Augsburg, noch bis 1964, seinem Todesjahr.
2 Er hatte drei Jahre Dienst als Frontoffizier geltend gemacht. Siehe BA R 3001/53848.
3 Siehe dazu das Unterkapitel zum »Büro Megerle«.
4 Müller-Clemm war offiziell ein Gehilfe des Luftattachés; letztere Funktion hatte Generalleutnant von Bülow inne.

5 Siehe Wolfgang Schieder: Mythos Mussolini: Deutsche in Audienz beim Duce, München 2013, S. 158 f.

6 Schriftwechsel vom 14. 02. bis 13. 08. 1942, in: PA AA R 66782 (RZ 514 – Propaganda, DIV-Herstellung und Verbreitung von Propagandaschriften).

7 Siehe Hansjakob Stehle: Bischof Hudal und SS-Führer Meyer. Ein kirchenpolitischer Friedensversuch 1942/43, in: Vierteljahrshefte für Zeitgeschichte, 37 (1989) 2, S. 299–323, hier S. 300 f. Müller-Clemm war nach 1945 Inhaber des Verlags Pohl & Co., München.

8 BA R 9361 I 3046 bzw. BA NSDAP-Ortskartei (Gemeint war die Oberste Nationale Sportbehörde für die Deutsche Kraftfahrt.). Auf der zu seiner Person geführten Wikipedia-Seite heißt es gar: »... war er in den Vorkriegsjahren Vorstandsvorsitzender der Phoenix-Versicherungsgruppe in Berlin«; auf: http://de.wikipedia.org/wiki/Max-zu-Schaumburg-Lippe (26. 03. 2014).

9 Siehe Archiv des Bistums Augsburg (ABA) DICV 352. Unterzeichner waren Schorss und von Pastor für den Phönix und Nar für die Caritas-Vorsorge.

10 Bei einem Monatslohn von 200 RM und einer Abfindungssumme von einem halben Jahresgehalt wären dann etwa 10 % der Angestellten in 1933 ausgeschieden.

11 Ausführlichere Darstellung im Unterkapitel Wiedergutmachung.

12 Siehe Werner Röder und Herbert A. Strauss: Biographisches Handbuch der deutschsprachigen Emigration, München 1980 f., Bd. 1, S. 161 und Josef Weiss: Dr. Walter Erhard 70 Jahre, in: Mitteilungsblatt der Hitachduth Olej Germania, 17. 01. 1969, S. 3. Eine »KKL-Landesstelle« wurde durch eine »Kommission« zusammen mit einem »Büro« gebildet; Erhard war während seiner Tätigkeit für den Phönix Mitglied der Kommission.

13 Noch heute ist das »Steininger Grundstück« bekannt – als beliebter Badeplatz.

Vermögenstransfer auf neuen Wegen

1 Die Marktchancen der Einmalprämienversicherung hatte Berliner früh erkannt und in Österreich ins Produktprogramm des Phönix eingeführt. Die Kernidee war, dass es Kapital in privater Hand gab, das – wegen ungünstigerer Risikoeinschätzung – nicht den Banken anvertraut wurde. So war es ein skurriles Zusammentreffen, dass gerade der Krach der Creditanstalt einen Nachfrageboom nach solchen Versicherungen auslöste: solide Wertpapiere ließen sich damals zu ungewöhnlich niedrigen Kursen erwerben und waren damit ein attraktives Mittel zur Zahlung der Einmalprämien. Die Attraktivität ließ sich noch dadurch erhöhen, dass der Versicherungsabschluss eng mit der Depothaltung der eingereichten Wertpapiere verbunden wurde. Der Phönix war keineswegs der einzige Versicherer, der diese Form nutzte. Siehe I. Ackerl: Der Phönix-Skandal, S. 254 f.

2 Siehe Zion – Monatsblätter für Lehre, Volk, Land, 3 (1931) 7, S. 75.

3 Zusammenstellung aus: Assekuranz-Jahrbuch, mehrere Jahrgänge. Die entsprechenden Zahlen für den Gesamtbestand aller Lebensversicherer in Deutschland lagen bei 3 000 bzw. 3 900 RM. Die Zahlen sind nur begrenzt vergleichbar, weil letztere nicht die Kleinlebensversicherung einschließen (unterhalb 2 000 RM), während die Phönix-Daten beide Klassen zusammen ausweisen.

4 BA B 280/22306, Bl. 48.

5 Gesetze zur Einziehung volks- und staatsfeindlichen (einschl.) kommunistischen Vermögens und zur Ausbürgerung mit Vermögensentzug, vom Mai und Juli 1933.

6 Außerdem waren 1933 vertreten: die österreichischen Gesellschaften Phönix, Der Anker und Janus (später Phönix) sowie die italienische Generali. Siehe Assekuranz Jahrbuch, 54 (1935), S. 342.

7 Siehe St. Karlen, S. 328 f.

8 Ebd., S. 362 f.

9 Ebd., S. 390. Bis Ende 1933 galt – mit Ausnahmen – ein Freibetrag von 15 000 RM. Ab Oktober 1934 war die Mitnahme von Bargeld praktisch nicht mehr erlaubt.

10 Ebd., S. 320 f.

11 Zitat ebd., S. 333. Quelle Archiv Winterthur, Protokoll vom 30. 05. 1933.

12 Nach dem Territorialitätsprinzip waren auf diese in Deutschland wohnende Person die deutschen, nicht die schweizerischen Gesetze anzuwenden.

13 Ebd., S. 334.

14 PA AA, Karton Wien 680, Bestand Gesandtschaft Wien, Dokumentensammlung zum Phönix.

15 Ebd. (Schreiben der Gesandtschaft – »vertraulich«, mit Bezug auf einen Gewährsmann – an das AA in Berlin, 06. 04. 1936.)

16 R 3101/17326, Bl. 40 f.

17 Ebd., Bl. 44 f.

18 Ebd., Bl. 46 f. (Schreiben Gestapo an Landesfinanzamt vom 30. 01. 1934).

Haavara-Abkommen und Kollektivversicherung

1 Runderlass Nr. 54 der Reichsstelle für Devisenbewirtschaftung vom 28. 08. 1933.

2 SiHi war im Nahost-Geschäft engagiert; siehe Sonderbeilage in: Palästina-Nachrichten. Zeitschrift für Wirtschaftsentwicklung im Vorderen Orient, 3 (1936) 8.

3 Dessen hebräischer Name: Keren Kajemeth Lejisrael (Keren Kayemeth Leisrael); auf Deutsch: Der ewige Fonds Israels.

4 Siehe Bericht der Zentralverwaltung des Keren Kajemeth Lejisrael Jerusalem 5681–5683 (1921–1923), in: Erez Israel, Jahrbuch des Keren Kajemeth Lejisrael 1923,

Heft 6, S. 69, Daten von 1922. Der Anteil des jüdischen Bodens am gesamten Mandatsgebiet lag unter 4 %.

5 Von 14 % in 1934/35 auf 42 % in 1937/38. Siehe Report of the Head Office/Keren Kayemeth Leisrael for the years 1937–1939, Jerusalem 1939, S. 4 f.

6 Anzeige in Jüdische Rundschau, 12.10.1928, Nr. 80.

7 Ebd., 11.01.1929, Nr. 3 bzw. 22.02.1929, Nr. 15.

8 Siehe im Unterkapitel »Pressebild, neue Produkte, Werbung«.

9 Die Hitachdut Olej Germania (HOG) – 1932 in Palästina gegründet – wurde, nach Erweiterung auf Einwanderer aus Österreich, zur HOGOA und später zur Irgun Olej Merkas Europea.

10 Siehe Bericht der Zentralverwaltung ..., S. 41.

11 Siehe Meldung der Jewish Telegraphic Agency (JTA) vom 20.02.1930, auf: http://www.jta.org/1930/02/20/archive/27500000-j-n-f-insurance-written-by-phoenix-company (03.07.2014). Demnach hatte die Kooperation Phönix-JNF schon vor dem Kriege begonnen.

12 Siehe Adolph Böhm: Der Keren Kayemeth Leisrael (Jüdischer Nationalfonds), Jerusalem 1931, S. 185, sowie die o. g. Meldung der JTA. Zu den Einnahmen aus der Kollektivversicherung siehe auch: Yossi Katz: The battle for the land. The history of the Jewish National Fund (KKL) before the establishment of the State of Israel, Jerusalem 2005, S. xv.

13 Gesamtsumme bis 1936/37: 4,1 Millionen Pfund. Siehe Adolf Pollak: Keren Kayemeth Leisrael, Prag 1936, S. 16.

14 Ebd., 23.04.1936, Nr. 17, S. 14. Zum Hintergrund: Der JNF arbeitete in Palästina auch an der Aufforstung. Dabei warb er um Baumspenden in Einzelaktionen, die jeweils einem prominenten Förderer des Palästina-Aufbaus gewidmet waren. Man spendete also etwa für den »Herzl-Wald« oder für den »Einstein-Wald«. Siehe A. Böhm, S. 164.

15 Siehe J. Weiss, S. 3.

16 Bericht der Zionistischen Vereinigung für Deutschland an den XXV. Delegiertentag in Berlin 2.–4. Februar 1936, Berlin 1936, S. 184. Leiter der Zentrale war ab Oktober 1934 Josef Weiss; ebd. Der Ehrenvorsitzende der Landeskommission, Max Wollsteiner, hatte unter Bedrohung schon 1933 Berlin verlassen und starb im März 1939 in Prag, kurz vor seiner Abreise nach Palästina. Siehe Entschädigungsakte Max Wollsteiner, Entschädigungsamt Berlin Nr. 79024.

17 J. Weiss, S. 3.

18 Danach (1932/33) im selben Hause wie die Zentralwohlfahrtsstelle der Juden (Kantstraße 158) und ab 1934 im selben Hause wie das Phönix-Büro (Taubenstraße 35).

19 CJA, 1, 75APe3, Nr. 33, #5794, Bl. 13 (Vereinssatzung).

20 Ebd. (Schreiben des Verbands an die Synagogengemeinde Pasewalk).

21 Jüdische Wohlfahrtspflege und Sozialpolitik, 2 (1931) 7, S. 343 f. Die für das Folgeheft angekündigte ausführliche Darstellung dieser »für die Wohlfahrtspflege sehr bedeutsamen Neueinrichtung« blieb aus; stattdessen gab es eine Familienschutz-Anzeige: »Selbsthilfe im Dienste der Familie – Sterbegeld-Versicherungen für Monatsbeiträge von RM 2.– und 4.–«.

22 CJA, 7.235.

23 Siehe G. Feldman: Die Allianz …, S. 286 f.

24 Die Wahrheit (Wien), 8.12.1933, S. 7 (Georg Lubinski/Giora Lotan wurde in Israel Sozial- und Arbeitsminister). In derselben Ausgabe inserierte die Wiener Vertretung des Familienschutz »Das zeitgemäße Chanukkageschenk: Die Sicherung eines Studien- oder Ausstattungsbeitrages für Söhne und Töchter«. Die gleiche Anzeige erschien auch in der Jüdischen Presse (Wien u. Bratislava) – Organ für die Interessen des orthodoxen Judentums, 24.11.1933, Nr. 46, S. 2 und in Die Stimme – Jüdische Zeitung (Wien), 14.12.1933, Nr. 313, S. 12.

25 Eine Referenzliste im Juli 1933 nannte: »Den Vorstand des Landesverbandes gesetzestreuer Gemeinden in Halberstadt, den Vorstand der Freien Vereinigung für die Interessen des orthodoxen Judentums, den Rat des Preußischen und den des Bayrischen Landesverbandes, den Vorstand der Jüdischen Gemeinde zu Berlin, den Jüdischen Frauenbund und den Reichsbund Jüdischer Frontsoldaten«. Der Israelit – Ein Centralorgan für das orthodoxe Judentum (Frankfurt a. M.), 06.07.1933, Nr. 27, S. 7.

26 Siehe Palästina-Nachrichten, 3 (1936) 5, 15.05.1936, S. 3 f. (Anzeige und nachfolgende Sonderbeilage »…unsere Eltern bleiben zurück«).

27 Auch die wesentlichen Elemente eines Einfamilienhauses (ca. 60 % der Baukosten) ließen sich über das Haavara-System transferieren: mittels des exportfähigen Bausystems der »Böhler-Massiv-Häuser«. Siehe Palästina-Nachrichten, 2 (1935) 1/2, S. 10.

28 Siehe J. Katz, S. 67.

29 Jüdische Rundschau, 07.11.1930, Nr. 88 bzw. 24.04.1931, Nr. 31.

30 Zion – Monatsblätter für Lehre, Volk, Land, 3 (1931) 7, S. 75.

31 Siehe Die Stimme, 30.07.1931, Nr. 186, S. 10.

32 J. Weiss, S. 3.

33 Siehe Edwin Black: The Transfer Agreement. The dramatic story of the pact between the Third Reich and Jewish Palestine, Cambridge (Mass.) 1984, S. 84 f. Cohen war mit der oben erwähnten Gesellschaft Hanotaiah Ltd. verbunden, die er auch als mögliche Schaltstelle in die Haavara-Verhandlungen einbrachte.

34 BLHA Rep. 36 A OFP Berlin-Brandenburg, Devisenstelle, Akte A 920. Die Akte enthält den Briefwechsel zwischen Erhard und der Devisenstelle des Landesfinanzamts Berlin, mit Anlagen und Aktennotizen.

35 »Nir Ltd.« war die Jewish Agricultural Cooperative Labour Association Ltd. in Tel Aviv.
36 Zu Einzelheiten des Transfers siehe Werner Feilchenfeld u.a.: Haavara-Transfer nach Palästina und Einwanderung deutscher Juden 1933–1939, Tübingen 1972, S. 37f.
37 Siehe American Jewish Yearbook, 38 (1936/37), S. 370f.
38 Allgemeiner Erlass der Reichsstelle für Devisenbewirtschaftung vom 11.08.1934.
39 BLHA Rep. 36 A, ebd.
40 Das Schwarze Korps, 09.04.1936, Nr. 15, S. 14.
41 Siehe dazu das Unterkapitel »Assekuranz als volkswirtschaftliches Risiko«.
42 Einstufung nach den Bestimmungen der Mandatsregierung: Einwanderer im Besitz von mindestens 1000 pal. Pfund.
43 Siehe Walter Lehn: The Jewish National Fund, London 1988, S. 64f.
44 Der Erwerb ihrer Aktien war somit »eine Anlage im Sinne des Palästina-Abkommens«. Runderlass Nr. 49 der Reichsstelle für Devisenbewirtschaftung vom 07.03.1935.
45 Siehe Meldung in: Palästina-Nachrichten, 1 (1934) 12, 30.09.1934, S. 6.
46 Siehe OECD: Israel. Review of the insurance system, Paris 2011, S. 17f.

Mobilisierung des Immobilienbesitzes

1 R 3101/17324, Bl. 110 (Prüfbericht des RAA vom November 1934).
2 Bei Lebensversicherern durfte der Anteil der Immobilien am Sicherungsvermögen nicht höher als 25 % sein; Phönix hatte bereits 23 % erreicht.
3 29 der 32 Objekte. Siehe Die Bank, 28 (1935) 35, S. 1202f. (28.08.1935)
4 Die Grundstücke sind in den Geschäftsberichten aufgeführt; der letzte vorgelegte Bericht (zu 1934) nennt noch die Ankäufe im 1. Halbjahr 1935. Eine vollständige Liste hat das RAA im Zusammenhang mit dem Eigentumsübergang auf die Isar Lebensversicherungs-AG erstellt; eine Abschrift fand sich in der Grundakte zu einem der Gebäude, im Grundbuchamt Schöneberg.
5 Siehe Bauzonenplan zu der Bauordnung für die Stadt Berlin vom 3. November 1925.
6 Siehe Werner Hegemann: Das steinerne Berlin. Geschichte der größten Mietskasernenstadt der Welt, Berlin 1930, 2. Auflage Berlin 1976, S. 327f.
7 Siehe Berliner Adreßbuch: für d. Jahr 1935; unter Benutzung amtl. Quellen, 4. Teil: Einwohner und Firmen nach Straßen geordnet. Für die Häuser sind angegeben: Eigentümer, evtl. Verwalter und Haushaltungsvorstände der einzelnen Wohnungen. Digitale Fassung auf: http://digital.zlb.de/viewer/sites/collection-berlin-adresses/.
8 Siehe Handbuch der deutschen Aktiengesellschaften, genannte Jahre.

9 Ministerie van Justitie: Centraal Archief Vennootschappen, NV-dossiers Inventaris nr. 36201, auf: http://www.gahetna.nl/collectie/archief/ead/index/eadid/2.09.46 (22.07.2014).

10 Siehe Christoph Kreutzmüller: Händler und Handlungsgehilfen: der Finanzplatz Amsterdam und die deutschen Großbanken (1918–1945), Stuttgart 2005, S. 67–102. Dank an den Autor für den Hinweis auf die Mutter-Tochter-Beziehung zwischen Kaufmannsbank und Kantoor.

11 Siehe LAB, Datenbank Berliner Gewerbebetriebe 1930–1945, erstellt von Christoph Kreutzmüller.

12 Siehe Leipziger Jüdisches Jahr- und Adressbuch 1933, S. 28.

13 Der Autor dankt Dr. Gershon Hepner, Los Angeles, für seine Angaben. Siehe auch http://gershonsversion.blogspot.de/2009/08/margot.html (25.07.2014).

14 Siehe BA, Ergänzungskarten Volkszählung 1939.

15 Siehe http://www.juedischesleipzig.de/arisierung-engl09.pdf, S. 22 f. (28.07.2014).

16 Siehe http://friedhof.ikg-wien.at (28.07.2014).

17 Siehe Grundbuchamt Schöneberg, Grundakte Bd. 76/2283 (Händelplatz 2).

18 Siehe Berliner Geschichtswerkstatt (Hg.): Am Wedding haben sie gewohnt. Lebenswege jüdischer Bürgerinnen und Bürger, Berlin 1998, S. 29–31; LAB, Datenbank Berliner Gewerbebetriebe; BA, Ergänzungskarten Volkszählung 1939 sowie Gedenkbuch des BA.

19 Siehe Rebecca Schwoch (Hg.): Berliner jüdische Kassenärzte und ihr Schicksal im Nationalsozialismus. Ein Gedenkbuch, Berlin 2009, S. 880. Er starb 1942; in der Volkszählung 1939 war er als »Volljude« klassifiziert worden.

20 Siehe Franz Leimkügel: Wege jüdischer Apotheker. Die Geschichte deutscher und österreichisch-ungarischer Pharmazeuten, Frankfurt/M. 1991, S. 79. Die Apotheke wurde 1954 vom Bezirksamt Mitte (Ost-Berlin) aufgelöst, wegen hoher Miet- und Steuerschulden, für die weder der Nachfolger (inzwischen in West-Deutschland) noch der Pächter aufkam. Siehe LAB C Rep. 105 Nr. 22643.

21 Zu ihren Ausbürgerungen siehe http://www.genealogienetz.de/reg/BRG/neumark/ausbuerg.htm (30.07.2014). Alfred Gutmann ist im Datenbestand der Volkszählung vom Mai 1939 nicht und im Berliner Adressbuch des Folgejahres nicht mehr zu finden. Bei Odeon schied er Ende 1935 aus; siehe LAB, Datenbank Berliner Gewerbebetriebe.

22 Siehe Grundbuchamt Schöneberg, Grundakte Bd. 11/307.

23 I. Ackerl, Der Phönix-Skandal …, S. 260.

Krise, Sturz und Phönix-Gesetze

1 Siehe F. Butschek: Die österreichische Wirtschaft …, S. 48 f.
2 Siehe M. Roloff, S. 406 f.
3 Wilhelm Berliner: Krise und Lebensversicherung, in: Assekuranz-Jahrbuch, 52 (1933), S. 208–230, hier: S. 211.
4 Siehe M. Roloff, S. 413.
5 Ebd., Tabelle 51.
6 Siehe Die Versicherung, 8 (1934) 50, S. 760.
7 Ost-Kurier/Versicherungs-Rundschau, 6 (1933) 7-8, S. 29.
8 Siehe Österreichische Mathematische Gesellschaft (Hg.): »Kühler Abschied von Europa« – Wien 1938 und der Exodus der Mathematik, Wien 2001, S. 61–66 (Helly) und 67–74 (Tauber). Eduard Helly (1884–1943) verlor 1938 seine Lehrbefugnis, emigrierte und starb in Chicago; Alfred Tauber (1866–1942) verlor sein Leben in Theresienstadt.
9 M. Roloff, S. 417.
10 Reininghaus hatte vorher die Wechselseitige Brandschaden und Janus allgemeine Versicherungs-Anstalt auf Gegenseitigkeit (Wien) geleitet.
11 Siehe die Darstellung seines Neffen, Prof. Hans Urbanski, in ders.: Aus dem Milieu des Versicherungswesens (Erste Republik), aus: W. Rohrbach (Red.), Band 3, Wien 1988, S. 15–33, hier: S. 17 f. Für die weitere Darstellung, dass Reininghaus Berliner bei Gesprächen in Berlin vertrat, weil dieser ab 1933 nicht mehr nach Deutschland fahren konnte (ebd., S. 21), fand sich keine Bestätigung. Vielmehr ist Berliner mindestens zweimal im November 1934 im RAA/Berlin gewesen. (Siehe Endnote 31 im Unterkapitel: Streit mit Aufsichtsamt und Partei.)
12 Siehe J. Bähr, Chr. Koppel, S. 196.
13 Wiener Zeitung, 26. 03. 1936, Nr. 85.
14 Wiener Zeitung, 27. 03. 1936, Nr. 86.
15 Ausführlich wiedergegeben und kommentiert werden alle rechtlichen Vorgaben in: Walter Fröhlich, Stefan Vajda: Die Neuordnung des österreichischen Versicherungswesens und die Liquidation der Lebensversicherungs-Gesellschaft Phönix betreffenden Maßnahmen des Auslandes in: Das Versicherungsarchiv, Sonderheft Nr. 2, Wien 1937 (2. Auflage). Siehe auch den Artikel über »Außerordentliche Maßnahmen auf dem Gebiete der österreichischen Vertragsversicherung«, in: Die Versicherung, 11 (1936) 13, S. 153 f.
16 Ebd., S. 176.
17 M. Leimdörfer, S. 22.
18 Gründung am 20. 04. 1936. Der wesentlich kleinere Bestand an Unfall-, Haftpflicht- und Autoversicherungen ging an den Allgemeinen Phönix. Die Details der Regelung stellte der erste ÖVAG-Präsident Dr. Foglar-Deinhardstein in einem Artikel

der Wiener Wirtschaftswoche (06.05.1936) dar. Wenn die ÖVAG im folgenden als »Nachfolgerin« des Phönix bezeichnet wird, so meint dies nicht Rechtsnachfolgerin; eine solche war sie nicht.

19 Generali hielt Ende 1937 15 % des Aktienkapitals, die Creditanstalt und das Österreichische Kreditinstitut besaßen je 11 %, die Münchner Rückversicherung und die Allianz Gisela je 3,6 %, während mit 37 % der größte Teil an die Wiener Städtische Versicherung (also faktisch an die Stadt Wien) ging, und die Bundesländer 6 % übernahmen. Siehe Dieter Stiefel: Die österreichischen Lebensversicherungen und die NS-Zeit. Wirtschaftliche Entwicklung. Politischer Einfluß. Jüdische Polizzen, Wien 2001, S. 77.

20 1937 folgte ein Gesetz, das die Leistungen der Versicherer an ihre Agenten weiter beschränkte.

Einschätzung in deutscher Presse und Auswärtigem Amt

1 Zit. n. I. Ackerl, Der Phönix-Skandal ..., S. 246. Das deutsche Konsulat in Linz sandte der Botschaft in Wien am 9. April einen Artikel, der in der Tages-Post erscheinen sollte, von der Zensur aber verboten wurde. PA AA, Karton Wien 680 (Phönix).

2 The New York Times, 29.03.1936.

3 PA AA, R 243196 (Abt. II Österreich, Wirtschaft 30), Bl. 1 (Auszug aus Telegramm vom 25.03.1936 an AA).

4 Berliner Tageblatt, 26.03.1936, Nr. 147.

5 Frankfurter Zeitung, 27.03.1936, Nr. 160.

6 Ebd., 28.03.1936, Nr. 162.

7 Ebd., 29.03.1936, Nr. 164.

8 Ebd., 31.03.1936, Nr. 167.

9 Siehe G. Feldman: Die Allianz ..., S. 206 f. und Günther Gillesen: Auf verlorenem Posten. Die Frankfurter Zeitung im Dritten Reich, Berlin 1986, S. 186. Gillesen schreibt, dass Funk (Staatssekretär im Reichspropagandaministerium) und Schacht (Wirtschaftsminister) dafür »Verständnis zeigten«, dass die Handelsredaktion sich nachdrücklich für den einstweiligen Verbleib der jüdischen Redaktionsmitglieder einsetzte.

10 Berliner Tageblatt, 07.04.1936, Nr. 166.

11 Ebd., 12.04.1936, Nr. 189.

12 Adam war Bundeskommissär beim Heimatdienst, einer von Dollfuß geschaffenen Propagandastelle. Im Dezember 1936 übernahm er das Amt des Bundespressechefs.

13 Siehe Charles Gulick: Österreich von Habsburg bis Hitler, Bd. 5, Wien 1948, S. 426 f.
14 Zit. n. Wiener Zeitung, 01.04.1936, Nr. 91.
15 Zit. n. Neue Freie Presse, 02.04.1936, Nr. 25707.
16 PA AA, R 243196 (Abt. II Österreich, Wirtschaft 30), Bl. 31 (Bericht vom 08.04.).
17 Die Münchener Rück war Großaktionärin des Elementar-Phönix.
18 Reininghaus konnte nicht einfach von dem (Lebens-)Phönix- in den ÖVAG-Vorsitz wechseln, weil die Wiener Städtische und auch die Rechtsparteien dagegen waren.
19 PA AA, R 243196, Bl. 47 (Telegramm vom 16.04.).
20 PA AA, R 243196, Bl. 57 (30.04.1936). »Phönix (Lebensversicherung) in reichsdeutsche Hände zu bekommen …«: Eine Verwechslung mit dem Elementar-Phönix ist hier nicht auszuschließen.
21 Siehe G. Feldman: Die Allianz …, S. 349 f.

Bestechungslisten und Parteipropaganda

1 Völkischer Beobachter (Norddt. Ausgabe), 08./09.07.1934, Nr. 189/190.
2 Ebd., 27.03.1936, Nr. 87.
3 Ebd., 28.03.1936, Nr. 88.
4 Ebd., 31.03.1936, Nr. 91.
5 Ebd., 04.04.1936, Nr. 95.
6 Ebd., 17.04.1936, Nr. 108.
7 Der Angriff, 30.03.1936, Nr. 77.
8 Ebd., 12.04.1936, Nr. 87.
9 Ebd.
10 Neue Freie Presse, 29.04.1936, Nr. 25781.
11 Ebd.
12 Völkischer Beobachter 30.04.1936, Nr. 121.
13 Neues Wiener Journal 14.05.1935, Nr. 14900 bzw. 07.05.1935, Nr. 14893.
14 Das Schwarze Korps, 09.04.1936, Nr. 15, S. 14.
15 Im dritten Artikel berichtete die Zeitung über ein Echo auf den ersten – mit Bezug auf den Direktionsrat: »An der parteiamtlichen Tafel in Turawa hing unser Artikel ›Rund um den Phönix-Skandal‹ aus, der das Ärgernis des Grafen Garnier und seiner Frau erregte. Der Graf verlangte vom Ortsgruppenleiter, den genannten Artikel unverzüglich zu entfernen.« Das Schwarze Korps, 14.05.1936, Nr. 20, S. 14. Die Familie in Turawa (nordöstlich von Oppeln) zählte zu den erstrangigen Großgrundbesitzern Schlesiens.

16 Ebd., 09.04.1936, Nr. 15, S. 14.
17 Ebd., 23.04.1936, Nr. 17, S. 14.
18 Ebd., 14.05.1936, Nr. 20, S. 14.
19 Ebd., 23.04.1936, Nr. 17, S. 14.
20 Der Stürmer, 14 (1936), Ausgaben Nr. 7, 11, 26.
21 PA AA, Karton Wien 680 (Phönix). Artikel im SA-Mann vom 01.05., Schreiben des Pressebeirats vom 27.05.1936.

Verbindungsmann zwischen Phönix und NSDAP

1 Siehe BA PK A 117, Bild 1408 f.
2 Tatsächlich lief der Prozess im Jahre 1935 in Wien, und der Titel war »Herzog von Mantua«.
3 Siehe BA B 280/22305, Bl. 97 f.
4 BA PK A 117, Bild 1418 f.
5 Also nicht eines Berliner Unternehmens namens Area; siehe oben.
6 Auskunft des Stadsarchief Amsterdam.
7 Insbesondere der Bericht des Gutachters Prof. Riedel, siehe Riedel, A.: Bericht Nr. 15 (22.07.1936). ÖStA, AdR 06, Versicherungsaufsicht Gruppe 10, Karton 370, zl. 200.588-24/36, S. 1, 3 f.,10.
8 Einen Vergleich schloss der Verwalter noch mit einer Reihe weiterer Firmen; darunter war die oben genannte Aktiengesellschaft für Haus- und Grundbesitz in Leipzig, vertreten durch Kroch jun. Siehe Gesamtbericht über die Revisionsarbeiten bei der Lebensversicherungsgesellschaft Phönix (20.08.1936). ÖStA, AdR 06, Versicherungsaufsicht Gruppe 10, Karton 370, zl. 200.588-24/36, S. 9 f. Vollständig werden sich diese Geschäfte kaum aufklären lassen. Im genannten »Gesamtbericht« schrieben die Gutachter dazu: »Gewisse Geschäfte […] wurden so kompliziert aufgebaut, dass eine restlose Entwirrung einen, über alle Massen gehenden Zeitaufwand bedingt haben würde.« Ebd.
9 Siehe die Handelsregisterakte der Securitas: LAB A Rep. 342-02, Nr. 55755.
10 Tatsächlich ging, auf Einfluss der NS-Regierung, der Anteil grundstücksbezogener Wertanlagen zugunsten von Staatspapieren zurück.
11 Gemeint war vermutlich Dr. Walter Erhard, Leiter der Vertretung des Phönix in Berlin.
12 BA PK A 117, Bild 1430.
13 Siehe BA R 3101/17325, Bl. 34.
14 BA PK A 117, Bild 1430.
15 Völkischer Beobachter 02.07.1936, Nr. 184.
16 Zufälliges in der Geschichte: Zweimal 20. April, »des Führers Geburtstag«.

17 BA PK A 117, Bild 1424 f.
18 BA PK A 117, Bild 1408. Friedrich Stockinger war in der Dollfuß-Regierung Bundesminister für Handel und Verkehr.
19 Ebd.
20 Tages-Post, 01. 07. 1936, Nr. 149.
21 BA PK A 117, Bilder 1412 und 1444–1450.
22 BA R 901/111187 (Offenbar die Fortsetzung der im PA AA befindlichen Akte R 243196, nicht nummeriert).
23 Vortragender Legationsrat in der Handelspolitischen Abteilung; vertrat 1938 das AA in der »Zentralstelle zur Durchführung der Wiedervereinigung Österreichs mit dem Dritten Reich.« Siehe Auswärtiges Amt (Hg.): Biographisches Handbuch des deutschen Auswärtigen Dienstes, Paderborn 2000, S. 378 f.
24 Nach der Besetzung der Niederlande wurde er dort Höherer SS- und Polizeiführer und 1949 hingerichtet.

Schuschnigg, Starhemberg und das Büro Megerle

1 Das Treffen im April 1936 – es wurden Zusatzprotokolle vereinbart – sollte die politische Bedeutung der 1934 beschlossenen Römischen Protokolle bekräftigen.
2 Siehe dazu die Einschätzung von Gulick: Starhemberg habe den Blick vom Heimatschutz als einem der wichtigsten Empfänger von »Spendengeldern« ablenken wollen. »Mehr als das: Durch eine teilweise Aufdeckung der Tatsachen über den Phönix-Skandal hatte Starhemberg anscheinend versucht, Schuschnigg, der gerade in Italien war, in Mißkredit zu bringen und dafür seine eigene Stellung zu stärken.« Ch. Gulick, S. 424.
3 PA AA, Karton Wien 680 (Phönix). Bericht des Botschaftsrats Prinz zu Erbach-Schönberg an das AA in Berlin vom 08. 04. 1936. Erbach sprach darin auch das politische Interesse der Christlichsozialen an dem Fall an. »Schmitz [christlichsozialer Bürgermeister Wiens, d. V.] hoffte während einiger Tage, er könne Schuschnigg zum Rücktritt bewegen, hat aber jetzt diese Hoffnung aufgegeben, da die Reihe der am großen Schweigen Interessierten zu groß und zu mächtig ist. Immerhin fürchten die Vaugoin-Kreaturen, daß der Sturm nicht ohne Opfer beschwichtigt werden kann.«
4 Wiener Zeitung, 26. 03. 1936, Nr. 85.
5 Gertrude Enderle-Burcel (Hg.): Protokolle des Ministerrates der Ersten Republik, Abt. 9, Bd. 5, Wien 2001.
6 Ebd., S. 46 f.
7 Ebd., S. 49.
8 Ebd., S. 59.

9 Ebd., S. 58.
10 Er sollte im Skandal stolpern und seinen Ministerposten verlieren – wegen einer vom Phönix finanzierten Luxuswohnung.
11 Ebd., S. 51.
12 Ebd., S. 75.
13 Ebd., S. 81. Zu erinnern ist der Hinweis der Gesandtschaft auf angebliche Bestrebungen des Bundeskanzlers bezüglich der »polnisch-jüdischen Angestellten« (Bericht v. 01.04.1936).
14 Am 31. März bzw. 1. April 1936.
15 PA AA, R 243196 (Abt. II Österreich, Wirtschaft 30), Bl. 17 (01.04.1936).
16 Ebd., Bl. 20 (01.04.1936).
17 Frankfurter Zeitung, 03.04.1936, Nr. 173.
18 Neue Freie Presse, 27.04.1936, Nr. 25729.
19 The New York Times, 27.04.1936 (»only over my dead body«).
20 Neue Freie Presse, 27.04.1936, Nr. 25729.
21 Ernst Rüdiger Starhemberg: Memoiren, Wien 1971, S. 255 f.
22 Neue Freie Presse, 13.05.1936, Nr. 25745. Anlass war die Annexion Abessiniens.
23 Kurt Schuschnigg: Ein Kampf gegen Hitler. Die Überwindung der Anschluß-Idee, Wien 1969, S. 177. Deutlich zurückhaltender war seine Beurteilung des »Fürsten Starhemberg« in Kurt Schuschnigg: Dreimal Österreich, Wien 1938, S. 304.
24 Ebd., S. 439 f. In seiner Rede am 25. April habe Starhemberg erklärt, dass es notwendig sei, gegen den – Europa bedrohenden – Bolschewismus die »faschistischen Staaten in eine Front zu bringen«. Auch Österreich könne unter bestimmten Bedingungen seinen Weg in diese Front finden.
25 Kommuniqué zum Abkommen, siehe Akten zur deutschen auswärtigen Politik (ADAP), Serie C, Bd. 5.2, S. 706 f. Abgedruckt u. a. in Neue Freie Presse, 12.07.1936, Nr. 25803.
26 Glaise von Horsenau (ohne Geschäftsbereich) und Schmidt. Letzterer wurde Staatssekretär des Äußeren – unter Schuschnigg, der zusätzlich das Außenministerium übernommen hatte.
27 I. Ackerl, Der Phönix-Skandal ..., S. 279. Mit dem letzten Satz bezog sie sich auf einen Artikel in der Österreichischen Volkspresse vom 17.06.1939.
28 Zur Frage, ob Hitler diesen Putsch nicht nur geduldet sondern – wie Bauer meint – selbst angestoßen hat, siehe Kurt Bauer: Hitler und der Juliputsch 1934 in Österreich. Eine Fallstudie zur nationalsozialistischen Außenpolitik in der Frühphase des Regimes, in: Vierteljahrshefte für Zeitgeschichte, 59 (2011) 2, S. 193–227.
29 Am 7. August 1934. Siehe dazu auch E. Starhemberg, S. 217.
30 Siehe Hanns Schopper: Press im Kampf. Geschichte der Presse während der Kampfjahre der NSDAP (1933–1938) in Österreich, Brünn 1941, S. 162 u. 203.

31 E. Fröhlich (Hg.), S. 95.
32 Ebd., S. 107.
33 BA R 55/30110, Bl. 23. Personalakte des Dr. Karl Megerle im RMVP.
34 H. Schopper, S. 163.
35 BA R 55/30110, Bl. 25. Eduard Ludwig – strikter Gegner des Nationalsozialismus und der Zulassung deutscher Zeitungen in Wien – trat nach dem Juliabkommen von seinem Amt als Pressechef im Außenministerium zurück und in den persönlichen Stab Schuschniggs ein. Siehe Robert Kriechbaumer (Hg.): Österreich und Front Heil. Aus den Akten des Generalsekretärs der Vaterländischen Front, Wien 2005, S. 181.
36 Tagebucheintrag am 15. Dezember 1934: »Megerle erörtert österreichische Fragen. Sehr klug und interessant.« Am 2. Dezember 1934: »Papen über Österreich. [...] Er ist ein Schwafler! Keine Linie, keine Sicherheit. Eben kein Nazi!«. E. Fröhlich, Teil 1, Bd. 3.1, S. 153 bzw. 147.
37 BA R 55/30110, Bl. 30.
38 Siehe ADAP, Serie C, Bd. 3.2, S. 955 (Brief Papen an Neurath, 03.03.1935).
39 BA R 55/30110, Bl. 32.
40 Siehe Klaus Amann: Zahltag. Der Anschluß österreichischer Schriftsteller an das Dritte Reich, Bodenheim 1996, S. 120 f., 146 f., 160 f.
41 ADAP, Serie C, Bd. 4.1, S. 512 f. (Notiz vom 01.08.1935, Auszug).
42 BA R 21680 (Mikrofiche 2). Diese Angaben machte Megerle im Mai 1938. Bemerkenswert, dass er sich dabei in Zeitangaben um ein Jahr vertat. Den Fragebogen beantwortete er vermutlich im Zusammenhang mit seiner Nominierung zur Reichstagswahl 1938. Dazu Goebbels: »Mit Führer und Frick Wahlkandidaten aufgestellt. [...] plädiere für einige Österreicher mit Erfolg: Pfriemer, Megerle, Gribitz die haben es um Österreich verdient.« E. Fröhlich, Teil 1, Bd. 5, S. 230 (25.03. 1938).
43 Siehe K. Amann (s. o.); Franz Müller: Ein Rechtskatholik zwischen Kreuz und Hakenkreuz: Franz von Papen als Sonderbevollmächtigter Hitlers in Wien 1934–1938, Frankfurt/M. 1990, S. 281 f.; Peter Longerich: Propagandisten im Krieg. Die Presseabteilung des Auswärtigen Amtes unter Ribbentrop, München 1987, S. 63, 67, 87 f., Siehe auch http://de.wikipedia.org/wiki/Karl-Megerle (20.05.2013). Dort – wie auch in ADAP, Serie D, Bd. 5, S. 386 – ist zu lesen, dass Megerle ein Schwager Görings war. Dies ist nicht haltbar. In Mergeles Personalakte, einschließlich »Ariernachweis«, findet sich kein Anhaltspunkt dafür. Siehe BA R 55/30110, Bl. 3 f. Möglicherweise wurde er mit dem Österreicher Fritz Rigele verwechselt, der Görings Schwester Olga geheiratet hatte. Megerle stand mit Rigele über die Landesleitung Österreich der NSDAP in Kontakt. Siehe Brigitte Lob: Albert Schmitt O. S. B. Abt in Grüssau und Wimpfen, Köln 2000, S. 199.

44 Dazu zählte auch die Herausgabe von Briefen deutsch-österreichischer SA-Männer, geschrieben »aus dem Kerker«. Siehe Alfred Persche, Karl Megerle (Hg.): Briefe des Kampfes und des Glaubens, Jena 1938.

45 Die »Internationale Presseagentur« war nach unbestätigtem Hinweis ein Büro von zweifelhafter Professionalität, das von einem nationalsozialistisch gesinnten Schweizer in Luzern betrieben wurde.

46 PA AA, R 27723 (Handakten Megerle 6/2, betr. Phönix: Material bzgl. Phönix-Skandal).

47 BA PK L 0130, Bild 145 f. Er verließ Österreich nach dem Putsch, da er im Juli 1936 aus Österreich ausgebürgert und vom NSDAP-Flüchtlingshilfswerk als politischer Flüchtling (in Berlin) anerkannt wurde.

48 Siehe Theodor Venus: Die Zentralsparkasse im »Ständestaat« und im »Dritten Reich«, aus: René Alfons Haiden (Hg.): Die Z – Eine Wiener Erfolgsgeschichte, Innsbruck 2007, S. 51–78, hier: S. 63.

49 Siehe ADAP, Serie C, Bd. 3.1, Nr. 115.

50 Franz Wehofsich hatte in Graz als Lehrer und als Funktionär des Vereins Südmark gearbeitet, der 1889 zum Schutz des Deutschtums in Österreich-Ungarn gegründet worden war. Nach Berlin kam er 1934 und wurde Mitglied im Büro Kursell, der ersten Parteistelle für die Volkstumsarbeit im Ausland. Ministerialrat und SS-Offizier Otto von Kursell war der Geschäftsführer und Wehofsich der Beauftragte für Österreich. Das Büro ging im Frühjahr 1936 in die Volksdeutsche Mittelstelle »VoMi« über. Siehe Winfried R. Garscha: Die Deutsch-Österreichische Arbeitsgemeinschaft, Wien 1984, S. 69 und 333.

51 Keppler, Kommissar für Wirtschaftsfragen in der Reichskanzlei, gewann ab 1936 an Bedeutung: als Görings Berater für den Vierjahresplan, als Staatssekretär im AA und als Reichskommissar in Österreich. Siehe Alfred Kube: Pour le mérite und Hakenkreuz. Hermann Göring im Dritten Reich, München 1986, S. 242 f.

52 Siehe Die Bank, 29 (1936) 14, S. 489–491 und 29 (1936) 17, S. 608–614; Neumanns Zeitschrift für Versicherungswesen, 59 (1936) 15/16, S. 469 f.

53 PA AA, R 27723, Schumetz-Papier Nr. 35, S. 7.

54 Ebd., S. 9.

55 ADAP, Serie C, Bd. 5.2, Nr. 426.

56 PA AA, Karton Wien 680, Dokumentensammlung zur Victoria, August 1936, Verfasser nicht genannt. Unterzeichner des Begleitschreibens: (Gesandtschaftsrat Otto) Freiherr von Stein. Ebd. zum Montan-Geschäft.

57 Siehe F. Müller, S. 281 f.

58 Siehe K. Amann, S. 146.

59 Österreichischer Beobachter, 28.07.1936, Nr. 1.

60 H. Schopper, S. 173 f.

61 Ebd., S. 238 f., Zitat S. 244 f.
62 Österreichischer Beobachter, 30.11.1936, Nr. 15. Die Liste umfasst 18 Empfänger, ganz überwiegend Institutionen.
63 Siehe Th. Venus, S. 63.

Assekuranz als volkswirtschaftliches Risiko

1 PA AA, R 27723, Schumetz-Papier Nr. 35, S. 2 f. Der gesamte Wertpapierbestand war mit 340 Mio. Schilling ausgewiesen.
2 PA AA, R 27723, Schumetz-Papier Nr. 42, S. 4 f. Mit »Lausanner Anleihe« war die nach dem Vertrag von Lausanne 1932 gewährte Völkerbundanleihe von 300 Millionen Schilling gemeint.
3 Ebd., S. 469.
4 Siehe Monatsberichte des Österreichischen Instituts für Konjunkturforschung, 10 (1936) 6, S. 133 f.
5 Wenn für die Nettowertschöpfung ein Anteil von etwa einem Drittel der Bruttoprämiensumme angenommen wird; siehe überschlägige Rechnung unten.
6 Beitrag zur *Brutto*wertschöpfung; überschlägige Rechnung (in Schilling): Prämieneinnahmen 220 Mio. plus Kapitalerträge 38 Mio. plus sonstige Einnahmen 13 Mio. minus Nettozahlungen für Versicherungsfälle (nach Beitrag der Rückversicherer) 41 Mio. minus Rückversicherungsprämien 75 Mio. minus Zahlungen für Rückkäufe 34 Mio. minus Regiekosten 34 Mio. ergibt eine Bruttowertschöpfung von 87 Mio. Nach Abzug von Steuern 11 Mio. und Abschreibungen 10 Mio. verbleiben 66 Mio. als *Netto*wertschöpfung. Datenquelle: Assekuranz Jahrbuch, 55 (1936), S. 470 f.
7 Datenquellen: Felix Butschek (Österreichisches Institut für Wirtschaftsforschung): Statistische Reihen zur österreichischen Wirtschaftsgeschichte, Wien 1998 und ders.: Die österreichische Wirtschaft im 20. Jahrhundert, Wien 1985, S. 35.
8 Zu beachten ist allerdings, dass die Reserven in erheblichem Maße im Ausland angelegt wurden; entsprechendes gilt aber auch für die in Österreich tätigen ausländischen Versicherer. Datenquellen für Spareinlagen: Monatsberichte des Österreichischen Institutes für Konjunkturforschung, 9 (1935) 7, S. 153; für Prämienreserve: Assekuranz Jahrbuch, 57 (1938), S. 136.
9 Dies ist die Wertsumme aller laufenden Lebensversicherungsverträge.
10 Siehe Assekuranz Jahrbuch, 55 (1936), S. 472.
11 Wiener Zeitung, 25.04.1936, Nr. 114, S. 2 und Die Versicherung, 11 (1936) 18, S. 213.
12 Der Phönix, aber auch andere österreichische Versicherer, hatte den Inhabern entwerteter Kronenpolicen angeboten, dass sie – wenn sie eine neue Versicherung ab-

schlössen – gegen Übergabe der alten Police eine zusätzliche, beitragsfreie Versicherung erhielten.

13 Goldklausel: Die Höhe der Versicherungssumme wird an den Wert einer bestimmten Goldmenge gebunden.

14 Im Artikel 1 des deutschen Versicherungsaufsichtsgesetzes vom April 1936 wurde dieser seit langem bestehende Grundsatz – nicht ohne Grund – explizit herausgestellt: Die Nutzungen, die die Vermögensgegenstände des Deckungsstocks bieten (Zinsen, Miete, Pacht, Dividenden …), gehören selbst zum Deckungsstock.

15 Genannt wurde ein Fall, in dem der Phönix Wertpapiere für eine ausländische Regierung erwarb, die ihn mit einem Großteil der Zahlung hängen ließ – ein Verlust von etwa 10 Mio. Schilling.

16 Daten des Liquidationsstatus vom Oktober 1936. Siehe Die Versicherung, 11 (1936) 42, S. 542 und 11 (1936) 43, S. 549 f. Ausgewiesen war darin auch ein Wertpapierbestand von 830 000 Schilling, der vermutlich auch (fast wertlose) Phönix-Aktien enthielt. Der Phönix kaufte für 6 Millionen Schilling eigene Aktien, die zum großen Teil noch 1936 in seinem Besitz waren (Feststellung von Kienböck, siehe Wiener Zeitung, 25. 04. 1936, Nr. 114, S. 2).

17 L. Arps: Durch unruhige Zeiten …, 2. Teil, S. 67. Das ausländische Prämienaufkommen (brutto) der österreichischen Lebensversicherer war 1935–1936 von 132 auf 34 Mio. Schilling gesunken. Siehe Assekuranz Jahrbuch, 57 (1938), S. 294.

18 Dies entsprach 20,5 Mrd. Reichsmark. Privatgesellschaften sind solche mit Rechtsform einer Kapitalgesellschaft in weitgehend privatem Eigentum, in der Regel einer Aktiengesellschaft. Nicht dazu gehören Institute im Besitz der öffentlichen Hand und genossenschaftliche wie Gegenseitigkeitsversicherungen.

19 Siehe Die Versicherung, 10 (1935) 49, S. 1. Die in Österreich auf dem zweiten und dritten Platz rangierenden Gesellschaften – Der Anker und Donau, mit einem Bestand zwischen 0,3 und 0,4 Mrd. Schilling – gehörten bei weitem nicht zu den größten Zwanzig.

20 Siehe Die Versicherung, 11 (1936) 42, S. 542 und 11 (1936) 43, S. 549 f. Eine Reihe von Forderungen waren vorher schon bedient worden.

21 Siehe Die Versicherung, 11 (1936) 42, S. 542. Stichtag: 8 April 1936. Es sind die Daten des Liquidationsstatus, die teilweise später durch aktuellere ersetzt wurden.

22 Siehe W. Berliner: Die österreichische Lebensversicherung …, S. 613–617.

23 Die Versicherung, 11 (1936) 18, S. 214.

24 Gemessen am Bestand war er Marktführer, vor der einheimischen Slavia und der deutschen Victoria. Siehe Assekuranz-Jahrbuch, 53 (1934) bzw. (zu Kapitalbeteiligungen) Die Wirtschaft 1936, Nr. 14, S. 160 (03. 04.).

25 Die Wirtschaft 1927, Nr. 31 (28. 07.). Die Übernahme der Versicherungsbestände einer Reihe österreichischer Lebensversicherungen in der Tschechoslowakischen

Republik wurde schon im Unterkapitel »Verluste und Risiken nach dem Zerfall« erwähnt, ebenso die Abwicklung der tschechoslowakischen Versicherungsbestände der reichsdeutschen Gesellschaften Nordstern, Friedrich Wilhelm und Alten Leipziger.

26 Die Wirtschaft 1936, Nr. 14, S. 159 (03.04.).

27 Ebd.

28 Ebd.

29 Siehe W. Fröhlich, St. Vajda, S. 139 f. und S. 179 f.

30 Verlautbart am 16.12.1936. Zu diesen und den folgenden Angaben siehe F. Bartelmus, S. 306 f. sowie W. Fröhlich, St. Vajda, S. 122 f.

31 »The Palestine Government today ordered the liquidation of the local agency of the Austrian Phoenix Insurance Co. A liquidator was appointed for the Palestine branch.« Meldung der Jewish Telegraphic Agency vom 08.05.1936. Der Versicherungsbestand lag bei 870 000 Palästina-Pfund; siehe Die Versicherung 13 (1938) 5, S. 7.

32 P. Borscheid, N. Haueter, S. 357.

33 Ebd., S. 301 f.

Lehrstücke Favag und Phönix

1 Zu Branchenstruktur und Beispielen siehe die Darstellungen des Autors in: Die Schwarzen Schafe bei den Gradenwitz und Kuczynski, Berlin 2008 sowie Bankier, Fälscher, Historiker, Freiburg i. Br. 2012.

2 Siehe Unterkapitel »Expansion und Staatsaufsicht in den zwanziger Jahren«.

3 Gerald D. Feldman: Insurance Company Collapses in the World Economic Crisis, aus: Harold James (Hg.): The Interwar Depression in an International Context, München 2002, S. 57–76.

4 Ebd., S. 59.

5 Siehe B. Eggenkämper et al.: Die Frankfurter ..., S. 41 f.

6 Siehe ebd., S. 28 f.

7 Siehe G. Feldman: Insurance ..., S. 62 und B. Eggenkämper et al.: Die Frankfurter ..., S. 30 f.

8 Siehe ebd.

9 G. Feldman: Insurance ..., S. 62.

10 Ebd., S. 72.

11 BA R 3101/17323 (Stellungnahme vom 20.08.1930).

12 Die Versicherung, 11 (1936) 12, S. 145.

13 Die Versicherung, 11 (1936) 24, S. 302.

14 Siehe Unterkapitel »Mobilisierung des Immobilienbesitzes«.
15 Daten aus Geschäftsberichten; für deutsches Geschäft siehe Der deutsche Volkswirt, 9 (1934/35) 2, S. 86.
16 Siehe G. Feldman: Insurance …, S. 68.
17 Siehe I. Ackerl: Der Phönix-Skandal …, S. 274 f.
18 In seinen Memoiren berichtet er kurz, dass ihm in dieser Funktion einige Finanzexperten, darunter Berliner, zur Seite gestanden haben. Siehe A. Spitzmüller, S. 328. Berliner war damals im Generalrat (entspr. Aufsichtsrat) dieser Zentralbank, später in derselben Funktion in dem Nachfolgeinstitut, der Oesterreichischen Nationalbank.
19 Siehe I. Ackerl: Der Phönix-Skandal …, S. 275.
20 A. Spitzmüller, S. 367 f.
21 Siehe Peter Berger: Im Schatten der Diktatur. Die Finanzdiplomatie des Vertreters des Völkerbundes in Österreich, Meinoud Marinus van Tonningen 1931–1936, Wien 2000, S. 455 f.
22 Zit. n. P. Berger, S. 461 (Schreiben vom 17.04.1936). In dem Brief hatte Rost auch angesprochen, dass er 1934 vergeblich darauf gedrängt habe, eine Klärung beim Phönix herbeizuführen. Berliner habe nicht nur in Berlin sondern auch in London auf großes Vertrauen rechnen können; so habe Sir Josiah Stamp, Direktor Bank of England, noch kurz vor der Phönix-Pleite Berliner mit einem Nachruf geehrt.
23 Skrobanek wurde Ochsners Nachfolger, als Leiter der dann zuständigen Abteilung im Finanzministerium, und erhielt 1938 eine hohe staatliche Auszeichnung. Siehe Die Versicherung 13 (1938) 1, S. 17.
24 I. Ackerl, Der Phönix-Skandal …, S. 275.
25 G. Enderle-Burcel (Hg.), S. 276.
26 Zur aktuellen Definition dieses Begriffs siehe Schlusskapitel.

Identität und Idealisierung

1 Zusammengestellt in: Die Versicherungswelt – Der Wirtschafter, 59 (1936) 7 und 8, S. 101 f. bzw. 49 f. Siehe auch: Die Versicherung, 9 (1936) 8, S. 96 f. und 9, S. 120 f. Der Verlag dieser Zeitschrift brachte auch eine Gedenkschrift heraus: »Dem Gedächtnis Dr. Wilhelm Berliners – Die öffentliche Würdigung Dr. Berliners«.
2 Franz Planer (Hg.): Das Jahrbuch der Wiener Gesellschaft, Wien 1929, S. 383. Das Jahrbuch ist für 1928 und 1929 nachgewiesen.
3 Otto Morgenstern: Bruck, Klang, Berliner und …, in: Die Versicherungswelt – Der Wirtschafter, 59 (1936) 7, S. 106.
4 Siehe M. Leimdörfer, S. 17. Berliner sei damals Werksstudent gewesen.

5 Die Dissertation Berliners war in österreichischen wie auch in deutschen Katalogen nicht zu finden.
6 Siehe O. Morgenstern, S. 106.
7 »Es ist kein Zweifel, daß auf diese frühe Zusammenfassung und Zielrichtung einer vielseitigen Begabung auch Generaldirektor Klang Einfluß genommen hat.« O. V.: Dr. Berliner und sein Werk, in: Die Versicherung, 11 (1936) 8, S. 96. Siehe auch I. Ackerl: Der Phönix-Skandal ..., S. 252.
8 Sie wurde im Städtchen Sanok geboren, im Westen Galiziens.
9 Datenbanken zu Berliner, Kalischer und Klang auf: http://tribalpages.com/family-tree/partynia?pid=562&userid=partynia&view=6; http://www.geni.com/people/Sali-Kolischer/6000000018253882429; http://www.geni.com/people/David-Klang/6000000015908168388. Zu jüdischen Familien in Wien: http://www.geni.com/projects/Prominent-Jewish-Families-of-Vienna-Wer-Einmal-War/9272. (10.07.2013)
10 Trauerrede (alle anderen Ansprachen wurden auf spätere Trauerveranstaltungen verschoben) wiedergegeben in: Die Versicherungswelt – Der Wirtschafter, 59 (1936) 7, S. 109 f.
11 Jüdische Presse, 22 (1936) 8, 21.02.1936.
12 Jüdische Wochenschrift, 52 (1936) 9, 21.02.1936. Auszug aus Die Stimme: zit. aus Die Versicherungswelt, 59 (1936) 7, S. 114.
13 O. Morgenstern, S. 106.
14 Gesamtbericht über die Revisionsarbeiten bei der Lebensversicherungsgesellschaft Phönix (20.08.1936). ÖStA, AdR 06, Versicherungsaufsicht Gruppe 10, Karton 370, zl. 200.588-24/36, S. 13 f.
15 O. V.: Ein Gestalter am wirklichen Leben, in: Die Versicherungswelt – Der Wirtschafter, 59 (1936) 7, S. 102
16 Die Treffer-Anleihe wurde im Oktober 1933 durch die österreichische Regierung aufgelegt, mit lotterieartigen Gewinnchancen und auch als Prämienzahlung zu verwenden – so für eine Lebensversicherung beim Phönix.
17 Deutsche Staatsbürger mussten beim Grenzübertritt 1000 RM an den deutschen Zoll zahlen. Dies galt nicht für Geschäftsreisende, für Touristen aber war es faktisch eine Ausreisesperre. Sie wurde erlassen, nachdem die österreichische Regierung im Mai 1933 das Tragen von NS-Uniformen, -Zeichen und -Fahnen verboten hatte.
18 So mit dem Roman »Kidnapped!« von Marie Majerova, Prag 1930, anregend illustriert mit Fotos aus Stadt und Land und vorgestellt mit diesem Klappentext: »To the friends and admirers of Czechoslovakia, and to all those who may be interested to visit and become acquainted with this attractive country so richly endowed [...]. Phoenix Life Insurance Company, Vienna, Branch Office, Prague.«
19 Archivbestand Bundeskanzleramt, zit. n. I. Ackerl: Der Phönix-Skandal ..., S. 257.

20 PA AA R 73432, Schreiben an das AA vom 15.05.1934

21 Ein kurzer Nachruf erschien in Neumanns Zeitschrift für Versicherungswesen (12.02.1936) der sein Wirken im Phönix, in der Kompass-Bank, in der Österreichisch-Ungarischen Bank, der Oesterreichischen Nationalbank und in weiteren finanzpolitischen Fragen anspricht. Abschließend wird auf einen »ehrenden Nachruf im Anzeigenteil« verwiesen; dieser ist dort nicht zu finden.

Wege in die Wirtschaftskriminalität

1 Zur folgenden Darstellung siehe I. Ackerl, Der Phönix-Skandal ..., S. 269–274.

2 Kurt Bauer: Diskrete Gebarung – Selbstherrliche Manager. Dubiose Geschäfte. Politiker, Beamte, Presseleute als »Spendenempfänger«, in: Die Presse – Spectrum, 6. Mai 2006, S. 5 f. Erweiterte Fassung auf: http://www.kurt-bauer-geschichte.at/texte.htm (12.07.2013).

3 Siehe I. Ackerl, Der Phönix-Skandal ..., S. 271 f. Der Ehrenrat wurde kurz vor der amtlichen Mitteilung eingerichtet.

4 Ebd., S. 273. Neben dem Ehrenrat gab es für Bundesbeamte eine Disziplinaroberkommission. Sie gab den Fall des genannten Amtssekretärs Schmid an die Justiz ab, leitete in zwei weiteren Fällen keine Verfahren ein und sprach in einer vierten Sache einen Verweis aus.

5 Neue Freie Presse, 29.04.1936, Nr. 25731. Reininghaus hatte anlässlich seiner Übernahme der Phönix-Leitung erreichen können, dass ihm eine Schuld bei der Kompaß-Bank erlassen wurde (260 000 Schilling). Ihm wurde auferlegt, diese Summe zu ersetzen. Siehe I. Ackerl: Der Phönix-Skandal, S. 273.

6 Als Informationsquellen sind angegeben: zwei »in Wien kursierende Listen«, eine von der Brünner Arbeiterzeitung veröffentlichte Liste und weitere Angaben aus nicht-österreichischen Tageszeitungen.

7 Gemeint war der bekannte deutsche Journalist Hubertus Friedrich Prinz zu Löwenstein-Wertheim-Freudenberg (1906–1984), der 1933 nach Österreich und später in die USA emigrierte. Er setzte sich ab 1934 gegen die Rückgliederung des Saarlands ein.

8 Zur Erinnerung: Amtlich wurde die Gesamtsumme der Eintragungen auf der *gesamten* Liste mit 2,8 Mio. Schilling angegeben.

9 Siehe BA R 3001/166981.

10 Siehe Unterkapitel »Bestechungslisten und Parteipropaganda«.

11 Dieser war 1935 wegen seiner Mitwirkung im nationalsozialistischen »Juliputsch« zu lebenslangem Kerker verurteilt worden.

12 Die Verwaltung lag laut Eintrag in den Händen von Michael Zweig, Bruder des Schriftstellers Stephan Zweig.

13 Siehe BA R 3001/166981. Reichsjustizministerium, betr. Strafsache gegen ehemalige Funktionäre der Lebensversicherungsgesellschaft Phönix A. G., Zitate Bl. 96 und 66.

14 Darunter ein »Fereszleny«, vermutlich Paul Pereszlenyi, Redakteur Neue Freie Presse.

15 BA R 3001/166981, Bl. 222 f. Crohne sollte Freisler zwei Jahre später in den Volksgerichtshof folgen, als sein Stellvertreter.

16 Ebd. Bl. 223.

17 Ebd. Bl. 229.

18 So hatte das NS-Parteiblatt die Gerichtsverhandlungen angekündigt; Völkischer Beobachter, 28.12.1939.

19 Grotter zuerst nach London und im September 1940 weiter in die USA. Siehe Passierliste in: http://libertyellisfoundation.org/passenger (15.03.2015)

20 Völkischer Beobachter, 07.02.1940, Nr. 38.

21 Siehe BA R 3001/166981, Bl. 142–163.

22 Einen ersten Einblick in diese Finanzschwindel hatten schon die Untersuchungen 1936 gebracht. Siehe dazu die Darstellung von Isabella Ackerl, mit Blick auf Vijgendam und die Société, und gegründet auf die Prozessakten zum (später eingestellten) Verfahren gegen Dr. Fritz Bauer: I. Ackerl: Der Phönix-Skandal, S. 262 f.

23 Gesamtbericht über die Revisionsarbeiten bei der Lebensversicherungsgesellschaft Phönix. (20.08.1936). ÖStA, AdR 06, Versicherungsaufsicht Gruppe 10, Karton 370, zl. 200.588-24/36, S. 16.

24 Siehe BA R 3001/166981, Bl. 156 f.

25 Gesamtbericht über die Revisonsarbeiten ..., S. 14.

26 BA R 3001/166981, Bl. 158.

27 Siehe dazu Isabella Ackerl: Nationalsozialistische Massenverhetzung. Presseberichte zum Verfahren gegen zwei »Phönix«-Direktoren, aus: W. Rohrbach (Red.), Band 6, Wien 2000, S. 1329–1343.

28 Völkischer Beobachter, 10.02.1940, Nr. 41.

29 Ebd., 13.02.1940, Nr. 44.

30 Wiener Neueste Nachrichten, 15.02.1940, zit. n. I. Ackerl: Nationalsozialistische ..., S. 1334.

31 BA R 3001/166981, Bl. 224; Brief vom 09.03.1940.

32 BA R 3001/166981, Bl. 225 f.; Brief vom 19.03.1940. Vorwurf der »betrügerischen Krida« hieß: Vaugoin wurde verdächtigt, zusammen mit Reininghaus die Befriedigung von Gläubigern durch betrügerische Verringerung des Gesellschaftsvermögens geschmälert zu haben.

33 Ebd., Bl. 231 f.; Brief vom 05.06.1940.

34 Ebd., Bl. 236 f.; Brief vom 09.07.1940.

35 Ebd., Bl. 246; Brief vom 23.07.1940.

36 In der Anklageschrift zum Bilanzfälscher-Prozess ist er als »Vertrauensmann der Vaterländischen Front« bezeichnet; siehe BA R 3001/166981, Bl. 154. Der schon genannte Autor Hanns Schopper, Mitglied der illegalen österreichischen NSDAP, schrieb 1941: »Er [Dollfuß] musste eine private Staatskasse installieren, wo nur im engsten Kreise die finanziellen Verbrechen durchzuführen waren. Dazu hat er Berliner auserwählt. Darin haben wir immer klar gesehen. Erstaunlich ist, daß nach dem Bericht eines »Phönix«-Direktors der Dr. Berliner diese selbe Auffassung hatte von Dollfuß' Spiel. Als Vertrauensmann ernannte Dollfuß einen kleinen Beamten, seinen Freund Dr. Karl Angerer, dessen Gehalt von 28 000 S Aufsehen erregte. Wie Berliner über Dollfuß dachte, zeigte sich nach dessen Tod, wo er Angerer sofort kaltstellte.« H. Schopper, S. 241.

37 Siehe I. Ackerl: Nationalsozialistische ..., S. 1335.

38 Siehe Gesamtbericht über die Revisionsarbeiten bei der Lebensversicherungsgesellschaft Phönix (20.08.1936). ÖStA, AdR 06, Versicherungsaufsicht Gruppe 10, Karton 370, zl. 200.588-24/36, S. 14.

39 Zu ihnen gehörten 1933: Fritz Bauer, em. Generaldirektor der Lebensversicherung Phönix; Emile Darier, Bankier in Fa. Darier & Co., Genf; Dr. Guido Hösslinger, Präsident der Versicherungs-Anstalt der österreichischen Bundesländer, Wien; Robert D. Hollup, em. Direktor der Anglo-Austrian Bank, Wien; Dr. Eberhard Reininghaus, Generaldirektor der Wechselseitige Brandschaden und Janus, Allg. Versicherungs-Anstalt Wien; Dr. Georg Schlesinger, Generaldirektor Allgemeine Versicherungs-Gesellschaft Phönix, Wien; W. A. Workman, Generaldirektor der Legal & General Assurance Society, Ltd., London. Zudem gehörten u. a. dem Direktionsrat an: Dr. Paul Kaufmann, ehemaliger Präsident des Reichsversicherungsamtes, Berlin und Dr. Wilhelm Kißkalt, Generaldirektor der Münchener Rückversicherungs AG.

40 »Er übt die Kontrolle über den Geschäftsbetrieb aus, überwacht die Einhaltung der statuarischen Bestimmungen in der Geschäftsführung und ist diesfalls der Generalversammlung gegenüber verantwortlich. Der Verwaltungsrat ist verpflichtet, mindestens zweimal im Jahre Kassenrevisionen [...] vorzunehmen.« Statuten der Lebensversicherungsgesellschaft Phönix, 1931.

41 Siehe I. Ackerl, Der Phönix-Skandal ..., S. 258 f. Das Material stammt nicht nur aus den »Listen« sondern weit mehr aus Prozessakten und den Archivbeständen des Finanzministeriums wie des Bundeskanzleramts. Dort fanden sich Hinweise auf einige weitere Zahlungen.

42 Der größte Einzelposten ist die Zahlung an Dr. Rintelen; diese könnte auch auf »Heimwehr verbucht« werden.

43 Ackerl schätzt die Gesamtsumme der Zuwendungen und Bestechungen auf 6 bis 8 Millionen Schilling; siehe I. Ackerl, Der Phönix-Skandal ..., S. 258. Sie ergäbe sich auch, wenn man den hier herangezogenen Zahlen noch folgende aus der amt-

lichen Aufstellung hinzurechnen würde: »Ein Betrag von vier bis fünf Millionen Schilling […] wurde nach den vorgefundenen Belegen zum Rechnungsabschluss der Phönix aus dem Jahre 1934 für ›außerordentliche Ausgaben in Prag‹ verwendet. Ein detaillierter Ausweis über diesen Betrag ist in den Wiener Belegen nicht vorhanden.« Laut Ackerl ist nur eine Bestechung des Prager Aufsichtsamtsleiters bekannt geworden. Ebd., S. 260. Neumanns Zeitschrift meldete, dass er eine Gratispolice von 1,5 Mio. Kronen erhalten und diese 8 Tage vor Berliners Tod mit 0,5 Mio. Kronen belehnt habe. 1936, Heft 20, S. 594.

44 Artur Lauinger: Das öffentliche Gewissen. Erfahrungen und Erlebnisse eines Redakteurs der Frankfurter Zeitung, Frankfurt/M. 1958. Lauinger kehrte nach dem Krieg aus dem englischen Exil zurück und arbeitete – mit dem Großen Verdienstkreuz ausgezeichnet – in der Versicherungsaufsicht, der Versicherungspublizistik und der Hochschullehre.

45 Ebd., S. 23 bzw. 24.

46 Dies galt auch für die sechziger und siebziger Jahre. Die Ausuferung sollte durch »Prozesse der Selbstreinigung« gestoppt werden, und ein größeres Forschungsprojekt trug dazu bei; siehe Christian Brünner (Hg.): Korruption und Kontrolle, Wien 1981. Im Jahre 1983 eröffnete der Justizminister eine Enquete über Wirtschaftskriminalität und Korruption im Lande. Letztere nannte er »eine der uns am meisten bedrückenden Formen der Kriminalität.« Bundesministerium für Justiz: Wirtschaftskriminalität und Korruption. Enquete 1983, Wien 1983, S. 2.

47 Siehe Ernst Bruckmüller: Korruption – eine Konstante in der Geschichte?, aus: ders. (Hg.): Korruption in Österreich. Historische Streiflichter, Wien 2011, S. 7–25.

48 So ein Buchtitel zu jener Zeit; ebd., S. 25.

49 A. Spitzmüller, S. 351.

50 Siehe Peter Melichar: Verteilungskämpfe. Bemerkungen zur Korruption im Österreich der Zwischenkriegszeit, aus: E. Bruckmüller, S. 81–110, hier S. 94 f.

51 Camillo Castiglioni war, wie Imre Békessy, ein »Parvenu« aus einer jüdischen Familie.

52 Siehe P. Melichar, S. 94 f.

Treiber und Getriebener in der Politik

1 M. Leimdörfer, S. 17.

2 Ebd., S. 18.

3 Dr. Robert Kerber (christlichsozial) war als Bundesminister unter den Kanzlern Dollfuß und Schuschnigg in 1933 und 1934 mit den Angelegenheiten der inneren Verwaltung betraut.

4 Robert Kerber: Folgerungen aus dem Zusammenbruch des »Phönix«, in: Zeitschrift für die gesamte Versicherungswissenschaft, 36 (1936) 3, S. 219–228, hier S. 222 f.
5 Nachruf in Auszügen abgedruckt in: Die Versicherungswelt - Der Wirtschafter, 59 (1936) 7, S. 114.
6 Ost-Kurier (Budapest), 1.–15. April 1936.
7 H. Habe, S. 247 f.
8 Fritz Kaufmann: Sozialdemokratie in Österreich. Idee und Geschichte einer Partei von 1889 bis zur Gegenwart, Wien 1978, S. 327.
9 Siehe Werner Röder, Herbert A. Strauss (Hg.): Biographisches Handbuch der deutschsprachigen Emigration nach 1933, Bd. 2, München 1983, S. 565 f. Kaufmann ging 1941/42 in die USA; er wirkte dort in der jüdischen Flüchtlingshilfe, als Journalist und als Hochschullehrer.
10 K. Bauer: Diskrete Gebarung ..., S. 3.

Isar Lebensversicherung: Nachfolgerin im Altreich

1 Aus einem Schreiben der DAF-Gauverwaltung Hessen vom 20.7.1937: »[...] teilen wir Ihnen mit, dass Ihre Bedenken, eine Lebensversicherung bei einer ausländischen Gesellschaft abzuschließen, von der D. A. F. unbedingt geteilt werden. [...] Die Benutzung ausländischer Lebensversicherungen ist ebenso wenig wünschenswert, wie es für die nationale Wirtschaft erwünscht ist, dass Fabrikate aus dem Auslande eingeführt werden. [...] empfehlen wir, bei einer deutschen Versicherungsgesellschaft abzuschließen, weil die inländischen Institute mehr und mehr dazu übergehen müssen, von dem liberalistischen Wirtschaftsprinzip des Gewinnstrebens abzugehen und in ihrem Geschäftsgebaren in steigendem Maße nationalsozialistische Grundgedanken zu verwirklichen. BA R 3001/17338 (Schweizerische Lebensversicherungs- und Rentenanstalt, 1906–38).
2 Hubert Korkisch: Ich klage an! Zum Phönix-Krach, Prag 1936, S. 3.
3 Ebd., S. 19.
4 »Unbegabte Arier«, wie oben zitiert.
5 Siehe BA R 3101/17325, Bl. 34 f.
6 Ebd., Bl. 61.
7 Nach dem Phönix-Sturz lagen dessen Gisela-Aktien kurz bei der Allgis und gingen dann an die Münchener Rück, die damit 44 % an der Gisela hatte. Siehe R. Stellwag, S. 208.
8 Ebd., Bl. 134 f.
9 Siehe P. Koch: Geschichte der Versicherungswirtschaft ..., S. 277.

10 Siehe Swiss Re Corporate History: Die Geschichte der Versicherung in Deutschland, Zürich 2014, S. 23. (http://www.ub.unibas.ch/digi/a125/sachdok/2014/BAU_1_6285869.pdf)
11 Siehe Harold James (Hg.): The Value of Risk. Swiss Re and the History of Reinsurance, Oxford 2013, S. 296 f.
12 Siehe L. Arps: Durch unruhige Zeiten ..., 2. Teil, S. 67.
13 U. a. die Gisela-, Zukunft- und Saarland-Aktien sowie die Anteile an der Securitas Berlin. Siehe BA R 3101/17325, Bl. 34 f.
14 Ebd., Bl. 129 (05.05.1936) bzw. 130 (29.05.1936).
15 Siehe Reichsgesetzblatt, Jg. 1936, Teil I, S. 492 (17.06.1936) bzw. 501 f. (20.06.1936).
16 Verordnung vom 21.04.1936.
17 Siehe BA R 3101/17325, Bl. 215 f.
18 Ebd., Bl. 213 f.: Aktiva 41 Mio. RM; Passiva 47,5 Mio. RM, darin Prämienreserve 39,1 Mio. RM.
19 Ebd., Bl. 217.
20 Ebd., Bl. 219.
21 Man rechnete wohl auch mit der Münchener Rück. Die Versicherung meldete am 26. März: »Auch die Münchener Rück bestätigt, daß das deutsche Geschäft des Phönix infolge der verdienstvollen Arbeit des Reichsaufsichtsamts völlig in Ordnung ist. Im Falle der Gründung einer eigenen deutschen Gesellschaft ist wohl anzunehmen, daß sich die Münchener Rückversicherungs-Gesellschaft daran beteiligen wird. Diese Erklärung der Münchener hat viel zur Beruhigung des deutschen Publikums beigetragen.«
22 R. Lencer, S. 63 f.
23 Siehe A. Botur, S. 96 f.
24 Siehe BA R 3101/17325, Bl. 232.
25 Siehe StAM, WB I a 3907, o. Nummer. Die größten Posten: Hypothekendarlehen 14,5 Mio. RM, Grundbesitz 8,6 Mio. RM, Wertpapiere 8,6 Mio. RM, Policen-Darlehen 4,7 Mio. RM.
26 Grundakten im Grundbuchamt Berlin-Lichterfelde.
27 Die Versicherung, 11 (1936) 25, S. 321 (18.06.1936).
28 Der bekannteste von diesen war Franz Schäfer, Generaldirektor a. D. in der Magdeburger Gruppe und von 1926 bis 1930 Vorsitzender des Reichsverbandes der Privatversicherungen. Der Schweizer Rück stand Dr. Florian Eggenberger nahe, 1936 noch Direktor in Eos und Excelsior, später (nach Verdrängung des »Juden« Wertheimer) interimistisch Leiter der Bayerischen Rück und ab April 1938 Vorstand und Verwaltungsrat Wiener Anker. Siehe Die Versicherung 13 (1938) 15/16, S. 154.
29 Die Bank, 1936, Bd. 2, S. 998 f.

30 Dissertation 1929 an der TH München, bei dem Versicherungswissenschaftler Hanns Dorn.
31 Zu Eckart Weinreich (1903–1959) siehe Die Versicherung 13 (1938) 15/16, S. 153 (»Prokura gelöscht«); Peter Koch: Geschichte der Versicherungswissenschaft in Deutschland, Karlsruhe 1998, S. 297; Versicherungswirtschaft 14 (1959) 18, S. 637.
32 BA B 280/3869, Bl. 5.
33 StAM, WB I a 3907, Bl. 42. Brief der Gründergruppe an das RAA vom 04.06.1936. In dem Brief wird noch einmal betont, dass »alles vermieden werden soll, was den Anschein einer Gesamtrechtsnachfolge erwecken könnte.«
34 Ebd., Bl. 19.
35 Siehe BA R 3101/17325, Bl. 339 f.
36 BA B 280/22302.
37 BA B 280/3874, Ablehnungen Ende 1940 bzw. Mitte 1941.
38 Siehe G. Feldman: Die Allianz ..., S. 384.
39 Ebd., S. 383.
40 H. James: The Value ..., S. 311 f.
41 Siehe Assekuranz-Jahrbuch 57 (1938), S. 240 und Die Versicherung, 13 (1938) 22, S. 216 f.
42 Zu finden in BA R 8120/54 (Bank der Deutschen Arbeit AG).
43 Isar-Jahresbericht 1937, S. 3. BA R 8120/54.
44 Siehe BA B 280/3874. Mit dem Gesetz über die Umwandlung der inländischen Fremdwährungsversicherungen vom 26.08.1938 verschwand diese Versicherungsform aus den Beständen.
45 Der Vorstand – Riebesell und Eckert – erwartete, dass ein allgemeines »Judengesetz« in Vorbereitung sei. In ihrem Brief an das RAA schlugen sie vor, darin ein Recht aller Lebensversicherer zu verankern, jüdischen Kunden die Auszahlung der Rückkaufwerte zu verweigern und stattdessen die Policen beitragsfrei zu stellen. Siehe G. Feldmann: Die Allianz ..., S. 285 f. (Oben bereits kurz erwähnt.)
46 Ebd., S. 317.
47 So stiegen bei der Allianz Leben die Rückkäufe von 14 Mio. RM (1937) auf 39 Mio. RM (1939). Siehe B. Eggenkämper et al.: Die Allianz ..., S. 183.
48 Siehe G. Feldmann: Die Allianz ..., S. 300 f. Feldman hat dieses Ergebnis empirisch erarbeitet – unter Einschluss von (ehemaligen) Isar-Verträgen, die später in den Bestand der Vereinte Versicherung übergingen. Dazu hat er eine Stichprobe aus dem Archivbestand der Allianz gezogen: insgesamt 1,9 Millionen Policen. Ebd., S. 297.
49 Aufschlussreich bezüglich jüdischer Kunden ist noch, wie einzelne Komponenten des Abgangs sich veränderten. So waren die Policen-Rückkäufe in den Jahren 1938 und 1939 überdurchschnittlich hoch, wofür 1939 explizit der Grund genannt wurde: »in dem Betrag sind zum größten Teil Rückkäufe nicht arischer Versiche-

rungsnehmer enthalten [4,4 Millionen RM, d. V.].« Bei dem Rechnungsposten »Verfall und Verzicht« gab es 1936 eine Spitze von 16,9 Millionen RM, und die »Nichteinlösungen« erreichten 1939 mit 16,0 Millionen RM ihren höchsten Wert. Beispiel für einen Verfall: der Phönix hatte drei Versicherten zum Schadensausgleich Gratispolicen gewährt; das RAA drängte die Isar, sie entschädigungslos aufzuheben. Siehe BA B 280/3872.

50 Nach Angaben im Handbuch der Aktiengesellschaften hatte die Isar bis 1938 knapp 150 Angestellte, ab 1939 aber gut 350.

51 Zum Boom der Lebensversicherung in den ersten Kriegsjahren siehe I. Böhle, S. 67 f.

52 Der Verband Deutscher Lebensversicherungsgesellschaften forderte im Herbst 1934 ein endgültiges Verbot aller Varianten dieser Form, mit Ausnahme der Firmengruppenversicherung. Dagegen wandten sich kurz darauf einige große Privatversicherer. Das RAA reagierte, indem es im Mai 1935 auf eine neue Strategie einschwenkte: Minimaltarife anstelle eines grundsätzlichen Verbots. Schon ein halbes Jahr später musste sie diese Vorgabe wieder aufheben, weil die öffentlich-rechtlichen Versicherer opponierten. Die Tarife gerieten, in dem anhaltend scharfen Konkurrenzkampf, erneut unter Druck, dem das RAA mit verschärften Einzelkontrollen und Zulassungsbedingungen begegnete. Siehe Fachgruppe Lebensversicherungen ..., S. 49 f.

53 Siehe BA B 280/3898. Für den Hinweis auf die Caritas dankt d. V. dem Archivleiter des Bistums Augsburg.

54 »Damit erhalten die Gründer [...] nach mehrjähriger Abstinenz eine bescheidene finanzielle Entschädigung.« Siehe Die Bank, 33 (1940) 36, S. 636. Hingewiesen wird auch auf die rückgängigen Erträge aus Kapitalanlagen und den gestiegenen Verwaltungsaufwand.

55 So erhielt die Schweizer Rück Prämien von ca. 370 Tsd RM in 1938 und 1939. Siehe BA B 280/3868.

56 BA B 280/22296.

57 Rundschreiben R. 44 des RAA an alle beaufsichtigten Versicherer vom 07.10.1939. BA B 280/3896, Bl. 2.

58 Ebd., Bl. 8 f.

59 Ebd., Bl. 95 f.

60 Siehe BA B 280/3882, Bl. 75.

61 Ebd., Bl. 50.

ÖVAG und Deutscher Ring in der Ostmark

1 PA AA, R 243196 (Abt. II Österreich, Wirtschaft 30), Bl. 51, 22.04.1936
2 Dr. Heinrich Galopp, Wien; siehe PA AA, Karton Wien 680 (Phönix), Aktennotiz vom 16.04.1936.
3 Ebd., Schreiben vom 25.04.1936.
4 Ebd., Schreiben vom 30.04.1936.
5 Ebd., Schreiben vom 08.05.1936.
6 Es ist nicht auszuschließen, dass Kißkalt auch deshalb so unverblümt aufgefordert wurde, sich für »national eingestellte« Personen einzusetzen, weil er Parteigenosse war, schon seit Mai 1933. Siehe BA NSDAP-Ortskartei.
7 PA AA, R 243196, Bl. 88 f. (Bericht vom 07.05.1936). Die drei genannten Beamten waren die Dres. Rudolf Tanzner, Benke und Hellmann. Benke hatte eine Wiener Phönix-Filiale geleitet und unter Fischböck bei der Liquidierung des Phönix mit gewirkt. Siehe PA AA, Karton Wien 680 (Phönix), Empfehlungsschreiben des AA Berlin für Benke, an die Gesandtschaft vom 04.07.1936. Man erinnere in diesem Kontext auch den Fall Manfredini; siehe Unterkapitel »Verbindungsmann zwischen Phönix und NSDAP«.
8 PA AA, Karton Wien 680 (Phönix), Schreiben an das AA (z.H. v. Clodius) vom 23.05.1936.
9 PA AA, Karton Wien (Victoria), Schreiben an die deutsche Gesandtschaft vom 11.09.1936, bzgl. Dr. Paul Güssing.
10 Ebd., »Information« vom 10.06.1936. Der Fürsprecher Mayrhofers stellte seine Empfehlung in den größeren Zusammenhang des Juliabkommens: alle Schlüsselpositionen in Unternehmen mit deutscher Kapitalmehrheit müssten von Leuten besetzt werden, »die wirklich im Sinne des Ausbaues der deutsch-österreichischen Wirtschaftsbeziehungen arbeiten. Nur auf diese Art kann es zu einem unsichtbaren aber erfolgreichen deutschen Wirtschaftskonzern in Österreich kommen.«
11 Auch hier ist eine Erinnerung von Hans Urbanski, Neffe von Reininghaus, der Wiedergabe wert: »Aber Reininghaus wurde wohl intern der freilich nicht ganz unberechtigte Vorwurf gemacht, schon früher in die Gestion des ›Phönix‹ verstrickt gewesen zu sein, sodaß er für dessen Reorganisation nicht in Frage käme; sein Plan wurde verworfen. [...] So schien es fast folgerichtig, daß man zum Zweck der Reorganisation einen Mann holte, der überaus intelligent war und als großer Finanzfachmann galt, aber schon fast offiziell zur nationalsozialistischen Equipe gehörte: Dr. Fischböck.« H. Urbanski, S. 22 f.
12 Siehe Hans Thür: Die »Österreichische Versicherungs-AG« und »Deutscher Ring Österreichische Versicherungs-AG« der Deutschen Arbeitsfront (1936–1945), aus: W. Rohrbach (Red.), Band 3, Wien 1988, S. 705–741, hier: S. 711 f.

13 Die sechs führenden Unternehmen waren 1937: Allianz, Gerling, Schweizerische, Victoria, Generali, Volksfürsorge. 1935 hatten von diesen nur Allianz und Gerling zu dieser Spitzengruppe gehört. Siehe Die Versicherung, 13 (1938) 2, S. 26. bzw. 11 (1936) 41, S. 529.

14 Schon kurz vor dem »Anschluss« war er als Staatsrat für die wirtschaftlichen Verbindungen zum Deutschen Reich zuständig, berufen im Februar 1938. Siehe die Versicherung 13 (1938) 8, S. 88. Sein Geschäftsbereich wurde im Mai 1938 um die Ressorts Arbeit und Finanzen erweitert; ein Jahr später übernahm er den Vorstandsvorsitz in der Creditanstalt. Nach der Besetzung der Niederlande wurde er dort Generalkommissar für Wirtschaft und Finanzen.

15 Siehe BA R2/20889, Bl. 36 f.

16 Siehe Peter Ulrich Lehner: Österreichs Versicherungswirtschaft im Deutschen Reich, aus: W. Rohrbach (Red.), Band 3, S. 675–702, hier S. 681.

17 Größter ausländischer *Lebens*versicherer war (nach Bruttoprämieneinnahme) die Victoria (4,6 Mio. S), vor Generali (4,2) und Riunione (3,1). Alle weiteren, auch der Nordstern, hatten im Lebensgeschäft kaum Bedeutung. Siehe Die Versicherung 13 (1938) 14, S. 140.

18 Die Versicherung 13 (1938) 12/13, S. 125. Die Leitung des Blattes hatte die Wende nach dem »Anschluss« schnell vollzogen. In dem unmittelbar folgenden Heft ist zu lesen: »Immer haben wir mit Stolz darauf geachtet, ein Fachblatt zu sein, das, bei aller Wahrung des Versicherungsdienstes für die ganze Welt, vorzugsweise den deutschen Interessen höchste Aufmerksamkeit zuwendet. Nunmehr, da wir ein reichsdeutsches Blatt sind, geben wir unserer Freude Ausdruck, daß unsere Arbeit von deutscher Seite stets anerkannt und gewürdigt worden ist.« Die Versicherung 13 (1938) 11, S. 115 (17.03.). Die Zeitschrift fand noch 1938 ihr Ende.

19 Fachgruppe Lebensversicherungen …, S. 35 f.

20 Ihr gehörten sieben Vertreter von Versicherern des Altreichs und zwei Vertreter österreichischer Unternehmen an. Siehe Die Versicherung, 13 (1938) 26, S. 269.

21 Siehe G. Feldman: Die Allianz …, S. 358. Der Anker wurde 1940 als »deutsches Unternehmen« anerkannt. Siehe D. Stiefel, S. 89.

22 BA B 280/3875. Ablehnt wurde dagegen die Zulassung in Elsass-Lothringen und Luxemburg. Die Magdeburger Gruppe, Mitbegründerin der Isar, setzte schon vor 1940 ihren Fuß auf ostmärkischen Boden, indem sie bei der Donau Allgemeine Versicherungs-AG einstieg (die Jahre zuvor Willy Bachmann geleitet hatte). Siehe Die Versicherung, 13 (1938) 37/38, S. 379 f.

23 Siehe D. Stiefel, S. 86 und G. Feldman: Die Allianz …, S. 354.

24 Die Versicherung, 13 (1938) 15/16, S. 154 (21.04.). Mayrhofer war zu dieser Zeit schon Repräsentant beider Gesellschaften der Nordstern-Gruppe.

25 Siehe Die Versicherung, 13 (1938) 20, S. 115 f. Ordentliche Generalversammlung am 02.06.

26 Ebd., 13 (1938) 27, S. 273.
27 Siehe D. Stiefel, S. 87. Er wurde später Generaldirektor der Wiener Städtischen. Siehe https://www.findbuch.at/tl_files/data/adressbuecher/1940_dr_om_ksk/18__Die_Organisation_der_gewerblichen_Wirtschaft.pdf (21. 02. 2015).
28 Anfrage beim Außenministerium im Januar 1937. Siehe PA AA, Karton Wien 680, Dokumentensammlung zu Versicherungen allgemein.
29 Siehe R. Hachtmann, S. 228 und 255 f., sowie G. Feldman: Die Allianz …, S. 354.
30 Siehe R. Stellwag, S. 207.
31 Siehe Die Versicherung, 13 (1938) 20, S. 196 f.
32 D. Stiefel, S. 84 (Erinnerungen von Maurice Beck). Tanzner behielt seinen Ausnahmestatus nur bis 1940; dann wurde auch er durch einen Reichsdeutschen ersetzt.
33 Siehe R. Hachtmann, S. 231.
34 Kißkalt wurde stellvertretender Vorsitzender des Aufsichtsrates.
35 Siehe Die Versicherung, 13 (1938) 18/19, S. 167.
36 Ein Telegramm vom 28. 03. 1938 von AA Berlin (Handelspolitische Abteilung) an die Wiener Botschaft: »Italienische Regierung hat unserer Botschaft in Rom mitgeteilt, daß nicht arische Direktoren italienischer Gesellschaften, vor allem der Versicherungsgesellschaften, in Österreich zum Rücktritt veranlasst würden. Sie bitte dringend, daß italienischen Gesellschaften Zeit zu allmählicher Umstellung gelassen […] würde. Bitte italienischen Wünschen soweit möglich Geltung verschaffen.« Morpurgo hatte, in einer ausführlichen Stellungnahme, an die Beiträge der Generali zur Lösung der Phönix-Krise erinnert und auf ihre Hilfe beim Einstieg deutscher Gesellschaften in den österreichischen Versicherungsmarkt hingewiesen. PA AA, Karton Wien 680, Dokumentensammlung zu Schriftverkehr mit Auswärtigem Amt (Versicherungen).
37 Siehe G. Feldman: Die Allianz …, S. 349 f. und D. Stiefel, S. 92 f.
38 Die Versicherung, 13 (1938) 28, S. 287 f. (14. 07.)
39 An zweiter Stelle lag Der Anker mit 17 Millionen. Siehe Die Versicherung 13 (1938) 12/13, S. 136.
40 Siehe H. Thür, S. 713 f.
41 Ausschuß zur Prüfung der Verhältnisse der österreichischen Versicherungswirtschaft, Bericht Nr. 2, ÖVAG Schlußbericht, Wien 18. Juli 1938, S. 4; zit. n. D. Stiefel, S. 69 f. Siehe auch G. Feldman: Die Allianz …, S. 352 f.
42 Siehe Die Versicherung, 13 (1938) 21, S. 210 (25. 05.).
43 Siehe D. Stiefel, S. 109 f. und Christian Karsch: Die Schädigung jüdischer Versicherungsnehmer im Dritten Reich dargestellt am Beispiel der Lebensversicherung in der Ostmark, aus: W. Rohrbach (Red.), Band 6, S. 1306–1328, hier S. 1315 f.
44 Siehe D. Stiefel, S. 123 f.
45 Ebd., S. 134; siehe auch G. Feldman: Die Allianz …, S. 328 f.

46 Siehe Wolfgang Rohrbach: Von der ÖVAG zur Austria-ÖVAG (1945–1959), aus: W. Rohrbach (Red.), Band 3, S. 743–756, hier S. 747 f. Der Verlust der Schuldverschreibungen wurde mit 130 Millionen, derjenige der Reichsanleihen und Rüstungsdarlehen mit 43 Millionen und der Gesamtverlust mit 200 Millionen Schilling bewertet.

Wiedergutmachung und Spuren im Nachkriegsdeutschland

1 Fur die Entschädigung in Österreich, nach dem Paragraphen zu »Versicherungspolizzen« im Entschädigungsfondsgesetz, ist eine Gesamtschau – unter Einschluss von ÖVAG- und Phönix-Policen – im Internet zu finden: http://de.nationalfonds.org/Entschaedigungsfonds.html (27. 10. 2014).
2 Eine Suche im Landesarchiv Berlin blieb ohne Erfolg. Zu finden waren nur einige schmale Akten, in denen Ansprüche des Phönix-Direktors Dr. Erhard behandelt wurden. Einzig zu erkennen war, dass er die Ansprüche 1955 stellte und 1958 zurücknahm, auch bzgl. Versicherungen.
3 Siehe StAM, WB I a 1520.
4 Siehe StAM, WB I a 1315 sowie Stadtarchiv München (Hg.): Biographisches Gedenkbuch der Münchner Juden 1933–1945, München 2007, Bd. 2, S. 258.
5 Siehe StAM, WB I a 1359.
6 StAM, WB I a 852.
7 StAM, WB I a 2055.
8 Siehe StAM, WB I a 1574 sowie http://www.juden-in-sachsen.de/leipzig/personen/CerfErich.html (07. 03. 2015).
9 StAM, WB I a 669.
10 Diese Schäden der »Klasse III« sollten erst im zweiten Jahrfünft nach Inkraftsetzung des Gesetzes verhandelt werden.
11 Bzw. die vertragliche Rente im Falle einer Rentenversicherung. Anspruch hatten – als verfolgt anerkannte – Versicherungsnehmer und Bezugsberechtigte. Ein nichtverfolgter Bezugsberechtigter hatte Anspruch, wenn er Ehegatte oder Erbe (bis 2. Ordnung) des Versicherungsnehmers war und dieser als verfolgt galt.
12 Siehe StAM, WB I a 4524. Er ist vermutlich identisch mit dem Schuhfabrikanten Siegfried Levi, der die Burg Stettenfels im Landkreis Heilbronn besaß, sie 1937 verkaufen musste und nach Südafrika emigrierte. Sie wurde seiner Frau zurückerstattet. Siehe http://de.wikipedia.org/wiki/Burg_Stettenfels (07. 03. 2015).
13 Die Rechtshilfestelle der Jewish Restitution Successor Organization (Nachfolgeorganisation mit Anspruch auf Rückgabe jüdischen Vermögens) in der amerikanischen Besatzungszone.
14 Das 1949 geschaffene Bayerische Landesentschädigungsamt.

15 Siehe StAM, WB I a 2155. Allerdings heißt es im § 37 Entschädigungsgesetz von 1949: »Die beteiligten Versicherungsunternehmungen sind verpflichtet, auf Verlangen des Verfolgten, seiner Erben oder des Begünstigten bei dieser Wiederherstellung mitzuwirken. Soweit ein Versicherungsunternehmen durch die gegen den Verfolgten gerichteten Maßnahmen einen Vorteil erlangt hat, ist es dem Land zum Ersatz der für die Wiederherstellung erforderlichen Aufwendungen verpflichtet.«

16 Siehe StAM, WB I a 508.

17 Er ist vermutlich identisch mit dem Handlungsgehilfen Walter Meyer (geb. 1901) aus Hannoversch-Münden; siehe Uta Schäfer-Richter et al.: Die jüdischen Bürger im Kreis Göttingen, 1933–1945: ein Gedenkbuch, Göttingen 1992, S. 171.

18 Siehe StAM, WB I a 3083.

19 StAM, WB I a 669.

20 Siehe Stadtarchiv München (Hg.), S. 352 f. sowie Peter Zahn (Hg.): Hilfe für Juden in München. Annemarie und Rudolf Cohen und die Quäker 1938–1941, München 2013, S. 239 f.

21 Siehe http://www.bayerische-landesbibliothek-online.de/siegel (07.03.2015).

22 Siehe Gedenkbuch des BA.

23 Siehe Dietrich Schulze-Marmeling: Der jüdische Präsident des FC Bayern München – Kurt Landauer, aus: Diethelm Blecking, Lorenz Pfeiffer (Hg.): Sportler im Jahrhundert der Lager« – Profiteure, Widerständler und Opfer, Göttingen 2012, S. 310–316.

24 StAM, WB I a 3907; Erklärung von Emil Simche im Mai 1951.

25 James heiratete nach erster Scheidung Flora de Saint Riquier, »Tochter eines jüdischen Pferdehändlers namens Heymann« und nach zweiter Scheidung Maria Soydt. Aus dieser Ehe ging das sechste Kind Wolfgang hervor. Siehe Genealogisches Handbuch des deutschen Adels 20 (1959), S. 43; Fritz Stern: Gold und Eisen. Bismarck und sein Bankier Bleichröder, Frankfurt/M. 1978, S. 661.

26 Siehe unten und: John M. Steiner, Jobst F. v. Cornberg: Willkür in der Willkür. Befreiung von den antisemitischen Nürnberger Gesetzen, in: Vierteljahrshefte für Zeitgeschichte, 46 (1998) 2, S. 143–188, S. 181.

27 Siehe BA R 43/4112, Bl. 8.

28 Abdruck in: Völkischer Beobachter, 38. Ausgabe vom 07.02.1935.

29 BA R 43/4112, Bl. 8.

30 Siehe ebd., Bl. 9. Der Chef der Reichskanzlei Dr. Lammers bat die SA-Führung um Überprüfung, mit negativem Ergebnis: ein Edgar von Bleichröder sei dort nicht persönlich bekannt und eine Spur solcher Spenden nicht zu finden. Siehe ebd., Bl. 11 f.

31 Siehe StAM, WB I a 5855, Bl. 16.

32 Riebesell war Versicherungsmathematiker und Direktor der Hamburger Feuerkasse, ab 1934 Leiter der Wirtschaftsgruppe öffentlich-rechtliche Versicherung. Er

musste gehen, weil er einem jüdischen Studenten geholfen hatte, und kam zur Isar. Siehe G. Feldman: Allianz ..., S. 285.

33 Siehe StAM, WB I a 5855, Bl. 17.

34 Siehe Handbuch der deutschen Aktiengesellschaften, 43 (1938) 6, S. 7454.

35 Jahrgang 1897, Parteimitglied ab 1. Mai 1933; siehe BA NSDAP-Ortskartei.

36 Siehe Karl Ritter von Klimesch (Hg.): Köpfe der Politik, Wirtschaft, Kunst und Wissenschaft, Augsburg 1953, S. 542.

37 BA B 280/3881, Schreiben des RAA an Drumm vom 18.12.1936.

38 Siehe Georg Wenzel, Deutsche Wirtschaftsführer, Hamburg 1929, S. 363. Drumm war vermutlich nicht Parteimitglied; siehe BA NSDAP-Ortskartei.

39 Siehe BA B 280/3951.

40 Wegen des Ausschlusses (1936) wandte er sich an Meerwald, dieser möge die Angelegenheit dem Führer vortragen. Siehe BA R 43/4112, Bl. 20 u. 24.

41 Siehe ebd., Bl. 32 (Schreiben an die Reichsstelle für Sippenforschung (später: Reichsippenamt) vom 17.01.1939).

42 Siehe ebd., Bl. 34 u. 37.

43 Die wichtigsten Untersuchungsergebnisse waren: Vater in Wirklichkeit unbekannt, beide Großeltern mütterlicherseits getauft, anthropologische Messungen an seinen Schwestern und ihm ergebnislos geblieben.

44 Siehe ebd., Bl. 43 f., Zitat S. 48; Schreiben vom 26.11.1940.

45 Siehe StAM, WB I a 5855, Bl. 179.

46 Siehe BA R 43/4112, Bl. 64 f.

47 Denselben Weg nahm sein Bruder Curt; siehe Fritz Stern, S. 664. Die Schwester Harriet von Campe wurde deportiert und starb in Riga, im August 1942. Die Schwester Ellie von Bleichröder überlebte ihre »Unterbringung im Altersghetto« – in Theresienstadt.

48 Siehe B 280/3951.

49 Siehe StAM, WB I a 5855, Bl. 179.

50 Siehe ebd., Bl. 40 f.

51 Siehe ebd., Bl. 183.

52 Siehe Isar Lebensversicherungs-AG (Hg.): 25 Jahre Isar-Lebensversicherungs-AG, München 1961, Geschäftsberichte der Isar sowie die Zeitschrift Versicherungswirtschaft, div. Ausgaben. Zudem: Verband dt. Lebensversicherungs-Unternehmen (Hg.): Die deutsche Lebensversicherung. Jahrbücher 1956 bis 1981, Karlsruhe. Die Prozentsätze in Klammern sind die Anteile am Gesamtbestand Bundesrepublik und Westberlin.

53 Siehe Briefwechsel mit Otto von Taube, Stadtbibliothek München B 1802.

54 In seiner Dissertation von 1929 hatte er sich in das Umfeld von Leopold Ziegler und weiteren national-antiliberal gesinnten Philosophen gestellt, hatte die Demokratie als Irrweg verworfen und den italienischen Faschismus als strahlenden

Ausweg vorgestellt. (Eckart Weinreich: Die Nation als Lebensgemeinschaft, München 1931, S. 90 f.). In der NSDAP war er 1933 auf die »Schwarze Liste« gesetzt worden, mit dem Zusatz »Wiederaufnahme ausgeschlossen.« Er war im Januar 1931 in die Partei eingetreten, hatte sie aber schon nach einem Monat wieder verlassen, »aus beruflichen Gründen« (Vermerke auf der Mitgliedskarte; BA NSDAP-Ortskartei). Weinreich starb 1959 mit 55 Jahren.

55 Er zeigte sich außerordentlich deprimiert über die deutsche Kriegsniederlage, geriet darüber in Konflikt mit der Leitung der Schweizer Rück und fürchtete möglicherweise eine Verhaftung – obwohl er öffentlich nicht als aktiver Nationalsozialist aufgetreten und vermutlich nicht einmal Parteimitglied war. Siehe G. Feldman: Die Allianz ..., S. 537 f.

56 Siehe für 1936: Assekuranz-Jahrbuch 57 (1938), S. 240 f. und für 2013: http://de.statista.com/statistik/daten/studie/167180/umfrage/top-30-lebensversicherungen-in-deutschland-nach-marktanteil/ (12. 03. 2015).

57 Peter Koch stellt diesen Prozess in allen Details dar, in: Geschichte der Versicherungswirtschaft ..., S. 484 f.

58 Der Verband dt. Lebensversicherungs-Unternehmen hatte in diesem Jahr 115 Mitglieder; siehe Verbands-Jahrbuch 1980, S. 74 f.

59 Diese ging ihren eigenen Weg, später vereint mit der Wüstenrot-Gruppe.

60 Die Marke »Magdeburger« trugen vier Unternehmen, in den Sparten Feuer, Leben, Hagel und Rechtsschutz.

61 Versicherungsmagazin, 19. 11. 2008.

Die Systemrelevanz des Phönix und der American International Group

1 Prämiensumme in 2012; davon 2,6 Billionen für Lebensversicherungen. Siehe Swiss Re/Sigma, 2013, Nr. 3, S. 33.

2 Financial Times, 26. 12. 2013.

3 »Aufsichtsrichtlinie«, erlassen vom Bundesamt für Finanzdienstleistungsaufsicht auf Grundlage des Kreditwesengesetzes.

4 Marc Labonte: Systemically Important or »Too Big to Fail« Financial Institutions, Congressional Research Service 7-5700, Washington 2014, S. 1.

5 Siehe http://www.financialstabilityboard.org/2014/11/2014-update-of-list-of-global-systemically-important-banks/?page_moved=, bzw. http://www.financialstabilityboard.org/2014/11/2014-update-of-list-of-global-systemically-important-insurers-g-siis/?page_moved=1 (17. 11. 2014).

6 Der eigentliche Durchbruch zur Globalisierung folgte in den 1990ern. So konnten die global aktiven Lebensversicherer 1998–2004 ihren Weltmarktanteil von 20 % auf nahezu 30 % steigern. Siehe P. Borscheid, N. Haueter, S. 26.